Kohlhammer
Urban
-Taschenbücher

Band 345

Grundkurs Philosophie

Der Grundkurs Philosophie in den Urban-Taschenbüchern gibt einen umfassenden Einblick in die fundamentalen Fragen heutigen Philosophierens. Er stellt die wichtigsten Bereiche der Philosophie systematisch dar; ergänzend gibt er eine Übersicht über ihre Geschichte von der Antike bis zur Gegenwart. Anliegen des Grundkurses ist es, den Einstieg in die Philosophie zu ermöglichen und zu eigenständigem Denken anzuregen. Besonderer Wert wird deshalb auf eine verständliche Sprache und eine klare Gliederung der Gedankenführung gelegt; zu allen Abschnitten ist weiterführende Literatur angegeben.
Koordination: Friedo Ricken und Gerd Haeffner

Band 1
Gerd Haeffner
Philosophische Anthropologie

Band 2
Albert Keller
Allgemeine Erkenntnistheorie

Band 3
Béla Weissmahr
Ontologie

Band 4
Friedo Ricken
Allgemeine Ethik

Band 5
Josef Schmidt
Philosophische Theologie

Band 6
Friedo Ricken
Philosophie der Antike

Band 7
Richard Heinzmann
Philosophie des Mittelalters

Band 8
Emerich Coreth/Harald Schöndorf
**Philosophie des 17. und
18. Jahrhunderts**

Band 9
Emerich Coreth/Peter Ehlen/
Josef Schmidt
Philosophie des 19. Jahrhunderts

Band 10
Emerich Coreth/Peter Ehlen/
Gerd Haeffner/Friedo Ricken
Philosophie des 20. Jahrhunderts

Band 11
Edmund Runggaldier
Analytische Sprachphilosophie

Band 12
Hans-Dieter Mutschler
Naturphilosophie

Band 13
Walter Kerber
Sozialethik

Band 14
Norbert Brieskorn
Rechtsphilosophie

Band 15
Emil Angehrn
Geschichtsphilosophie

Band 16
Günther Pöltner
Philosophische Ästhetik
in Vorbereitung

Band 17
Friedo Ricken
Religionsphilosophie

Gerd Haeffner

Philosophische Anthropologie

Grundkurs Philosophie 1

4., durchgesehene
und ergänzte Auflage

Verlag W. Kohlhammer

Vierte, durchgesehene und ergänzte Auflage 2005

Alle Rechte vorbehalten
© 1982 W. Kohlhammer GmbH Stuttgart
Umschlag: Data Images GmbH
Reproduktionsvorlage: Textwerkstatt Werner Veith München
Gesamtherstellung:
W. Kohlhammer Druckerei GmbH + Co. KG, Stuttgart
Printed in Germany

ISBN 3-17-018991-3

Inhalt

Einleitung 11

A. Die Frage nach dem rechten Ansatz 17

I. Ein Vorbegriff von Philosophischer Anthropologie 17
1. Wesenserkenntnis 18
2. Selbsterkenntnis 20
   a) „Wir" und „der Mensch" 21
   b) Eine Anthropologie aus dem Fragen 22
   c) Empirische und apriorische Elemente des
      anthropologischen Fragens 23

II. Biologische und philosophische Anthropologie 25
1. Das Programm der biologischen Anthropologie,
samt einigen Ergebnissen 25
   a) Anatomisch-morphologische Besonderheiten 26
   b) Ontogenetische Ausnahmestellung 27
   c) Besonderheit der Struktur des Verhaltens 28
2. Das Verhältnis der biologischen zur philosophischen
Anthropologie 31

III. Kulturanthropologie und philosophische Anthropologie 36
1. Das Programm der Kulturanthropologie, samt einigen
Ergebnissen 37
2. Das Verhältnis der Kulturanthropologie zur
philosophischen Anthropologie 38
   a) Das Verhältnis von Kultur und Natur 39
   b) Vielheit der Kulturen, Einheit des Wesens 41
   c) Das Philosophische an der Kulturanthropologie 43

IV. Eine philosophische Anthropologie 45

1. *Was jede philosophische Anthropologie sein muss und was die vorliegende sein will* 45
2. *Konstruktion des Leitbegriffs der Subjektivität* 48
3. *Subjektivität als In-der-Welt-Sein* 52

B. Grunddimensionen des menschlichen Seins 55

I. Sprachlichkeit..57

1. *Ein Begriff der Sprache* 57
   a) Sprache als System..58
   b) Lautsprachen und Zeichensprachen 62
   c) Die menschliche Sprache und die tierischen Kommunikationssysteme 64
2. *Leistungen der Sprache* 65
   a) Präsentation...67
   b) Kommunikation 71
   c) Ausdruck...73
3. *Sprache als Mittel und als Vermittlung*..................................76

II. Sozialität 80

1. *Das Phänomen des Sozialen* 80
2. *Soziobiologie, Sozialwissenschaft, Sozialphilosophie* 82
   a) Soziobiologie..83
   b) Sozialwissenschaft..86
   c) Sozialphilosophie 88
3. *Das soziale Werden des Individuums* 90
4. *Das Verhältnis von Individualität und Sozialität* 92
   a) Die Fragestellung..92
   b) Der Individualismus und seine Grenzen 94
   c) Soziale Individualität 98
5. *Das Verhältnis von Individuen zueinander* 99
   a) Intersubjektivität als Gemeinsamkeit der Erkenntnis.........100
   b) Interpersonalität als Gegenüber: Der Andere und das Du 103

III. Zeitlichkeit und Geschichtlichkeit 106

1. *Von der Geschichtsschreibung zur Geschichtlichkeit des Lebens* 107
2. *Von der Ereignis-Zeit zur Zeitlichkeit* 109
3. *Die innere Zeitlichkeit des menschlichen Tuns* 113
   a) Die innere Zeitlichkeit einer Wahrnehmung 114
   b) Die innere Zeitlichkeit des Handelns 116
   c) Wahrnehmen, Handeln, Leben 117
4. *Die Dialektik des Lebens in der Gegenwart* 119
5. *Geschichtlichkeit* 123

IV. Leiblichkeit 127

1. *Ein Vorbegriff der Leiblichkeit aus der Sprache* 127
   a) Die Leib-Metaphorik in der Sprache 127
   b) Die „leibliche" Verfasstheit der Sprache 129
   c) Die „Verborgenheit" von Sprache und Leib 130
2. *Die Doppelseitigkeit des Leibes* 132
   a) Körper und Leib 132
   b) Die Leiblichkeit des Subjekts als Fundament der Setzung des Leibes als Ding und als Maschine 133
   c) Das Subjekt und sein Leib 136
3. *Leiblich-Sein* 139
   a) Räumliches Im-Leib-Sein 140
   b) Bewegtes Leib-Sein 144

C. Das geistige Element des Daseinsvollzugs 147

I. Wissen 148

1. *Das „Phänomen" des Bewusstseins* 148
   a) Bewusstsein als Phänomen 149
   b) Die Struktur eines Wahrnehmungs- und Empfindungsbewusstseins 152
   c) Bewusstsein – Erkennen – Wissen 155
   d) Formen des Bewusstseins, die das ausdrückliche umgreifen 158

2. *Formen des Erkennens* 161
   a) Theoretisches und praktisches Bewusstsein,
      Erkennen und Wissen 162
   b) Vom Selbstbewusstsein zur Selbsterkenntnis 166
3. *Innere und äußere Voraussetzungen des Erkennens* 168
   a) Spontaneität und Rezeptivität als innere
      Voraussetzungen 169
   b) Ein funktionsfähiges Gehirn als äußere
      Voraussetzung des Erkennens 172
   c) Der menschliche Geist als „irgendwie alles" 176
4. *Elemente der Dynamik des Geistes* 178
   a) Sein und Schein 178
   b) Erfinderische Phantasie 179

II. Freiheit des Willens 180

1. *Was meint „Freiheit des Willens"?* 181
   a) Verschiedene Bedeutungen des Wortes „Freiheit" 182
   b) Die Freiheit des Willens 186
2. *Positiver Aufweis der Existenz der Freiheit* 192
   a) Aufweis aus dem Widerspruch zweier Annahmen 193
   b) Aufweis aus dem Widerspruch von Satz und Setzung 195
   c) Theoretische und praktische Gewissheit 196
3. *Argumente gegen den mechanistischen Determinismus* 198
   a) Unvereinbarkeit von Freiheit und durchgängiger
      Determiniertheit 199
   b) Die Unbeweisbarkeit des mechanistischen
      Determinismus 200
   c) Der Wechselbezug von Selbstbestimmung und
      Naturbestimmtheit in der Handlung 202
4. *Argumente gegen den teleologischen Determinismus* 206
   a) Der Maßstab praktischer Überlegung 207
   b) Freiheit zum Guten 208

III. Das Geistige in der Einheit des Menschen 212

1. *Formen der Leib-Seele-Dualität* 215
   a) Die Seele als Subjekt geistiger Lebendigkeit (Platon) 216
   b) Die Seele als Prinzip der Lebendigkeit eines
      organischen Körpers (Aristoteles) 218
   c) Das selbstbewusste Ich und die Körpermaschine
      (Descartes) 220

2. Versuche, die duale Einheit des Menschen zu begreifen 222
   a) Im Ausgang vom Cartesischen Dualismus.........................222
   b) Im Ausgang vom (insbesondere materialistischen) Monismus 223
   c) Schlussfolgerungen...228

D. Die Frage nach dem Sinn des menschlichen Daseins 232

1. Grund und Struktur der Sinnfrage 234
2. Versuche, die Spannung zwischen Endlichkeit und Unendlichkeit einseitig aufzulösen 237
   a) Verweigerung der Endlichkeit 238
   b) Verweigerung der Un-endlichkeit......................................239
3. Die Annahme der Grundspannung als Bedingung der Sinnrealisierung 240
   a) Die Annahme der gegenwärtigen Situation 241
   b) Die Annahme seiner selbst..241
   c) Die Annahme des Todes 244
   d) Der Sinn der Freiheit...248

Bibliographie...251

Namenregister 262

Sachregister 264

Zur besseren Gliederung des Textes in Sinnabschnitte unterhalb der letzten Gliederungsebene sind verschiedenen Abschnitten *Randnummern* beigegeben. Die *Literaturangaben* am Ende der einzelnen Abschnitte dienen der Weiterführung. Die ausführlichen Werktitel findet man in der *Bibliographie* am Ende des Buches.

> Eintagswesen!... Eines Schattens Traum
> Der Mensch.
> *Pindar* (ca. 500 v.Chr.), Pythien VIII, 88.

> Der Abgrund meines Geists ruft immer mit Geschrei
> Den Abgrund Gottes an: Sag, welcher tiefer sei!
> *Angelus Silesius,* Cherubinischer Wandersmann (1657) I, 68.

> Wesen bist du unter wesen.
> Nur daß du hängst am schönen
> und *weißt,* du mußt davon.
> *Reiner Kunze,* ein tag auf dieser erde (1998), 106.

Einleitung

Seit es überhaupt ein bewusstes, über die nötigste Befriedigung der vitalen Bedürfnisse hinausgehendes Denken gibt, ist die Frage nach dem Wesen, nach der Herkunft und der Bestimmung des Menschen gestellt worden. Gewiss mag diese Frage in vielen Verkleidungen aufgetaucht sein, gewiss bediente man sich der verschiedensten Ausdrucksmittel für die Antworten; und für längere Zeit konnte die Frage als solche verborgen bleiben, weil man sich im Besitz einer zufriedenstellenden Auskunft fühlte, durch die die Frage gleichsam schon überholt war, ehe sie gestellt wurde. Dennoch trocknete die Quelle der Frage nie ganz aus, – zu fraglich ist sich selber der Mensch.

Dass der Mensch ein fragendes und fragwürdiges Wesen ist, bezeugt auf ihre Weise schon die deutsche Sprache, in der, wie in den Redewendungen jeder Sprache, uralte Erfahrungen ihren Niederschlag gefunden haben. Hier interessiert nicht nur die Etymologie – die das Wort „Mensch" auf die Form „Man" zurückführt, was soviel wie „der Sinnende, Denkende" bedeutet haben könnte –, sondern vor allem der aktuelle Sprachgebrauch. Dieser enthält neben dem deskriptiven Gebrauch des Wortes auch einen wertenden, und zwar eigenartigerweise in einem doppelten Sinn: Je nach dem Kontext verweisen wir, wenn wir jemanden als „Menschen" bezeichnen oder ein Verhalten als „menschlich" beurteilen, einmal auf etwas Hohes, ein andermal auf etwas Niedriges. Redeweisen der ersten Art sind etwa: „Ein unmenschliches Verhalten", „Auch ein Verbrecher ist ein Mensch!", Redeweisen der zweiten Art, die meistens die Funktion einer Entschuldigung haben: „Auch ein Bischof ist ja nur ein Mensch!" oder – frei nach Terenz – „Nichts Menschliches ist mir fremd". Die Bezeichnung „Mensch" dient *zugleich* als Würde-Titel und als Entschuldigung für Armseligkeit, wohl nicht zufällig.

3 Was in der semantischen Zwiespältigkeit angedeutet ist, wird in der Dichtung aller Völker breit ausgemalt. Für unseren Kulturkreis sei nur auf zwei antike Stücke verwiesen, die uns noch heute bewegen können. Das eine ist das zweite Chorlied aus der „Antigone" des Sophokles, das in Hölderlins Übersetzung so beginnt: „Ungeheuer ist viel. Doch nichts / Ungeheuerer, als der Mensch." Das Lied ist erfüllt vom Staunen über den Menschen, der, anders als die Tiere, auf keinen natürlichen Ort und kein natürliches Verhaltensmuster festgelegt ist und deshalb alle Orte durchstreift und alle Lebewesen beherrscht, – und vom Schrecken darüber, dass der Mensch sich auch nicht in die gemeinsam errichtete Heimat der Stadtgemeinde verlässlich einbinden lässt. Der zweite Text ist der biblische Psalm 8. Getragen vom Bewusstsein der Winzigkeit des vergänglichen Menschen angesichts des Sternenhimmels endet er mit dem Ausdruck des Staunens in der – an den Schöpfer gerichteten – Frage „Was ist der Mensch, dass du dich seiner annimmst?"

4 Die alten Zeugnisse des Staunens und Erschreckens des Menschen über den Menschen verstehen wir in gewissem Ausmaß auch heute noch. In unserer Zeit aber haben wir neue Anlässe, über uns selbst zu staunen bzw. zu erschrecken, kurz: uns nicht mehr mit uns selbst auszukennen. Drei davon seien hier genannt! Da ist *zunächst* die Umkehrung des herkömmlichen Verhältnisses zur umgebenden Natur. Früher wurde die Natur im Ganzen als etwas Übermächtiges und Unerschöpfliches erlebt, das man um so unbedenklicher verändern und ausbeuten konnte, als man seiner Unzerstörbarkeit, gewissermaßen seiner mütterlichen Zuverlässigkeit, sicher war. Heute empfinden wir die Natur als einen knappen Vorrat (an Rohstoffen und auch an romantischer Ursprünglichkeit), den wir denkend und planend umgreifen und in unsere Fürsorge nehmen müssen. Aber während die Natur immer mehr zur bloßen Umwelt einer naturfernen, städtischen Industriegesellschaft geworden ist, findet die naturalistische Selbstinterpretation des Menschen immer mehr Zustimmung. Wie passt das zusammen, was geht hier vor? – *Zweitens* haben die immer schneller einander folgenden Phasen der wissenschaftlich-technischen Revolution bis hin zur digitalen in recht kurzer Zeit überkommene Weisen des Zusammenlebens und der damit gegebenen Lebensorientierung aufgelöst und auf der anderen

Seite völlig neue, sehr weitreichende Handlungsmöglichkeiten freigesetzt, über deren ethische und humane Bewertung auf immer mehr Gebieten eine Diskussion geführt wird: Wo sind die Grenzen, was die möglichen Ziele einer Formung des Menschen und einer Umgestaltung seiner inneren und äußeren Welt? Für diese Fragen sucht man Antworten nicht allein, aber auch nicht zuletzt in einem überzeugenden „Menschenbild". – *Schließlich* ist fast überall auf der Erde die Religion als Instanz der Handlungsorientierung zurückgetreten. Religiosität überhaupt ist zwar wahrscheinlich ein relativ konstantes Anthropologicum. Aber die Funktionen, die sie in der modernen Welt hat, haben sich offenbar geändert. Dadurch ist eine neue Fraglichkeit entstanden. Dies um so mehr, als der Fortschrittsoptimismus, der längere Zeit alle bis ins Religiöse reichenden Fragen überholt und unnötig erscheinen ließ, durch die Gräuel der sich immer mehr weitenden Schere zwischen den reichen und armen Ländern der Erde und durch die Genozide und Kriege des letzten Jahrhunderts einen empfindlichen Schlag erhalten hat. So findet sich der Mensch der Wende zum dritten Jahrtausend als ein Wesen, das kaum weiß, was es eigentlich ist, wozu es da ist und wie es leben soll.

Diese Befindlichkeit hat sich in den letzten Jahrhunderten vorbereitet. Aus ihrem Bewusstsein heraus trat die Frage des Menschen nach seinem Wesen immer mehr in den Interessenkreis der Philosophie, die an sich seit ihren Anfängen ohne eigene Abteilung mit dem Titel „philosophische Anthropologie" existiert hatte. Eine analoge Bewegung spielte sich im Bereich der Wissenschaften ab, wo immer neue Weisen und Richtungen, das Menschliche zu erforschen, entstanden und sich entfalteten. Dabei gibt es ein lebhaftes Hin und Her zwischen den vielfältigen wissenschaftlichen und philosophischen Untersuchungen des Menschseins. Beide Weisen des Fragens wachsen ja gleichzeitig auf dem Boden der schlichten Lebenserfahrung und der dabei entstandenen Alltags-Weisheit. Beide bemühen sich um ein begründetes Wissen, das auf einen Begriff des Menschlichen überhaupt abzielt. Beide sind folglich nur in einem gewissen Maß zu trennen; sie sind Teil eines einzigen, nie abzuschließenden Wissensprojekts. Ein Begriffspaar Kants aufgreifend, könnte man sagen: Im Hinblick auf dieses Ziel sind die anthropologisch relevanten empirischen Forschungsprojekte ohne die Klärungs- und Syntheseversuche der Philosophie „blind", während diese, weitgehend „leer" bleiben, wenn sie sich nur in ihrem eigenen Felde bewegen.

Aber nicht nur auf die empirischen Forschungen bleibt die philosophische Anthropologie verwiesen; sie hängt auch von anderen philosophischen Disziplinen ab, wie z.B. der Ontologie, Ethik, Naturphilosophie, Erkenntnislehre und Ästhetik. Gewiss hängt die Ausgestaltung philosophischer Fragebereiche zum Teil *auch* von anthropologischen Prämissen ab. Aber es gilt noch viel mehr das Umgekehrte, und zwar aus zwei Gründen. Erstens: Angenommen, es sei charakteristisch für den Menschen, dass er über die Welt nachdenkt, sich unter sittlichen Ansprüchen fühlt und am Schönen hängt, dann muss, um zu einer vertieften Erkenntnis des Menschen zu gelangen, geklärt werden, was Denken, sittliches Urteil und ästhetische Freude eigentlich sind. Für die Klärung dessen, was das Denken sei, sein könne und solle, ist man aber vor allem auf die Logik und Erkenntnistheorie angewiesen. Sinn und Geltung sittlicher Urteile werden primär in der Grundlegung der Ethik, das Wesen des Schönen in der philosophischen Ästhetik untersucht, und nicht oder dann erst in der Anthropologie. Zweitens: Wenn vom menschlichen „Sein" oder vom „Wesen" des Menschen die Rede ist, bezieht man sich auf Grundbegriffe der Ontologie. Vorentscheidungen im Felde der Ontologie sind auch Vorentscheidungen für Form und Methode der Philosophischen Anthropologie. Und diese bleibt undurchsichtig, wenn ihre ontologischen Implikationen nicht aufgeklärt werden.

6 In diesen Thesen ist schon die vielleicht wichtigste Option dieses Buches eingeschlossen, die man mit den Schlagworten „Phänomenologie", „Gegenwart", „Selbstreflexion" umschreiben kann. Anders gesagt: Die kosmologische und biologische Evolution ist eine unbestreitbare Tatsache. Dennoch hat die Auslegung des Lebens, das wir heute leben, auf seine wesensmäßigen Binnenstrukturen und Ermöglichungsdimensionen hin, den Vorrang vor der historischen und kausalen Rekonstruktion der Geschichte vom Urknall bzw. der ersten Zelle bis zum Menschen der Gegenwart. Denn man kann vernünftigerweise eine Genesis nur für das konstruieren, was man zuerst möglichst gründlich kennen gelernt hat; nur so kann man prüfen, ob die Rekonstruktion das einholt, was *ist*. Die Tatsache, dass man über die Kenntnis einiger Mechanismen verfügt, die bei dieser Geschichte eine Rolle gespielt haben, ist kein Gegenargument. Denn erstens reichen diese uns bis jetzt bekannten Mechanismen offenbar nicht dazu hin, das Gegenwärtige vollständig aus den Anfangsbedingungen des Kosmos oder auch nur des Lebens zu deduzieren. Und zweitens bliebe, auch wenn dies eines Tages möglich würde, die Aufgabe immer noch bestehen, das menschliche

Sein selbst erfahrend zu entdecken. Aus diesen Gründen ist diese Philosophische Anthropologie nicht „im Anschluss" an die Evolutionstheorie entworfen, wodurch sie im Bannkreis der Biologie bliebe, sondern vertritt die Eigenständigkeit der philosophischen Fragestellung.

Die Frage nach dem Menschen ist in diesem Buch so angelegt, dass sie durch verschiedene Theorie-Ebenen hindurch verfolgt wird. Dabei soll sich der Übergang von der einen Ebene zur nächsten aus dem Bewusstsein ergeben, dass die treibende Wesensfrage sich vom möglichen Gewinn einer bestimmten Frage-Ebene nur teilweise als gesättigt erweist. So wird die Frage eingangs in der Einstellung der biologischen und kulturellen Anthropologie angesetzt. Die Diskussion dieses Ansatzes verweist dann auf die philosophischen Fragen, welcher Rahmen beim Tier-Mensch-Vergleich sowie bei der vergleichenden Kulturtheorie vorauszusetzen ist und was sich aus der Reflexion des Faktums des Wissenschaft-Treibens für die Anthropologie ergeben kann. Beide Momente treffen sich in der Idee der welthaften Subjektivität, die eine Art von Organisationsprinzip für das Ganze der Darstellung sein soll (Teil A). Eine erste Verdeutlichung gewinnt diese Idee in der Interpretation einiger Grunddimensionen menschlichen In-der-Welt-Seins, die im Hinblick auf ausgewählte Humanwissenschaften durchgeführt wird (Teil B). Tiefer in das Zentrum führt eine Analyse jener Grundweisen menschlicher Subjektivität, die mit den Begriffen „Wissen" und „Freiheit des Willens" angedeutet und im Begriff „Geist" zusammengefasst werden (Teil C). Schließlich konzentriert sich die Frage auf die Suche nach dem realisierbaren Sinn des Menschseins (Teil D).

Das Ganze ist eher propädeutisch als systematisch angelegt, damit es auch philosophischen Anfängern als Einstiegshilfe dienen kann. Da ein philosophischer Text seinen prinzipiellen Anfang vom Ende her gewinnt, ist ein zweimaliges Studium wohl unvermeidlich. Vieles ist bewusst nur angedeutet, um dem Leser die Freude des eigenen Entdeckens nicht zu nehmen. Der Gedankengang schöpft gleichermaßen aus modernen und alten Quellen, denn das Gute findet sich zu allen Zeiten. Auf die Illustrierung des Textes durch ausdrückliche historische Bezüge ist jedoch weitgehend verzichtet worden, da der knappe Raum eine gerechte Darstellung und Kritik ohnehin nicht erlaubt hätte und in jedem Fall der sachbezogene Mitvollzug der Überlegungen den absoluten Vorrang haben sollte.

Da der Mensch, nach einem alten Bild, eine Welt im Kleinen (ein Mikrokosmos) ist, kann eine solch kurze Darstellung natürlich nicht mehr als eine Art von Einführung in einen Grundriss anthropologischen Fragens sein. Als solche ist sie mit der Hoffnung verbunden, dass mancher Leser seine eigenen Fragen darin wiederfinde und einige Anregungen für das eigenständige Weiterfragen und Erkennen erhalte. Wissen ist ja nicht dazu da, „schwarz auf weiß nach Hause" getragen zu werden und gegen neue Erfahrungen zu immunisieren, sondern dazu, ein besseres Fragen und ein bewusster geführtes Leben zu ermöglichen.

Literatur

Lorenz 1992
Rombach 1993
Böhme 1994
Honnefelder 1994
Wucherer-Huldenfeld 1994
Weiland 1995
Fink 1995
Oelmüller 1996

Arlt 2002
Fischer 2002
Rentsch 2003
Thies 2004

Textsammlungen:
Gebauer 1998
Schüßler 2000

Dieses dem akademischen Studium zugeordnete Buch erschien zuerst 1982. Für die dritte Auflage (2000) wurde der größte Teil der Texte im Interesse größerer Präzision, Lebensnähe und Aktualität neu geschrieben. Neu hinzugekommen sind die Sektionen A I, A III und C III. Ansatz und Architektur des Buches wurden jedoch im Wesentlichen beibehalten.
Für die vorliegende *vierte Auflage* wurde der Text neu durchgesehen und an verschiedenen Stellen verbessert. Neuere Literaturangaben sind hinzugefügt, einige ältere weggelassen worden. Meinen Hörern und Lesern danke ich für wohlwollende und kritische Rezeption, meinen Assistentinnen, Frau Ulrike Hoffmann M.A. und Frau Margarethe Drewsen, maître en philosophie, für hilfreiche Kommentare, Herrn Jürgen Schneider vom Lektorat des Verlags für langjährige gute Kooperation.

A. Die Frage nach dem rechten Ansatz

Die Bestandteile des Ausdrucks „Philosophische Anthropologie" sind der griechischen Sprache entnommen. Philosophie ist das Streben (philía) nach einem letzten Wissen vom Ganzen (sophía). Der Gegenstand der „Philosophischen Anthropologie" ist der Mensch (ánthropos), von ihm will man klar und allgemeingültig sagen, was er als solcher ist (lógos).

I. Ein Vorbegriff von Philosophischer Anthropologie

Das Unternehmen der Philosophischen Anthropologie beginnt niemals am Nullpunkt. In allen menschlichen Kulturen gibt es ein Wissen von dem, was ein Mensch ist, d.h. von dem, was allen Wesen, die als Menschen erfasst werden, gemeinsam ist, und was sie von allen anderen Wesen abgrenzt. Diese Überzeugungen können die Form von ausdrücklichen Aussagen über den Menschen haben oder in anderen Überzeugungen (z.B. ethischen, religiösen und kosmologischen) impliziert sein. Außerdem machen sich viele Menschen ihre private „Anthropologie" zurecht, die häufig der Reflex ihrer Lebenserfahrungen und ihrer Beobachtungen ist. Im Vergleich zu diesen kulturbestimmenden Überlieferungen besteht das Erkenntnisprojekt „Philosophische Anthropologie" im Versuch, einen Standpunkt zu gewinnen, der es gestattet, überlieferte Meinungen über das, was den Menschen ausmacht, im Lichte neuer Erkenntnisse und Fragestellungen zu überprüfen. Im Vergleich zu den privaten Reflexionen soll dies in möglichst rationaler und methodisch durchsichtiger Weise geschehen und in möglichst großer Unabhängigkeit von Emotionen. Philosophische Anthropologie ist die explizite Bemühung um ein systematisches und kritisch grundgelegtes Wissen vom Menschen. Dem Willen zu einer neuen Synthese muss nicht die Tatsache im Wege stehen, dass man *faktisch* nie zu einem völligen Neuanfang, sondern immer nur zu (mehr oder weniger tiefgreifenden) Modifikationen überlieferter Einsichten kommen wird.

1. Wesenserkenntnis

9 Menschen können sich zur Frage werden in einer individuellen Perspektive „*Wer* bin ich (im Unterschied zu anderen Menschen)?" oder in einem allgemeinen Sinn „*Was* sind wir Menschen (im Unterschied zu anderen Lebewesen)?" Während die erste Frage eine Angelegenheit der persönlichen Selbstbesinnung ist, wird die zweite von der Philosophischen Anthropologie aufgegriffen und in die Form gebracht „*Was* ist *der* Mensch?" Auf dieses „Was" und seine Erkenntnis deutet der Bestandteil *lógos* im Wort „Anthropologie" ganz besonders hin. Logos bedeutet Rede; in diesem Kontext ist genauer gemeint der *lógos apophantikós*, d.h. die aufzeigend-bestimmende Aussage. Aufgezeigt werden soll das, was die allen Menschen gemeinsame Grundform des Seins ist, eben das „Was" oder „Wesen" des Menschen.

10 „Wesen" ist ein mehrdeutiges Wort. Es kann einerseits ein sehr allgemeiner Ausdruck für ein konkretes Ding oder Seiendes sein, wie etwa im Ausruf „das arme Wesen!" oder in der eingangs zitierten Zeile von Kunze „Wesen bist du unter Wesen". Es kann andererseits das bezeichnen, *was* etwas ist, und zwar nicht zufällig, im Augenblick oder nebenbei, sondern seinem Grundbestand nach und untrennbar von seinem Sein: Der Satz „Das da ist ein Pferd" sagt das Wesen dieses Etwas aus, im Unterschied zu Sätzen wie „Das da ist etwas Braunes" oder „Das da ist ein müdes Etwas". Ein Pferd kann müde oder frisch sein; wenn es aber kein Pferd mehr wäre, wäre es gar nichts mehr. – In unserem Kontext ist nur das „Wesen" in dieser zweiten Bedeutung, der des wesentlichen Was, von Interesse, aber nicht in dem Sinn, dass wir uns fragten, welchen Wesens dies oder jenes unbekannte Phänomen sei, sondern in dem Sinn, dass wir untersuchen, welchen Gehalt eine ganz bestimmte Wesensgestalt selbst, nämlich das Menschsein, hat: was ein Mensch „im Grunde" sei.

11 Klassischerweise versucht man, das „Was" von etwas (hier: des Menschen) zu bestimmen durch die Umgrenzung seines logischen Ortes in einem größeren Zusammenhang von Was-Bestimmungen. Jede Definition wird ja vollzogen durch Angabe der höheren Gattung und der spezifischen Differenz. Die höhere Gattung ist nicht sofort gegeben, man muss sie suchen, d.h. aufgrund von Daten konstruieren. Sie selbst gehört idealerweise in ein *System* von Gattungsbegriffen. Die empirische Seite dieses Vorgehens ist der Vergleich der zu bestimmenden Gegebenheit mit anderen Gegebenhei-

ten, die einen Vergleich lohnend erscheinen lassen. Für die Definition des Menschseins spielt daher der Vergleich mit vergleichbaren Formen des Lebens eine wichtige Rolle. – Zweitens gehört zum Geschäft der Definition der Versuch, Eigenschaften aufzufinden, die *allen* Vertretern der untersuchten Art (und *nur* ihnen) eigen sind, also sog. Wesenseigenschaften (lat.: *propria*). Wenn dies gelingt, bleibt als letzter Schritt die Aufgabe, diese so festgestellten Eigenschaften aus der Wesensdefinition selbst „abzuleiten", d.h. zu verstehen, warum ein solches Wesen solche Eigenschaften haben kann oder gar muss.

Nun darf man nicht vergessen, dass die Zuordnung der Arten zu den Gattungen und die Ableitung der Wesenseigenschaften aus dem Wesensbegriff nicht auf einen Schlag möglich ist, sondern wiederum jeweils zwei Phasen hat: die Phase, in der diese Begriffe erst im lebhaften Hin und Her der vergleichenden Beobachtung gebildet werden, und die Phase, in der ihr Gefüge schließlich durch das Verfahren der Klassifikation in logischer Klarheit zur Darstellung kommt. Anders als z.B. in der Geometrie, wo die Begriffe durch Definition erst geschaffen werden und von vornherein in einen ganz eindeutig bestimmten logischen Raum eingeschrieben sind, sind bei realen Gegenständen, die *vor* ihren Begriffen da sind, die verschiedenen Arten nicht ganz exakt abgrenzbar. Es gibt Übergänge. Und was die Wesenseigenschaften betrifft, so findet man immer Ausnahmen, die einen zwingen, von der strengen Zuschreibung an „alle und nur sie" abzugehen und sich mit der bescheideneren Formulierung „für fast alle und fast nur sie" zu begnügen. „Wesensunterschiede" im Bereich des Realen haben nie die Absolutheit wie diejenigen im Bereich der reinen Begriffe. 12

Doch größer als diese Schwierigkeit ist das Problem, ob man im Fall des Menschen überhaupt ein „Wesen" ansetzen dürfe. Dieses Problem tritt in drei Formen auf: Erstens: Wenn man bedenkt, dass die Spezies „Mensch" sich im Laufe des kontinuierlichen Prozesses der Evolution herausgebildet hat, kann man sich fragen: Hat der Mensch überhaupt ein zeitübergreifendes Wesen? Zweitens: Ist die Individualität des Menschen nicht weitaus mehr als eine einzelne Realisierung eines gleichbleibenden Wesens, so dass der Einzelne bloß als ein weiteres Exemplar des Typs „Mensch" gelten müsste? Drittens: Ist der Mensch nicht dasjenige Lebendige, das kein festes Wesen hat, sondern sich sein Wesen je erst gibt, individuell in freier Selbstbestimmung und gesellschaftlich im Bau einer je anderen Kultur? Man sieht, dass diese Problematisierungen sich an einem ganz bestimmten Begriff von „Wesen" orientieren: nämlich an ei- 13 ner idealen, zeitlosen Gestalt, die erst nachträglich in Raum und Zeit realisiert wird, wobei die Realisierung nichts Positives zum Gehalt hinzubringt: man denke an die Realisierung der Idee „Dreieck" in einem hölzernen oder gemauerten Dreieck. Löst man diese sachfremde Orientierung auf, so löst sich auch das Problem weitgehend auf. Zum ersten Einwand ist zu sagen, dass es ein ewiges, sich gleichförmig realisierendes Wesen des Menschen in der Tat nicht gibt. Dennoch bleibt bestehen, dass „Menschsein" eine eigene Gestalt des Lebendigen ist, die sich, seit sie sich gebildet hat, deutlich und vielleicht immer deutlicher von anderen Gestalten unterscheidet und seit sehr, sehr langer Zeit charakteristische Züge zeigt, die zusammen eine eigene Wesensgestalt ausmachen. Der zweite Einwand deutet das Verhältnis des Wesens zu dem, dessen Wesen es ist, nach dem Modell des Verhältnisses, das zwischen der Urform in der Stanzmaschine und den vielen gestanzten Blechen besteht: diese unterscheiden sich von der Urform nur durch ihre kausale Abhängigkeit und voneinander nur als Nummern. Der Einwand weist die Anwendung dieses Modells auf den Menschen zu Recht zurück. Dennoch ist nicht jedes Individuum auch schon völlig eigenen Wesens, sondern eben ein menschliches. Zum dritten Einwand ist einerseits zu sagen, dass das „Wesen" des Menschen die Möglichkeit der Selbstgestaltung nicht ausschließt, sondern gerade impliziert, und andererseits, dass Selbstgestaltung nicht aus nichts heraus geschieht, sondern nur aufgrund dessen möglich ist, was der Mensch seinem Wesen nach ist. Dies ist geradezu ein Kriterium dafür, welche Bestimmungen an Menschen wesentlich oder kontingent sind: Wesenskonstitutiv sind jene, die jedes Handeln unweigerlich in Anspruch nimmt und dadurch als seinen Grund bestätigt.

2. Selbsterkenntnis

14 Anthropologische Erkenntnisbemühungen haben unter allen Wissenschaften eine Sonderstellung insofern, als in ihnen das Objekt zugleich das Subjekt des Fragens und Wissens ist. *Wir* wollen wissen, was *wir* sind. Es gilt aber ebenso: Wir wollen wissen, *was* wir *sind*. Und es gilt auch: Wir *wollen wissen*, was wir sind. Das heißt: Indem er sich selbst zur Frage wird, rückt der Mensch für sich in die Ferne eines allererst im Wissen zu bestimmenden Objekts, mit dem er dann *sich* zu identifizieren hat. Philosophische Anthropolo-

gie hat also die Form einer Selbstreflexion. In ihr machen wir, die Subjekte des Handelns, uns zu Objekten der Beschreibung, Klassifikation und Erklärung, zu Objekten unter anderen Objekten. So stehen wir uns dann als Andere und als Anderes gegenüber. Soll diese „Veranderung" nicht in einer Entfremdung enden, darf ihr Ausgangspunkt nicht vergessen werden: dass sie nichts Erstes ist, sondern ein Zweites: Produkt einer Vergegenständlichung, und dass das sich so ergebende Wissen nicht einfach unser unmittelbar gelebtes Sein ist, sondern nur – aber immerhin – dessen *Bild*. In einem Bild aber muss sich der Abgebildete selbst erkennen können. Das in der Philosophischen Anthropologie zu erzielende Wissen darf also nicht prinzipiell so sein, dass es keinen Anschluss hat an das, was Menschen schon vorher mit Gewissheit von sich wussten. – Aus diesen Überlegungen ergeben sich drei Maßgaben für die Stellung und für die Methoden der Beantwortung der Frage „Was ist der Mensch?"

a) „Wir" und „der Mensch"

Menschen fragen nach sich; sie wollen wissen, was das ist: Menschsein. Konkret aber fragen einzelne Menschen, die miteinander gleichzeitig sind und so miteinander suchen und diskutieren können. Wir fragen also heute, aus den Notwendigkeiten und Möglichkeiten heraus, die heute gegeben sind. Gewiss wollen wir nicht nur wissen, wer wir gerade heute sind, im Unterschied zu denen, die in früheren Zeiten gelebt haben. Aber wenn Anthropologie eine Form der Selbstvergewisserung ist, dann kann sie nicht nachträglich den Orientierungsbedürfnissen früherer Generationen dienen wollen und ebenso wenig kann sie denjenigen späterer Generationen eine zeitlos gültige Vorgabe machen. Wir sind es, die fragen, und zunächst sollen nur unsere Fragen beantwortet werden. Das heißt natürlich nicht, dass nur wir selbst die Menschen sind, die wir studieren. Vielmehr weitet gerade die anthropologische Fragestellung unsere Perspektive aus dem Partikulären in Richtung auf das Universale, das Menschheitliche. Aber sie bleibt doch unsere beschränkte Perspektive, die auf dem Umweg über das Universale zu uns zurückkommt. Wenn man diese Situation des anthropologischen Forschens ernstnimmt, relativieren sich zwei dornige Probleme. Es relativiert sich das Gewicht des Problems, den Umfang der Anwendbarkeit des Begriffs „Mensch" festzulegen angesichts der offenbar fließenden Übergänge in der evolutionären Hominisation. Wie immer sich dieser Übergang darstellen mag, seine genaue Erfassung spielt für die Bewusstwerdung dessen, was wir heute und seit langem sind und wohl auch länger noch sein werden, keine entscheidende Rolle. Und es relativiert sich auch das Gewicht eines anderen Problems, nämlich ob unsere Erkenntnisse, die mit den begrenzten Mitteln unserer Kultur erworben sind, auch für die anthropologische Selbsterkenntnis der Menschen anderer Kulturen Geltung beanspruchen können. Sicher nicht unmittelbar. Dazu müssen diese Thesen erst von den anderen verstanden, überprüft, bestritten oder auf ihre Weise angeeignet werden können. In dem Maße, in dem die Fragestellungen, die den Thesen zugrunde lagen, sich dabei als vertraut oder doch übernehmbar erweisen, ist schon der Boden für eine Gemeinsamkeit gelegt. Wenn dies nicht der Fall ist, so können sie doch anregend wirken. Mehr kann man nicht erwarten. (Über die Thesen selbst kann sowieso gestritten werden, innerhalb einer Kultur nicht weniger als über deren Grenzen hinweg.)

b) Eine Anthropologie aus dem Fragen

16 Mit der Tatsache des anthropologischen Forschens selbst ist schon die Tatsache gegeben, dass der Mensch ein Wesen ist, das fragen kann und wissen will, ein Wesen, dem sich Fragen stellen und das Wissen zu erreichen hofft. Also wird es wichtig sein zu klären, was Fragen und Wissen und was Können und Müssen sind, um von da aus ein Stück weit zu erfassen, was für ein Wesen der Mensch ist. Das berührt sich mit I. Kants Auffassung, wie die Frage nach dem Wesen des Menschen anzugehen ist. In seiner Logik-Vorlesung (ed. Jäsche, A 25; vgl. KrV B 832 f.) sagt er: „Das Feld der Philosophie ... lässt sich auf folgende Fragen bringen: 1) Was kann ich wissen? 2) Was soll ich tun? 3) Was darf ich hoffen? 4) Was ist der Mensch? Die erste Frage beantwortet die Metaphysik, die zweite die Moral, die dritte die Religion, und die vierte die Anthropologie. Im Grunde könnte man aber alles dieses zur Anthropologie rechnen, weil sich die drei ersten Fragen auf die letzte beziehen." Das heißt einerseits, dass die drei ersten aus dem Interesse des Menschen nach der Durchsichtigkeit seines eigenen Wesens gestellt werden, und andererseits, dass entscheidende Schritte auf diese Selbsterkenntnis hin gegangen werden können dadurch, dass man die drei ersten Fragen klärt und beantwortet. Wenn man das getan hat, und das geschieht zunächst im metaphysischen, ethischen und religiösen Fragen und erst dann in der Anthropologie, dann weiß

man schon das Wichtigste von dem, was man in der Frage „Was ist der Mensch?" wissen wollte.

Kants Idee besteht darin, dass er das „Sein" des Menschen (das „ist" im Satz „Was ist der Mensch?") über seinen unmittelbaren Sinn hinausführt, das logische Vehikel einer essentiellen Bestimmung zu sein. Er versteht es existenziell, als volles Verbum („sein" wie „leben"). Das „Sein" des Menschen bedeutet dann soviel wie die Weise dazusein, sein Leben zu leben. Die typisch menschliche Art des Daseins aber ist innerlich durch zwei Gruppen von Faktoren bestimmt. Die *erste* Gruppe besteht aus den Faktoren Wissen, Handeln und Hoffen. Diese drei Faktoren bedingen sich gegenseitig. Dabei ist jedoch, aufs Ganze gesehen, der mittlere Faktor der zentrale. Das Wissen hat seinen Sinn großenteils in der Ermöglichung und Qualitätssteigerung des Handelns. Auch die Hoffnung ist kein bloßes Erwarten, sondern Triebfeder des Handelns. Menschliches Sein heißt also vor allem so viel wie „Handeln". *Zweitens* ist das menschliche Handeln mitsamt seinen beiden Voraussetzungen kein subjektloser Vorgang, sondern ist je meines, deines usw. Es hat ein Subjekt. Dieses Subjekt steht in einer Relation zu sich, m.a.W. in einem Selbstverhältnis (d.h. zugleich in einer Distanz zu sich, in einer Gebundenheit an sich und in einer Verwiesenheit auf sich). Diese komplexe Relation ist ausgedrückt in den drei ersten Fragen, und zwar vor allem in der Wortgruppe „kann", „soll" und „darf". Das Feld, das durch die gegenseitige Verknüpfung von Können, Sollen und Dürfen umgrenzt ist, nennt man das Feld der „Selbstbestimmung", bezüglich deren die Idee der Freiheit zentral steht. In der Frage eines Menschen nach sich selbst scheint sich also schon die Tatsache einer wesentlichen Unbestimmtheit auf die Möglichkeit der Selbstbestimmung hin anzuzeigen.

c) Empirische und apriorische Elemente des anthropologischen Fragens

Nun ist es eine zunächst verwirrende Einsicht, dass keine der Fragen nach dem Wissen-*Können*, Tun-*Sollen* und Hoffen-*Dürfen*, die Kant stellt, *empirisch* beantwortet werden kann: weder unmittelbar durch Erfahrung noch mittelbar durch eine mit Erklärungshypothesen arbeitende Erfahrungswissenschaft. Nur das, was ein Mensch *faktisch* weiß und tut und hofft, kann neutral beschrieben und inventarisiert werden: teilweise von anderen besser als von ihm selbst, teilweise umgekehrt, im Ganzen sicher nie vollständig, aber im Prinzip doch. Daraus folgt auf der einen Seite, dass eine Theorie des Menschen, an der nicht nur ablesbar sein soll, was der Mensch durchschnittlich ist, sondern auch, was er sein kann und soll – und eben das erwartet jedermann von einer Philosophischen Anthropologie –, keine empirische Theorie nach dem Vorbild der Natur- und Sozialwissenschaften sein kann. Andererseits darf dies nicht bedeuten, den Forschungen des letztgenannten Typs, wenn ihr Gegenstand der Mensch oder Menschliches ist, jegliche Relevanz für die Philosophische Anthropologie abzusprechen. Nicht selten ist es ja so, dass diese Forschungen selbst aus einem Erkenntnisinteresse getrieben werden, das starke philosophische Einschlüsse hat. So klar die abstrakte Unterscheidung von Philosophie und empirischer Wissenschaft ist, so schwierig und teilweise widersinnig wird sie, wenn sie sich auf konkrete Gegenstände und zumal auf einen Gegenstand wie den Menschen bezieht. So wäre ein doppelter Sinn von „philosophischer Anthropologie" zu unterscheiden. Der erste Sinn ist weit, er bezieht sich auf den Gegenstand und das Projekt einer möglichst umfassenden Erkenntnis des Menschen. An diesem Projekt arbeiten, je auf ihre Weise, die Philosophie und die verschiedenen anthropologisch interessierten Wissenschaften zusammen. Es ist ein einziges Projekt, das freilich inzwischen so viele Fragestellungen umgreift, dass eine effektive Totalisierung des dadurch entstehenden Wissens kaum mehr möglich ist. In einem zweiten, engeren Sinn von Philosophischer Anthropologie unterscheidet sich diese von den anderen anthropologisch interessierten Wissenschaften durch ihre Fragestellung, die auf das Ganze geht, und durch die Konzentration auf jene menschlichen Phänomene, die sich hinreichend nur den Methoden der Philosophie erschließen.

Wie sich das Verhältnis der Philosophie und der empirischen Wissenschaften vom Menschen gestalten kann, soll nun am Beispiel der Biologischen Anthropologie und der Kulturanthropologie gezeigt werden.

Literatur

Beck 1974
Haeffner 2005

II. Biologische und philosophische Anthropologie

Der erste Adressat, an den sich heute viele Menschen wenden werden, wenn sie an gesichertem Wissen über den Menschen interessiert sind, ist die Wissenschaft in der strengen Form der Naturwissenschaft. Wenn wir nun die Naturwissenschaften nach dem Grad ihrer Allgemeinheit ordnen, so zeigt sich, dass die erste Wissenschaft, in der so etwas wie „der Mensch" überhaupt vorkommt, die *Biologie* ist. In der Physik und Chemie kommt der Mensch als Gegenstand nirgendwo vor. Zwar fällt auch der Mensch, insofern er ein Körper im Raum, ein Komplex chemischer Prozesse usw. ist, in den Gegenstandsbereich dieser Wissenschaften, – aber nicht *als* Mensch, d.h. in einer spezifischen, von anderen Körpern, Prozessen usw. wesentlich verschiedenen Weise.

1. Das Programm der biologischen Anthropologie,
   samt einigen Ergebnissen

Der Gegenstand der Biologie, das Lebendige, ist ein *in sich gegliedertes* Feld. Im systematisch und evolutiv gegliederten Ganzen des Lebendigen gibt es voneinander verschiedene „Orte", die „besetzt" sind von verschiedenen Arten (Spezies, definiert z.B. von Wettstein als die „Gesamtheit der Individuen, die in allen wesentlichen Merkmalen untereinander und mit ihren Nachkommen übereinstimmen"). Eine dieser Spezies trägt die Bezeichnung „Mensch" (homo sapiens).

Eine erste Bestimmung dessen, was der Mensch ist, liegt also in der Angabe der Stelle, die er im System des Lebendigen einnimmt. Der Blick auf eine Tafel, die das natürliche System der Lebewesen darstellt, zeigt, dass der Mensch als ein Säugetier, genauer: als einer der Primaten, noch genauer: als ein Anthropoid anzusehen ist, der innerhalb dieser Gruppe mit dem Schimpansen und dem Bonobo mehr Ähnlichkeiten aufweist und folglich auch in einer engeren Verwandtschaft steht als mit dem Gorilla und dem Orang-Utan oder gar z.B. mit dem Pavian.

Einige der wichtigsten Eigenarten des Menschen, soweit sie auf diesem Wege dem Biologen-Auge sichtbar wurden, sollen hier summarisch nach drei Gesichtspunkten dargestellt werden: unter anatomisch-morphologischem, unter ontogenetischem und unter ethologischem Gesichtspunkt. Wenn hier von Eigenarten (Spezifika) die Rede ist, dann selbstverständlich auf dem Hintergrund der Gemeinsamkeit, sei es mit den nächsten „verwandten" Tierspezies, sei es mit höheren Klassifikationseinheiten wie z.b. den Säugetieren überhaupt. Im Blick sind dabei Tiere und Menschen, wie sie sich heute finden oder aufgrund von paläontologischen Funden rekonstruiert werden können; so kommt man auf eine relative Konstanz der Formen über einen Zeitraum von mehr als 1 Million Jahren. Je mehr man in die Mikrostrukturen hinabsteigt, desto größer sind die Gemeinsamkeiten; so hat z.b. der Mensch fast hundert Prozent seiner Gene gemeinsam mit den Menschenaffen, die biochemischen Prozesse und die Struktur der Stoffwechselorgane sind fast dieselben. Die Unterschiede werden jedoch desto deutlicher, je mehr man sich vergleichend der Gestalt und dem Verhalten von Menschenaffen und Menschen zuwendet.

a) Anatomisch-morphologische Besonderheiten

21 Im Vergleich zu den Menschenaffen ist das Skelett des Menschen im Ganzen entscheidend umstrukturiert (vgl. Goerttler 1972): Bei aufrechter Haltung ist die Wirbelsäule, die an der Unterseite des Kopfes ansetzt, S-förmig gebogen; das Becken ist weniger aufgerichtet; Hüft- und Kniegelenk sind fast vollständig gestreckt; der Fuß ist gewölbt usw. All das entspricht dem Sachverhalt, dass der Mensch die aufrechte Haltung als Normalhaltung hat. Das Korrelat der aufrechten Haltung ist die Befreiung der Vorderextremitäten von der Lokomotionsaufgabe und die Ausbildung eines echten Standfußes, während der Schimpanse sozusagen vier Hände hat und auf der Außenkante seiner „Füße" läuft. Entsprechend der überwiegenden Lebensweise auf den Bäumen ist die Hand der Menschenaffen eine verlängerte „Hakenhand" mit einem recht kleinen, nicht gut opponierbaren Daumen. Die Hand des Menschen hingegen ist viel weniger spezialisiert und, durch ihre Entlastung von der Fortbewegung, viel differenzierter geworden, sie eignet sich nicht nur zum kräftigen Zupacken, sondern auch zur feinfühligen Präzisionsarbeit.

Die freie Einsetzbarkeit der Hand steht in engem Zusammenhang mit der Gestaltung des Schädels (vgl. Leroi-Gourhan 1964/65, Kap. 2-4). Die nach vorn gerückten, stereoskopisch sehenden Augen und die entsprechende Rücknahme des schnauzenartigen Vorsprungs des Gesichts, die der Mensch mit den Menschenaffen teilt, akzentuiert sich bei ihm noch. Die dadurch mögliche Kooperation von Auge und Hand bringt beim Menschen eine Dominanz des Gesichts- und Tastsinns über den Geruchssinn mit sich (vgl. Plessner 1970). Die wehrhaften Eckzähne sind zurückgebildet, ebenso wie die überstarke Kiefermuskulatur – Kompensation für die neue Fähigkeit der Hände, Gegenstände zu transportieren und Werkzeuge und Waffen zu führen. Dadurch kann sich der Komplex von Organen, die an der Stimmerzeugung beteiligt sind, so verändern, dass die differenzierte Lautbildung möglich wird, wie sie für die menschlichen Sprachen gebraucht wird. Die Stirn, die nun nicht mehr den Ansatz für die überstarken Kaumuskeln bilden muss, wird „entriegelt"; der Gehirnschädel kann leichter und größer werden und einem umfangreicheren Gehirn Platz bieten.

Das Gehirn, als der wichtigste Teil des Zentralnervensystems, spielt eine entscheidende Rolle für die Organisation jedes höheren Lebewesens, – eine Rolle, die sich im Fortgang der Evolution dieser Organismen steigert. Der Mensch hat zwar im Vergleich mit den Menschenaffen keine neuen Gehirnteile. Jedoch ist bei ihm das verhältnismäßige Gewicht seines Gehirns (im Bezug auf das Körpergewicht) deutlich größer als bei diesen. Wichtiger noch ist, dass beim Menschen das Großhirn (die Hirnrinde), das die höheren, geistigen Funktionen ermöglicht, im Vergleich zu den phylogenetisch älteren Hirnteilen (Mittel-, Klein- und Stammhirn) außergewöhnlich kräftig entwickelt ist. Es ist viel größer, stärker differenziert und weist eine gesteigerte Verdichtung der Neuronenverbindungen auf. Die genauere vergleichende Untersuchung des Gehirnbaus bei Mensch und Schimpanse ist noch im Gang. Rein anatomisch springen die Unterschiede freilich nicht besonders ins Auge. Am deutlichsten sind sie, jedenfalls bisher, an den unterschiedlichen Verhaltensleistungen von Mensch und Schimpanse ablesbar, von denen man annehmen muss, dass sie ihre Ermöglichung in Gehirnfunktionen finden.

b) Ontogenetische Ausnahmestellung

Vielleicht der wichtigste Einschnitt im Lebenslauf ist die Geburt, 22 der Übergang vom geschützten und versorgten Leben im Mutterschoß zum Dasein als ein ausgesetztes Wesen. Nun sieht es so aus, als werde der Mensch prinzipiell zu früh geboren. Zwei Beobachtungen legen diese These nahe. Zum einen entsprechen der spezifischen Entwicklungshöhe der höheren Säugerarten auch verlängerte

Tragzeiten. Dementsprechend müsste der Mensch eine Tragzeit von 21 bis 22 Monaten haben, während es bekanntlich nur neun Monate sind. Zum andern: Für fast alle Tiere fällt das Ende der Tragzeit mit dem Abschluss der Reifung der zu einem selbständigen Leben notwendigen Fähigkeiten zusammen; die Geschwindigkeit der Reifung, die noch weitergeht, sinkt dann sehr deutlich ab. Die Reifung der neuromuskularen Organisation des kleinen Menschen aber geht mit unverminderter Geschwindigkeit noch etwa ein Jahr lang weiter. Portmann hat deshalb das erste Lebensjahr des Menschen als das „extra-uterine Jahr des Embryo" bezeichnet. Die Bedeutung dieser Anomalität liegt darin, dass auf diese Weise die kulturell-soziale Prägung des Säuglings bis in das Stadium seiner „embryonalen" Unfertigkeit hinein- und entsprechend tief reicht. „In der Zeit um den 9. bis 11. Monat des ersten Jahres... bilden sich gleichzeitig drei so wichtige Züge des menschlichen Daseins: der Werkzeuggebrauch, die eigentliche Sprache und die aufrechte Haltung" (Portmann 1942, 21). „Bei allen diesen Strebungen wirken erbliche Anlagen und der Drang zur Nachahmung der Umgebung in innigster Weise zusammen. Bei keinem anderen höheren Säugetier ist Ähnliches möglich – durchleben sie doch alle diese entscheidende plastische Phase ihrer neuromuskularen Organisation im Mutterkörper, wo fern von allem Kontakt mit der Außenwelt eine feste Instinktorganisation aufgebaut wird" (Ebd. 20; vgl. Portmann 1956, 49-58.68-80).

c) Besonderheit der Struktur des Verhaltens

23 Bevor etwas zur Besonderheit der menschlichen Verhaltensstruktur gesagt werden kann, muss in wenigen Worten etwas zum Begriff des Verhaltens und zu der Wissenschaft der vergleichenden Verhaltensforschung, der Ethologie, gesagt werden.
Tiere (im weiteren Sinn von: animalische Lebewesen) unterscheiden sich von Pflanzen vor allem dadurch, dass sie nicht an einem bestimmten Platz eingewurzelt sind, sondern sich frei im Raum bewegen können. Dabei ist zu beachten, dass das spontane Sichbewegen etwas anderes ist als das passive Bewegtwerden von außen, auch wenn beide Male derselbe Weg zurückgelegt wird. Bei bloßen Körpern gibt es diesen Unterschied nicht. Der Selbstbewegung des Tieres geht etwas voraus: eine Bewegungstendenz und eine Erfassung der Situation, die zugleich eine Bewertung ist. Beides – das Motorische und das Sensorische – sind eng miteinander verfloch-

ten. Dabei hat das Motorische die Führung. Es selbst wiederum wird geführt von Bedürfnissen und Zielvorgaben. Je höher ein Tier organisiert ist, desto differenzierter und plastischer sind alle diese Bereiche; desto mehr kann man auch davon sprechen, dass das Tier einen gewissen Spielraum des Verhaltens hat, den es so oder so ausnützt.

Nun ist es aber so, dass das Verhalten der Tiere in bestimmten Situationen nicht jeweils *ganz* anders ist, sondern zum Besten des Individuums und seines genetischen Potentials in artspezifischer Weise und erfahrungsunabhängig von Anfang an festgelegt ist, und zwar (wie z.B. bei den Einzellern oder auch den Insekten) ganz oder (wie bei den höheren Säugern) weitgehend. „In einer Unzahl von Fällen beantwortet ein Organismus eine bestimmte, biologisch bedeutsame (äußere) Reizsituation ohne jede vorhergehende Erfahrung, ohne Versuch und Irrtum, sofort in spezifischer und eindeutig arterhaltend sinnvoller Weise" (Lorenz 1943, 249). Die entscheidende Entdeckung war dabei diese: Es ist die naturhafte Zuordnung bestimmter Konfigurationen von Sinnesdaten (als Reiz, *stimulus*) zu bestimmten Reaktionsweisen (*response*), die in jeder Situation eine optimale Chance „richtigen" Handelns ermöglicht. Die Veränderungen in der Umwelt mitsamt den dort auftretenden Wesen sind für das Tier durch reaktionsauslösende Schemata vertreten, die effektiv die entsprechende Reaktion dadurch auslösen, dass die (hormonal gesteuerte) innere Verhaltensbereitschaft enthemmt wird. Ein klassisches Beispiel ist die Flucht der Hühner, wenn sich über ihnen etwas nach dem Schema „kurznackig voran" bewegt. Dabei sind die jeweiligen Teil-Reaktionen einer sinnvollen Handlungskette eingegliedert, die zum vorläufigen Endziel (Sättigung, Begattung, Klärung der Rangordnung usw.) führen; jede dieser Teilreaktionen wird durch einen neuen Stimulus ausgelöst. Es gibt also eine Hierarchie: von dem umfassenden Zweck der Selbst- und Arterhaltung zur Befriedigung der Grundbedürfnisse (Sättigung, Fortpflanzung usw.), von da zur Erreichung von Teilzielen (z.B. für die Fortpflanzung: der Ausschaltung des Rivalen), von da zu den einzelnen Handlungen (hier z.B. im Kampf: Verfolgen, Drohen, Beißen usw.). Entscheidend ist, dass das Tier nicht überhaupt erst lernen muss, welches Verhalten in einer einzelnen Situation sinnvoll ist, sondern dies grundsätzlich schon „weiß", bzw. so handelt, als ob es dies schon wüsste.

Damit ist keineswegs ausgeschlossen, dass das Verhalten der Tiere *auch* von Faktoren bestimmt werden kann, die nicht angeboren sind; das gilt insbesondere für die höheren Wirbeltiere. Hier gibt es einerseits die „Prägung", andererseits die verschiedenen Formen des Lernens. Von *Prägung* spricht man, „wenn Sinneseindrücke in einer bestimmten sensiblen (Lebens-)Phase die Wirkung haben, dass sie für die Zukunft unwiderruflich zum auslösenden Reiz für Reaktionen in einem bestimmten Antriebsbereich werden" (Hassenstein 1972, 61). Durch Prägung erklärt man sich z.B. die Stabilität der Mutter-Kind-Beziehung. Prägungen gehen tief. Aber einen viel weiteren Spielraum des Verhaltens bringt das *Lernen* (vgl. Goller 1995, 116-158). Durch die Assoziation von neutralen Sinnesempfindungen mit reaktionsauslösenden Reizen können die ersteren dieselben Reaktionen auslösen wie die letzteren („Klassisches Konditionieren"). Ein zufälliges Verhalten, das sich als lustbringend erwiesen hat, lockt zur Wiederholung und kann so zu einer Gewohnheit werden („Operantes Konditionieren"). Das Verhalten von Genossen, das diesen erkenntlich Vorteile bringt, wird nachgeahmt und so ins eigene Repertoire übernommen („Lernen am Modell"). Es gibt auch die Einsicht in Zusammenhänge, durch die neue, bisher subjektiv unbekannte Verhaltensmöglichkeiten entstehen. Dabei bauen die Verhaltensrepertoires aufeinander auf: Ganz unten stehen die Reflexe und Instinkte, dann die Prägungen, dann die verschiedenen Typen des Erlernten. Je höher eine Tierart entwickelt ist, desto mehr ist bei ihr die „Starrheit" des bloß instinktgesteuerten Verhaltens gelockert, desto größer ist die relative Bedeutung, die das Lernen gewinnt.

25 Die Human-Ethologie fragt nun: Wie nimmt sich in diesem Panorama das Verhalten des Menschen aus? Beim Menschen verlagert sich das Gewicht der Elemente, die das Verhalten bestimmen, noch weit entschiedener, als das schon bei den Affen der Fall ist, auf das Lernen aus Tradition und eigener Einsicht; dadurch verändert sich das ganze Gefüge der Verhaltensdeterminanten.

Eine Folge dieses Umbaus besteht darin, dass die verschiedenen Handlungsbereitschaften („Instinkte") mitsamt den ihnen entsprechenden Objekten und Zeiten nicht mehr streng unterschieden, sondern teilweise ineinander transformierbar geworden sind. Im Prinzip kann man die Bereiche des Nahrungs-, Geschlechts- und Geltungstriebs zwar weiterhin unterscheiden. „In dem Was und Wie ihrer Zielsetzung, Äußerung und Ausschließlichkeit aber (sind sie) durchaus unberechenbar" (Gehlen 1961, 114). So kann beispielsweise die Magersucht bzw. Fress-Sucht Ursachen im Bereich des Libidinösen haben, wie umgekehrt verschiedene sexuelle Verhaltensweisen nur als Ausdruck eines Macht- und Geltungsstrebens verständlich sind. Damit hängt zusammen, dass die Tendenz zu sexueller Aktivität beim Menschen weit weniger rhythmisch (in Brunstzeiten) geregelt ist als bei seinen tierischen Verwandten; sie ist nahezu immer ansprechbar. Diese Permanenz der geschlechtlichen Ansprechbarkeit aber führt „zu einer stetigen, dauernden Sexualisierung aller menschlichen Antriebssysteme einerseits – aber auch zu einer bedeutungsvollen Durchdringung der sexuellen Aktivität mit den stetig wirkenden anderen Motiven menschlichen Verhaltens" (Portmann 1956, 63 f.).

Der wichtigste, zentrale Unterschied ist eine radikale Neuheit sowohl auf der Seite der Motive wie auf der ihr korrespondierenden Seite der Objekte. Der mehr oder minder automatische Zusammenschluss von *stimulus* und *response* kann durch einen *Hiatus* unterbrochen werden. In diesem Zwischenraum haben Überlegung und freie Entscheidung Platz. Wichtiger noch: Der Mensch ist dazu fähig, die begegnenden Objekte nicht nur als Komplexe von *stimuli* zu empfinden, sondern sie auf ihr eigenes Sein hin zu verstehen und zu respektieren. M.a.W.: Er kann „sachlich" sein (vgl. Hengstenberg 1957). Aus dieser Sachlichkeit kann er dann auch so etwas wie Wissenschaft und Ethik aufbauen. Die Fähigkeit und der Antrieb zu solchem Verhalten beziehen sich auf einen Zweck, der nicht im Dienst der Selbst- und Arterhaltung stehen muss, sondern sich von diesen Superzwecken des Lebendigen lösen kann. Deswegen können Menschen um anderer Ziele willen auf Fortpflanzung verzichten; sie können selbst ihr Leben für eine wichtige Sache bewusst aufs Spiel setzen oder es auch beenden.

Literatur

Portmann 1956 und 1974
Alcock 1993
Immelmann 1996

Leakey 1997
Heisenberg 1997
Paul 1998

2. Das Verhältnis der biologischen zur philosophischen Anthropologie

Die zuletzt genannten Eigenarten des menschlichen Verhaltensrepertoires machen einen Unterschied aus, der dem Menschen eine Sonderstellung nicht nur innerhalb der Primatengruppe zuschreibt, sondern das gewöhnliche Maß des Unterschieds zwischen Tieren derselben Gattung sprengt. Ungeachtet der größeren Nähe des

Menschen zu den Affen als etwa zu den Gänsen, deutet sich so eine Sonderstellung des Menschen im Reich des Lebendigen überhaupt an, – nämlich jene, die sich in der Unterscheidung „Mensch und Tier (überhaupt)" ausspricht, die im Übrigen, aufs Ganze gesehen, das Gemeingut der menschlichen Kulturen ist.

An dieser Stelle kommt die biologische Anthropologie an eine Grenze. Es ist oben schon gesagt worden, dass Unterschiede zwischen dem Menschen und den Menschenaffen, ja den Säugern überhaupt, desto weniger sichtbar sind, je mehr man sich auf der biochemischen, physiologischen, genetischen usw. Elementarebene aufhält, und um so mehr, als man sich dem Verhaltensrepertoire und der dazugehörigen Umwelt von Menschenaffen und Menschen zuwendet. Die Grenze tritt nun in zweierlei Gestalt auf: als Grenze der biologischen Methoden der Beschreibung und als Grenze der Ressourcen des Begreifens.

27 Zuerst eine Bemerkung zur Problematik der *Beschreibung*! Wenn das menschliche Handeln Gegenstand der vergleichenden Verhaltensforschung werden soll, müssen natürlich jene Elemente des Handelns herausgegriffen werden, die eine gewisse Nähe zum Verhalten anderer Primaten haben. Und für einen solchen Vergleich von Menschen z.B. mit Schimpansen ist es wiederum unverzichtbar, sich eines gewissen Begriffs des Primaten überhaupt zu vergewissern, der als leitende Optik für die Fragestellungen dient. Damit ist gegeben, dass das aus dieser Allgemeinvorstellung Herausfallende, Unvergleichliche, jedenfalls zunächst, zurückgestellt wird. In der Tat sehen Biologen es nicht als ihre Aufgabe an, das, was Menschen tun, erleben und ausdrücken, in seiner ganzen Breite und Tiefe zu erforschen. Die oben genannte Fähigkeit zur „Sachlichkeit", das moralische Bewusstsein, die menschlichen Sprachen, Musikstile und Religionen z.B. werden sie nur insofern als ihren Gegenstand betrachten, als darin Struktur-Elemente der ihnen vertrauten Lebensgesetze erkennbar sind. Die Optik, die der biologischen Beschreibung des Menschen und des Menschlichen zugrunde liegt, ist also eine bestimmte und damit begrenzte Optik, neben der die Optik andersartiger empirischer Forschungen steht wie – um nur einen Ausschnitt zu nennen – die der Ethnologie, Psychologie, Linguistik, Soziologie, Religionswissenschaft, Musikwissenschaft usw. Diese Wissenschaften studieren nicht nur die Formen und Gründe menschlichen Handelns, Miteinander-Umgehens, Schaffens, sondern auch die innere Struktur typisch menschlicher Produkte. Von diesen her fällt ein Licht auf den Menschen als Produzenten von Produkten, zu denen es in der Welt der Menschenaffen

kaum Parallelen gibt. Stand je ein Tier sprachlos vor dem Schönen? Hat es je um den besten Ausdruck für sein Staunen gerungen? Haben Tiergesellschaften sich je Rechtsinstitutionen gegeben? Haben sie je Theorien entworfen und sich ein Bild von ihrer Stellung im Kosmos zu zeichnen versucht?

Bevor wir nun zur Ebene des Verstehens und Begreifens übergehen, soll eine Zwischenbemerkung eingeschoben werden. Es ist zunächst zu bedenken, dass schon das Beschreiben des Verhaltens kein bloßes Registrieren von Einzelphänomenen ist. Es ist vielmehr zu einem gehörigen Teil schon von einem gewissen Verstehen geführt: wir meinen oft unmittelbar zu sehen, „was das Tier jetzt macht", d.h. welchen Sinn sein Verhalten hat. Dieses vorwissenschaftliche Verstehen aber speist sich aus der unmittelbaren Vertrautheit mit unserem eigenen Verhalten bzw. mit dem unserer Mitmenschen, das die bleibende Voraussetzung für den Tier-Mensch-Vergleich ist. Aufgrund von Analogien mit unserer Selbsterfahrung erschließen wir uns auch tierische Verhaltensweisen, die zunächst unverständlich sind. Wir interpretieren das Verhalten und den Bau der Tiere also unweigerlich mit anthropomorphen Begriffen; selbst dann noch, wenn wir diesen Anthropomorphismus kritisch-wissenschaftlich durch sein Gegenstück, den Mechanismus, zu konterkarieren und dadurch in Grenzen zu halten suchen. Es ist also das *so verstandene* Tiersein, an dem wir unser Menschsein vergleichend zu bestimmen suchen. Aus diesem Zirkel kommen wir nicht hinaus. Aber durch den Vergleich des Menschen mit vergleichbaren Tieren wächst unser Begreifen sowohl des Tierischen wie des Menschlichen, sowohl in dem, was beiden gemeinsam ist, wie in dem, was sie unterscheidet. Beides wird zugleich und im Gegenzug zueinander gewonnen (vgl. Buytendijk 1958, S.120-124). – Dabei ist es anthropologisch von Bedeutung, wovon der Vergleich seinen Ausgangspunkt nimmt. Wenn wir damit beginnen, uns selbst, die wir uns zunächst lebensmäßig von den Tieren unterscheiden, wissenschaftlich unter diese einzureihen, entsteht ein Effekt der Verfremdung, der sich gefühlsmäßig als Befremdung äußern kann oder auch, wenn diese Reaktion nicht mehr stattfindet, zu einer Entfremdung führen kann, dass man mitmenschliches Verhalten mehr und mehr durch die Brille des Verhaltensforschers zu sehen beginnt. Andererseits: Wenn man davon ausgeht, dass der Mensch eine der vielfältigen Formen des Animalischen ist, und dann darauf zurückkommt, was für eigenartige Tiere wir sind und wie sonderbar sich menschliches Leben vom animalischen unterscheidet, dann kann man in ein Staunen geraten. Und ein solches

Staunen über das, was wir sind und unweigerlich zu sein haben – was mit einem Gefühl der Superiorität über unsere tierischen Verwandten gar nichts zu tun haben muss – ist die unerlässliche Grundlage dafür, dass wir uns selbst „philosophisch" zur Frage werden und so die Chance haben, zu einer Selbsterkenntnis zu kommen.

29 An welche Grenze stößt man nun, wenn man mit den Mitteln der biologischen Anthropologie versucht, den Menschen zu *begreifen*, d.h. ihn im Rahmen ihrer Erklärungsmöglichkeiten zu verorten und zu sagen, was er *im Grunde* sei? Der Stein des Anstoßes ist die oben angedeutete Sonderstellung des Menschen nicht nur im Gesamt der Primaten, sondern im Gesamt des Lebendigen, ja in gewisser Weise in einem Gegenüber zu diesem, wie es z.B. massiv in der Tatsache des Fragens, Forschens und Wissens des Biologen selbst zum Ausdruck kommt, das keinerlei Analogie unter den anderen Lebewesen findet, die seine Objekte sind. So sagt etwa der Genetiker Martin Heisenberg (1997, 185): „Wir sind aus evolutionsbiologischer Sicht ganz Natur, aber die evolutionsbiologische Sicht ist ganz Geist". Hier stellt sich die Frage: Wie ist es *denkbar,* dass sich eine besondere Tierart – eben der Mensch – (hinsichtlich bestimmter Fähigkeiten) vom Tierischen als solchem unterscheidet? Ist das nicht ein Paradox? Das Paradox erzwingt eine Stellungnahme: ob man es als echt gelten lässt oder ob man es als bloß scheinbar deklariert. Durch eine solche Stellungnahme aber ist man, wie gleich deutlich wird, auf die Ebene prinzipieller Aussagen, d.h. auf die Theorie-Ebene der Philosophie geraten.

30 *Entweder* nämlich hält man am phänomenalen Gehalt des Paradoxes fest. Dann wird man z.B. sagen, dass der Mensch aus zwei Komponenten bestehe: aus dem triebbestimmten Körper, den er im Prinzip, wenngleich in artspezifischer Weise, mit den Tieren gemeinsam hat, und aus dem Geist, der ihm eigen ist bzw. den er mit anderen (wirklichen oder gedanklich entworfenen) Geistwesen wie Engeln, Laplaceschen Dämonen oder *Aliens* gemeinsam hat. Dann fragt man sich, was dieses Geistige genau sei, und wie es mit dem Animalischen im Menschen zusammenwirke und wie sich diese Dualität zur Einheit des Menschen verhalte. Zur Beantwortung dieser Frage wird der Biologe nicht mehr viel sagen wollen und können. Er wird zwar z.B. darauf hinweisen, dass, damit „Geist" im Menschen sein könne, auch die physisch-psychische Organisation des Menschen Besonderheiten im Vergleich zu den anderen Primaten haben müsse, wenn nicht ein gänzlich hybrides Wesen entstehen solle. Er wird auch betonen, dass, damit dieses sich beim Men-

schen ereignen konnte, auch schon bei den evolutiven Vorstufen des Menschen und der Primaten überhaupt eine Entwicklung stattgefunden haben müsse, die die Voraussetzungen dafür bereitstellte. Aber im Wesentlichen wird er die Frage nach dem Geistigen und nach der inneren Einheit des Menschseins anderen, nämlich den Philosophen überlassen, und damit bescheiden zugeben, dass die Biologie allein die Frage nach dem Wesen des Menschen nicht hinreichend stellen oder gar beantworten kann. Damit ist in keiner Weise ausgeschlossen, dass ein Mensch aus philosophischen Interessen zum Biologen werden kann und dass die Biologie einen der wichtigsten Beiträge zur Erkenntnis dessen, was der Mensch ist, leistet.

Oder man versucht, die genannte Paradoxie zu beseitigen, um im Bereich der Biologie bleiben zu können. Aber auch dann betritt man unwillkürlich philosophisches Terrain. Ein solcher Versuch besteht z.B. darin, dass man das Eigene des Menschen – eben den „Geist" – nur in den besonderen *Mitteln* sieht, seine Grundbedürfnisse zu befriedigen und die Zwecke der Selbst- und Arterhaltung zu erreichen, die er im Übrigen völlig mit den anderen Tieren teilt. Man sieht dann den Menschen mit einer alten, von J.G. Herder formulierten und z.B. von A. Gehlen (1940) systematisch ausgebauten Konzeption als ein „Mängelwesen", das den Mangel seiner Behaarung durch Kleidung, seiner Bewaffnung mit Zähnen und Klauen durch Schlagstock und Atombombe und die Schwäche seiner Instinktausstattung durch starke soziale Institutionen zu kompensieren sucht. Diese Sicht, die die Grenzen einer biologischen Anthropologie nicht zu verlassen scheint, hat durchaus eine relative Berechtigung. Dennoch kann sie nicht beanspruchen, das Rätsel des Menschseins zu lösen. Denn einerseits sind die so festgestellten „Mängel" oft nicht das Erste, sondern – wie Domestikations-Degenerationen allgemein – schon die *Folge* ihres sogenannten „Ersatzes", der folglich nicht *bloß* als Ersatz begriffen werden kann (wie z.B. Kleider, die *auch*, neben anderen Funktionen, ein Haar-"Kleid" ersetzen). Und andererseits erscheint der Mensch nur dann als Mängelwesen, wenn man die Ausstattung der Tiere für die tierischen Zwecke zum Maßstab auch für das Menschsein erhebt. Ob aber dieser Maßstab auch der dem Menschen immanente Maßstab, d.h. *sein* Wesen ist, das ist gerade die Frage. Mit dem Hinweis auf starke Analogien zwischen dem Menschen und anderen Hominiden ist diese Frage keineswegs entschieden; denn nicht abstrakt heraushebbare, identische Züge, sondern deren jeweilige Integration, zusammen mit anderen, verschiedenen, in eine Gesamtgestalt sind die

Grundlage eines Wesensbegriffs. Auch der Hinweis auf den gemeinsamen Ursprung von Menschenaffen und Menschen aus demselben Stamm würde nur dann eine wesensmäßige Identität der beiden Lebensformen garantieren, wenn schon ausgemacht wäre, dass im Lauf der Evolution nichts wirklich Neues entstehen kann. So wird man dem Urteil von W. Schulz (1972, 443) zustimmen müssen: „Der Trieb der Selbsterhaltung fungiert für Gehlen im Grunde als ein abstraktes Prinzip, von dem her und auf das hin interpretiert wird. Schärfer gesagt: Gehlen geht von einer biologistischen Metaphysik aus." Man sieht jedenfalls: Eine derartige Theorie ist nicht mehr eigentlich biologisch. Sie ist ihrem Anspruch und ihrem Vorgehen nach philosophisch, auch wenn sie – in spürbarer Spannung dazu – ihre Verstehensmodelle der Biologie entnimmt.

Literatur

Buytendijk 1958　　　　　　　　　　　　Haeffner 1994b
Hölldobler/Eifler 1993

III. Kulturanthropologie und philosophische Anthropologie

32　Im Zusammenhang mit den Traditionen, die das Ergebnis und der Ausgang von Lernprozessen in tierischen und menschlichen Sozietäten sein können, war schon in der biologischen Optik von „Kultur" die Rede. Sie betraf den erworbenen Anteil am Verhalten, im Unterschied zum angeborenen und in dem Sinne „natürlichen" Anteil (*natura* von lateinisch *nasci* = geboren werden). Kultur in diesem Sinne – die sich keineswegs beschränkt auf das „Kulturleben", für das heute in den Städten die „Kulturreferenten" zuständig sind, sondern den PC und das WC ebenso einschließt wie das Cabaret – steht also in einem (jedenfalls relativen) Gegenüber zur Natur. Besonders deutlich ist dieser Unterschied, wenn man darauf achtet, dass sich die Natur des Menschen seit sehr langer Zeit im Wesentlichen gleich geblieben ist, da die mit der Evolution einhergehenden Veränderungen des Typs sehr langsam sind, während sich die kulturellen Lebensbedingungen und Lebensweisen sehr schnell und immer schneller verändert haben. Noch deutlicher wird der Unterschied, wenn man bedenkt, dass die angeborenen Verhaltensweisen der Menschen zu einer gegebenen Zeit überall ungefähr gleich sind, während die erworbenen Verhaltensweisen einer Vielzahl von Kulturen folgen, die sich z.T. stark voneinander unterscheiden.

1. Das Programm der Kulturanthropologie, samt einigen Ergebnissen

Von daher ergibt sich die Aufgabe, die relativ einheitliche, aber auch eher basisverhaftete Zeichnung des Menschen in der Perspektive der biologischen Anthropologie zu ergänzen durch eine eigenständige Erforschung der kulturellen Aspekte des Menschen, in denen es doch erst um das „Eigentliche" des Menschseins zu gehen scheint. Eine solche kulturelle Anthropologie hat zwei Aufgaben, die in gegenläufige Richtungen gehen und sich so ergänzen: Diversifizierung des Einen und Konzentration auf das Eine.

Zuerst kommt die *Diversifizierung*. Man macht die Erfahrung, dass das Verhalten eines Fremden solange (teilweise) unverständlich ist, solange man seinen kulturellen Hintergrund nicht kennt. Im Kontakt mit fremden Kulturen, die einen positiv beeindrucken, entdeckt man dann, dass die Kultur der eigenen Gruppe zur gegenwärtigen Zeit nicht die einzige ist, und damit dass, wer nur eine Kultur kennt, das Kulturwesen Mensch nicht kennt. So beginnt man, Bräuche, Vorstellungen, Überlieferungen, Ethiken usw. anderer Menschengruppen zu studieren und sie mit den eigenen und ebenso mit denen noch anderer Gesellschaften zu vergleichen. Diese Erforschung bringt eine bunte Verschiedenheit zutage: Sowohl in einzelnen Elementen ihrer Kultur wie in deren Zusammenhang untereinander unterscheiden sich Menschen in großem Maße; und es ist dieser Unterschied, der für sie oft mehr zählt als das Gemeinsame. Für den Forscher selbst bzw. seine Leser ergibt sich auf diese Weise eine Distanz zur Deutung des Menschseins, die ihnen ihre eigene Kultur vermittelt hat; der Glaube an diese kommt vielleicht in die Krise. Ja, angesichts der großen Vielfalt der Kulturen scheint auch der Glaube an ein gemeinsames Humanum zu zerbrechen.

Deswegen liegt im Programm der Kulturanthropologie auch eine Tendenz auf *Konzentration*, d.h. die Absicht, die Zersplitterung des Menschseins in die kulturelle Vielfalt aufzuheben in einen einheitlichen Begriff des Menschen. Durch den Vergleich der verschiedenen Kulturen miteinander sucht man auch Züge, die allen (oder doch sehr vielen [Gruppen von]) Kulturen gemeinsam sind. Dass man eine solche Synthese, die über das Studium einzelner Ethnien hinausgeht, im Blick hat, sagt ja schon der unbescheidene Titel Kultur-*Anthropologie*. Es geht durchaus um eine Erkenntnis *des* Menschen, nicht nur um ein Inventar der vielfältigen Kulturprodukte *der* Menschen. Freilich kann dabei die Einheit der Kulturen, die sich inhaltlich ja nicht auf ein einheitliches Muster bringen lassen, nur dadurch in den Blick kommen, dass diese Einheit weitgehend auf das Haben von Kultur überhaupt und deren formale Bestandstücke reduziert wird. Der so entworfene Begriff der Kultur ist sowohl ein Ergebnis der ethnologischen Feldforschungen wie auch der Vorbegriff, der diesen eine Orientierung gibt. Er ist in klassischer Form von A. Kroeber und C. Kluckhohn (1952, 357) so umschrieben worden: „[1] Eine Kultur besteht aus bewussten und unbewussten Verhaltensmustern und -modellen, die mithilfe von Zeichen erworben und überliefert werden. Zusammen mit ihren Verkörperungen in Kunstprodukten machen sie die unterscheidenden Leistungen menschlicher Gruppen aus. [2] Der Wesenskern einer Kultur besteht aus traditionalen (d.h. geschichtlich entstandenen und ausgewählten) Ideen und ganz besonders aus den Werten, die mit diesen verknüpft sind. [3] Kultursysteme können betrachtet werden einerseits als das Ergebnis von Handlungen, andererseits als das, was künftige Handlungen bedingt."

Literatur

Lévi-Strauss 1958/1973
Geertz 1973
Hansen 1999

Burkard 2000
Reinhard 2004.

2. Das Verhältnis der Kulturanthropologie zur philosophischen Anthropologie

Im Anschluss an diesen Ansatz stellen sich verschiedene Fragen, die überleiten zu philosophischen Problemen. Die erste ist: Ist die Kulturanthropologie ihrerseits biologisch einholbar? Die zweite: Was kann der Kulturanthropologie entnommen werden für die Frage nach einem einheitlichen Begriff des Menschen? Die dritte: Welche Form der Suche nach einem Selbstverständnis steckt im Projekt einer Kulturanthropologie?

a) Das Verhältnis von Kultur und Natur

Dieses Verhältnis soll zunächst illustriert werden durch Beispiele aus dem Bereich der Ernährungskultur und dann diskutiert werden in einer Auseinandersetzung mit dem Naturalismus. Als Erstes sei ein grobes Inventar von entsprechenden Tatsachen gegeben.

– Der Mensch muss, im Unterschied zu den Tieren, erst lernen, welche von den Dingen, die er als Nahrung in Aussicht nimmt, ihm bekommen und welche nicht.

– In vielen Kulturen gibt es Speisetabus: man darf nicht alles essen, was man essen könnte und möchte. Man denke beispielsweise an das jüdische und islamische Verbot, Schweinefleisch zu essen oder an das bei uns geltende „Tabu", Pferde- oder gar Hundefleisch zu servieren.

– Man isst viele Speisen nicht roh, sondern bereitet sie zu (durch Kochen, Braten, Rösten, Marinieren, Würzen usw.). Zu solcher Zubereitung ist in manchen Kulturen nur die Frau befugt, in anderen ist es üblich, dass nur ein Mann die Position eines Küchenmeisters erreicht. Bestimmte Kombinationen von Speisen sind ausgeschlossen oder gelten zumindest als vulgär. Viele Kulturen kennen Regeln für eine besonders „edle" Zubereitungsweise oder eine korrekte Servierfolge. Zu bestimmten Zeiten ist es Brauch, bestimmte Speisen anzubieten, usw. (vgl. Lévi-Strauss 1964).

– Auch für die Art und Weise des Essens gibt es viele Regeln: In einer Jägergesellschaft soll der, der ein Tier erlegt hat, das Fleisch mit anderen teilen; der Vornehmste beginnt und endet ein Mahl; man führt die Speisen nicht mit der bloßen Hand oder wenigstens nicht mit der Linken zum Mund usw. (vgl. Elias 1969, I, 110 ff.).

– Das Aufregendste in der Kultur der Ernährung ist wohl immer die Tatsache gewesen, dass man im Allgemeinen erst töten muss, um essen zu können, und dass es bzgl. der Tiere nicht selbstverständlich ist, dass man das darf. Man muss dafür das Tier selbst um Verzeihung bitten oder die Erlaubnis des göttlichen Herrn der Tiere einholen, die nur unter Einschränkungen gegeben wird, usw. (vgl. Jensen 1951, Kap. VIII).

Wenn man sich nun daran macht, diese Kulturphänomene unter dem Gesichtspunkt der philosophischen Anthropologie zu interpretieren, fragt es sich, inwieweit sie von der biologischen Natur des Menschen her verstanden werden können bzw. inwieweit sich in ihnen eine neue Sinn-Ebene zeigt. Zunächst spricht alles für die biologische Deutung. Es ist evident, dass das Essen und Trinken physiologischen Bedürfnissen dient: ohne hinreichende Nahrung wird ein Mensch schwach und krank, bis er des Hungers stirbt. Das Meiste oder doch Vieles von dem, was mit der Gewinnung des Essbaren, der Auswahl des Bekömmlichen, der Zubereitung usw. zusammenhängt, ist insofern biologisch verständlich. Aber auch die mit dem Essen zusammenhängenden Gebräuche, die die soziale Bindung stärken, sind nützlich für die Steigerung der Chancen des Überlebens und der Weitergabe des Lebens einer Gruppe, und insofern soziobiologisch verständlich. Dennoch lässt sich die Tatsache nicht übersehen, dass in einer Ernährungskultur die Ebene der biologischen Funktionen überlagert ist oder sein kann durch eine Ebene „höheren" Sinnes. Drei Beispiele sollen das illustrieren! Schon die Tatsache, dass das Motiv der Sättigung, das doch wohl, biologisch gesehen, das grundlegende ist, zurücktreten kann hinter dem Motiv der Gemeinsamkeit und des kultivierten Spiels, ist bemerkenswert, etwa wenn man, um etwas zu feiern, einander zum Essen einlädt, und dann nicht um die besten Stücke kämpft, sondern einander zuvorkommend bedient. Aber auch die menschliche Kultur der Steigerung und Verfeinerung des Genusses mitsamt der dazugehörigen Kultur der Eindämmung der Genusssucht geht wohl über das biologisch Verständliche hinaus. Schließlich sieht man nicht, wie der moralische Skrupel wegen des Tötens sowie die Dankbarkeit für Jagdglück und Fruchtbarkeit der Erde eine ungezwungene biologische Erklärung finden könnten.

Wenn nun schon die kulturellen Regeln, die um die Befriedigung des Grundbedürfnisses der Ernährung herum entstanden sind, nur zum Teil biologisch verstanden werden können, wie wird es dann mit denen sein, die von dieser vitalen Basis viel weiter weg sind? Man denke zum Beispiel nur an die Regelwerke des Rechts, der verschiedenen Sportarten und Kunstgattungen, der Sprachen und Religionen. Betrachtet man sie ihrem Inhalt nach, so gehen sie weit über ihre eventuell auch gegebene biologische Funktionalität hinaus. Betrachtet man sie ihrer Form nach, so ist zu beachten, dass solche Regeln nur da sein können, wo ein bewusstes Verstehen und eine freie Entscheidung für oder gegen ihre Befolgung statthaben können. So kann der funktionalistische Ethnologe Bronislaw Malinowski nicht Recht haben, wenn er schreibt (1975, 109): „Wir müssen unsere Theorie der Kultur auf der Tatsache aufbauen, dass jeder Mensch zu einer tierischen Gattung gehört". Denn er meint „aufbauen" im strengen, formalen Sinn der Interpretationsprinzipien, nicht nur in dem harmlosen Sinn, dass im Verstehen einer Kultur mit jenen Phänomenen begonnen werden solle, die (primär oder auch) eine biologische Funktion haben. Doch: so gewiss ein *großer* Teil der Regeln einer Kultur um die biologisch verstehbaren Bedürfnisse herum organisiert ist, so liegt in der Totalisierung, die ein naturalistischer Deutungsansatz vornimmt, eine Verkürzung der Phänomene, die durch dogmatische Vorurteile bedingt zu sein scheint.

Wenn dem aber so ist, dann liegt im Faktum der Kultur *als solcher* ein Hinweis auf das spezifische Wesen des Menschen. So wird es nützlich sein, die Elemente näher zu beleuchten, die Kroeber und Kluckhohn als konstitutiv für jede Kultur ansahen: „Zeichen", „menschliche Gruppen", „geschichtlich entstanden", „Ideen", „Werte". Im Rahmen dieses Buches soll das jedoch nicht sofort, sondern erst später geschehen, nämlich in den Kapiteln „Sprachlichkeit", „Sozialität", „Geschichtlichkeit", „Wissen" und „Freiheit".

b) Vielheit der Kulturen, Einheit des Wesens

Ein anderes Problem aber soll gleich zur Sprache kommen: Was kann der Kulturanthropologie entnommen werden, um die Frage nach der inneren Einheit der Menschheit in so vielen verschiedenartigen Menschen und damit auch nach einem Begriff *des* Menschen zu beantworten? Die Suche nach einem solchen Begriff gehört zu ihr, insofern sie sich unter den großen Titel der Anthropologie, der Wesensbestimmung des Menschen, gestellt hat. Selbst dann, wenn sie nicht weiter käme, als eine irreduzible Vielheit von Formen des Menschseins zu konstatieren, dann täte sie das immer noch im Horizont der Einheit: es wären immer noch Formen des *einen* Menschseins, nur dass dessen verschiedene Formen ohne alle Gemeinsamkeit wären. Aber in der Tat ist es ja nicht so, sondern es finden sich erstens abstrakt heraushebbare Gemeinsamkeiten, zweitens mannigfache Überschneidungen zwischen den Kulturen und drittens Möglichkeiten zur kulturübergreifenden Gemeinschaftsbildung.

Erstens ein Wort zu den *Gemeinsamkeiten*! Diese beziehen sich zunächst auf die biologische Natur der Menschen, die im Großen und Ganzen dieselbe für alle Menschen und die Unterlage aller kulturellen Verschiedenheit ist, übrigens so, dass die biologische Verschiedenheit, z.B. die der „rassischen" Variationen oder die der ökologischen Nischen, weder einer übergreifenden Kultur entgegensteht noch für sich allein jeweils eine einheitliche Kultur hervorgebracht hat. – Aber die Gemeinsamkeiten beschränken sich nicht auf jene, die in der allgemeinen biologischen Natur des Menschen begründet sind. Sie finden sich auch auf der Ebene des Kulturellen. Gewiss kleidet man sich in verschiedenen Kulturen je anders, gewiss ist das Geschlechterverhältnis je anders geregelt und mit Bedeutung aufgeladen, gewiss sind in verschiedenen Erdteilen und in verschiedenen Epochen unterschiedliche Religionen entstanden: aber Kleidung, Regelung des Verhältnisses von Mann und Frau, Formen des Respekts vor etwas Heiligem sind Konstanten aller Kulturen und damit des Menschseins als solchen, synchron wie diachron. Sie finden sich in der Vielfalt gleichzeitig nebeneinander bestehender oder nacheinander auftretender Kulturen. Die Kleidung z.B. kann üppig und überaus kompliziert sein oder sich auf eine Schnur oder eine Bemalung reduzieren; aber immer ist – im Unterschied zu den Tieren – die Kleidung die Regel und die Nacktheit die Ausnahme. Die Sprachen sind verschieden. Aber jede menschliche Gemeinschaft *hat* eine Sprache. Die Inhalte von Recht und Moral sind verschieden (obwohl es hier auch viele kulturübergreifende Gemeinsamkeiten gibt, wenn man nicht auf kontextabhängige Einzelvorschriften, sondern auf die Prinzipien schaut). Aber überall gibt es so etwas wie Recht und Moral. So lassen sich den genannten kulturellen Konstanten noch zahlreiche andere hinzufügen: beispielsweise die Sorge für die Toten, Musik, Kultur der Erinnerung und der Vorschau, Registrierung regelmäßiger Naturvorgänge, Herstellung von Werkzeugen für einen dauerhaften Einsatz, Erfindung und Erzählung von Geschichten, Planung von Kriegen usw. In neuerer Zeit haben z.B. Max Scheler (1987, 185-203), Michael Landmann (1979, 139-168) und Martha Nussbaum (1993) Listen solcher „Monopole des Menschen", „Anthrópina" oder „essentiellen Eigenschaften von Menschen" vorgelegt.

39 Zweitens schwächt sich der Eindruck des irreduziblen Nebeneinanderstehens der Kulturen, wenn man beachtet, dass das, was man jeweils „Kultur" nennt, sich mit anderen „Kulturen" *mannigfach überschneidet*. Nur in Extremfällen, wo es sich nicht um stark differenzierte, sondern um hochgradig integrierte, weitestgehend isolierte und dauerhaft alles Fremde ablehnende Gesellschaften handelt, kann man den alles in sich totalisierenden Kulturbegriff anwenden, dem zufolge jedes Element einer Kultur auf die anderen Elemente verweist in einer strukturalen Einheit, die innerlich Systemcharakter hat und aus der heraus alle Lebensäußerungen ihrer Mitglieder verständlich sind. Normalerweise aber überschneiden sich in einer einigermaßen differenzierten Gesellschaft verschiedene „Kulturen". Die römische Kultur des 2. Jahrhunderts n. Chr. war

z.T. griechisch, die unsere heute in Deutschland ist z.T. amerikanisch, „die" amerikanische z.T. irisch, afrikanisch, polnisch, spanisch. Die Leibwache des chinesischen Kaisers zur Tang-Zeit war persisch, die Oberschicht des friderizianischen Preußen sprach und dachte französisch, während in Frankreich selbst Angehörige verschiedener Sprachen sich als Teil der Großen Nation verstanden, die sich selbst nicht als eine partikuläre Kultur, sondern als die Kultur der Vernunft stilisierte. So ist doch fast jede „Kultur", wenn auch in variablem Ausmaß, eine Kultur von Kulturen.

Schließlich gibt es – drittens – noch die Möglichkeit der kulturübergreifenden *Gemeinschaftsbildung*, die letzten Endes in der Gemeinsamkeit des Geistes in allen Menschen begründet ist. Es ist ja für alle Menschen kennzeichnend, dass sie, wenn die biologischen Bedingungen dafür erreicht sind, denken und vernünftig urteilen können. (Und dass diese Bedingungen erreicht werden, ist wiederum der normale, „natürliche" und wesensentsprechende Gang der Dinge, – also kein bloßer Zufall, der gleichrangig neben dem Ausfall dieser Funktionen stünde.) Kraft des Denkens ist die Übersetzung von einer Sprache in eine andere, das Verstehen der Gebräuche und Vorstellungen fremder Völker möglich, freilich nicht vollständig, aber doch weitgehend. Kraft des Denkens kann die Prägung durch die eigene Kultur relativiert werden. Verbunden mit dem entsprechenden Willen ist das Denken so auch das Instrument, das es den Menschen der verschiedensten Kulturen ermöglicht, einander als Menschen zu erkennen und anzuerkennen und Formen des Handels und Austauschs untereinander zu stiften.

„Wenn sich der Mensch eine neue Grundverfassung gibt, ändert er damit sein *Wesen* und organisiert sein Verhältnis zu Welt und Gott neu" (Rombach 1993, 134). Das ist ganz richtig. Aber was da „Wesen" genannt wird, ist doch kein echtes Wesen, sondern nur je eine konkrete Lebensform oder Kultur neben anderen, die alle ermöglicht sind durch das, was Menschen ihrem Wesen nach sind.

c) Das Philosophische an der Kulturanthropologie

Die Kulturanthropologie ist angetreten unter dem Zeichen der Andersheit. Ihr direkter Gegenstand waren die Lebensweisen der anderen und vor allem anders*artigen* Völker. Und zwar galten als ihr Objekt weniger jene fremden Kulturen, die als gleichrangig genommen wurden (so, wenn Europäer z.B. die Kultur Chinas studierten), sondern die Kulturen schriftloser Gesellschaften: entweder diejenige der „primitiven" bzw. „naturnahen" Völker, oder diejenige unserer eigenen entfernten Urahnen. Beide wurden miteinander dadurch verzahnt: einmal dadurch, dass man durch das Studium der rezenten „primitiven" Völker einen Zugang zur Lebensweise unserer „primitiven" Vorfahren zu gewinnen hoffte, und zum anderen darin, dass der Blick-zurück auf überwundene Stufen unserer eigenen, sich als fortschrittlich verstehenden Kultur dem Blick-herab auf die Lebensweise der schriftlosen Völker entsprach. Dabei galt: Je andersartiger die Anderen sind, desto mehr kommen sie für eine Objekt-Position, desto weniger für eine Subjekt-Position uns gegenüber in Frage.

42 Dass die so angesetzten Forschungen im engen Zusammenhang standen mit dem eigenen Selbstverständnis der Anthropologen bzw. der Gesellschaften, zu denen sie gehörten, ist dabei nicht zu übersehen. Man erforschte andere Kulturen, um sich der Überlegenheit der eigenen Kultur zu vergewissern. Oder, in dieser Selbsteinschätzung unsicher geworden, erhoffte man sich neue Orientierung durch die Erforschung der Anderen (der „guten Wilden"), bei denen man das Menschliche noch „primitiver" im Sinn von „ursprünglich", „leichter verständlich" oder gar „unverfälscht" zu finden glaubte. Oder man erwartete sich vom Studium der „Primitiven" eine bessere Erkenntnis des „Primitiven" oder „Archaischen" in uns selbst, – sei es zu dem Zweck, diesem Archaischen mehr Platz zuzugestehen, sei es, um es besser dingfest zu machen und zu neutralisieren. Kulturanthropologie ist also ein Weg zur Erkenntnis anderer Kulturen, aber zugleich auch ein indirekter Weg zur Deutung und Prüfung der eigenen Kultur. Dieses Verhältnis ändert sich keineswegs, wenn man dieselben ethnologischen Methoden, die bisher der Analyse anderer Kulturen dienten, nun auch auf die eigenen Gesellschaften anwendet, – ganz im Gegenteil. Dass man sich so selbst wie einen Anderen erforscht, ist lebensmäßig zweifach motiviert. Erstens durch ein gestiegenes Unbehagen an Elementen der eigenen Kultur, die man vor sich bringen und dann eventuell verabschieden will. Zweitens durch ein neues Ideal: dass alle Menschen und damit auch alle Kulturen gleichrangig sind und gleich behandelt werden sollen. Dazu gehört einerseits, dass man die Selbstdeutung der Anderen ernster nimmt und darauf verzichtet, immer schon besser zu wissen als diese selbst, was sie im Grunde tun und glauben, – und andererseits, dass man es akzeptiert, selbst zum Objekt der ethnologischen Analyse durch die anderen zu werden.

Es liegt auf der Hand, dass diese Vergegenständlichung unserer selbst ein Prozess ist, der gegen viele Hindernisse kämpfen muss und der wohl immer nur partiell gelingen kann. Ebenso ist deutlich, dass das Projekt der gegenseitigen Spiegelung der Kulturen nur dann durchführbar ist, wenn die Anderen in ihrer Denkweise nicht zu weit von „uns" entfernt sind: sonst bleibt es dabei, dass jeder eine Interpretation der Anderen gibt, die bloß seine bleibt, weil sich die Anderen darin nicht wiedererkennen können.

Mit solchen Reflexionen über den Sinn und die Tragweite seiner Erkenntnisprojekte ist der Kulturanthropologe unversehens auch zum Philosophen geworden. Er kann seine Arbeit als Moment einer geistigen Bewegung sehen, die begann, als Sokrates auf seine Weise den delphischen Spruch „Erkenne dich selbst!" aufgriff.

Literatur

Landmann 1979
Waldenfels 1990

Krotz 1994
Schwemmer 1997

IV. Eine philosophische Anthropologie

1. Was jede philosophische Anthropologie sein muss und was die vorliegende sein will

Aus dem bisher Gesagten ergeben sich einige Forderungen, denen *jede* philosophische Anthropologie genügen muss. Sie muss erstens offen sein für die empirischen Erforschungen des Menschen und seiner Welt. Sie kann nicht *allein* a priori aufgebaut werden. Dass sie offen ist, heißt einerseits, dass sie das Interesse für die vielfältigen empirischen Untersuchungen des Menschlichen weckt, und andererseits, dass sie die zuverlässigsten und systematisch wichtigsten Ergebnisse dieser Forschungen in ihren Rahmen zu integrieren versucht. Angesichts des Fortschritts der einzelwissenschaftlichen Erkenntnis und des Wandels ihrer Paradigmata ergibt sich daraus, dass schon deswegen die Philosophische Anthropologie keine zeitlose Geltung beanspruchen kann, so sehr sie sich doch auch wieder bemühen wird, die gerade aktuellen Wissenschaftsmoden nüchtern dem Test der *longue durée* zu unterziehen. Umgekehrt jedoch heißt „Offenheit" und „Integration", dass die Philosophische Anthropologie einen eigenen Boden haben muss. Denn ohne einen solchen kann sie gar nicht in die Dimension kommen, aus der die Frage des Menschen nach sich selbst jeweils aufbricht. Außerdem wird sie ohne einen solchen Boden nur eine uneinheitliche Zusammenstellung verschiedenster Erkenntnisse sein können, nicht aber eine echte Synthese. Denn diese braucht immer ein eigenes Prinzip.

45 Die Annahme, von der *das vorliegende Buch* ausgeht, besteht darin, dass dieses eigene Prinzip, das die *philosophische* Anthropologie von allen einzelwissenschaftlichen Anthropologien unterscheidet, der Rückgriff auf das praktische „Tiefenwissen" ist, das der Mensch als solcher von sich hat. Der Ausdruck *„Tiefen*wissen" will sagen, dass das hier gemeinte Wissen nicht einfach ein durch Erinnerung oder Introspektion abrufbares Satzwissen ist. Die „Tiefe", um die es hier geht, darf auch nicht ohne weiteres mit jener Tiefe gleichgesetzt werden, von der die sog. Tiefenpsychologie spricht. Dieses Tiefenwissen – in neuzeitlich-philosophischer Sprache: das transzendentale Selbstbewusstsein – geht aller theoretischen Situierung in einem Rahmen, der empirisch ausfüllbar ist, voraus. So kann es auch selbst darin nicht verortet werden. Denn dieses Wissen ist nicht in erster Linie ein bestimmtes Gewusstes, sondern das, was als Aktualität des Geistes *im* Fragen, Forschen, Urteilen und Situieren selbst lebendig ist, und so erst all die Hypothesen, Modelle und Synthesen entstehen lässt. Es liegt also dieser Forschung nicht nur anfänglich, sondern *bleibend* voraus. Dieses Wissen gilt es *aufzudecken* und *auszulegen* (vgl. Teil C); darin liegt der „Rückgriff" auf es, von dem philosophische Anthropologie lebt. Vorgreifend können dazu jetzt nur einige wenige Andeutungen gemacht werden.

Das „Tiefenwissen" wird *aufgedeckt* als das Wissen, das jedem möglichen konkreten Wissen ermöglichend vorausliegt. Es wird ebenso gefunden als das Wissen, das den ethischen Einsichten zugrunde liegt. Und es wird gefunden als das Wissen, das allem Fragen nach dem Sinn des eigenen Lebens zugrunde liegt. Wenn man das Wesen des Menschen erfassen will, genügt es also nicht, die Diskussion um die Inhalte der entsprechenden – z.B. humanbiologischen oder kulturanthropologischen – Erkenntnisse zu berücksichtigen. Man muss auch die Tatsache reflektieren, dass Biologie usw. Formen des Fragens und Wissens sind, und dass sie somit bezeugen, dass zum Menschen die Möglichkeit und der Drang nach Erkenntnis gehört. Kein Tier betreibt etwas auch nur entfernt Ähnliches wie Biologie oder Ethnologie.

Zur Aufgabe der *Auslegung* wird es gehören, etwa folgende Fragen aufzugreifen: Was ist Wissen, was ist im Fragen impliziert? Was bedeutet es, dass wir das Bedürfnis haben, uns zu verstehen, – zu wissen, was und wer wir sind? Kann sich das Streben nach solcher Erkenntnis in einem Gewussten beruhigen, oder ist es grenzenlos? Findet es überhaupt im Gewussten Genügen, oder strebt es nach einer Transformation der praktischen Grundeinstellung und damit nicht nur nach mehr Wissen, sondern nach etwas, was mehr als bloßes Wissen ist?

Nun besteht der Mensch nicht bloß aus seinem vielfältigen Wissen und auch nicht nur aus seinem innersten Tiefenwissen. Ohne diese wäre er zwar nicht Mensch, und ohne ihre Berücksichtigung hätte eine Philosophie des Menschen kein eigenes Prinzip. Aber normalerweise ist sein Wissen versenkt und realisiert in dem, was es ermöglicht: im konkreten Erleben, Fragen und Handeln. Weil der einzelne Mensch das Subjekt (lat. Subjectum = Grundlage) seines Erlebens, Fragens und Handelns ist, spricht man abkürzend davon, dass ihm Subjektivität zukomme bzw. davon, dass er selbst ein „Subjekt" sei. Subjektivität impliziert Spontaneität und Betreffbarkeit. Darin liegt sowohl ein Bezug zu anderen Wesen wie eine Art von Selbstbezug. So kann man ein Subjekt verstehen als ein Etwas, das sein Sein im Vollzug einer Beziehungseinheit hat, in der es selbst und jeweils Anderes für es als getrennte Einheiten heraustreten. Oder kürzer: Ein „Subjekt" ist ein Seiendes, das sich zu sich selbst verhält, indem es sich zu anderem verhält.

Da das *Wort* „Subjekt" mehrdeutig ist, muss man sich klarmachen, dass es in der hier angezielten Bedeutung ein reales Seiendes von bestimmter Seinsart meint, nicht das grammatische Subjekt eines Satzes oder das logische Subjekt einer Aussage. Außerdem hat das „Subjekt" in unserem Sinn direkt nichts zu tun mit dem „Subjektiven". Zu menschlichen Subjekten gehören zwar „subjektive" Zustände, wie z.B. Gefühle und Empfindungen, die subjektiv genannt werden im Unterschied beispielsweise zu den Einstellungen des Wahrnehmens und Urteilens, die in dem Sinn „objektiv" sind, als sie bezogen sind auf Objekte und an diesen Maß nehmen sollen. Ebenso haben Menschen die Möglichkeit, *innerhalb* dieser an sich objektiven Sphäre subjektive Urteile zu fällen, d.h. in diesem Fall: sich nicht nach objektiv gültigen Gründen zu richten, sondern stattdessen ihre emotional motivierten Vorurteile usw. sprechen zu lassen. Während das „Subjektive" der Zustände eine wertneutrale Tatsache ist, ist das „Subjektive" im Urteilen unzulässig oder zumindest unzureichend, und damit etwas (negativ) Werthaftes. *Beide*

Bedeutungen *dieses* Subjektiven aber sind fernzuhalten, wenn es um die ontologische Eigentümlichkeit von Subjekten geht.

2. Konstruktion des Leitbegriffs der Subjektivität

47 Der Bezug zum Anderen und der Selbstbezug sind untrennbar miteinander verbunden. Im Bezug zu Anderem liegt eine Art von Einheit mit dem Anderen, die aber die Unterschiedenheit nicht aufhebt, sondern gerade als Unterschied von Wesen setzt, die eine innere Einheit (Identität) haben. Im Bezug zu sich selbst kommt etwas, was in einer ersten Ebene schon als Eines konstituiert ist, im Durchgang durch eine interne Subjekt-Objekt-Differenzierung zu einer neuen Form der Identität mit sich. M.a.W.: In der engen Verflechtung des Selbstbezugs mit den Bezügen zum Anderen, die zur Subjektivität gehören, liegt eine Einheit von Einheit und Unterschiedenheit.

48 Wenn man nach dem Wesen des Menschen fragt, dann will man wissen, was er „letzten Endes" oder „im Grunde", d.h. im Hinblick auf seine Seinsverfassung, sei. „Sein" und „Eins-Sein" (Einheit) aber gelten seit den Anfängen der Philosophie als Begriffe, die einander gegenseitig implizieren. Wenn nun Subjektivität sich deuten lässt als der Vollzug eines komplizierten Identitätsgefüges, dann ist es naheliegend, als ontologischen Rahmen für die Verortung dieses unseres Leitbegriffs vom Menschsein, ein systematisch geordnetes Feld von Formen der Einheit zu konstruieren.

49 Wenn man von „einer Einheit" spricht, denkt man wohl zuerst an die Elemente des Zählens (1 + 1 ...) oder des Zählbaren. Voraussetzung des Gezähltwerdens ist, dass die Elemente etwas Gemeinsames haben, was sie zusammennehmbar macht, – und dass jedes Element eine innere Einheit und Abgehobenheit vom anderen hat, durch die es überhaupt als „ein" Etwas neben einem anderen genommen werden kann. Diese innere Einheit verdeutlicht sich unter der Rücksicht einer möglichen Veränderung als *Selbigkeit* (Identität) des Sich-Verändernden, unter der Rücksicht einer (real oder gedanklich) möglichen Zerlegbarkeit in Teile als *Ganzheit*. Wenn wir nun im Folgenden verschiedenartige Seiende unserer Alltagswelt – einen irgendwo gefundenen Stein, einen Gebrauchsgegenstand, einen Hund, einen Menschen – im Licht dieser Idee der Einheit analysieren, so zeigen sie sich als gesteigerte Verwirklichungen intensiver Einheit. Diese Steigerung geht mit der bekannten Stufenfolge in der Seinsordnung parallel.

(0) Auf der Ebene der Elemente (wie Wasser oder Lehm), aus denen etwas besteht, gibt es kaum abgrenzbare Einheiten. Einheit wird greifbar erst auf der Ebene der Dinge. (1) Ich habe z.B. in meiner Hand „einen" Stein. Worin beruht seine Einheit? Die Einheitlichkeit des Materials spielt kaum eine Rolle, denn der Stein daneben kann aus demselben Material sein. Wichtiger ist die Geschlossenheit seiner Gestalt (dass man von jedem Punkt seiner Oberfläche zu einem anderen so übergehen kann, dass das Ganze in sich zurückläuft), und dass diese Gestalt eine gewisse Dauer hat. Eine regelmäßige geometrische Form erleichtert uns das Urteil, wenn wir uns nach dem Zerspringen des Steins etwa fragen, ob wir nun zwei Stücke des einen Steins oder zwei Steine vor uns haben. Nach diesem Kriterium teilen wir etwa auch einen Gebirgszug in verschiedene „individuelle" Berge auf. Häufig kann man streiten, wo die Grenzen der Einheiten zu ziehen sind. Das Ermessen spielt hier eine größere oder geringere, jedenfalls nicht zugunsten glatter Objektivität ausschaltbare Rolle. (2) Bei den Gebrauchsdingen (etwa einem Messer oder CD-Player) hingegen scheint eine klare innere Einheit vorzuliegen, die mit dem einheitlichen Verwendungszweck zusammenhängt, auf den hin es konstruiert worden ist. Vom Zweckbegriff her erkennen wir, dass die einzelnen Teile bzw. Teilfunktionen zu einem Ganzen sich fügen bzw. dass das Ganze zerfällt, weil Teile ausfallen; von daher beurteilen wir, welche Veränderungen die Identität des Dings bedrohen und welche oberflächlich bleiben. (3) Wenn wir nun zur Interpretation des Lebendigen übergehen, fällt auf: dieses hat das Prinzip seiner Einheit nicht außer sich, im Geist des entwerfenden Ingenieurs oder in der Absicht des Benutzers, sondern in sich selbst. Das Lebewesen hat in sich selber das Prinzip seiner Selbigkeit: diese erhält sich und gewinnt sich durch Metamorphosen, Stoffwechsel, Entwicklung und sonstige Veränderungen. Es hat auch in und durch sich selber das Prinzip seiner Ganzheit, – und dies nicht nur so, dass nun jegliches Urteil über das „Fehlen" von Stücken usw. seinen Maßstab in der naturwüchsigen Struktur des Seienden selbst hat, sondern so, dass dieser Maßstab selbst dynamischer Ursprung für die Ausfaltung der zum Ganzen gehörenden Teile (Organe, Funktionen) bzw. für deren Regeneration oder gegenseitige Kompensation ist.

Offenbar ist die eigene Einheit eines Lebewesens deswegen so markant und viel weniger eine Sache des Ermessens, weil sie ihm „von selbst" zukommt und in ihm selbst zentriert. Überhaupt gibt es erst bei den Lebewesen so etwas wie den Anfang einer Realisierung des Prinzips „Selbst". Wo so ein Selbst ist, differenziert sich die Einheit des Seienden aus in den Unterschied des lebendigen Ganzen von seinen Organen, in den Unterschied des Selben von seinen Zuständen und in den Unterschied zwischen dem Lebewesen selbst und *seinem* Anderen, das ihm in seiner Umwelt begegnet.

Wenn man sagt, dass sich ein Stein von einem anderen unterscheidet, so bleibt doch dieser Unterschied für den Stein selbst ein Nichts. Denn für den Stein gibt es weder ihn selbst noch etwas anderes, weil ihm das Prinzip des „für..." nicht zukommt, d.h. jene seinsmäßige Rückbezüglichkeit, die die Lebewesen auszeichnet, und zwar desto mehr, je höher sie organisiert sind. Aus demselben Grund kann man bei einem Stein die Begriffe der Aktivität und Passivität nur in einem äußeren Sinn anwenden. Zwar gibt es, grammatikalisch gesehen, auch hier passive und aktive Verhältnisse: „Der Stein wird von der Sonne erwärmt", „Der Stein drückt auf den Boden". Aber weil dieses Drücken aus keinerlei („rückgemeldeter") Spontaneität hervorgeht, steht es auf derselben Ebene wie das Erwärmtwerden: noch vor dem Auftreten der Differenz von Aktivität und Passivität (die für beides konstitutiv ist) und damit des Phänomens des „selbst". Bei den Lebewesen hingegen kann man sprechen von Selbstbewegung, von Selbstreproduktion, ja (bei den höheren Tieren) von einer Art von Selbstpräsenz. In dieser ist sowohl das Tier selbst wie etwas Anderes *für es*: Es selbst in den zuständlichen Gefühlen des Wohlbehagens, des Schmerzes, der Unruhe usw., – das Andere (sein Anderes!) in Wahrnehmung und Verhaltensausrichtung. Diese Präsenz ist eingespannt in die Dynamik des Triebes auf die Entfaltung und Erhaltung des je eigenen individuell-gattungshaften Seins, der das Tier wesentlich auf mögliche Beute, Geschlechtspartner, Nachkommen, Genossen, Feinde, Unterstände usw. verweist. Dieser Verweis auf Anderes ist nicht nur in die vorprogrammierte Struktur seines Verhaltens, sondern auch in seine ganze Organisation eingezeichnet (Sinnes-, Bewegungs-, Verdauungs-, Fortpflanzungsorgane etc.), – ja beide Seiten entfalten sich evolutiv als Korrelate. Das Andere gehört also, in der Vielfalt seiner Formen, zum Tier selbst, und zwar nicht nur in begrifflichem, sondern realem und konstitutivem Wechselbezug. Deshalb treten hier Aktivität und Passivität deutlich auseinander; ein Tier reagiert auf den physiologisch gleichen Reiz anders, wenn dieser aktiv erwartet wird, als wenn er das Tier plötzlich trifft. Buytendijk verweist (1958, 43) auf einen Tintenfisch, der auf einen Stab trifft bzw. von diesem getroffen wird: im ersten Falle tastet er ihn ab, im zweiten zieht er sich von ihm zurück. Berührtwerden

und Berühren, Objekt oder Subjekt einer Initiative zu sein: das ist ein grundsätzlicher Unterschied, für Tiere wie für Menschen.
(4) Beim Menschen finden wir eine Steigerung des Prinzips „Einheit" und damit auch des Prinzips „Unterschied" (Differenz). Die individuelle Identität ist sehr gesteigert. Ein Mensch ragt aus dem Sinn- und Funktionsrahmen der Spezies und der Gesamtnatur in einem Maß heraus wie kein animalisches Wesen sonst: die Sinngebung von der Gattung her tritt gegenüber dem Sinn, der in der individuell-sozial zu erreichenden „echt menschlichen" Lebensgestalt liegt, zurück. Ein und derselbe Mensch kann so viele „Identitäten", d.h. Rollen, Beziehungen und Funktionen übernehmen, dass einerseits dieser Vielfalt ein sehr starkes, in sich zentriertes Identitätsprinzip ermöglichend zugrunde liegen muss, und dass andererseits die Aufgabe der Integration, der je neuen Errignung der Ganzheit, ungeheuer gewachsen ist.

Die Ursache dieser Situation des Menschen ist seine geistige Natur. Zu ihr gehören die Fähigkeit zu erkennen, d.h. sich im Horizont der Wahrheit auf das zu beziehen, was *ist,* und die Fähigkeit zu lieben und zu handeln, d.h. sich im Horizont der Idee des Guten frei selbst zu bestimmen (wie im Teil C dieses Buches ausführlich dargelegt werden wird). Die Schärfe des Bewusstseins, ein unvertretbares Selbst zu sein, ergibt sich gewissermaßen im Rückstoß aus dem Existieren in der Weite dieser Horizonte. Die Selbstunterscheidung des Erkennenden vom zu Erkennenden, die allem Wissenwollen vorausliegt, ist keine Banalität, sondern lebt aus einer ursprünglichen Einheit des menschlichen Geistes mit dem Sein. Dasselbe gilt für die Selbstunterscheidung des Strebenden vom Erstrebten, des Handelnden von der Idee des guten Handelns: auch diese für unser Bewusstsein und Leben absolut fundamentale Unterscheidung wäre nicht möglich, wenn ihr nicht eine Art von Einheit des menschlichen Strebens mit dem Guten zugrunde läge. – Aber auch die konkreten Vollzüge des Erkennens und des Liebens sind, wie zu zeigen sein wird, Einheitsvollzüge, die sich dadurch unterscheiden, dass ihr Schwerpunkt in gegensätzlichen Zentren liegt: beim Erkennen im Erkennenden, insofern dieser das Andere in sich hereinnimmt, – beim Lieben im Geliebten, insofern dieses den Liebenden in sich hineinzieht.

Literatur

Brunner 1950, Kap. 9
Buytendijk 1958, 7-50

Ricœur 1990
Zima 2000

3. Subjektivität als In-der-Welt-Sein

Wenn wir nun von den höchsten Höhen, aus denen menschliche Subjektivität ihren Impuls bezieht, zurückkehren zum Vergleich von Mensch und Tier, so erweist sich auch hier der Begriff der Subjektivität in der von uns definierten weiten Bedeutung als hilfreich. Denn er erlaubt, Menschen und Tiere miteinander zu vergleichen und zugleich der Möglichkeit des Vergleichens, die nur der Mensch hat, gerecht zu werden. Und er bietet eine Brücke zum Phänomen der Umwelt bzw. Welt.

52 „Der tierische und menschliche Organismus ... bildet ein Verhältnis zu der Umgebung, die nicht nur Bedingung für die intraorganischen Lebensvorgänge ist, sondern *mit* dem Tier oder dem Menschen, *für sie* und *durch sie* als Sinngefüge existiert. Diese ‚mitlebende', erlebte und gestaltete Umgebung heißt die Umwelt des Tieres, die Welt des Menschen" (Buytendijk 1958, 18). Subjektivität und Welt bzw. Umwelt gehören zusammen. Dass es dergleichen wie eine Welt hat, unterscheidet ein Subjekt vielleicht am klarsten von einem bloßen Ding. Denn wir sahen: Subjekt und Anderes sind *korrelativ*. Ein Ding ist, was es ist; ein Subjekt „ist" ganz wesentlich auch das, wie und wozu es sich verhält. Wozu und Wie des Verhaltens aber kommen nicht jeweils ganz neu und isoliert vor, sondern stehen in ihrer Vielheit in einem gewissen Zusammenhang. Jedes einzelne Widerfahrnis, jede einzelne Aktionsweise hat ihre Bedeutung ganz oder teilweise aus einem größeren, strukturierten Kontext. Dieser Kontext ist die „Welt" („Lebenswelt") des jeweiligen Subjekts: aufs Ganze gesehen (die Welt „des" Menschen, die Umwelt „des" Fuchses) oder zugespitzt auf bestimmte Lebensbereiche von Menschen (die Welt des Jugendlichen/des Alternden; die Welt des Beamten/des Unternehmers; die Welt der Mathematik, der Arbeit, der Mode usw.).

53 „Welt" in diesem Sinn ist ein subjektstheoretischer Begriff, der vom kosmologischen Weltbegriff unterschieden werden muss. Ganz formal genommen, bezeichnet „Welt" eine Ganzheit (Totalität). Im kosmologischen Weltbegriff fassen wir die Gesamtheit alles Wirklichen an sich, das untereinander in Wechselwirkung steht – ohne Wechselwirkung hätten wir mehrere, unverbundene Welten. Der anthropologische Weltbegriff hingegen hat als Kennzeichen einen besitzanzeigenden Genitiv: es handelt sich um die Welt *des* Franzosen, *der* Frau usw.: um die Gesamtheit des für ein Subjekt Bedeutsamen. Damit ist klar, dass beide Weltbegriffe in mehrfacher Hinsicht formal verschieden sind. (1) Die anthropologische

„Welt" ist nicht etwa nur ein Ausschnitt aus der kosmologischen. Zwar kann nur ein winzig kleiner Ausschnitt aus der Welt der Dinge, wie sie an sich sind, in der jeweiligen Welt eines Subjekts überhaupt präsent oder repräsentiert sein. Aber die subjekthafte Welt ist nicht die (von einem Beobachter als solche erfasste) Gesamtheit von Seienden, die im räumlichen Umkreis um ein leibliches Subjekt herum vorhanden sind, sondern die Gesamtheit all dessen, was für ein Subjekt eine Bedeutung hat. (2) Während die Welt im kosmologischen Verständnis aus lauter realen Dingen besteht, gilt dies für die Lebenswelt nicht: weil für sie die Bedeutsamkeit, nicht das Sein wesentlich ist, gehören Mickey Mouse, unheimliche Ecken, Ideale und Theorien u.U. ebenso zu ihr wie reale Wesen, wie z.B. die Menschen nebenan und der Mond. (3) Die Welt der Dinge existiert irgendwie „an sich". Die Lebenswelt aber ist relativ auf das Fühlen und Handeln eines Subjekts. Sie ist gefühlshaft im Erleben da, wird nur teilweise bewusst und ist nur fragmentarisch reflektierbar. Sie umschließt das Leben als sinngebender und sinnbeschränkender Horizont, wie ein Netz von Bedeutungen. Sie ist nicht schon von Natur aus immer schon da, sondern bildet und wandelt sich im Zusammenhang mit den Lebenserfahrungen. Die Lebenswelt lebt und stirbt mit denen, die von ihr und in sie hinein leben: als epochale oder individuelle Lebenswelt oder als Welt, die auf bestimmte Phasen oder Zeiten eingeschränkt ist. (4) Die Lebenswelt ist eine zum jeweiligen Leben selbst gehörende, erfahrungsgeprägte und unmittelbar erfahrungsleitende Bedeutungs-Totalität. Sie ist das, was die einzelnen Situationen, in denen wir uns vorfinden, durchzieht (– zur „Situation" vgl. Rombach 1993, 133-318). Die Lebenswelt ist die Welt, in der wir wirklich leben, anders gesagt: die Welt, wie sie unmittelbar für uns ist. Hingegen haben wir die Welt-an-sich nicht unmittelbar vor uns. Sie können wir uns nur durch die mythische oder wissenschaftliche Konstruktion eines Welt-*Bildes* präsentieren.

Streng genommen, ist die Welt, in der einer lebt, niemals dieselbe, in der er vor längerer Zeit lebte, obwohl es durchgehende Züge geben mag, die mit der Festigkeit des Charakters und mit der Stabilität der sozialen, wirtschaftlichen usw. Lebensumstände zusammenhängen. Streng genommen ist die Welt des einen Menschen nie die Welt des anderen, auch wenn wir aufgrund unserer spezifischen Vorgeschichte und unserer kulturellen Sozialisation viele gemeinsame Überzeugungen über die Natur der Außenwelt, das richtige Verhalten und das wünschenswerte Leben mit anderen Menschen teilen. So ist es nahezu unmöglich, sich vorzustellen, wie es wäre, wenn ich, ein Deutscher, als Chinese geboren und erzogen worden wäre, – denn dann wäre ich nicht mehr ich. Ebenso kommt man nicht weit, wenn man sich fragt, was man von der Globalisierung halten solle, und zu diesem Zweck sich vorstellt, wie Jesus wohl auf sie reagiert hätte. Man kann einen Menschen nicht aus seiner Welt herauslösen. Umgekehrt versteht man einen Menschen nur unvollständig, wenn man ihn nicht auch ein großes Stück weit aus seiner Welt heraus versteht, handle es sich nun um gegenwärtig begegnende Menschen oder noch mehr um Menschen der Vergangenheit. Dieses Überschreiten der Grenzen der eigenen Welt auf das Zentrum einer anderen Welt hin ist ein mühsames Unternehmen, dem sich bald die Härte der Fremdheit entgegenstellt. Dennoch haben Menschen bis zu einem gewissen Grad die Möglichkeit, einen anderen Menschen oder sogar ein Tier aus *seiner* Welt heraus zu verstehen, m.a.W. sich in dessen Welt einzufühlen. Dass der Mensch in einem Mindestmaß jene „Empathie" schon vollzieht und sich um ein größeres Maß bemühen kann, und dass er an seiner inneren Grenze leiden kann, wo sie nicht hinausgeschoben werden kann: das macht einen Grundzug seiner jeweiligen Welt aus. In diesem Sinn hat man davon gesprochen, dass die Welt des Menschen „offen" sei, im Unterschied zur „geschlossenen" Umwelt der Tiere, wie sie Jakob von Uexküll 1934 dargestellt hat. Deren Grenzen sind nur relativ wenig verschiebbar, und werden jedenfalls nicht als Beschränkungen erlebt, genossen oder erlitten werden, wie das mit den verschiedenen Menschenwelten der Fall ist, die in ihrer Endlichkeit mindestens im Prinzip, also denkend, phantasierend und z.T. erkennend auf andere Welten hin überschreitbar sind.

Literatur

Uexküll 1934
Schapp 1953
Goodman 1978

Welter 1986
Fink 1990
Gander 2001

B. Grunddimensionen des menschlichen Seins

Um die Eigenart des menschlichen In-der-Welt-Seins, der menschlichen Subjektivität näher zu kennzeichnen, ist es sinnvoll, dieses Sein nach einigen seiner wesentlichen Erstreckungen auszumessen. Ähnlich wie man davon spricht, dass ein Körper sich wesentlich in die drei Dimensionen des geometrischen Raums erstreckt, kann man auch sagen, dass das menschliche Dasein – der Vollzug der Einheit von Selbst, Begegnendem und Welt – aus gewissen „Dimensionen" lebt, durch die ihm Art und Maß seines Seins vorgegeben sind. Als solche Grunddimensionen sollen im Folgenden behandelt werden: Sprachlichkeit, Sozialität, Zeitlichkeit und, etwas außerhalb der Reihe, Leiblichkeit. Weil sich diese Dimensionen mannigfach überschneiden, weil darüber hinaus diese Unterscheidung selbst nicht von einem übergeordneten Prinzip ableitbar ist, von dem her sie als eine vollständige Gliederung gezeigt werden könnte, ist hier nicht von „den" Grunddimensionen, sondern nur – ohne den bestimmten Artikel – von (einigen) Grunddimensionen die Rede, auf die im übrigen schon die Umschreibung von Kultur durch Kroeber und Kluckhohn (N° 34) hinwies.

Dass es sich dabei doch um *Grund*dimensionen handelt, leuchtet intuitiv ein, wenn man drei Tatsachen bedenkt. (1) Diese Dimensionen bestimmen in tiefgreifender Art die faktischen und möglichen *Handlungen* und Lebensweisen der Menschen. Aber nicht nur das. Vielmehr prägen sie (2) auch die Weisen, in denen sich die Menschen selbst *verstehen*, sei es praktisch und unausdrücklich, sei es ausdrücklich bis hinein in die wissenschaftlichen Erkenntnisprojekte. Denn diese arbeiten alle mit den Möglichkeiten der Sprache; sie werden nicht in einem rein monologischen Prozess verfolgt, sondern in einem *sozialen,* der aus einem sozialen Rahmen heraus entsteht und in diesen hinein wirkt; und sie entsprechen schließlich den besonderen Möglichkeiten, Nöten und Begrenzungen der jeweiligen *Zeit.* Offen bleibe freilich, inwiefern Selbsterkenntnis leiblich vermittelt ist. (3) Schließlich entnehmen wir einen Hinweis auf den grundsätzlichen Charakter der genannten Dimensionen aus der Tatsache, dass jede der *Wissenschaften*, die diese „Grunddimensionen" thematisiert, schon mit dem Anspruch vertreten wurde, die *grundlegende* Humanwissenschaft zu sein. So entwickelte man – im sogenannten „Strukturalismus" – die Idee, alle Humanwissenschaften nach dem Modell der Linguistik zu reformieren; das, was den Menschen über die bloße „Natürlichkeit" hinaushebt, nannte und nennt man einmal „Gesellschaft", ein anderes Mal „Geschichte", und man erwartet sich von den Gesellschafts- und Geschichtswissenschaften die entscheidende Erhellung des Menschlichen überhaupt. Gewiss sind diese Ansprüche, die gelegentlich sogar als Alleinvertretungsansprüche auftreten, auch ein wenig eine Sache der wechselnden Mode. Dennoch wird man diesen Wissenschaften nicht das Recht abstreiten können, wesentliche Dimensionen des Menschseins zu thematisieren.

56 Also kann auch unsere philosophische Behandlung dieser Grunddimensionen nicht auf einen Blick auf die Arbeit dieser Humanwissenschaften verzichten. Damit soll freilich weder deren jeweils eigenes Terrain betreten oder gar okkupiert werden noch ist es möglich, als Lernender, der von außen kommt, die Fülle der dort verhandelten Fragestellungen, der gewonnenen Erkenntnisse und diskutierten Interpretationen zu rezipieren, so wünschenswert das auch wäre. Andererseits ist es auch wieder nicht notwendig. Denn die Philosophie beginnt nicht erst dort, wo die Wissenschaft aufhört. Sie entsteht wie diese unmittelbar aus dem Lebenskontext. Beide sind voneinander unabhängig, auch wenn sie im Lauf ihrer Entfaltung weitere oder engere Beziehungen eingehen. Eine solche Beziehung soll auch hier gestiftet werden.

Ein Anknüpfungspunkt dafür kann gewonnen werden, wenn man beachtet, dass die empirischen Wissenschaften ihre Einzelprobleme im Rahmen von sehr allgemeinen Vorstellungen ihrer Gegenstände stellen, der von Thomas S. Kuhn so genannten „Paradigmata". Diese Ansätze enthalten Vorentscheidungen, die lange Zeit als solche gar nicht bewusst sein müssen, aber doch, wenn man mit ihnen an Grenzen stößt, reflektiert und prinzipiell revidiert werden können. Diese sehr allgemeinen Vorstellungen aber sind in anderer Perspektive auch Thema der Philosophie, wenn dort gefragt wird, was eigentlich Natur, Geschichte, Kultur, Sprache und Zeit seien. Das Besondere des philosophischen Suchens liegt dabei u.a. darin, dass Fragen nach dem Verhältnis von Sache und Theorie und von Theorie und Praxis erörtert werden, die in den Einzelwissenschaften, die ganz am Objekt und zwar eines speziellen Bereichs orientiert sind, weder reflektiert werden müssen noch können. Mit dieser ersten Besonderheit des philosophischen Zugangs hängt eine zweite eng zusammen. Wenn man sich philosophisch im Gegenstandsbereich der Humanwissenschaften aufhält, geht es einem letztlich um eine Erkenntnis der conditio humana, d.h. der allgemeinen und unausweichlichen, aber doch kontingenten Bedingungen, unter denen das menschliche Leben steht, genauer: nicht das Leben von irgendwelchen, „Menschen" genannten Lebewesen, sondern *unser* Leben. In den Humanwissenschaften werden diese Bedingungen hinsichtlich ihrer Strukturen erforscht in der distanzierten Einstellung, die zur Objektivität der Wissenschaft erforderlich ist. In der Philosophie kommt es darauf an, ein Bewusstsein von diesen Bedingungen als Bedingungen, d.h. vom Bedingtsein unseres subjekthaften Lebens zu gewinnen. Die Form solcher Bewusstwerdung ist „Besinnung"; m.a.W. die Auslegung von etwas, womit man lebensmäßig in einem praktischen Sich-Auskennen vertraut war, auf dem Umweg über den objektivierenden Blick der idealerweise neutralen Wissenschaft. Zum Erkenntnisziel der philosophischen Besinnnung gehört ein ganzmenschliches „Innewerden", nämlich der Tatsache, dass es sich dabei um uns handelt: *tua res agitur*. Beachtet man, dass die Philosophie der Sprache, Geschichte usw. die Funktion der Besinnung hat, – dann erkennt man, dass auch die Arbeit der Humanwissenschaften letztlich im Dienst einer Besinnung steht, d.h. einer „Hermeneutik" des gelebten Lebens dient und nicht so objektivistisch verstanden werden sollte, wie, mit einem gewissen Recht, sich die Naturwissenschaften verstehen oder doch verstanden.

I. Sprachlichkeit

„Der Mensch ist das einzige Lebewesen (*zóon*), das den *lógos* besitzt" (Aristoteles, *Politik* I,2; 1253 a 10). *Lógos* kann übersetzt werden mit „Verstand" bzw. Vernunft, wie es in der klassischen lateinischen Formulierung geschah: *homo est animal rationale*. Es kann aber auch einfach „Sprache" heißen, und so ist es an der zitierten Stelle gemeint. Gilt nun diese alte These, der Mensch zeichne sich gegenüber allen anderen Lebewesen durch die Sprache aus, auch heute noch? Was ist dabei unter „Sprache" zu verstehen? Und was bedeutet die Sprachlichkeit für die Realisierung des Menschseins?

1. Ein Begriff der Sprache

Es gibt viele Sprachen. Früher gab es nicht nur andere Formen der heute bekannten Sprachen, sondern wohl auch ganz andere Sprachen, die heute ausgestorben sind, ohne größere Spuren zu hinterlassen. Manche Sprachen zeigen eine größere oder geringere Verwandtschaft, so dass man sie in Sprachfamilien zusammenfassen und von anderen Sprachfamilien unterscheiden kann. Auch die einzelnen Sprachen (wie z.b. „das" Italienische, Russische, Japanische) sind manchmal nur Familien von Sprachen (die dann Dialekte heißen), wobei gewisse Dialekte oder stilisierte Hochsprachen eine privilegierte Rolle genießen. Alle lebendigen Sprachen wandeln sich dauernd, wobei Perioden größerer Stabilität mit solchen rapider Veränderung einhergehen, in Verbindung mit der internen Veränderung und den Akkulturationsvorgängen der gesellschaftlichen Lebenswelten.

Was macht nun Sprache aus? Die Antwort fällt doppelt aus, je nachdem, ob man die Sprache unter dem Gesichtspunkt ihrer inneren Struktur oder unter dem Gesichtspunkt ihrer Funktion sieht. Wenn man von einer Sprache spricht, denkt man vor allem an ihre innere Struktur: das in Grammatik, Wortschatz, Idiomatik und Stilistik darstellbare Sprachsystem.

a) Sprache als System

59 Die Realität der Sprache besteht darin, dass gesprochen (gerufen, gesungen usw.) wird und dass das so Geäußerte ein Ohr und ein Verstehen findet. Wenn das Gesprochene verstanden wird, ist eine Art von Gemeinsamkeit entstanden. Damit es zu dieser Gemeinsamkeit kommen kann, ist schon eine andere Form der Gemeinsamkeit vorausgesetzt, nämlich die einer Sprache, die der Hörende und der Redende gemeinsam haben. Eine Sprache kann beschrieben und erforscht werden als ein Vorrat von Zeichen und von Regeln zur Kombination dieser Zeichen, die einer Sprachgemeinschaft gemeinsam sind. Von diesem Vorrat her, der z.B. in Wörterbüchern, Grammatikkompendien und Idiomensammlungen aufgelistet werden kann, lassen sich dann umgekehrt die Rufe, Unterhaltungen usw., von denen man ausgegangen war, als bestimmte Ereignisse oder Handlungen deuten, die durch Verwendung der Möglichkeiten dieses Vorrats zustande kommen. Das ist Sinn und Herkunft der Unterscheidung von Sprache (Sprachsystem) und einzelnem Sprachgeschehen (Ferdinand de Saussure: *langue/parole*), die für die Sprachwissenschaft grundlegend ist. Gerne wird dabei ein Vergleich mit dem Schachspiel herangezogen: den Figuren und Regeln eines Schachspiels entsprechen die Zeichen und Regeln des

„Sprachspiels", den einzelnen Zügen im Schachspiel entsprechen die einzelnen Sprechakte.

Die Elemente der Sprache stehen untereinander in einem (mehr oder minder) systematischen Zusammenhang, dessen Struktur erforscht werden kann. Diese Struktur ist nicht starr, sondern verändert sich im Lauf des Gebrauchs. So muss man im Studium einer Sprache die synchronische Betrachtungsweise (die sich auf den Zustand einer Sprache zu einem bestimmten Zeitpunkt bezieht) von der diachronischen (die den Wandel darstellt) unterscheiden. Dieser Wandel selbst hängt von vielen Faktoren ab, äußeren wie inneren. Durch die letzteren ist bestimmt, welche Veränderungen naheliegen und welche nicht. Man muss also unter der zu einer bestimmten Zeit gerade ausgeprägten Oberflächen-Struktur einer Sprache tiefere Strukturen vermuten und erforschen. Ist dies einmal gelungen, stellt sich die Aufgabe, die Tiefenstrukturen von vielen Sprachen miteinander zu vergleichen und zu sehen, ob es eine einheitliche Grundstruktur familienähnlicher Sprachen und vielleicht sogar aller menschlichen Sprachen gibt. Leitend dabei ist immer die Idee eines Sprach-"Systems" überhaupt. So ein System steht in allen seinen Ausprägungen unter drei Prinzipien: dem Prinzip der Differenz, dem Prinzip der Sparsamkeit und dem Prinzip der Hierarchie.

Das Differenzprinzip hat zwei Seiten. Die eine, negative Seite besagt, dass es keine natürliche Sprache gibt. Denn es gibt viele Sprachen, und unter diesen vielen Sprachen ist keine „die" wahre Sprache, in der sich die Realität selbst darstellte und in der sich alle Menschen adäquat aussprechen und verständigen könnten. Selbst wenn man sich auf eine einzige Sprache einigen und alle anderen dem Untergang weihen würde, wäre diese eine Sprache noch immer eine Menge von Zeichen, deren Relation zum Bezeichneten äußerlich bliebe und die in diesem Sinn, wie die Stoa erkannte, „willkürlich" und „künstlich" sind. Sie haben keine natürliche, sondern eine konventionelle Geltung. Zwischen dem Zeichen, das bezeichnet, und der Sache, die bezeichnet wird, klafft eine Kluft, die man die der Sprache immanente Urdifferenz nennen könnte. – Wenn man sich nun auf der Basis der Einsicht, dass keine menschliche Sprache unmittelbar die Sprache der Dinge selbst sein kann, der positiven Seite des Differenzprinzips zuwendet und fragt, wie es möglich sei, dass die Laute der Sprache dennoch eine Bedeutung haben, lautet die Antwort: Die Bedeutung eines bestimmten Zeichens liegt darin, dass es sich von anderen Zeichen desselben Systems, die ebenso an einer bestimmten Stelle der Zeichenfügung stehen könnten, so unterscheidet, dass dadurch unterschiedliche Botschaften zustande kommen. Das Sprachsystem selbst aber ist nichts als ein System zur Bildung und Aufrechterhaltung von sprachlichen Differenzen. Das ist der zweite, positive Gehalt des Wortes „Differenzprinzip". Mithilfe von Zeichen, die untereinander differieren, lassen sich, über die Differenz des Bezeichnenden zum Bezeichneten hinweg, Botschaften formulieren, die untereinander differieren.

62 Nun sind die Sprachen so ökonomisch gebaut, dass sie ein sparsames Wirtschaften erlauben: d.h. dass mit relativ wenigen verschiedenen Zeichen sehr viele verschiedene Botschaften ausgedrückt werden können. Das ist dadurch möglich, dass die Zeichen aus Elementen bestehen, die miteinander kombiniert werden, und zwar nicht nur linear, sondern auf verschiedenen Ebenen, so dass die Zeichen der einen Ebene die Elemente der Zeichen der nächsthöheren Bedeutungsebene sind. So ergeben sich aus dem Differenzprinzip die beiden anderen Bauprinzipien der menschlichen Sprache: hierarchische Stufung der Ebenen und, je tiefer man kommt, ein immer geringerer Vorrat von Mitteln, der, je höher man steigt, einen immer größeren Gewinn bringt.

Geht man die Ebenen von unten nach oben durch, dann sieht das beispielsweise so aus: Weil „m" und „h" im Deutschen zwei verschiedene *Phoneme* sind, kommt mit Hilfe dieses Unterschieds den Ausdrücken „Hut" und „Mut" ein verschiedener Sinn zu. Umgekehrt gilt: Die unterscheidende Identität der einzelnen Phoneme liegt nicht allein in ihrer lautlichen, akustisch beschreibbaren Verschiedenheit sondern vielmehr in der Relevanz dieser Verschiedenheit für eine mögliche Bedeutungsverschiebung. Die Gesamtheit der Phoneme, deren Anzahl, je nach Sprache, etwa zwischen 22 und 36 schwankt, bildet ein System, und zwar in jeder Sprache ein anderes. Wer genau hinhört, merkt, dass es selbst in den (doch nah verwandten) europäischen Sprachen fast keine gemeinsamen Phoneme gibt. Das System, das die Phoneme je einer Sprache untereinander bilden, ist so streng, dass sogar Voraussagen seiner Entwicklung möglich sind. Auf dieser Ebene ist der Gedanke des Zeichen-*Systems* am klarsten verwirklicht; je höher man kommt, desto größer werden die Plastizität und die Vielfalt, die durch einzelne Sprecher entstehen.

Phoneme haben für sich noch keine Bedeutung. Ihre Verschiedenheit hat eine Relevanz für Bedeutung zum ersten Mal auf der Ebene der *Moneme* (ungefähr gleich: Worte mit ihren Deklinationen, Konjugationen usw.). Während der Laut „t" für sich gar nichts be-

deutet, hat das Lautgefüge „tun" (im Deutschen) schon einen gewissen Sinn. Aber ein isoliertes Wort ergibt für sich allein noch keinen vollständigen Sinn; es muss, explizit oder implizit, Teil eines *Satzes* sein; die Rest-Bedeutung, die ihm auch außerhalb des Satzes bleibt, hat es als mögliches Element von Sätzen.
Aber selbst ein einzelner Satz hat, wenn er nicht im *Kontext* geäußert und gehört wird, keinen klaren Sinn. Der Kontext kann wiederum sprachlicher Natur sein, eine Rede oder eben ein Text, aus dessen Zusammenhang einzelne Sätze nicht oder nur bedingt gerissen werden dürfen, wenn ihr Sinn nicht verdreht, ins Gegenteil verkehrt oder vollkommen verfehlt werden soll. Meistens aber ist der Kontext (zusätzlich noch) nicht-sprachlicher Natur. So kann z.B. derselbe Satz „ich habe genug" einen ganz anderen Sinn haben, je nachdem, ob er beim Essen (und hier wieder am Ende oder kurz nach Beginn), bei einer Kündigung oder als Beispiel eines Satzes mit „haben" geäußert wird; in den beiden ersten Fällen kann der Sinn noch erheblich variieren je nach den begleitenden Gesten und dem Ton, der oft erst „die Musik macht". Gesten, Mienenspiel, Tonstärke und Satzmelodie sind auch für sich Träger von Information. Diese Ausdrucksweisen kann u.U. auch jemand gut verstehen, der die gesprochene Sprache nicht gelernt hat.
So kann man wohl behaupten: Keine sprachliche Zeichenkonfiguration hat aus ihr selbst heraus Bedeutung. Dass sie in Differenz zu anderen möglichen Zeichengebilden steht, erklärt nur, wie sie einen *anderen* Sinn als eine andere haben kann – nicht aber, wie sie überhaupt einen Sinn haben kann und folglich auch nicht, wie es *überhaupt* funktionierende sprachliche Zeichen geben könne. So bleibt festzuhalten, dass die sprachlichen Zeichen ihren Sinn erst aus der wirklichen, lebenskontextlichen Setzung, d.h. dem lebendigen Sprachgeschehen haben, und dieses wieder aus dem anfänglichen Verstehen, das zum Sichvorfinden in der menschlichen Lebenssituation gehört. Die Sprache (als Zeichenvorrat, *langue*) und das Sprachgeschehen (*parole*) sind einander, in je anderer Rücksicht, vorgeordnet. Ohne eigentliche Sprache kann sich kein differenziertes Sprachgeschehen entwickeln. Auf der anderen Seite ist das Sprachsystem – abgesehen davon, dass es sich im Sprachgeschehen erst bildet – außerhalb seiner Funktion für effektive Verständigung im wörtlichen Sinn sinn-los. So scheint *innerhalb* der dialektischen Bezogenheit beider Momente doch dem Sprachgeschehen ein gewisser Vorrang zuzukommen.

b) Lautsprachen und Zeichensprachen

64 Menschliche Sprache ist überall zunächst und primär Lautsprache. Ihr primäres Medium sind die mithilfe der Stimmwerkzeuge in ungeheurer Variabilität hervorgebrachten Laute. Doch haben sich auch andere Medien gebildet, die die Laute in ihren sprachlichen Funktionen ergänzen und teilweise ersetzen. Solche Medien sind visuelle Muster, die z.b. geschrieben, gestikuliert, gemalt oder geknüpft werden. Wenn die so entstandenen Gebilde nicht nur naturgegebene Signale oder schöne Bilder oder beschwörende Gegenwärtigsetzungen sind, sondern der Kommunikation dienen, wenn sie gelernt werden müssen (und vielleicht sogar noch einen Strukturhintergrund haben, der dem der gesprochenen Sprache gleicht oder ähnelt), sind auch sie als sprachliche Gegebenheiten anzusehen. Man spricht dann von einer Zeichensprache, wobei man das Wort „Zeichen" in einem engeren Sinn verwendet, das den Lauten entgegengesetzt ist – nicht in dem weiten, von dem eingangs die Rede war und der gleichbedeutend war mit einem sinnenfälligen Träger sprachlicher Bedeutungen überhaupt, sei dieser nun akustisch, visuell oder sonstwie. Solche Zeichen im engeren Sinn sind vor allem die Schriftzeichen. Die Zeichen der Schrift können entweder unabhängig von der Ordnung der gesprochenen Sprache sein oder auf der letzteren aufbauen.

Die ursprünglichen chinesischen Bildzeichen funktionieren unabhängig von der lautlichen Vielfalt der Varianten des Chinesischen. In ähnlicher Weise sind auch die Piktogramme auf Flughäfen, Bahnhöfen, Computerbildschirmen usw. abstrakte, sprachliche Symbole. Ein Musterbeispiel für eine vollkommene Zeichensprache ist die Zeichensprache der Gehörlosen (Taubstummen), wie z.B. die American Sign Langage (ASL), deren Elemente aus Gesten der Finger und Hände bestehen. Anders als die unechte Taubstummensprache, die auf der gewöhnlichen Laut- und Schriftsprache (Ablesen der Laute an den Mundstellungen, Nachbildung der Zahlzeichen mit den Fingern usw.) basiert, ist sie ein von der gesprochenen Sprache unabhängiges, eigenständiges menschliches Kommunikationssystem und weist alle Kennzeichen einer Sprache im vollen Sinn auf. Sie hat Zeichen auf drei Bedeutungs-Ebenen, die denen von Phonem, Monem und Satz entsprechen. Sie ist ebenso wie die Lautsprache ein Ausfluss der allgemeinen menschlichen Sprachfähigkeit, was man u.a. daran erkennt, dass dieselben Schädigungen im Gehirn, die zur Aphasie führen (d.h. dazu, dass ein Mensch, der eine Lautsprache gelernt hat, nicht mehr fähig ist, sich ihrer richtig zu bedienen), auch zum Verlust der Kompetenz im Gebrauch dieser Zeichensprache führen.

Natürlich sind die alphabetischen Schriften und die Silbenschriften, die auf der Lautsprache aufbauen und deren Regeln übernehmen, Formen von Sprache. In ihr drückt sich dieselbe allgemeine menschliche Sprachfähigkeit aus, die sich die Lautsprachen geschaffen hat. Das Verhältnis zwischen den lautlichen und den schriftlichen Äußerungen ist komplex. Auf der einen Seite lebt die Schriftsprache ganz von der Lautsprache. Diese ist nicht nur gesamtgeschichtlich wesentlich älter als jene, sondern ist auch bei jedem einzelnen Menschenkind die erste Form der Sprache. Und auch später im Leben bleibt die Fähigkeit, sich schriftlich gut auszudrücken und sorgfältig zu lesen, im Durchschnitt, wenn nicht überall, weit hinter der Kunst des Sprechens und Verstehens zurück. Auf der anderen Seite wirkt die Schriftsprache, wenn sie in der Kultur einer Sprachgemeinschaft oder eines Individuums eine wichtige Rolle spielt, auf die Lautsprache zurück und verändert das Verhältnis zu ihr. Schon die ausdrückliche Kenntnis, die man sich von der Struktur der Lautsprache verschafft, war ohne die schriftliche Fixierung kaum möglich. Mehr und mehr sah und lebte man die Sprache von der „Schreibe" her. So trat neben die Ergänzung des gesprochenen Worts durch das geschriebene bald auch der Gegensatz von zwei Kulturen des Wortes: des Wortes, das seinen Ort in der unmittelbaren gegenseitigen Präsenz von Hörenden und Sprechenden hat, aber auch schnell verfliegt, – und des Wortes, das auch und vielleicht gerade in der Abwesenheit dessen, der es geschrieben hat, seinen Sinn hat, jedenfalls aber *bleibt* als „fester Buchstab'". Erwähnt sei auch, dass alle künstlichen „Sprachen", wie z.B. die der Mathematik und Logik, oder die Programmiersprachen für Computersoftware, Notationssysteme sind und damit die Verschriftlichung sowohl voraussetzen wie präzisierend (d.h. wegschneidend und zuspitzend) fortsetzen. Eine gewisse Gegenbewegung liegt vielleicht darin, dass das lebendige Wort und Erscheinungsbild nicht nur auf dem Umweg über die Schrift, sondern durch die elektronischen Medien in seiner Unmittelbarkeit gespeichert und neu wahrgenommen werden kann.

c) Die menschliche Sprache und die tierischen Kommunikationssysteme

66 Die menschlichen Sprachen sind hierarchisch geschichtete Zeichensysteme, die geschichtlich entstanden sind und sich geschichtlich wandeln. Weil sie viele sind und von den Einzelnen erst durch Lernen erworben werden, lassen sie sich nicht auf die universal einheitliche organische Ausstattung des homo sapiens zurückführen. Auch lassen sich die Unterschiede der Sprachen nicht von den biologischen Unterschieden, wie dem der Rassen, her begreifen. Der einzelne Mensch bekommt zwar mit seiner Natur auch die prinzipielle Sprachfähigkeit mit, nicht aber eine Sprache. Der Besitz der so umrissenen Sprache, so wurde eingangs mit Aristoteles behauptet, ist ein Charakteristikum des Menschen. Kann diese These aufrecht erhalten werden, wenn man die Kommunikationssysteme sozial lebender Tiere und insbesondere der Menschenaffen berücksichtigt? Haben die Sozietäten der höheren Tiere, über die Fülle der angeborenen Ausdrucksformen und Signale hinaus, auch Sprachen im eigentlichen Sinn?

67 Ob Menschenaffen-Sozietäten in mehr oder minder freier Wildbahn eine derartige Sprache haben, ist direkt kaum entscheidbar, jedenfalls noch nicht heute. Stattdessen hat man untersucht, ob kleine Affen eine Sprache erlernen können, wenn ihnen diese von Menschen beigebracht wird. Eine menschliche Lautsprache kommt hier nicht in Frage, weil der äffische Stimmapparat nicht fähig ist, die dafür nötigen Laute hervorzubringen. Wohl aber hat man versucht, jungen Menschenaffen Elemente der ASL, die ja eine echte Sprache ist, oder einen Einsatz von verschiedenen Plastikplättchen als Zeichen beizubringen. Das Ergebnis war, dass diese Bemühungen einen gewissen Erfolg hatten, der sich allerdings bisher nicht über jenes Niveau der Sprachbeherrschung hinaus steigern ließ, über das Dreijährige normalerweise verfügen. Unter dem geduldigen Einfluss eines menschlichen Lehrers sind Menschenaffen also prinzipiell fähig, sich ein Stück weit eine echte Sprache, die von Menschen entwickelt worden ist, anzueignen, und sie für die Kommunikation mit Menschen und sogar für das Selbstgespräch zu verwenden. In einzelnen Fällen sollen sie sogar versucht haben, dieses Können an andere Genossen weiterzugeben. Man hat also den Eindruck, dass auch Menschenaffen elementare Formen einer echten Sprache von Menschen erwerben können. Allerdings bleibt es eben bei den Elementen. Was nun die Anwendung der neu erworbenen Fähigkeit betrifft, so ist sie begrenzt auf ein Ausdrucks- und

Kommunikationsverhalten, das unter den Imperativen des Nahrungsbedürfnisses und sozialer Triebe wie der Aggression und Fortpflanzung steht; die Darstellungsfunktion der Sprache, die deren Zeichen definitiv über den Status von Signalen hinaushebt, fehlt bei den Affen. Auf die Frage, ob es in Affengesellschaften auch zur *Bildung* von eigenen Sprachen gekommen ist, kann die Erforschung der Fähigkeit einzelner Primaten, Elemente von Sprachen zu übernehmen, die von Menschen gesprochen oder erfunden worden sind, unmittelbar keine Antwort geben.

Da die empirische Erforschung und theoretische Diskussion der Kommunikationsformen der Menschenaffen noch in vollem Fluss ist, muss man sich hier mit Zwischenergebnissen zufrieden geben, die eine gewisse Wahrscheinlichkeit haben. Für die Zwecke der Philosophischen Anthropologie ist ohnehin die Frage, ob Menschenaffen schon gewisse Anfänge von „Sprache" im eigentlichen Sinn haben oder nicht, sekundär. Entscheidend ist, dass gesehen wird: erstens, dass sich eine Sprache von den angeborenen und letztlich fortpflanzungsdienlichen Signalsystemen unterscheidet, und zweitens: dass dieses neue Phänomen „Sprache" eine enorme Rolle für das Leben der Menschen hat. So ist im Folgenden zu untersuchen, was es für uns, die wir die Sprache haben, bedeutet, dass und wie wir sie haben.

Literatur

Schwidetzky 1973
Gardner 1989
Bahner 1997

Laplane 1997
Pörings/Schmitz 1999
Reischer 2002

2. Leistungen der Sprache

Was die Sprache leistet, wird am Sprachgeschehen ablesbar. Was aber „geschieht" eigentlich im Sprachgeschehen? Diese Frage wird gewöhnlich unter dem Titel der „Funktionen" der Sprache abgehandelt (vgl. Keller 2000, 43-45). Es werden verschiedene Listen dieser Funktionen gegeben. Da es uns nicht auf die Vollständigkeit und auf die angemessene Einteilung der Funktionen, sondern nur auf den prinzipiellen Aspekt der sprachlichen (Mit-)Konstitution der menschlichen Welt ankommt, können wir uns hier darauf beschränken, uns locker an eine klassisch gewordene Einteilung anzulehnen. Der Psychologe Karl Bühler (1934, 28) unterschied (nach dem Vorbild W. v. Humboldts) drei Funktionen der Sprache: Darstellung (von Sachverhalten), Ausdruck (der inneren Zustände des Sprechenden) und Appell (an den Angesprochenen, von dem eine bestimmte Reaktion erwartet wird). Anders können diese Funktionen so formuliert werden: Präsentation der besprochenen „Sachen", Ausdruck des Inneren des sprechenden Subjekts, Kommunikation von Subjekten. Damit greifen wir unsere „Definition" der Subjektivität auf: ein Verhältnis zu sich selbst im Verhalten zu Anderem und zu Anderen. Die Sprache, so soll deutlich gemacht werden, bestimmt den Vollzug der Subjektivität nach ihren drei Momenten.

69 Das Wort „Sprache" ist vom Wort „sprechen" abgeleitet, und so nicht nur im Deutschen, sondern auch in vielen anderen Sprachen (in Europa z.B. griech. *glossa*, lat. *lingua*, frz. *langue*, engl. *language*, russ. *jazik* usw. = Zunge). Darin bezeugt sich die bis heute herrschende Gewohnheit, das Sprechen ins Zentrum der Sprachdeutung zu stellen. Die Sprache (als System, *langue*) selbst aber hat ihre jeweilige ereignishafte Realisierung nicht nur im Sprechen, sondern auch im Hören. Selber hat man erst lange Gesprochenes hörend in sich aufnehmen müssen, bevor man selbst sprechen konnte. Und das Hören des anderen ist die Voraussetzung für ein sinnvolles Sprechen; der Sprecher muss es deshalb oft erst eigens erbitten. Das Umgekehrte, dass man nur dann im sprachlichen Sinn hören kann, wenn einer aktuell spricht, gilt nur eingeschränkt. Denn man kann auch in der Erwartung einer Rede in die Stille hinein lauschen. Diese Erwartung ist, anders als das Gefasstsein auf einen Knall, nicht ohne Sprachkompetenz möglich. Dass die „Sprache" vom Sprechen her benannt worden ist, hat u.a. wohl zwei Gründe: Einerseits bringt der Sprechende besondere Töne hervor, also etwas sinnlich sich Aufdrängendes, während man das Hören direkt nicht hört und sieht. Andererseits: Sprechen und Hören haben einen verschiedenen Rang, wenn gilt: Nur der Mächtige, der „das Sagen" hat, *darf* reden, während der Machtlose hören, hinhorchen und gehorchen *muss*.

Das Hören ist eine Realisierung der inneren Sprache, ähnlich wie das Formulieren der Gedanken, bevor es sich sinnlich verlautbart. Die Fähigkeit, innerlich zu verstehen und zu sprechen, erlernt man dadurch, dass man sich von anderen angesprochen erfährt. Sie bildet sich weiter aus gleichzeitig mit der Fähigkeit, sinnvoll zu sprechen. Das innere Sprechen und Horchen füllt auch einen großen Teil der Zeit, in der wir äußerlich schweigen, besonders wenn wir allein sind. Im mitmenschlichen Kontakt hat das von innerem Sprechen und Horchen erfüllte Schweigen andere Funktionen. Ähnlich wie die Stille vor dem Anfang, nach dem Schluss und in den Pausen wesentlich zu einem Musikstück gehört, ist es auch mit dem Sprechen. Die Länge der Pausen, das brüske oder zögerliche Anfangen, der Übergang zur nachfolgenden Stille, all das gehört zum Sprachgeschehen ebenso wie das Verlauten. Und besonders gilt das natürlich vom Schweigen, das an die Stelle des erhofften Redens tritt, wie z.B. das beredte Schweigen, das durchaus ein Sprach-Phänomen ist. Es hat die Funktion einer Mitteilung, und die Zeit des Schweigens ist beiderseits von intensiven inneren Sprachaktivitäten erfüllt.

Im Folgenden wollen wir uns eine Vorstellung davon verschaffen, welche Rolle die Sprache für die Präsentation von Realität, für die intersubjektive Kommunikation und den Ausdruck spielt. Gewiss sind die drei genannten Geschehnisse nicht von Grund auf und nur sprachliche Ereignisse. Sie haben auch andere Medien als die der Sprache, wie die sinnliche Wahrnehmung und Empfindung, die Affekte, die vorbewussten Signale und Signalerfassungen, die spontane, intentionslose Äußerung usw. Diese Medien haben wir teilweise gemeinsam mit den Primatentieren, und sowohl auf der unseren wie auf der anderen Seite haben sie ihre Wurzeln in einer gemeinsamen Vorgeschichte. Dennoch hat die Sprache bei uns Menschen das ganze Gefüge von Weltgegebenheit, Kommunikation und Ausdruck tiefgreifend verändert, und dies nicht nur durch das sprachliche Leben selbst, sondern auch hinsichtlich der genannten vorsprachlichen Medien, die nicht ganz dieselben geblieben sind, weil sie in einen neuen Horizont getreten sind.

a) Präsentation

Durch Sprache wird die bewusstseinsmäßige Gegenwart von etwas nicht überhaupt erst grundgelegt. Die Gegebenheit durch die äußeren und inneren Sinne, um nur das Offensichtlichste zu nennen, wird von der Sprache schon vorausgesetzt. Aber sie ist andererseits nicht schon fertig, sondern wird sprechend-hörend in bestimmter Weise übernommen und gegliedert. Nun kann dieses „etwas", die „Sache", grundverschiedene Gegenwartsweisen haben. Dementsprechend sind verschiedene Arten sprachlicher Präsentation zu unterscheiden. Im folgenden soll nur *eine* Linie durchgezogen werden.

71 (1) Gehen wir aus von der schlichten sinnlichen Wahrnehmung! Schon deren Grundstufe ist sprachlich geprägt. Denn die schlichte Wahrnehmung, dass der Tisch da braun ist, hat eine propositionale Struktur, d.h. die Form einer Aussage, einer Prädikation. In ihr ist schon etwas *als* etwas bestimmt: Ein bestimmtes Ding, das mithilfe des Begriffs „Tisch" als Tisch identifiziert worden ist, wird, unter dem Gesichtspunkt eines sprachlich gegliederten Farbspektrums betrachtet, als „braun" erfasst und bezeichnet. Wenn wir für die Identifikation von Dingen und von Prädikaten auf das Vokabular einer Sprache zurückgreifen, so geschieht mehr, als dass wir Wahrgenommenes nur nachträglich benennen. Dadurch sind auch die Möglichkeiten der Wahrnehmung selbst schon im voraus kanalisiert. Wir nehmen wahr, indem wir das *durchsprechen*, was uns in äußerer oder innerer Erfahrung gegeben ist. Meistens vollzieht sich das Wahrnehmen wie das Durchsprechen automatisch, wie es schon tausendmal gelaufen ist. Je mehr man sich aber bemühen muss, die rechten Worte zu finden, weil das Wahrzunehmende neu ist, desto mehr wird man auch gezwungen, immer wieder hinzuschauen und desto intensiver und genauer nimmt man wahr. Durch das rechte Deuten und Bereden vollendet sich so die Wahrnehmung erst: man sieht, riecht, hört dann erst richtig. Gewiss kann man auch vieles zerreden oder geschwätzig verdecken. Aber ein musikalisch Gebildeter hört ein Beethoven-Quartett eben doch besser als jemand, der nicht weiß und sagen kann, was eine „Fuge" oder eine „Umkehrung" ist, und an dem die Vielheit der Eindrücke vorüberzieht. Wer gelernt hat, „Ulmen", „Ahorne" und „Eichen" zu unterscheiden, sieht wahrscheinlich auch mehr als bloß „Bäume". Gewiss lernt man das Hören nur durch Hinhorchen und das Sehen nur durch Hinschauen. Aber worauf man achten muss und was das ist, was den Sinnen geboten wird, und damit, wie man das Hinhorchen und Sehen lernt, – das wird sprachlich vermittelt.
Über ihre Funktion bei der Präsentierung von sinnlich Gegenwärtigem hinaus ermöglicht uns die Sprache auch, solches am eigenen Erleben präsent zu machen, was nicht mehr oder noch nicht sinnlich gegenwärtig ist. Das Vermögen, sich an etwas zu *erinnern*, ist größer, wenn man das Erlebte oder Überlegte sprachlich fixiert hat. Ohne Erzählung – eine sprachliche Form, die Einheiten fixiert und Zusammenhänge schafft – zerfällt das Erinnerbare in isolierte Fetzen eines Gedächtnisses, dessen Zuverlässigkeit schnell dahinschwindet. (Man erzählt's den anderen, und gibt sich so selbst seine eigene Geschichte. Dass man seine Vergangenheit durch diese Strukturierung auch stereotypisiert nach einem der Modelle, wie

Lebensgeschichten eben erzählt werden, und noch einmal stereotypisiert, weil das Erzählen bald mehr von der Erinnerung an die früheren Fassungen des Erzählten lebt als vom erinnerten Erleben selbst, ist freilich auch wahr.) Auch die *Vorwegnahme* der zukünftigen Erlebnisse profitiert von der Sprache, die die Phantasie stützt, strukturiert und auf bestimmte Möglichkeiten hin dirigiert. Einer Handlung schließlich geht für gewöhnlich eine *Überlegung* voraus, die, auch wenn sie sich schweigend vollzieht, die Form eines Palavers hat, nämlich eines Gesprächs, in dem man mit sich selbst zu Rate geht. Das komplizierte Gefüge von mehreren Ziel-Mittel-Relationen, das in der Überlegung präsent sein muss, kann kaum ohne die Mittel der Sprache im Spiel gehalten werden.

Die Sprache ist aber nicht nur unentbehrlich für die Gliederung unseres eigenen gegenwärtigen, vergangenen und zukünftigen Erlebens, sondern auch dafür, dass sich uns indirekt Räume der Wirklichkeit öffnen, die von anderen betreten worden sind, uns selbst aber unbekannt blieben. Wie arm wäre unsere Wirklichkeit, wenn sie nur unsere wäre und nicht auch diejenige, die andere mit uns teilen, indem sie uns etwas erzählen und lehren. Erst so füllt sich der Begriff der sinnlich erschlossenen Wirklichkeit, sowohl hinsichtlich ihrer inhaltlichen Fülle wie hinsichtlich ihrer Objektivität.

(2) Aber die Darstellungsfunktion der Sprache beschränkt sich nicht darauf, uns nur das präsenter zu machen, was durch die sinnlichen Funktionen der Wahrnehmung, des Gedächtnisses und der Phantasie (sowie des Hörens auf sprachlich Übermitteltes) schon eine erste Präsenz hat. Sie erstreckt sich auch auf Bereiche von Gegenständen, die fast oder ganz ohne eine solche sinnliche Vermittlung zur Gegebenheit kommen. Es sind die Felder, in denen das *Denken* zuhause ist, und mit ihm Erklärungen und Begründungen, Strukturerfassungen, ontologische und epistemologische Modalitäten (wie: wirklich-möglich-notwendig und gewiss-wahrscheinlich-denkbar) usw.

Das Denken ist nicht einfachhin identisch mit dem Sprechen, auch nicht mit dem richtigen inneren Sprechen, wie folgende Überlegungen zeigen. Kleinkinder, die noch nicht über die Sprache verfügen, können doch denken. Selbstverständlich können Kranke, deren periphere oder zentrale Sprechorgane gelähmt sind, noch denken. Und sogar Aphasie-Patienten, deren zerebrale Sprachzentren so zerstört sind, dass auch die Fähigkeit zum inneren Sprechen massiv gestört ist, können doch die abstrakten Beziehungen zwischen Dingen oder Umgangsformen erfassen, Überlegungen anstellen und sich in ihrem gewohnten Umkreis vernünftig verhalten

(Laplane 1997). Schließlich kennen wir alle jene Zustände, in denen etwas vor dem Auge unseres Geistes oder unseres Empfindens auftaucht, für das uns die Worte fehlen. Dennoch: Das Bewusstsein des Fehlens bezeugt, dass die geistige Intuition, um vollendet werden zu können, nach dem Wort verlangt, das ihr entspricht. Das Entspringen der Sicht oder Einsicht selbst ist wohl nichts Sprachliches. Aber es ist vorbereitet durch ein langes Nachdenken, das die Form der (zumindest inneren) Rede und Gegenrede hat und oft eine große sprachliche Kompetenz voraussetzt (vgl. Platons 7. Brief). Und wenn das geistig Geschaute nicht wieder versinken soll, braucht es die „Bergung" in die sprachlichen Formen des Begriffs, der Metapher, des Satzes, des Gefüges von Sätzen.

73 Solche sprachliche „Bergung" des geistig Erfassten oder Entworfenen kann in verschiedenen Formen stattfinden. Genannt seien hier nur drei Formen, die im Übrigen auch schon eigene Typen der Verschriftlichung sind: der organisationstechnische, der wissenschaftliche und der poetische Text. Zur Kategorie der *Organisationstechnik* rechnen wir hier alle Arten der standardisierten Formulierung von Handlungsmacht und Verarbeitungsstrategie: von den Zahlen und Terminologien über die logischen und mathematischen Formalisierungen bis zu den Techniken der Buchhaltung, des Börsenkalküls und der Verkehrsorganisation: All das, was in unserer modernen Welt immer mehr das „Unmittelbare" in den Hintergrund drängt, ist eine Explosion der in der Sprache beschlossenen Möglichkeiten. Die Theorien der *Wissenschaft* bringen etwas zu Bewusstsein, das nicht anders als in dieser sprachlichen Weise für uns präsent sein kann: die Krümmung des Weltraums, die Entstehung einer Neurose, die Kohärenz einer Erklärung, die Wahrheit einer Aussage usw.: All das bekäme ohne die Sprache niemals Präsenz für uns. In der *Poesie* schließlich wird die Sprache frei zum Spielen. Das Spiel der dichterischen Sprache besteht darin, dass immer neu eigentümliche Regeln entworfen werden, denen man sich unterwirft, z.B., um nur irgendetwas herauszugreifen, die Form des Sonetts, des Romans, der Anekdote. Das freie Spiel hat oft sein Gegengewicht in der Bemühung, etwas von den magischen Nennkräften der Worte und Sprüche uralter Zeiten aufleben zu lassen oder umgekehrt mithilfe der Worte die Hinfälligkeit, Leere und Lächerlichkeit bloßer Worte vorzuführen. In beiden Fällen kann es dazu kommen, dass ein Sprachkunstwerk durch seine Form die Präsenz von etwas vermittelt, was niemals etwas gegenständlich Reales ist: die Mehrbödigkeit des erscheinenden Wirklichen, in einem verklärenden oder Abgründe aufreißenden Sinn. Das Wesent-

liche steht dabei meist *zwischen* den Zeilen. Es ist nicht direkt, in unpoetisch zupackender Rede, sagbar. Aber es ist deswegen doch nicht unsagbar, da es eben zwischen *Zeilen* aufscheint, die in bestimmter Weise gefügt und gereiht sind.

b) Kommunikation

Kommunikation kann darin bestehen, dass eine Information von einem Träger auf einen anderen übergeht, nach dem Modell, dass ein „Sender" einem „Empfänger" eine „Botschaft" zuspielt. Häufig geschieht das, um den Empfänger zu einer bestimmten Handlung zu veranlassen, wenn etwa die Botschaft „Feuer!", „stopp!" oder „du hast noch Kuchenkrümel an den Lippen" lautet. Aber es kann auch einfach eine Information übermittelt werden. Es ist klar, dass diese Kommunikationen im hohen Maß mit dem Mittel der Sprache arbeiten, sei es „natürlicher" oder darauf aufgebauter künstlicher Sprachen. Ohne sie hätte das weltweite Kommunikationsnetz, das unsere moderne Lebenswelt mehr und mehr bestimmt, nicht entstehen können. Die präverbalen Kommunikationsmittel reichen dafür bei weitem nicht aus: zu bescheiden ist ihr Repertoire, zu gering ihre Reichweite, zu wenig abstrakt ihr Zeichensystem. 74

Über den aktuellen Handlungsappell oder den Informationstransfer hinaus kann Kommunikation im Feld der Zwischenmenschlichkeit dreierlei bedeuten: (1) Austausch zum Zweck von vorübergehender Gemeinsamkeit, (2) Herstellung von Formen bleibender Gemeinschaft, (3) Aktualisierung bestehender sozialer Gliederung. Solche Kommunikation greift auf verschiedene Medien zurück. In unserem Kontext kommt es darauf an zu sehen, welche Rollen dabei das Sprechen (und Hören) spielt.

(1) Die Sprache hat eine normalerweise unersetzliche Rolle, wenn man sich *austauschen* will. Schon der Informations- und Meinungsaustausch zielt sehr oft auf mehr als einen bloßen Transfer von Inhalten; in der Mitteilung von Wissen, Deutungen und Wertungen geben Menschen einander auch Anteil an einem Stück von sich selbst. Oft ist der Austausch vor allem das Vehikel einer Kontaktaufnahme, beispielsweise wenn man sich über das Wetter oder die letzten Fußballergebnisse austauscht. Auf das Gesagte kommt es dabei kaum an, wohl aber darauf, dass der eine einen anderen anspricht und dieser zuhört und so im Wechsel. Wird man gegen die Absicht auf das Gesagte festgelegt, zieht man sich evtl. aus der Klemme mit der Entschuldigung „Man sagt ja nix, man redet ja 75

bloß". – Aber man möchte oft auch etwas wissen von der Geschichte und von der Innenwelt des Anderen, um eine Beziehung aufzubauen oder zu vertiefen. Man mag dann dessen Erscheinungsbild und Verhalten noch so sorgfältig beobachten, solange er nicht anfängt, von sich zu sprechen und zu berichten, wird man zu seiner Welt nur einen geringen Zugang bekommen. Kurz: Menschen, die miteinander sprechen, teilen sich mit, teilen – in welch banaler und vorübergehender, friedlicher oder konfliktreicher Weise auch immer – ein Stück Leben miteinander.

(2) Und dies gilt nicht nur für den Augenblick. Vielmehr werden durch bestimmte Sprechakte *Formen bleibender Gemeinschaft hergestellt.* (a) Verträge wie Ehe-, Arbeits-, Staatsverträge usw. haben die Form bestimmter Sprachereignisse; dasselbe gilt für richterliche Urteile. Die Organisation des sozialen Lebens geschieht so, dass man sich miteinander abspricht, etwas verspricht, Rechte zu- und abspricht, einen Text vorspricht und nachspricht usw. Es sind nur Worte, aber mit welchen Wirkungen! (b) Neue Funktionen brauchen zu ihrer Etablierung neue Bezeichnungen. Sprechend macht man – initiierend und imitierend, unausdrücklich oder ausdrücklich – einen neuen Sprachgebrauch aus, wie z.B. einen Insiderjargon oder eine Terminologie. Dadurch schafft man neue Formen von Gemeinschaft, von Kommunikation und von Ausschluss. Selbst zur herrschaftsfreien Kommunikation der Philosophen wird nur zugelassen, wer sich an das dort übliche Sprachspiel hält und halten kann. (c) Umfassendere und dauerhaftere Formen der Kooperation in Handwerk, Industrie, Dienstleistung, Wissenschaft usw. sind ohne Sprache undenkbar. Ab einem gewissen Ausmaß der Differenzierung (seit dem Beginn der Stadtkultur mit allem, was damit zusammenhängt) geht es nicht mehr ohne die Weiterbildung der Sprache zur Schrift und von dieser zu speziellen Notationen.

(3) Jeder sprachliche Austausch ist *Aktualisierung einer bestehenden Gemeinsamkeit* und sozialer Gliederung. Denn jede Sprache ist eine der grundlegendsten sozialen Institutionen. Wie sie selbst Produkt und Ausdruck eines gemeinschaftlichen Seins ist, ist sie auch das primäre Mittel zur Erhaltung und Neuschöpfung von Beziehungen. Als solche soziale Institution ist sie der Willkür der Individuen zwar teilweise preisgegeben, aber doch auch weitestgehend entzogen. Denn durch das Hineinwachsen in eine Sprachgemeinschaft kommt ein Menschenkind überhaupt erst in einem solchen Ausmaß zu sich, dass es der Stellungnahme gegenüber der Sprache seiner Herkunft fähig ist. Zur Sprache, in die man hineinwächst,

gehören aber nicht nur die Vokabeln und die Regeln der Grammatik, sondern auch bestimmte festgeprägte Texte, die jeder kennt und die man gelegentlich sogar gemeinsam aufsagt oder singt. Es handelt sich dabei z.B. um Sprichwörter, Glaubensformeln, Lieder, Nationalhymnen, Gedichte, klassische Geschichten, Rechtstexte usw. Sie sind feste Bestandteile einer Sprache, freilich nicht so stabil wie einzelne Basiswörter und Regeln. Sie machen so selber ein Zeichensystem höherer Stufe aus, in dem sich die Unterscheidung zwischen der Form (Zeichenvorrat) und dem Inhalt (Botschaft) nur noch sehr beschränkt machen lässt. Daran wird deutlich, dass eine Sprache mit der jeweiligen Lebenswelt, in der sie gesprochen wird, aufs engste verknüpft ist (vgl. Wittgenstein 1971). Weil jedoch die Lebenswelten der Gruppen innerhalb derselben Sprachgemeinschaft verschieden sind, werden sich auch Subsprachen und bestimmte Formen der Anrede, des Rede-Rechts usw. ausbilden, die diesen Unterschied widerspiegeln. Der Jäger, der seinen König auf der Jagd begleitete, durfte nicht von „wir beiden" sprechen; zum Kapitel „Du oder Sie?" fallen jedem komische oder peinliche Erlebnisse ein; in manchen Sprachen (wie z.B. dem Javanischen) muss man, je nach dem Grad der Höherstellung des Angesprochenen, sich jeweils eines fast ganz verschiedenen Vokabulars bedienen. Die Hochsprache schließt die aus, die nur Dialekt sprechen; die unter sich Dialekt Sprechenden nehmen den, der Hochsprache spricht, nicht als einen der Ihren an. Wer von außen, von einer anderen Sprachwelt kommt, empfindet die derart Getrennten trotzdem als Menschen *einer* Familie, weil sie alle dieselbe Sprache sprechen.

c) Ausdruck

Wie wichtig es ist, als Kind in leiblich-affektiver Zuwendung, aber auch mit Worten *angesprochen* worden zu sein und auch später immer wieder angesprochen zu werden – in Ansprache, Ermutigung, *feedback*, Belehrung, Zeugnis usw. –, ist jedermann deutlich, der darüber nachdenkt, was geschieht, wenn solches ausfällt, in verkehrter Weise geschieht oder auch in gelungener Weise erlebt werden durfte. Ebenso wichtig ist es aber, dass derjenige, der angesprochen wird, zu einer ihm gemäßen Antwort kommt, oder, genereller formuliert, das ausdrücken kann, was ihn innerlich bewegt. Vielfältige Ausdrucksmittel stehen uns dafür zur Verfügung. Die Sprache ist nur eines davon. Aber sie steht so sehr im Zentrum, dass auch die anderen gern metaphorisch als „Sprache" bezeichnet werden, so dass man von der Sprache der Musik und des Tanzes, des Mienenspiels und sogar der psychosomatischen Symptome redet. (Es scheint übrigens, als verwendete man die Bezeichnung „Sprache" in erster Linie für jene Ausdrucksmittel, deren Gebrauch wie eine Sprache gelernt werden muss, und nur in zweiter Linie auch für die spontanen Ausdrucksweisen, die angeboren sind.)

79 Ich kann einen Schmerz durch ein verzerrtes Gesicht oder durch unartikuliertes Stöhnen und Schreien zum Ausdruck bringen; dann drücke ich mich in einer angeborenen Weise aus, die jedoch trotz aller basalen Natürlichkeit auch schon kulturelle und individuelle Varianten aufweisen kann. So kann sich, zuerst fast unmerklich, die eigentliche Sprache einmischen. Das beginnt, wenn ich – als Deutscher – „Au!" schreie; denn das ist schon eine deutsche Formung des Schreis; anderswo heißt das z.B. „Wai" oder „ai". Stärker sublimiert ist der Schmerz im geformten Ausruf „Mir tut's weh!", noch stärker etwa im Satz „Ich habe Magenschmerzen!" Das Medium des Ausdrucks bekommt gegenüber der auszudrückenden Empfindung eine immer größere Eigengesetzlichkeit. „Au" kann kaum wahr oder falsch sein, wenngleich es echt oder unecht sein kann, wenn ein Schmerz bloß vorgetäuscht wird. Es ist eine Rede, bei der keine grammatischen oder stilistischen Fehler gemacht werden können, wie das dann bei den Ausdrucksformen der Fall ist, die im vollen Sinn sprachlich sind. Wenn man diesen Unterschied macht, muss man freilich gleich betonen, dass die nichtsprachlichen Ausdrucksmittel mit den sprachlichen beim Menschen eine unzertrennbare Einheit bilden. Diese Einheit bewährt sich noch in den höchsten geistigen Höhen: manch einer, wie etwa Kleist, kann nur im Gehen zu einem Gedanken-Fortschritt kommen; ein anderer muss einen Bleistift haben, um schreibend denken zu können; viele können überhaupt nur schöpferisch denken, wenn sie anderen etwas erklären und so den Ideen die Möglichkeit geben, sich unter den Fluss des Gesprochenen zu mischen; und wird nicht in einer Vorlesung durch den Tonfall, die begleitenden Gesten, das unwägbar Mitschwingende manchmal ebensoviel vermittelt wie durch den Text, den man dann vielleicht auch gedruckt, eines Teils seiner Lebendigkeit beraubt, vor sich haben kann? Verbale und nonverbale Ausdrucksmittel dürfen also nicht gegeneinander ausgespielt werden. Sie gehören zusammen.

80 Wenden wir uns nun dem Verhältnis des Inneren zum Äußeren zu, das mitspielt, wenn von „Ausdruck" die Rede ist! Erstens ist zu beachten, dass das „Innere", das seinen Ausdruck sucht, eine viel-

schichtige Wirklichkeit ist. Wie vielschichtig diese ist, kann vielleicht die folgende, durch Beispiele illustrierte Klassifikation zeigen: Es kann sich dabei handeln um empfundene Leibzustände wie Schmerz, Lust, Müdigkeit, Hunger, um vitale Gefühle wie Abscheu, Begierde, Angst, um seelische Zustände wie Trauer, Freude, Begeisterung, Erstaunen, um geistige Bestimmungen wie Absichten und Willenseinstellungen oder Gedanken, Einsichten und Urteile.

Je mehr man in der Linie dieser Aufzählung fortschreitet, desto notwendiger oder angemessener wird es, zu ihrem Ausdruck auf die Sprache zurückzugreifen. Mögen die körperlichen Schmerzen eines Menschen noch mit einem einfachen Au-Schrei ausgedrückt werden, so verlangen die seelischen Schmerzen (wie auch Freuden) der Liebe zu seinem Kind, zu seiner Heimat, zu seinem Gott Ausdrucksformen, die entweder im eigentlichen Sinn sprachlich oder sprachanalog und sprachdurchsetzt sind (wie Gesang, Tanz oder symbolische Gestik). Dabei ist bemerkenswert, dass, je mehr man in unserer Aufzählung weiterkommt, desto strenger auch die Anforderungen an die genaue Beachtung sprachlicher Formen werden können. Die große Liebe begnügt sich dann nicht mit dem direkten, als allzu direkt empfundenen Ausdruck: sie verlangt das Liebesgedicht. Ebenso kann es mit dem Schmerz der Trennung oder mit der Unruhe des Herzens sein, die zugleich ausgedrückt und gebändigt werden durch Klagelieder wie das des todkranken Königs Hiskija (Jesaja 38,10-16), des Gretchen in Goethes „Faust" („Meine Ruh' ist hin": Verse 3374-3413) oder der „Rolling Stones" („I can get no satisfaction"). Es sind Texte, mit denen sich nicht nur der Dichter hilft, sondern viele andere Menschen nach ihm.

Mehr noch als die Gefühle sind die Gedanken für ihren Ausdruck auf die Sprache angewiesen. Sie sind gar nicht anders ausdrückbar als in wohl geformten Satzgefügen. Keine noch so sublime Geste vermag auszudrücken, was Hegel mit den Worten seiner „Phänomenologie des Geistes" ausgedrückt hat. Nämlich was? Was war das „Innere", das Hegel *aus*gedrückt hat? Eben das, was da zu lesen ist. Durch den Ausdruck hat das Auszudrückende erst ein gegliedertes Dasein erhalten – nicht nur für den Leser, sondern auch für den Philosophen selber. Freilich trug dieser schon vorher etwas „in sich", was er dann, sich gewissen philosophischen Formprinzipien unterwerfend, „äußerte". Aber diese Form gliederte im selben Vorgang nicht nur die Äußerung, sondern auch das Innere: den Gedanken.

Was hier am Einzelfall angedeutet ist, hat prinzipielle Bedeutung. Die sprachliche Äußerung ist etwas Differenziertes und Differenzierendes, selbst in relativ schlichten Kommunikationsweisen, und erst recht in höher stilisierten. Indem wir *uns* durch sie ausdrücken, differenziert sich rückwirkend unser „Inneres": unsere Gedanken und selbst unsere Gefühle. Deswegen ist es so wichtig, ehrlich, genau und nuancenreich zu sprechen. Denn eine verkommene Sprachkultur macht auch das Innere vage, unehrlich und primitiv. Das gilt für die Individuen ebenso wie für Gesellschaften.

82 Hineinfindend in Ausdrucksformen, und zentral in die Sprache, entfalten wir unsere Möglichkeiten, werden wir wir selber. Was keinen Ausdruck findet, bleibt entweder brach liegen oder sucht sich ein Ventil. Häufig werden Menschen, die aus irgendwelchen Gründen nicht zu ihrem adäquaten Ausdruck kommen oder nicht den Mut zu diesem Ausdruck haben, krank. Von sich zu erzählen, ist wohl aus diesem Grund ein Bedürfnis fast aller Menschen. Deshalb ist es eines der zentralen Stücke in jeder Art von Therapie, besonders der Psychotherapie, dass man sich aussprechen kann, und das heißt wiederum: dass einem jemand aufmerksam und mit Interesse zuhört.

Literatur

Heintel 1972
Gipper 1987
Deutsch/Schneider 1996

Burri 1997
Keller 2000

3. Sprache als Mittel und als Vermittlung

83 Wenn die Sprache ihre dreifache Vermittlungsfunktion normal erfüllt, tritt sie meist nicht eigens ins Bewusstsein. Ihre Eigenrealität drängt sich jedoch auf, wenn diese Vermittlungsfunktion entweder nicht recht „klappt" oder in neuer, überraschender, exzellenter Weise gelingt.

Im Folgenden skizzieren wir vier Situationen, in denen sich die Sprache als Mittel der Vermittlung erweist, das deshalb gefährdet ist und gefährden kann, weil es normalerweise in seiner Vermittlungsfunktion aufgeht. Wir orientieren uns dabei in erster Linie an der Präsentierungsfunktion.

(1) Die *Lüge* kann nur deshalb funktionieren, weil wir, wenn nichts dagegen spricht, nicht nur dem Sprecher, sondern auch dem Gesprochenen und Gedruckten vertrauen, dass sie uns nämlich Wahrheit vermitteln. Sobald wir dessen innewerden, wird die Zuverlässigkeit des Gesprochenen als solchen prinzipiell erschüttert: es gibt *auch* irreführende, falsche Aussagen. Aber die Falschheit ist nicht eine Eigenschaft von Aussagen, die mit der Wahrheit auf derselben Ebene läge, wie man meinen kann, wenn man Aussagesätze völlig aus ihrem existenziellen Kontext herausnimmt und nur logisch betrachtet. So betrachtet, kann ein Satz *gleichermaßen* wahr und falsch sein. Geht man noch weiter in der Abstraktion und betrachtet einen Aussagesatz nur noch grammatisch, so fällt auch die Eigenschaftsalternative wahr-oder-falsch weg. Prinzipiell gesehen aber ist Falschheit ein privativer Modus des Wahrseins, und was eine Aussage ist, lässt sich ohne Bezug auf den Begriff der Wahrheit gar nicht definieren. Folglich: Wenn wir nie eine Lüge oder einen Irrtum aufdeckten, blieben uns die Aussagesätze als eigene Wirklichkeit wohl immer verborgen. Durch die Erfahrung mit beiden Enttäuschungen aber entdecken wir in einem ersten Schritt die Aussage als solche und in ihrer Ambivalenz und dann in ihrer linguistischen Struktur, während sie vorher nur Fenster zur Sache war. In einem zweiten Schritt jedoch, der den ganzen Weg reflektiert, wird deutlich, wie sehr unser Wirklichkeitsbezug durch die sprachliche Form der Aussage vermittelt ist.

(2) *Ungenauigkeit und Imponiergehabe* im Sprachgebrauch: Weil unser Wirklichkeitsbezug sprachlich mit-konstituiert ist, ist es möglich, dass durch eine ungenaue Sprache auch die Wirklichkeit nur noch so im Ungefähren, ohne prägnante Konturen und Farben erscheint. Die Sprache wird krank und schwach, wenn die verwendeten Worte abgenutzt sind und ihre Sagekraft eingebüßt haben, – wenn immer weniger bildhafte und immer mehr abstrakte (aber undefinierte) Ausdrücke die Sprache überschwemmen, – wenn man viele Wörter verwendet, über deren genauen Sinn man sich im Unklaren ist: wer von denen, die diese Worte verwenden, weiß z.B. genau, was „Vernetzung", „Fundamentalismus", „semantisch" heißt? Indirekt wird hier die Aufgabe einer Ethik des Sprechens deutlich. Nicht nur der Mensch hat seine Sprache, sondern auch der Unmensch (vgl. Sternberger 1968; Pörksen 1988). Man kann die Sprache verwenden, um ehrlich seine Ansicht zu äußern und um dem Mitmenschen Dinge aufzuzeigen, so gut man kann. Man verwendet sie aber auch, um irrezuführen, um herabzusetzen und schönzureden (z.B. kann ein Mehrfamilienhaus als „Mietskaserne" oder als

„Stadtresidenz" bezeichnet werden). Ungenauigkeit kann eine Schwäche sein, aber auch eine Stärke, wenn man z.b. einen Text so schreibt, dass er genau genug ist, um einen erwünschten Eindruck zu vermitteln, aber ungenau genug, dass der Verfasser nicht zur Verantwortung gezogen werden kann.
(3) Die Erfahrung mit einer Rede, die in *fremder Sprache* an mich gerichtet wird, kann in zwei verschiedenen Situationen gemacht werden: je nachdem, ob ich diese Sprache schlecht oder sehr gut verstehe. Wenn ich die Sprache des anderen nur unzureichend beherrsche, setzt mein dadurch vermittelter Sachbezug immer wieder aus. Immer wieder muss ich überlegen oder nachfragen, was dieser oder jener Ausdruck bedeute. Solange jedoch die Ausdrücke der Gegenstand der Aufmerksamkeit sind, vermitteln sie nicht die Sache. Verstehe ich hingegen die fremde Sprache gut, so wird sie aus einem anderen Grund thematisch, wenn ich erkenne, dass sie sich nicht vollständig in meine eigene oder eine andere übersetzen lässt. Denn jede Sprache enthält die Weltsicht und die Lebensart ihrer Völker, wie die vergleichende Sprachinhaltsforschung im Einzelnen dargelegt hat (z.B. Humboldt 1830/35, Whorf 1956, Gipper 1987).
(4) Das Gesprochene wird *verfremdet zum nur noch lautlichen Bestand*. Ein Laut dringt ans Ohr: rief hier jemand oder ächzte nur die Tür? Man hört ganz unverständliche Laute, merkt aber, dass es eine Sprache ist, und genießt z.B. deren Satzmelodik. Ein Kind spricht voll Andacht ein Wort aus (z.B. „H-a-u-s") und wundert sich, dass an dieser Lautfolge nichts von einem Haus zu finden ist. Hier wird erfahren, dass die lautlichen Sprachzeichen – mit geringen Ausnahmen durch die Lautmalerei – willkürliche Zeichen sind, die von sich her (d.h. von ihrer akustischen Gestalt her) keine innerliche Beziehung zu dem haben, was sie bedeuten. Keine Lautkonfiguration (oder Papierschwärzung) bedeutet von sich aus etwas, und kein Ding trägt irgendwelche Namen auf der Stirn geschrieben. Gesprochenes und sich Zeigendes sind also – im Einzelfall wie auch im Prinzip – nur faktisch, nicht wesensmäßig, nur durch eine kontingente Vermittlung, nicht unmittelbar „eins". Und doch fallen sie in eins, im geglückten Fall wie auch im missglückten. Deshalb ist nicht nur die naive Erfahrung einer Identität von Sprache und Welt – die Welt als magisches Sprachparadies – durch die Entdeckung der Vielheit der Sprachen und der Nicht-Natürlichkeit der Zeichenfunktion zu brechen. Sondern es muss auch die Gefahr eines extrinsezistisch-technomorphen Verständnisses der Sprache, die jenen Entdeckungen auf dem Fuße folgen kann, gebannt werden.

Alles Ursprüngliche kann nur mit den Mitteln gedeutet werden, die das Entsprungene bereitstellt; so wird es zugleich erreicht und verfehlt. Im Hinblick auf die Sprache, die etwas Ursprüngliches ist, spielen diese Rolle die Schrift und die Kunstsprache (wie z.B. die logisch normierte Wissenschaftssprache). Hier haben wir Weiterbildungen der Sprache vor uns, die selbst als Sprache „funktionieren"; hier haben wir die Elemente und Kombinationsregeln der Sprache vor uns, in objektiver Vorfindlichkeit und – soweit es sich um Kunstsprachen oder künstliche Notationssysteme handelt – konstruktiver Durchsichtigkeit. Aus diesem Kontext stammen die Begriffe „Sprachzeichen", „Zeichensystem", „Code" usw. Man sollte sich jedoch bewusst bleiben, dass die Sprachtheorie, die aus der Analyse des geschrieben vorliegenden Wortes mit Hilfe der Terminologie, die dem kunstsprachlichen Bereich verhaftet ist, erwächst, nur ein Modell liefern kann, das durch die Projektion jener Begriffe und Funktionen auf die vage erschlossene, aktuell gesprochene Sprache erster Ordnung zustande kommt. In der Sprache erster Ordnung wird z.B. nichts eigentlich „codiert", weil zur Codierung gehört, dass die zu übersetzende Botschaft schon (sprachlich) formuliert vorliegt und dass der Code selbst übersichtlich verfügbar ist. Beide Voraussetzungen treffen hier nicht zu: Durch die primäre Formulierung wird eine Codierung zu etwas Sekundärem, zu einem Übersetzungsvorgang in eine *andere* Sprache; und dass uns die Muttersprache als objektivierter Code (in Grammatik und Wörterbuch usw.) vorliegt, ist ein sehr spätes Faktum der Kulturgeschichte, das für das lebendige Sprechen weitestgehend irrelevant ist. So stehen wir der Sprache immer nur sekundär „gegenüber". Grundlegend ist sie mehr und anderes als ein Werkzeug, dessen wir uns zu bestimmten Zwecken bedienen. Sie ist „wesentlich mit dem Menschen verwachsen", ein „nie ganz zu ergründendes Geheimnis" (W. v. Humboldt, WW VI, 233). 85

Literatur

Derrida 1967 Werlen 2002
Simon 1981

II. Sozialität

86 Wenn die Sprache eine der grundlegendsten sozialen Institutionen ist und wenn ihr Vollzug normalerweise im Austausch zwischen Menschen besteht, ergibt sich ein natürlicher Übergang von den Überlegungen zur Sprachlichkeit zu einer Thematisierung der Sozialität des menschlichen Daseins. Jeder Mensch ist Mensch mit anderen Menschen zusammen. Jeder Mensch ist Mitmensch. Mitmenschlichkeit (Sozialität) ist so ein Wesenszug des Menschen, in einem Sinn, der aller Moral noch vorausliegt: dass er mit seinesgleichen in gegliederten Gruppen zusammengehört und in Kommunikation steht. Diese Einsicht zu vollziehen und zu entfalten, und zwar von dem „Ort" aus, an dem wir, philosophisch nachdenkend, je als Einzelne stehen, ist im Folgenden die Aufgabe. Wir thematisieren nicht so sehr die Struktur einzelner, sich u.U. mannigfach überlappender Gemeinschaften, sondern die Bedeutsamkeit des Seins in Gemeinschaften und des Seins in Begegnungen für den Einzelnen. Dabei illustrieren wir sehr allgemeine und manchmal wesentliche Züge menschlicher Sozialität durch Beispiele, die unserer Zeit und Kultur entnommen sind.

Dass Menschen in vielfältigen Weisen der Gesellung und des Austauschs mit anderen Menschen leben, ist ein universales Faktum. Man kann zwei Aspekte dieser Tatsache unterscheiden. Einerseits ist da die Beziehung von Mensch zu Mensch, andererseits die Zugehörigkeit eines Menschen zu relativ stabilen Gemeinschaften. Beide Aspekte sind aber nicht voneinander trennbar. Denn einerseits spielt in die Beziehung zwischen Menschen deren Zugehörigkeit zu Nationen, zu Religionsgemeinschaften, zu sozialen Schichten, Gruppen usw. hinein: sei es, dass die Partner diese Zugehörigkeit teilen, sei es, dass sie sich darin unterscheiden. Und andererseits realisiert sich die Zugehörigkeit des Einzelnen zu seinen Gemeinschaften immer in bestimmten Weisen des Umgangs mit anderen Menschen, die in verschiedenen Weisen Mitglieder oder Repräsentanten dieser Gemeinschaften sind.

1. Das Phänomen des Sozialen

87 Zu Beginn müssen wir uns einen groben Einblick in die Vielfalt der sozialen Bezüge verschaffen. Dabei kommt uns die Tatsache sehr

gelegen, dass die unzähligen und vielfältigen sozialen Beziehungen, die wir als Betrachter in eine gewisse Ordnung bringen wollen, selbst aus einem relativ stabilen Gefüge von Beziehungsbahnen, aus einem Netz mehr oder minder standardisierter Interaktionsmöglichkeiten herauswachsen. Beziehungen zwischen Menschen verlaufen ja nicht im luftleeren Raum unbestimmter Möglichkeiten, sondern im Raum von Erwartungen und „Rollen" usw., die durch die Position der Beziehungspartner in einer Gemeinschaft in gewissem Ausmaß vorgezeichnet sind, sei es in relativ dauerhafter Weise (Mann, Mutter, Lehrerin, Steuerzahler), sei es in mehr vorübergehender Weise (derzeitige Vorsitzende, Banknachbar, Disco-Bekanntschaft).

Als Sozialsysteme, die sich bezüglich des Einzelnen in mannigfacher Weise überlagern, können etwa aufgezählt werden: Familie, Verwandtschaft, Freundschaft, Fan-Gemeinde, Arbeitsgruppe, Firma, Nachbarschaft, Kirchengemeinde, Staat usw. Man sieht gleich, dass *man* zu einer Familie in anderer Weise gehört als zu einem Staat, zu einem kleinen Bauerndorf vor hundert Jahren anders als zu einem Ort im heutigen S-Bahn-Bereich, anders zu einer Gruppe von Stahlkochern als zu einer solchen von Büroangestellten, anders zu einer deutschen Pfarrei als zu einer brasilianischen Basisgruppe – einmal ganz abgesehen davon, in welcher besonderen Art jeder Einzelne seine Zugehörigkeit zu diesen Gemeinschaften auffasst und lebt. 88

Denn die Menschen, die sich in vorstrukturierten Beziehungsbahnen aufeinander beziehen, beziehen sich zugleich (und gewissermaßen zuvor) auf diese Struktur selbst, in verschiedenen Graden der Identifizierung, Absetzung oder Transformation. Das soziale Wesen Mensch verhält sich zu sich selbst, indem es sich zu anderen verhält. Genauer: Es verhält sich zu seinen eigenen Seinsmöglichkeiten, die ihm durch die Erwartungen der anderen, welche selbst sozial vorgeprägt sind, entgegengebracht werden, – und so verhält es sich zum Erwartenden selbst und zugleich zum sozialen Spielraum, in dem die Begegnung stattfindet. 89

Die Beziehungen selbst können von verschiedenartiger Qualität sein: In Interaktionen oder Beziehungen zwischen Einzelnen spielt meistens die Beziehung zu mehreren anderen Personen oder Gruppen eine Rolle. Es kann sich um Interaktionen handeln, die unter dem Vorzeichen der Gleichartigkeit oder der Ungleichartigkeit, der Gleichheit oder der Ungleichheit stehen, – um solche, in denen solche Rangunterschiede prägend sind oder nicht, – um solche, denen akzeptierte Rollen- und Machtunterschiede zugrunde liegen oder in 90 denen es um deren Neuverteilung geht. Beziehungen der Zusammenarbeit stehen neben denen des Kampfes und der Konkurrenz. Interaktionen können in der Kühle rein funktionalen Austauschs stattfinden oder in der emotionsgeladenen von Liebe und Hass, von Angst und Hoffnung, – um nur einige wenige Gesichtspunkte zu nennen, die geeignet sind, die ungeheure Komplexität sozialer Phänomene ahnen zu lassen.

Um die Unterschiede in der Gemeinschaftlichkeit der verschiedenartigen Gemeinschaften zu fassen, bezieht man sich häufig auf gewisse idealtypische Gegensätze, wie die zwischen „gewachsenen" und „gestifteten" Gemeinschaften, zwischen stabilen und labilen, zwischen dauerhaften und sich rasch wandelnden, zwischen selbstzwecklichen „Gemeinschaften" und zweckrationalen „Gesellschaften", zwischen partnerschaftlichen und hierarchisch aufgebauten Gesellschaften. Diese Unterscheidungen leisten gute Dienste für die Charakterisierung und Klassifizierung, wenn man sich dessen bewusst bleibt, dass sie künstliche Konstrukte von beschränktem Anwendungswert sind. In der Realität wird man reine Typen kaum je finden.

Literatur

Lersch 1965
Grathoff 1989

Rombach 1994
Beck/Vossenkuhl/Ziegler 1995

2. Soziobiologie, Sozialwissenschaft, Sozialphilosophie

Die vielfältigen Phänomene, die man unter dem Titel des „Sozialen", der geprägten Formen von Mitmenschlichkeit, zusammenfasst, sind nun Gegenstand der wissenschaftlichen Forschung: der Sozialwissenschaften, der Soziobiologie und der Philosophie des Sozialen. Mit den gerade ausgeführten Unterscheidungen haben wir ja schon einige Fragemuster genannt, mit denen die Soziologie arbeitet. Die konkrete Arbeit der Soziologie müssen wir in unserem Kontext nicht beachten, wohl aber die Fragen, die sich an ihren Ansatz anschließen können, beispielsweise: Woher bestimmen sich die Muster unseres sozialen Empfindens, Urteilens und Verhaltens: Inwiefern sind sie das Ergebnis der natürlichen Entwicklung, inwiefern das Ergebnis der Geschichte? Inwieweit ist die Erkenntnis dieser Muster eine Erkenntnis unserer Bestimmtheit, inwieweit ist damit auch die Möglichkeit größerer Selbstbestimmung gegeben? Wenn wir uns im Folgenden diesen Fragen zuwenden, muss am Anfang der Blick auf die naturalen und dann auf die kulturellen Elemente der sozialen Handlungsmuster stehen.

a) Soziobiologie

Das soziale Verhalten von Lebewesen als Resultat und gewissermaßen Agent der natürlichen Evolution zu verstehen lehrt die *Soziobiologie*. Diese ist eine Theorie der sozialen Phänomene auf der Basis der populationsgenetischen Interpretation animalischen Verhaltens. Population nennt man „die Gemeinschaft potentiell inzüchtender Individuen in einem bestimmten geographischen Raum" (Vogel/Angermann 1980, 457). Jedes Lebewesen, das sexuell entstanden ist, hat im Durchschnitt die Hälfte seiner Gene mit seinen Geschwistern gemeinsam, je ein Viertel mit seinen „Nichten" und „Neffen", ein Achtel mit seinen Vettern usw. Wenn man nun annimmt (vgl. Wickler/Seibt 1977, 296 f.), dass das objektive Ziel, dem alles Verhalten in evolutionstheoretischer Perspektive letztlich gilt, die Erhaltung und Verbreitung der eigenen Gene ist, dann wird sowohl das „egoistische" wie das „altruistische Verhalten" des Tieres verständlich, nämlich als (von den Umständen bestimmte) Variation der Strategie, durch die „die Gene" ihre unverändert „egoistischen" „Ziele verfolgen".

Früher konnte man als das letzte objektive Ziel, dem alles tierische Verhalten (und zumal das Sozialverhalten) dient, nur eine Zweiheit nennen: Selbst- *und* Arterhaltung. Diese Zweiheit ist nun auf eine Einheit zurückgeführt. Damit ist nicht nur die Frage beantwortbar geworden, auf Grund wovon eines der beiden Ziele sich im Einzelfall durchsetzt. Damit können auch Phänomene, die dem Prinzip der Selbsterhaltung widersprechen („Altruismus" bis zum „Selbstopfer"), wie solche, die dem Prinzip der Arterhaltung widersprechen (intraspezifische Tötung), aus einem Prinzip verstanden werden. So wird z.B. erklärbar, warum ein Löwe, der eine Löwenwitwe mit Kindern „übernimmt", häufig die Nachkommenschaft seines Vorgängers zu Tode beißt, um seinen eigenen Nachkommen (angesichts knapper Nahrung) mehr Überlebenschancen zu sichern (Modell „der böse Stiefvater"). So wird auch verständlich, warum ein Hase nicht sofort vor dem herannahenden Jagdhund flieht, sondern, um seine Genossen zu warnen, zuerst auf den Boden trommelt und damit ein großes Risiko für sich eingeht. Denn dieses genetisch programmierte Verhalten bringt die Gene dieses Hasen nur insofern in Gefahr, als sie sich in diesem Hasen finden; es bevorteilt sie aber, insofern sie sich in den Verwandten seiner Gruppe befinden, was durchschnittlich in größerem Ausmaß als in ihm selbst der Fall ist, da drei Geschwister eines Individuums das 1½ -fache des Gensatzes des Individuums selbst repräsentieren (Modell „der Held, der sich für die Familie/die Gemeinschaft opfert").

E.O. Wilson, der Begründer der Soziobiologie, hat diese Idee zuerst und mit großem Erfolg angewandt, um das soziale Verhalten von staatenbildenden Insekten (z.b. von Bienen und Ameisen) zu verstehen. Dieses ist dadurch bestimmt, dass z.B. von allen Weibchen eines Bienenstocks nur die Königin Eier legt, die anderen aber, von dieser Aufgabe entlastet, als „Arbeiterinnen" ihre Sorge und Nahrungsmittel ihrer königlichen Schwester und deren Nachkommen zuwenden können (Wilson 1980,19). Wenn man die genetische Besonderheit dieser Insekten beachtet (dass nämlich die Männchen, weil sie durch Parthenogenese entstehen, nur einen haploiden Chromosomensatz haben), erweist sich diese Konzentration der Fortpflanzung eines Bienenvolkes auf eine einzige Mutter pro Generation als die effektivste Sicherung der Zukunft, auf Grund eines Zusammenhangs, der hier nicht im Einzelnen dargelegt werden kann. – Ausgehend von der Erklärung des Sozialverhaltens dieser Insekten kann man nun versuchen, auch andere Tiersozietäten nach diesem Modell zu verstehen. In welchem Umfang dieser Verstehensversuch gelungen ist, ist auch unter Biologen umstritten.

93 Für unseren Kontext müssen und können wir uns auf die Frage beschränken, was das soziobiologische Erklärungsmodell für das Verstehen des *menschlichen* Mit- und Gegeneinander bringt. Einen gewissen Wert wird es sicher haben, da im sozialen Verhalten auch des modernen Menschen noch das Erbe seiner Primatenvergangenheit wirksam ist. Die Frage ist nur, wie groß dieses ist. Manche Soziobiologen haben den Bogen überspannt, indem sie von den Mechanismen der Selektion im Sinne Darwins her unmittelbar sämtliche Spielregeln der Kultur erklären wollten. Andere äußern sich vorsichtiger. Wilson selbst (1998) schwankt in der Einschätzung des Erklärungswertes der Soziobiologie. Einmal sieht er in ihr die Vollendung der Evolutionstheorie, die dadurch zum Universalschlüssel für alle Lebensrätsel wird und damit die Soziologie endlich theoriefähig und die Philosophie überflüssig macht. Dann wieder schätzt er, dass nur etwa 10 % der menschlichen Verhal-

tenstendenzen soziobiologisch gedeutet werden können. Es ist wahrscheinlich diese bescheidenere Selbsteinschätzung, die der Soziobiologie im Kosmos der Wissenschaften Anerkennung verschaffen wird. Denn ein Universalschlüssel zum Verständnis der heutigen menschlichen Sozialformen kann die Soziobiologie wohl nicht sein, und zwar aus folgenden Gründen: *Erstens* ist über längere Zeit eine Partnerwahl innerhalb relativ abgeschlossener Populationen vorausgesetzt, damit die Darwinschen Gesetze „greifen"; von solcher Isolation kann aber in moderneren Kulturen nicht mehr die Rede sein (Steve Jones). *Zweitens* sind die kulturell vorgegebenen und durch Nachahmung übernommenen sozialen Verhaltensweisen für eine solche Reduktion zu vielfältig nach Form und Sinn geworden, seit sich dem ungeheuer langsamen Rhythmus der biologischen Evolution (durch Genmutation und durch Umweltselektion) der Rhythmus der kulturellen Differenzierung aufgepfropft hat. Dieser ist viel schneller und beschleunigt sich immer mehr, besonders seit der sog. „neolithischen Revolution" (V.G. Childe), die zwischen dem 15. und dem 5. Jahrtausend v.Chr. so grundlegende Änderungen mit sich brachte wie das Entstehen stabiler und größerer Siedlungen und entsprechender Sozialstrukturen, die Domestizierung von Pflanzen und Tieren, eine differenzierte Technik usw. Nur jene Verhaltensweisen aber, die direkt oder indirekt mit der Fortpflanzung zu tun haben, sind überhaupt mögliche Kandidaten für eine soziobiologische Interpretation. Unter der Menge der sozialen Interaktionen der Menschen sind das jedoch relativ wenige, zumal unter modernen Bedingungen. Denn mag auch die Erotik große Bereiche des menschlichen Mit- und Gegeneinander färben, so wird sie doch für die Propagation der Gene erst dann relevant, wenn es zur Fortpflanzung kommt. Welchen Ansatz für eine soziobiologische Deutung bieten jedoch die zahllosen Formen des Miteinander, die sich entfalten, wenn die Bedingungen der Daseinserhaltung und -fortpflanzung hinreichend und evtl. sogar üppig gesichert sind? *Drittens*: Wie sollen die für menschliche Gesellungsformen charakteristischen Formen der Moral und des Rechts verstanden werden? Es mag sein, dass einige ihrer Regeln, inhaltlich gesehen, in evolutiv entstandenen und biologisch nützlichen Verhaltenstendenzen wurzeln; und wenn man bedenkt, dass die gute Sitte der gebotenen Sittlichkeit vorangeht, so dass diese nicht fertig ins Dasein springen muss, ist das sogar wahrscheinlich. Aber das sind einige Regeln, nicht alle. Vor allem aber ist die Pflicht, die sich an Freiheit wendet, ihrer *Form* nach etwas völlig anderes als ein Drang, der sich mechanisch ins Verhalten umsetzt.

Wie im Einzelnen angeborene, erworbene und frei entworfene Elemente des sozialen Handelns ineinanderspielen, ist im Übrigen eine sehr schwer zu beantwortende Frage, die man der künftigen Forschung überlassen muss, bei der die soziobiologischen Deutungsmodelle eine Rolle mitzuspielen haben werden, aber wohl nur eine unter mehreren anderen.

b) Sozialwissenschaft

94 Eine ganz wichtige Rolle wird dabei weiterhin den Sozialwissenschaften zukommen: der Soziologie, Sozialpsychologie, Ökonomie, Politologie usw. In einem gewissen Sinn kann auch die Sprachwissenschaft als eine Sozialwissenschaft betrachtet werden. So stehen etwa die Beziehungsstrukturen, deren Erkenntnis die Soziologie im Mikro- oder Makro-Maßstab anstrebt, zu den einzelnen zwischenmenschlichen Beziehungsereignissen in einem ähnlichen Verhältnis wie die Sprache zu den einzelnen Sprechakten. So können sie, ähnlich wie die verschiedenen Sprachsysteme, auch für sich studiert bzw. rekonstruiert werden, sowohl und zunächst in ihrer synchronen Funktionsstruktur wie dann auch in ihrer historischen Genesis.

Das leitende methodische Ideal der Sozialwissenschaft ist weitgehend das der Naturwissenschaft, d.h. das der distanzierten, wertfreien Beschreibung des sozialen Verhaltens und der sozialen Strukturen innerhalb einer gewissen Gruppe oder Gesellschaft, synchron und diachron, sowie der dazu gehörenden Erklärung aus Gesetzen. Nicht umsonst sprach Auguste Comte, einer der Begründer der Soziologie, 1839 von ihr als einer „physique sociale". Die sozialwissenschaftlichen Forschungen unterscheiden sich aber auch von den naturwissenschaftlichen, und zwar vor allem durch zwei Eigenschaften: Erstens spielt in jenen die geschichtliche Kontingenz eine weit größere Rolle als in diesen. Die erklärende Rückführung von Sachlagen auf andere Sachlagen mit Hilfe von Gesetzen gelingt nicht so häufig. Die historische Feststellung, dass es eben so ist oder war, ohne dass man sicher wissen könnte, warum, behält immer wieder das letzte Wort. Zweitens und vor allem beschreiben die Sozial-, anders als die Naturwissenschaften, wenn es um Gegenwärtiges geht, nicht einen Bestand, der ist wie er ist, ob man davon weiß oder nicht, sondern eine Struktur, in die das Wissen von ihr verändernd eindringen kann. Menschen, denen eine bestimmte Interpretation ihres sozialen Handelns zur Kenntnis

kommt, werden dann vielleicht anders handeln als zuvor. Großgruppen wie Firmen, Kirchen, Parteien sind daran interessiert, selbst zum Gegenstand soziologischer Untersuchungen zu werden, deren Ergebnisse freilich nicht unbedingt auch den Konkurrenten zur Verfügung gestellt werden. Die vielfältigen Interessen, aus denen heraus solches Wissen erstrebt wird, müssen der Objektivität desselben nicht abträglich sein. Denn wenn die sozialwissenschaftlichen Erkenntnisse nicht objektiv gültig sind, können sie auch kein Handlungsinteresse befriedigen.
Besonders deutlich tritt diese enge Verflechtung von Subjekt und Objekt sowie von Praxis und Theorie dann hervor, wenn Wissenschaftler als führende Mitglieder einer Gesellschaft versuchen, diese in ihrem Funktionieren im Ganzen zu erforschen. Da der eigene gesellschaftliche Rahmen immer von einer großen Selbstverständlichkeit geprägt ist, Wissenschaft aber schon eine gewisse Distanz voraussetzt, ist ein solches Erkenntnisprojekt nur dann möglich, und dann aber auch besonders willkommen, wenn eine Gesellschaft sich in einer Zeit des Umbruchs befindet. So ist es kein Zufall, dass die Soziologie entstand, als man im Frankreich der Restauration auf die jüngere Vergangenheit der eigenen Gesellschaft zurückschauen konnte, die durch zwei so verschiedene Staatsformen wie das *Ancien Régime* und die Verfassung der Großen Revolution geprägt war: Der Durchgang durch verschiedene Verfassungen der Gesellschaft machte Gesellschaft als solche zum Thema. In ähnlicher Weise ließen sich die geschichtliche Situierung wie die Motiviertheit durch lebensmäßige Interessen am Werk Max Webers und Talcott Parsons aufzeigen, an der mit Max Scheler und Karl Mannheim aufkommenden Wissenssoziologie usw.
Dass bedeutende Soziologen zugleich auch Philosophen sind, ist deshalb nicht verwunderlich. Manchmal scheint es gar nicht mehr sinnvoll, das Werk solcher Autoren der einen oder anderen Seite zuzuschlagen, wie z.B. das Schaffen von Helmut Plessner und Arnold Gehlen, von Jürgen Habermas oder Niklas Luhmann. Sozialwissenschaft und Philosophie sind Forschungsrichtungen, die bei aller Eigenständigkeit aufeinander offen sind. Gewiss ist es wünschenswert, sie methodologisch möglichst sauber zu trennen. Aber: Je mehr man sie trennt, desto mehr muss man sie dann doch wieder in Beziehung setzen, z.B. durch wissenschaftstheoretische und ethische Überlegungen.

c) Sozialphilosophie

96 Die Philosophie des Sozialen umfasst drei große Problemkreise: den ontologischen, den ethischen und den anthropologischen. In der Sozialontologie fragt man, was die Seinsart von sozialen Beziehungen und Ganzheiten sei. In der Sozialethik werden u.a. thematisiert: die Pflichten und die Rechte des Einzelnen gegenüber seinen verschiedenen Gemeinschaften, die Grundlegung einer Rechtsordnung, die Gestaltung der Beziehungen zwischen gleichrangigen und unter- bzw. übergeordneten Gemeinschaften. Anthropologisch sind vor allem folgende Fragen: Inwieweit gehören Formen von Gemeinschaft zur Konstitution des Individuums – und umgekehrt? Inwiefern kann von sozialen Bedürfnissen gesprochen werden? Welche Bedeutung hat die Tatsache des „Anderen" für das Ich?

97 Das sozialanthropologische Erkennen hat einerseits strukturale, andererseits hermeneutische Züge: Indem strukturelle Zusammenhänge zwischen dem einzelnen Menschen und den zwischenmenschlichen Bezügen und Gefügen, in denen er sich vorfindet und die er so oder so ergreifen kann, bewusst werden, erfasst man besser, was man ist und sein kann, – vorausgesetzt, man nimmt die sehr allgemeinen Analysen nicht als fertige „Lehre", sondern als formales Gerüst, das helfen kann, die je eigene soziale Situiertheit durchsichtig zu machen. Das heißt, dass die objektivierende Weise, in der von Individuen, Partnern usw. die Rede ist, rückgebunden wird an die performative Sprache des Lebens und Erlebens, in der wir uns verorten durch die gehörten und gesprochenen Worte „ich", „wir", „du", „die da" usw. Damit greifen wir noch einmal auf die Sprachlichkeit des sozialen Lebens bzw. auf die Sozialität des Sprachgeschehens zurück. Die spezifische Funktion der sog. Personalpronomina „ich", „er" („sie", „du", „wir" usw.) liegt ja nicht darin, eine oder mehrere Personen aus einer Menge auszusondern. Das tun sie zwar auch. Aber diese Funktion leisten Eigennamen oder Kennzeichnungen genauso gut. Wer die Ausdrücke „ich" oder „du" usw. gebraucht, macht jedoch nicht nur deutlich, über welchen Gegenstand er spricht, sondern setzt sich zugleich in ein gewisses *Verhältnis* zu den damit gemeinten Realitäten; und dieses Verhältnis ist nicht dasjenige zum Gegenstand einer Aussage, sondern zu ihm selber als Sprechenden und zu seinem Adressaten, – und zwar so, dass dieses Sich-ins-Verhältnis-Setzen nicht etwas Nachträgliches gegenüber der identifizierenden Aussonderung ist (vgl. Runggaldier 1990, 133-139). Eher gilt schon das Umgekehrte, insofern jedes Reden über Gegenstände – etwa auch über die

Sozialität des Menschen – mein Reden zu dir (oder euch) ist, auch dann, wenn dabei „ich" und „du" nicht „wörtlich" vorkommen, sondern nur einschlussweise mit vollzogen werden. Der einschlussweise Vollzug von „ich" und „du" im Sprechen kann sogar manchmal der „reinere" sein. Denn sobald die *Worte* „ich" und „du" ausdrücklich fallen, kommt die Funktion der Aussonderung und damit die Objektivierung der Sprechenden zu etwas Besprochenem unweigerlich mit ins Spiel und verdeckt die Bezugseinheit aufeinander irreduzibler Weisen des personalen Zueinander. Jede Reflexion auf die soziale Situiertheit des Menschen muss deshalb darauf achten, dass die subjektive Erlebnisqualität der sozialen Bezüge, wie sie sich in den Personalpronomina ausspricht, in einer Art von „zweiter Reflexion" (Gabriel Marcel) mit in die objektive Rede aufgenommen wird und nicht zugunsten einer Relationsidee, die unterschiedslos in Physik und Psychologie Anwendung finden kann, unterschlagen wird. Gewiss muss in den Wissenschaften objektiviert und formalisiert werden, auch in der Philosophie. Dies muss aber so geschehen, dass man sich im Gesagten *wiedererkennen* kann.

Die folgende philosophische Überlegung geht in drei Schritten vor. Zuerst wird betont, dass das Individuum, das selbständiger Teilnehmer an sozialen Interaktionen sein soll, diese Fähigkeit erst in einem Austausch mit seinen primären Beziehungspersonen erhält (Kap. 3). Dieser wiederum vollzieht sich innerhalb der Strukturen einer bestimmten Gruppe und Gesellschaft, die beide ihre spezielle Kultur und Geschichte haben. Zwischen den zwei Formen der „erwachsenen" Sozialität, der Beziehung des Individuums zu den sozialen Ganzheiten, denen es angehört (Kap. 4), und der Beziehung des Individuums zu anderen Individuen (Kap. 5), bestehen vielfältigste Überschneidungen.

Literatur

Wickler/Seibt 1977   Meßner 1998
Wilson 1978 und 1998   Etzrodt 2003

3. Das soziale Werden des Individuums

98 Bevor Menschen bestimmte Rollen in Gemeinschaften übernehmen, sich bestimmten Gruppierungen anschließen oder neue gründen können, müssen sie erst zu einem gewissen Grad sozialer Selbstverfügung gekommen sein. Subjekt des Handelns und speziell der Beziehungsstiftung aber wird der Neuankömmling in der Menschenwelt überhaupt erst dadurch, dass er in ein interpersonales Geschehen hineingezogen und so auf-gezogen wird. Dieses Motiv ist besonders von der Entwicklungspsychologie entfaltet worden. Zu einem „Ich" wird der Mensch erst im Laufe einer psychischen Reifung, bei der, vor allem in den ersten Phasen, die Mutter und dann auch der Vater die unerlässliche Rolle einer stabilen Bezugsperson spielen.

99 Das kleine Menschlein entfaltet seine Bezüge zur Welt vor allem im Rahmen einer speziellen Interaktion mit der Mutter. Deren Zuwendung weckt die Spontaneität des Kindes ebenso, wie sie auch schon auf die spontanen Bewegungen des Kindes reagiert. Die Zuwendung der Mutter ist also eine bleibende Basis sämtlicher Vermögen der später werdenden „Subjektivität", von der her das erwachsene Individuum sich verstehen mag. Diese interaktive Beziehung beginnt längst vor der Geburt, wie die pränatale Psychologie immer deutlicher macht. „Die erstaunlich frühe und differenzierte Entfaltung seelischen Lebens des noch Ungeborenen zeigt uns ... ein Wesen, das, schon bevor es an das Licht und die Luft der Welt gebracht wird, mit der Mutter die Welt teilt und auf sein Anwesen in der Welt vorbereitet wird, ... indem es in den letzten vier Schwangerschaftsmonaten ... horchend und hörend ‚in einer Wiege von Klang und Bewegung' existiert." (Wucherer-Huldenfeld 1994, 127). Es hört den Herzschlag und die Verdauungsgeräusche der Mutter; es wird durch Musik beruhigt oder beunruhigt und bekommt den Lärm des Familienstreits mit. Es gewöhnt sich an den Klang der Worte, mit denen die Mutter zu ihm redet, und dieses lange Hören entlässt eines Tages sein eigenes Sprechenkönnen und dann das Sprechen. Es reagiert auf die Zuwendung der Mutter und provoziert diese. Es ist also ein echter Dialog, der hier schon stattfindet, und das alles zu einer Zeit, in der die neuronalen Verschaltungen im Gehirn sich erst bilden, um dann ein Leben lang so zu bleiben.

Das Kind wächst innerlich nicht, ohne dass es auf Möglichkeiten angesprochen wird, die es erst zu entfalten beginnt. Seine Möglichkeiten aber kann es nur entfalten, wenn es sich angenommen und geborgen weiß. Wie die psychologischen Hospitalismus-Forschungen (vgl. Spitz 1965) gezeigt haben, brauchen die Säuglinge nicht nur Nahrung, Hygiene usw., sondern ebenso ein hinreichendes Maß an affektiver Zuwendung. Babys, denen z.B. der liebevolle Hautkontakt fehlt, der normalerweise beim Stillen mitgegeben wird, verweigern die Nahrungsaufnahme oder bekommen Hautkrankheiten oder können sogar affektiv „verhungern" und sterben. Nur kraft der Sicherheit und Befriedigung, die in der Zuwendung erfahren wird, traut sich das kleine Kind etwas zu, traut es sich „sich selbst" zu, traut es sich auch, sich auf die immer irgendwie beängstigende, fremde Welt einzulassen.

Den Eltern ist also eine ungeheure Macht gegeben. Aber diese Macht hat nur dann eine produktive Kraft, wenn sie als Dienst ausgeübt wird. So muss etwa die Erziehung, die aus dem kleinen Kind einen mündigen Menschen machen will, nicht nur, in dessen eigenem Interesse, den Launen des Kindes die Schranke der Gebote und Verbote entgegensetzen, damit das Kind langsam selbst eine innere Instanz aufbauen kann, durch die es über den eigenen Launen stehen kann. Dies muss auch in einer Weise geschehen, dass das Kind diese Schranken nicht bloß in Ohnmacht hinzunehmen gezwungen ist, sondern aus dem Gefühl, geliebt zu sein, auch in gewissem Maß anzunehmen fähig wird. Die Erzieher dürfen das Kind also nicht wie einen Gegenstand ihres Besitzes behandeln, sondern müssen es als ein Subjekt ursprünglicher Rechte achten, d.h. als ein Freiheitswesen, das, jeweils ein Stück weit vorausspringend, schon als solches genommen werden muss, damit es mehr und mehr ein solches werde.

Sehr schnell spielt auch die Beziehung zu den Geschwistern und den Spielkameraden eine wichtige Rolle in der „Sozialisierung". Ab einem gewissen Alter wird dann die Zugehörigkeit zur Gruppe der Gleichaltrigen und die Schätzung durch die etwas Älteren wichtiger als die Nähe und Autorität der Eltern (deren man sich freilich ohnehin ziemlich sicher sein kann). So baut sich auf der Sozialdimension, das Kind von Eltern zu sein, die Sozialdimension der streitbar verbundenen „Brüderlichkeit" bzw. Geschwisterlichkeit auf, in der man Grundelemente der sozialen Öffentlichkeit einübt: Partnerschaft zwischen Gleichen. Dass die Eltern und Spielkameraden gleichzeitig auch ihre Urteile und Vorurteile, ihre Einstellungen und Lebensweisen, bewusst und unbewusst der kindlichen Nachahmung empfehlen, – diese Tatsache bindet den jungen Menschen zugleich in eine bestimmte Kultur ein, wie sie in seiner Familie, Schule, Schicht, Religion und Weltgegend herrscht.

Wenn das Individuum dann später sukzessiv aus dem psychischen und ökonomischen Mutterschoß der Familie herauswächst, gewinnt es seine Selbständigkeit nicht allein durch diese Trennung, sondern durch das Hineinwachsen in neue Formen und Qualitäten zwischenmenschlicher und gesellschaftlicher Bezüge. „Außengeleitetsein" und „Innensteuerung" sind, ebenso wie die „Ich-Identität" (im psychologischen Sinn) überhaupt, soziale Tatsachen (E. H. Erikson 1950).

Literatur

Siewerth 1957
Spitz 1965
Krüll 1989

Wucherer-Huldenfeld 1994, 95-148
Wulf 2001

4. Das Verhältnis von Individualität und Sozialität

102 Ein Mensch kann auf sich Bezug nehmen nicht nur mit dem Wort „ich", sondern auch mit dem Ausdruck „wir". Denn er ist nie nur „er selbst", sondern immer auch Teil eines sozialen Ganzen. Genau genommen, ist er meistens gleichzeitig in je eigener Weise ein Teil von ganz verschiedenen sozialen „Systemen", die sich überschneiden, ergänzen oder „beißen".

a) Die Fragestellung

Die Frage ist nun, was das Grundlegende ist: das soziale Ganze oder das Individuum. Oder, anders gesagt: wie im einzelnen Menschen seine Individualität und seine Sozialität zusammengehen. Oder noch einmal anders, etwas existentieller formuliert: was es für ein Individuum, das sich ganz als solches versteht, bedeutet, sich als wesentlich mitmenschliches Wesen zu erfassen, – und umgekehrt, was es für einen Menschen, der sich ganz aus seiner Gruppe heraus verstand, heißen kann, sich als Individuum zu entdecken.

103 Wenn man der koordinierten Bewegung eines Vogel- oder Fischschwarms zusieht, hat man den Eindruck, dass das Erste nicht das einzelne Tier, sondern der Schwarm ist. Wenn man Familien oder Gruppen von Jugendlichen sieht, die vor einem auf der Straße hergehen, in ihrer eingespielten Einheit von Aktion und Reaktion, die

nichts Ausgemachtes ist, sondern sich spontan ergibt und als eingespielt erweist, wird man die Individuen zwar nicht bloß als Teile eines Ganzen sehen können, aber auch nicht das Ganze nur als Summe der Individuen oder als Produkt ihrer freien Entscheidung. Die Individuen haben vielmehr in sich, ähnlich wie Moleküle, Bindungsvalenzen, sei es in gesättigter oder ungesättigter Form. Denn ihre Individualität bildet sich, mitsamt dem ihr eigenen Selbstverhältnis, im Raum von Beziehungen. Einmal gebildet, ist das Individuum zwar nicht mehr notwendig an die Gemeinschaften seiner Entstehung gebunden (obwohl dies doch für die meisten Menschen der Fall bleibt). Aber ein Individuum ohne innere und äußere Zugehörigkeit zu irgendwelchen Gruppen bleibt ein Grenzfall, der, wenn er einträte, entweder als unmenschliche Verwahrlosung oder als fast übermenschliche Daseinsform beurteilt wird. In jedem Falle jedoch stehen alle Menschen, schon bevor sie sich selbst so oder so binden, in einer Schicksalsgemeinschaft mit ihren Familien, Völkern und letztlich der Menschheit im Ganzen. Auch die künftigen Generationen gehören dazu und die vergangenen sowieso: „Wenn wir den Mund aufmachen, reden immer zehntausend Tote mit" (Hugo v. Hofmannsthal, WW I, [1950] 267).

Dennoch ist die soziale Ganzheit, die auf den Beziehungen von Wesen beruht, die einen freien Willen haben, etwas sehr anderes als die Ganzheit eines Lebewesens, das sich im Lauf seiner Entwicklung erst in seine einzelnen Teile ausdifferenziert, die außerhalb dieses Ganzen gar nicht sein und gedacht werden können. Keine Gemeinschaft liegt der freien Entscheidung ihrer Mitglieder *so* voraus, dass sie ohne deren Zustimmung (Konsensus) auf die Dauer bestehen, geschweige denn florieren könnte. Voraussetzung für diese Zustimmung ist dabei freilich, dass sie den Mitgliedern einen Spielraum der Freiheit bietet: mitzumachen oder sich zu verweigern, sowie an diesem oder jenem Platz im Ganzen sich aktiv einzubringen. Ein solcher Spielraum der Freiheit ist weit mehr als jene minimale Freiheit, die auch die unterdrückten und ausgebeuteten Teile einer Gesellschaft haben, wenn sie sich für das Dulden entscheiden, statt den Aufstand zu wählen, dessen Wahl nur eine äußerste Möglichkeit ist, weil er mit dem höchsten Risiko für die Teilnehmer belastet ist und an sich noch keine neue und bessere Ordnung herstellt. Wenn man nicht zynisch sein will, muss man zugeben, dass Freiheit für Menschen in solchen Situationen nur als eine abstrakte Möglichkeit, aber nicht als gesellschaftliche Realität gegeben ist. Gerade deswegen aber wird man totalitäre Gesellschaften, die darauf beruhen, dass sie großen Teilen ihrer Bevölkerung die Möglichkeit der Teilnahme am gesellschaftlichen Leben verweigern und sie nur wie Maschinen behandeln, am allerwenigsten mit einer organischen Ganzheit vergleichen wollen.

Naturhafte und historische Faktoren wie der Abstammungszusammenhang, die gemeinsame Sprache, Sitte und Geschichte begründen zwar im Allgemeinen eine *Tendenz* zur Bewahrung und Bildung einer Gemeinschaft, nicht aber hinreichend deren aktuelle Wirklichkeit selbst. Auch der Zwang, der eine Zeit lang und stellenweise, zur Überbrückung kritischer Situationen, notwendig und auch effektiv sein kann, wird auf die Dauer kaum ertragen werden und jedenfalls jene Kräfte der Initiative und des Füreinanderdasein-Wollens hemmen oder gar ersticken, auf die das Gemeinwesen für sein gutes Funktionieren angewiesen ist. So bleibt der wichtigste und unerlässliche Konstitutionsfaktor jeder Gemeinschaft, die als solche funktionieren soll, die Zustimmung der Einzelnen zum Sein in ihr und die freie Unterwerfung unter ihre Gesetze. Die Autoritätsträger müssen deshalb versuchen, eine möglichst hohe Identifikation der Mitglieder mit ihrer Gemeinschaft zu gewinnen und zu ermöglichen. So ergibt sich: Eine Gemeinschaft, die in einem so lebendigen Hin und Her zwischen den einzelnen Mitgliedern untereinander und aller mit dem Ganzen selbst lebt, dass sie mit einem lebendigen Organismus verglichen werden kann, ist nicht Ausgangspunkt, sondern Resultat: Ergebnis glücklicher Umstände, aber vor allem Ergebnis des gut organisierten Ineinanderspiels vieler freier Willen.

b) Der Individualismus und seine Grenzen

105 Nun kann man sich fragen, ob diese Sichtweise schon immer zutraf. Vielleicht galten Individuen früher weniger als Individuen und mehr als bloße Teile ihrer Sippe oder ihres Volkes und fühlten sich auch so. Die Frage ist schwer zu entscheiden. Heute jedenfalls dominieren, sei es in glücklicher oder unglücklicher Tönung, das individuelle Selbstgefühl, der gesellschaftliche Prozess der Individualisierung, die Philosophie des Individualismus. Von daher werden auch die Zugehörigkeiten zu Beziehungsgefügen neu durchdacht. Dabei kann es geschehen, dass man die These vertritt, der (erwachsene, dem sozialen Uterus der Familie entwachsene) Mensch sei zunächst einmal nur er selbst, und alle seine Zugehörigkeiten hätten ihren Ursprung allein in seinen freien Entscheidungen. Das Modell für jedes „Wir" ist hier also der Verein (bzw.

die Genossenschaft oder die Firma), den man zu bestimmten Zwecken gründet bzw. in den man eintritt oder aus dem man auch wieder austritt. Auch wo ein solcher Vertragsschluss nicht historisch nachweisbar ist, *muss* doch, dieser Auffassung zufolge, die Gemeinschaft so interpretiert werden, als wäre sie durch einen solchen Vertrag zustande gekommen, solange die in ihr ausgeübte Autorität über den Einzelnen legitim sein soll (Kontraktualismus). Für diese These werden zwei Argumente angeführt: zuerst ein ontologisches und dann ein ethisches. Das ontologische lautet so: Die Atome der Gesellschaft sind die Individuen, d.h. die individuellen Substanzen; erst durch deren wechselseitige Relationen – die schwächste aller Seinskategorien! – ergibt sich sekundär das Gefüge, das man Gesellschaft nennt. Dazu kommt das ethische Argument: Jeder hat aufgrund seiner Personalität ursprüngliche Verfügungsrechte über sich selbst; keiner aber hat ursprüngliche Verfügungsrechte über andere (außer vorübergehend und zugunsten des anderen, wie z.B. die Eltern über ihre Kinder); also kann die soziale und politische Autorität als Verfügungsrecht anderer über eine Person nur dadurch legitimiert sein, dass man voraussetzt, dass diese einen Teil ihres Selbstbestimmungsrechts frei an jene abgetreten hat.

Nun hat es, soweit wir wissen, einen Menschen außerhalb der Gemeinschaft mit anderen Menschen nie gegeben. Den für ihn primären Formen von Gemeinschaft ist also kein Mensch aus freien Stücken erst beigetreten. Wohl ist das aber der Fall bei Vereinigungen, die auf der Basis der bestehenden Gesellschaften und normalerweise in deren Rahmen zu bestimmten Zwecken als sekundäre, tertiäre usw. Formen der Vergesellschaftung gebildet worden sind. Welchen Sinn hat es nun, tendenziell alle Sozialformen so zu deuten, als ob sie nach diesem Vertragsmodell hätten entstehen können und sollen? Denn wer das tut, behauptet mehr als nur, dass die bestehenden Institutionen so weitergebildet werden sollen, dass sich möglichst viele mit ihnen identifizieren können. Da die Gründe, die für diesen Vorschlag gebracht werden, keineswegs empirisch, sondern apriorisch, ja contrafaktisch sind, müssen auch die Gegenargumente apriorisch sein: ontologisch und ethisch.

Was die *ontologische* Ebene betrifft, ist darauf hinzuweisen, dass Personen Substanzen von besonderer Art sind, nämlich solche, für die die Relationen mit ihresgleichen keineswegs akzidentell sind. Es ist für sie vielmehr charakteristisch, dass sie ohne solche Relationen (Beziehungen) nicht zu ihrer wesensgemäßen Lebensform kommen. – Zu denken ist hier nicht in erster Linie an äußere Zwecke, an denen jeder ein Interesse hat, die aber keiner allein, sondern nur zusammen mit anderen erreichen kann: die Verteidigung des nackten Lebens, die Sicherung der Ernährung, den Aufbau eines gewissen Wohlstands usw. Zu denken ist vielmehr vor allem an den „Zweck", der in sich sozialer Natur ist: das Zusammen- und Miteinandersein selbst; seiner Verfolgung entspricht eine Palette eigentümlich sozialer seelischer Bedürfnisse wie das nach Anerkennung, nach Zuwendung, nach emotionalem und geistigem Austausch. Diese Zwecke und Bedürfnisse werden normalerweise mitverfolgt, wenn man miteinander kooperiert oder gegeneinander kämpft. Kooperation setzt z.B. voraus, dass man sich ernst genommen fühlt; wird diese Anerkennung nicht hinreichend empfangen, wird auch die Kooperation leicht scheitern. Das Bedürfnis, ernst genommen zu werden, ist sehr tief und hat ein ursprüngliches Recht bei sich. Es darf nicht verwechselt werden mit dem Bedürfnis, aufgrund von Leistung, Besitz usw. *mehr* geschätzt zu werden als andere. Dieses ist freilich auch ein Bedürfnis, das von größter sozialer Bedeutung ist: Ohne es könnte keine Gesellschaft produktiv sein, aber es beschwört auch zugleich dauernd Konflikte herauf. So ist der Mensch ein gesellschaftliches Wesen, das zugleich gesellig und ungesellig ist, wie es I. Kant in seiner *Idee zu einer allgemeinen Geschichte in weltbürgerlicher Absicht* (1784) dargelegt hat. – Ebenso unentbehrlich wie für das seelische ist das Soziale für das *geistige* Leben des Individuums. Das gesellschaftliche Klima erleichtert oder erschwert den Glauben des Individuums an seine sittlichen Kräfte. Nur in der Rezeption einer geistigen Tradition, die als solche eine soziale Übermittlungsgestalt hat, kommt das Individuum zu einer geistigen Höhe, die evtl. ein individuelles Gepräge annehmen kann. Aber von dieser Höhe wird es sehr leicht herabsinken, wenn die gesellschaftlichen oder sonstigen sozialen Umstände einen freien geistigen Austausch erschweren, indem sie die Freiheit dazu unterdrücken oder durch eine allgemeine Banalisierung das Geistige zu ersticken drohen. Geist ist offenbar nicht primär eine individuelle, sondern eine interpersonale Tatsache.

107 Was nun das *ethische* Problem der Begründung von Recht und Autorität betrifft, so ist zu unterscheiden: die institutionelle Ausgestaltung der Autorität und des Rechts und die Tatsache von Autorität und Recht überhaupt. Erstere sollte in der Tat so sein, dass möglichst alle Betroffenen ihr zustimmen können, wenn sie sich auf einen unparteilichen Standpunkt zu stellen bereit sind. Doch werden dadurch Recht und Autorität schon vorausgesetzt. Sie können nicht überhaupt erst durch eine Konvention zustande kommen, deren Basis das individuelle Selbstverhältnis ist, in dem jeder die Autorität

seiner Vernunft über sich erfährt und in dem jeder über seine Handlungsmöglichkeiten verfügt. Sie sind von vornherein soziale Grundtatsachen. In den Begriff des *Rechts* ist die Anerkennung durch den Anderen schon eingetreten, und zwar auch dann, wenn ich auf diese Anerkennung ein (Natur-)Recht habe oder zu haben glaube. Auch das Verfügungsrecht über meine Handlungen und Sachen ist ein soziales Phänomen, keine vorsoziale Tatsache. Dass die Exklusivität, die dem Eigentum eigen ist, anerkannt werden muss, um ein Recht zu sein, zeigt, dass die Sozialität nicht vom Tausch des Eigentums herstammt, sondern eher umgekehrt: dass alle legitime Exklusivität des Eigentums auf eine bestimmte Ausgestaltung des schon vorgegebenen Sozialbezugs im Hinblick auf die von jedermann nutzbaren Güter und Leistungen zurückgeht. – Ohne *Autorität* ist individuelles Leben nicht möglich. Das gilt sicher für die allermeisten Menschen. Sie mögen es zwar nicht, wenn man ihnen Vorschriften macht, aber sie fragen sehr häufig, ob sie nun dies oder das tun sollen und ob es richtig ist, wie sie es machen, und sie ordnen sich gern starken Persönlichkeiten unter. Es gilt aber auch für die raren Individuen, die die Fähigkeit eigenständiger Maßstabsetzung und Lebensgestaltung in einem hohen Grad erreicht haben. Denn einerseits ist diese hochgradige Eigenständigkeit doch keine vollkommene: In mancher Hinsicht lebt man aus unreflektierten Üblichkeiten und macht unweigerlich mit, was der Zeitgeist gerade suggeriert. Und andererseits ist gerade der Eigenständige auf der Suche nach Steigerung seiner Lebensmöglichkeiten und damit auf der Suche nach Vorbildern, d.h. nach Autoritäten, die es wert sind, als solche zu gelten, weil sie die Lehrer echter Einsicht und damit geistiger Selbstbestimmung sind. Autorität und Autonomie können zwar zu Gegensätzen werden, müssen es aber nicht. Im Grunde sind sie aufeinander angewiesen. – Zusammenfassend kann man sagen: Wenn es einerseits dem Menschen wesentlich ist, dass er in Kategorien *de jure* (nicht nur *de facto*) denkt und dass er für sein individuelles Leben auf Autoritäten angewiesen ist, wenn aber andererseits Recht und Autorität wesentlich soziale Tatsachen sind, dann ist auch der Mensch selbst ein wesentlich soziales Wesen.

c) Soziale Individualität

Wie sehr zur Individualität selbst Sozialität gehört, soll durch die zwei folgenden Hinweise auf das Gesicht und den Namen noch deutlicher werden.

108 Keiner ist ein zweites Mal da. An seinem typischen Gang, seiner unverwechselbaren Stimme, vor allem aber an seinem individuellen *Gesicht* erkennen wir schnell aus Tausenden einen Menschen. Schon bei Säuglingen zeigt sich im Gesicht die eigene unverwechselbare Persönlichkeit. Später schreiben sich die Schicksale und die typischen, zum Charakter gewordenen individuellen Reaktionsweisen in einem Gesicht ein. Andererseits ist ein Gesicht etwas durch und durch Soziales. Die Gemeinschaft mit den Verwandten und den Vorfahren ist in ihm ablesbar. Seine Mimik enthält Anteile, die übernommen sind von dem, was rundherum üblich ist. Ein Amt verändert das Gesicht seines Trägers. Vor allem: Das Gesicht ist die Seite an uns, die nicht für uns da ist, sondern für die anderen; *sie* sehen es, wir normalerweise nicht. Unser Gesicht vor uns her tragend, sind wir dem Blick und der Schätzung der anderen ausgesetzt, unabhängig davon, ob wir gesehen werden wollen oder nicht. Als Gesichtswesen ist der Mensch zuerst möglicher Besitz der anderen und dann auch Besitz, der sich selbst zugeeignet sein kann (vgl. LeBreton 1992).

109 Was das Gesicht unmittelbar ausdrückt, nämlich ein Individuum, das bezeichnet ein bzw. sein *Name*. Ein Name kann zwar auch eine allgemeine Kennzeichnung enthalten: Margarete = die Perle; Quintus = der als Fünfter Geborene; Fuzzy = der so ähnlich ist wie der gleichnamige Westernheld. Aber er funktioniert nicht so, sondern steht für ein Individuum, das mit ihm gerufen, genannt und schließlich auch bezeichnet werden kann. Diese Reihenfolge sollte man nicht umkehren. Von der Banalität der Bezeichnung, d.h. des Herausgreifens eines Individuums aus einer Menge, um es in eine andere einzufügen, führt kein Weg zur gewissermaßen magischen Kraft des Nennens und Rufens, aufgrund deren der wahre Name eines Menschen in vielen Kulturen tabu ist und durch einen anderen oder auch durch Relationsbegriffe (wie z.B. „Frau Nachbarin", „älterer Bruder" usw.) ersetzt wird. Denn ein Name ist das Symbol, durch das die Einmaligkeit des Individuums ausgedrückt wird. Zugleich aber ist ein Name eine eminent soziale Sache: Erstens: Man gibt sich seinen Namen nicht selbst; er ist einem gegeben worden. Zweitens: Der Name geht dem „ich" voraus. Das Ich tritt dort auf, wo ich mit meinem Namen gerufen werde und antworte:

„Hier bin ich"; (frz.:) „me voici", (ital.:) „eccomi" usw. Wie die romanischsprachigen Formulierungen gut herausbringen, tritt das „ego" nicht zuerst als solches, im Nominativ, auf, sondern als „me", also im Akkusativ. Und sogar da, wo es selbst im Reden und Handeln das Tätige ist, muss es sich für gewöhnlich nicht dazunennen. Es genügt, wenn einer sagt, was seiner Meinung nach Sache ist, oder tut, was er zu tun hat. Drittens: Niemand ist damit zufrieden zu wissen, dass er er selbst ist, man will auch wissen, *wer* man ist. Erschütternd ist das bei Alzheimer-Patienten zu erleben, die immer wieder fragen: „Schwester, *wer* bin ich?" Die Antwort auf diese Frage, „Sie sind Frau Nolte", so kurz das Gedächtnis sie auch bloß festhalten kann, gibt tiefe Beruhigung. Der Name, mit dem einen die anderen rufen, so sehr er in gewisser Hinsicht einfach „Schall und Rauch", sein mag, ist doch auch ein Stück des individuellen Identitätsbewusstseins.

Literatur

Bühl 1982
Taylor 1985
Kersting 1994

Kerber 1998
Schroer 2001

5. Das Verhältnis von Individuen zueinander

Während wir bisher Argumente für die Gemeinschaftsbezogenheit des Menschen zusammentrugen, geht es im Folgenden darum, einen Blick auf die „Du"-Bezogenheit des Ich zu werfen. Zwischen beiden Formen der „erwachsenen" Sozialität, der Beziehung des Individuums zu den sozialen Ganzheiten, denen es angehört, und der Beziehung des Individuums zu anderen Individuen, bestehen vielfältigste Überschneidungen. Das Verhältnis des Einzelnen zu den Gruppierungen, denen er zugehört oder die ihm fremd sind, realisiert sich vor allem in Beziehungen zu denjenigen Einzelnen, die diese Gruppen repräsentieren, sei es, dass diese Repräsentation offiziell ist (Beamter, Politiker usw.), sei es, dass sie nur in der Zugehörigkeit zu einer Kategorie besteht („schon wieder einer von diesen Preußen/Dicken/Linken usw.!"). Umgekehrt sind auch Beziehungen, in denen dieser Repräsentationsaspekt nicht im Vordergrund steht, nicht loslösbar von den Gruppenzugehörigkeiten (was nicht immer relevant sein muss, sich aber eines Tages als relevant, ja zerreißend manifestieren kann: man denke etwa an Romeo und Julia; an die Liebe zwischen Schwarz und Weiß unter dem Apartheidsystem; an die Ehen zwischen Serben und Kroaten vor und nach dem Krieg von 1990).

Aber die Gruppenzugehörigkeit kann in den Hintergrund und die Beziehung zwischen den einzelnen Personen (Subjekten) in den Vordergrund treten. Im Folgenden unterscheiden wir zwei Typen solcher Beziehungen: erstens jene Verhältnisse, die durch die Gemeinsamkeit der Überzeugung und der Kooperation an einem Werk bestimmt sind oder sein sollen, und zweitens jene Beziehungen, in denen es um die Beziehung selbst bzw. um die Beziehungspartner selbst geht. Die Beziehungsart des ersten Typs werden wir Intersubjektivität nennen, die des zweiten Interpersonalität. Der Sache nach haben die meisten tatsächlichen Weisen des Umgangs von Menschen miteinander Anteil an *beiden* Beziehungsarten, aber doch in je verschiedenem Mischungsverhältnis. So ist es erlaubt, die beiden Arten idealtypisch voneinander zu unterscheiden.

a) Intersubjektivität als Gemeinsamkeit der Erkenntnis

111 Zu einer Aussage gehört normalerweise ein Objektivitätsanspruch: d.h. der Anspruch, dass es an sich so und so ist (und nicht bloß jemandem so zu sein scheint bzw. zu glauben gefällt). Mit dem Anspruch auf objektive Geltung ist automatisch aber verknüpft der Anspruch auf intersubjektive Geltung: Jedes mögliche Erkenntnissubjekt muss zugeben, dass diese bestimmte Aussage wahr ist, vorausgesetzt, es stehen ihm alle nötigen Erkenntnismittel zur Verfügung. Warum ist das so? Weil das Wahre als das mit sich Identische definiert ist, das in sich widerspruchsfrei sein muss. Daraus folgt, dass alle erkennenden Subjekte hinsichtlich seiner in ihren Meinungen einig sein können und sollen. So hängt die Intersubjektivität der Geltung einer Aussage an der Objektivität dieser Geltung, d.h. an der Wahrheit der Aussage, – und natürlich nicht umgekehrt: Denn das gemeinsame Vertreten derselben Meinung macht diese nicht wahr. Freilich kommt der Einzelne allein nur sehr schwer zur Überwindung seiner subjektiven Meinungen auf die objektive Wahrheit hin; hier braucht es die gegenseitige Korrektur, Belehrung usw. Aber die grundsätzliche Fähigkeit jedes Einzelnen, ein Stück weit auch allein zur Erkenntnis zu kommen, ist dabei vorausgesetzt. Sonst könnte niemand erkennen, ob ihm ei-

ne berechtigte oder unberechtigte Korrektur verpasst wird, und Blinde würden Blinde über die Farben belehren. In dem Maß aber, in dem es mehreren Subjekten gelingt, die Standpunkts-Bedingtheit ihrer Meinungen hinreichend abzustreifen und sich zur Objektivität der Erkenntnis zu erheben, teilen sie ein und dieselbe Erkenntnis und sind insofern „eins". Diese Einheit im Erkennen besteht aber zunächst nur bezüglich einer bestimmten, ebenfalls identisch geteilten Frage oder höchstens einer begrenzten Menge solcher Fragen. *Wenn* man aber die metaphysische Annahme macht, es gebe eine systematische Einheit aller möglichen Fragen und folglich Antworten, nämlich die eine Wahrheit als das System der Wahrheiten, dann ist das Pendant dieser Idee von Objektivität eine entsprechende Idee von Subjektivität, die innerlich ebenso *eine* ist wie die Wahrheit selbst. Ausgehend von diesem einen, dem sog. transzendentalen Ich, erweisen sich die einzelnen Erkennenden, sofern sie wirklich objektiv erkennen, als Teilhaber oder Teilnehmer. So führt ein Weg von der Intersubjektivität der Geltung von einzelnen Aussagen zu einem Verständnis der Intersubjektivität der erkennenden Subjekte, das deren Pluralität und Gegenseitigkeit in einer letzten Identität aufhebt bzw. von dieser Identität her deutet. So hat man in der idealistischen Tradition versucht, die vielen „Iche" als Vorstufe zu oder gar als Abfall von der Einheit des einen Subjekts zu deuten. Dieser Tradition selbst folgen heute die meisten Philosophen nicht mehr. Sie ist aber, abgeflacht und unreflektiert, immer noch lebendig, wo man versucht, das menschliche Miteinander vom Modell der theoretischen Diskussion her zu deuten und zu gestalten. Denn das ideale Wir, das hier vorausgesetzt wird, ist eine apriorische Einheit, ähnlich wie das transzendentale Ich, nur dass es in die Zukunft verlegt ist.

Die Frage ist, inwieweit Interpersonalität (nämlich die wechselseitige Beziehung zwischen Menschen) von der Intersubjektivität der Überzeugungen her verstanden werden kann, wobei es gleich ist, ob letztere nun als erreichtes Resultat oder als zu erreichendes Ziel vorgestellt wird. Als Erstes kann man wohl sagen: Es ist sicher so, dass Interpersonalität nur da möglich ist, wo auch Intersubjektivität möglich ist. Denn wenn die Fähigkeit zu objektiver Erkenntnis ganz fehlt, handelt es sich gar nicht um Menschen. Wenn Menschen nicht wirklich fähig und willens sind, zu gemeinsamen tragfähigen Überzeugungen zu kommen oder mindestens die Verschiedenheit unabstreifbarer Gesichtspunkte in abstracto auf die eine Wahrheit hin zu relativieren, ist menschliches Zusammenleben nicht möglich. Und über die bloße Fähigkeit hinaus muss es in der

Tat zu zahlreichen Übereinstimmungen gekommen sein. Dennoch bietet der Gedanke der Intersubjektivität eine zu schmale Basis, um darauf eine Theorie der interpersonalen Beziehungen aufzubauen, und zwar aus drei Gründen.

Erstens: Die qualitative und korrelative Verschiedenheit der Beziehungspole, die durch die – verschwiegenen und ausgesprochenen – Personalpronomina „du", „sie", „ich" usw. vertreten werden, lässt sich nicht in die homogene Vielheit der vielen „Iche" oder „Bewusstseine" oder gar „Teil-Iche" auflösen; das je andere Zueinander, nicht nur Nebeneinander, geht dabei verloren. „Das Ich" lässt sich mit einiger Gewaltsamkeit in den Plural setzen, so dass eine von vielen Individualisierungen „des" Ich ebensoviel bedeutet wie eine andere. Aber das, was sich in den Worten „ich", „du" usw. ausspricht, ist nicht das Resultat eines Prozesses, in dem sich das eine Ich-Wir in eine Pluralität ausdifferenzierte, sondern steht zueinander in einer Einheit von „Urdistanz und Beziehung" (M. Buber).

Zweitens: Die adäquate Form der Beziehung zwischen Erkenntnissubjekten ist die Diskussion, deren Soll-Ziel bereits feststeht: die gemeinsame Findung und Anerkennung derselben Erkenntnis, wenn es nicht nur der Sieg der einen Behauptung über eine andere ist. Freier und fruchtbarer als die Diskussion ist jedoch das Gespräch, bei dem das Hören den Vorrang vor dem Sprechen hat und in das folglich die teilnehmenden Personen mehr von sich einbringen können als nur Fertiges: fertige Thesen, schon oft erzählte Geschichten und fixierte Rollen. – Eine mit der Diskussion verwandte Form des Zusammen ist die Zusammenarbeit mehrerer Subjekte zur Herstellung eines bestimmten Werks. Die Einheit des Ziels, das von allen angestrebt wird, ist hier der Grund des Zusammen. Es kann aber sein, dass das Ziel von allen geteilt wird, es jedoch nicht gelingt, eine positive Beziehung zwischen den einzelnen Subjekten herzustellen, so dass die Einheit des Ziels sich nicht einigend auf die darauf angesetzten Menschen auswirken kann. Vom Ziel her gesehen, sind die sonstigen Interessen, die Gefühle, Vorgeschichten und Träume der Einzelnen nebensächlich und deshalb nach Möglichkeit auszuklammern. Für den Einzelnen aber, der für die Mitarbeit am Ziel gewonnen werden soll, sind sie die Hauptsache, die er mindestens in Maßen berücksichtigt haben will.

Drittens: Es geht es im Zwischenmenschlichen keineswegs immer um die Realisierung eines gemeinsamen Ziels. Oft geht es um ein Spiel. Einfach das zu sein, was man unmittelbar ist, genügt nicht. Ein Kind ruft dem anderen zu „ich bin ein Krokodil, und was bist du?" Im Karneval und bei Festen, bei den zahllosen Gesellschaftsspielen erholt man sich von der banalen Seite des eigenen Ich und des Wir, indem man sich gegenseitig andere Identitäten zugesteht, sei es als direkter Teilnehmer, sei es als indirekter (z.b. als mitfiebernder Zuschauer im Fußballstadion oder im Kino). Aber auch die Ausfüllung der gewöhnlichen Funktionen und Ämter im Berufsleben hat etwas von einem Spiel, jedenfalls wenn man es aus der Distanz beobachtet, und wenn die Rollenträger selbst ihre Rolle spielerisch nehmen, können sie dem Ernst des Lebens mit Humor seine Schwere nehmen und einander vor einer Überidentifikation mit ihrer Rolle bewahren. Eine Art von Spiel aber ist vor allem der zwischenmenschliche Umgang selbst, wo der Einsatz das Miteinander als solches ist. Da geht es um Näherung und Distanzierung, um Zähmung und Verführung, um Beherrschung und Verehrung, um Ausnützung und Hilfsangebote, um Bedrohung und Desinteresse, um Lebenschenken und Töten. Menschen spielen *miteinander*, nicht nur zusammen. Das ist offenbar etwas vom Allerwichtigsten im Leben, im politischen, im geschäftlichen und im privaten.

b) Interpersonalität als Gegenüber: Der Andere und das Du

Der Beobachter einer zwischenmenschlichen Kommunikation unterscheidet zwei Teilnehmer. Für jeden der beiden Teilnehmer aber gibt es, zugespitzt formuliert, im Vollzug, vor aller reflexiven Selbstbeobachtung, nicht eigentlich „zwei", sondern nur (z.B.) Marianne auf ihn selbst hin. Sein Verhältnis zu Marianne ist von ganz anderer *Art* als sein Verhältnis zu sich selbst. Er kann die Position des Sprechers verlassen und zum Zuhörer werden; aber er kann die Position des Ich nicht gegen eine andere eintauschen. Ein Selbstverhältnis ist etwas *grundsätzlich* Anderes als das Verhältnis zu einem Anderen, und zwar grundlegend, ungeachtet aller konkreten Modifikationen beider „Verhältnisse". Diesen Unterschied kann man formal als die Unterscheidung-in-Beziehung zwischen einem „Selbst" (d.h. einem unausdrücklichen oder potentiellen „ichmich") und *seinem* Anderen ausdrücken.

Was ist die Eigentümlichkeit meines primären Selbstverhältnisses, meines Ich-seins? Ich lebe in einer Art von unausdrücklicher Vertrautheit mit mir selbst. Ich erlebe mich gewissermaßen von innen, und meine Welt von mir als ihrem Mittelpunkt her. Die Welt ist zunächst meine Welt; in ihr ist gewichtig, was mir wichtig ist. Aber wie das Sehfeld des Auges vom blinden Fleck heraus aufgebaut ist, so ist es auch hier. Die (strukturelle, vormoralische) Tatsache, dass ich der Mittelpunkt meiner Welt bin, geht sehr gut zusammen mit der Tatsache, dass ich sehr wenig wissen kann, wer ich im Grunde bin, und dass ich mir selbst fremd oder wie eine Last vorkomme; denn das ichhafte Bei-sich-Sein ist etwas ganz anderes als theoretisches Wissen, und die Vertrautheit, die zum Selbst gehört, begründet selbst noch die Möglichkeit, dass ich mich mit mir nicht mehr auskenne. Im Unterschied zu dieser ichhaften Verfassung, durch die mir mein Sein und meine Welt von innen her dauernd zugespielt wird, begegnet mir der Andere von außen, in seinem Leib sowohl zugänglich wie versteckt. Sein Benehmen buchstabiert zwar einen Teil seines Denkens, seiner Einstellungen usw., aber eben nur einen Teil und gelegentlich auch nur teilweise. Denn das Innere übersetzt sich keineswegs vollständig in das Äußere, und dies nicht nur, weil der Andere seine Gefühle und Absichten bewusst verbergen oder gar andere vortäuschen kann, sondern auch deswegen, weil die leibliche Erscheinung den Charakter und die Grundeinstellung eines Menschen in einer Weise ausdrückt, die von anderen Zügen (Schönheit/Hässlichkeit, Krankheit, ererbte Gestalt usw.) in manchmal irritierender Weise durchkreuzt werden kann. Vor allem aber, jenseits aller Verborgenheit von Einstellungen und Eigenschaften, begegnet mir der Andere als *Anderer,* der auch ein Ich ist, aber nicht ich!

114 Von dieser Ausgangslage her kann sich eine Dialektik des Selbst und des Anderen ergeben, m.a.W. ein Kampf um die Anerkennung, deren Struktur und mögliche Negativgeschichte vor allem Jean Paul Sartre eindringlich dargestellt hat (1943, Teil III). Sartre geht aus von der Erfahrung, dass man schon den betrachtenden und abschätzenden Blick des Anderen als Bedrohung empfinden kann. Das Problem ist, dass der Andere ein Ich ist, das mich zu seinem Objekt und Instrument machen kann. Will ich mich behaupten, wird meine Reaktion im Versuch bestehen müssen, umgekehrt ihn selbst zu „kolonisieren", d.h. zu einem meiner Objekte (des Bescheidwissens, der abschätzenden Beurteilung) oder zu einer Ressource für meine Zwecke zu machen oder doch mindestens seine Andersheit zu neutralisieren oder zu zähmen. Jedoch auch wenn das gelingt, so bleibt doch stets die Angst, der gezähmte Andere könnte aufhören, „meiner" zu sein, und in seine Andersheit, die doch seine ursprüngliche Eigenart ist, ausbrechen. Ebenso tief aber sitzt eine andere Angst: die Befürchtung, meine Kolonisierung könnte *zu* gut gelingen. Denn dann wäre ich zwar mächtig und sicher. Aber nicht allein daran liegt mir: vielmehr will ich auch vom

Anderen her bejaht werden, und zwar frei, nicht gezwungen oder mit Hintergedanken. Dazu muss ich ihn jedoch aus den Fesseln der Vorstellungen und Urteile, durch die ich mit ihm „fertig" geworden bin, in die Eigenständigkeit seiner Initiativen hinein loslassen, mit dem Risiko, dass er mich nicht anerkennt, sondern negiert.

Aus solch einer Ich-Perspektive lebt auch der Andere, von der Organisation seines Bewusstseins wie seiner Basismotivation her. In seiner Perspektive bin ich der Andere. Und auch das spielt für meine Art, in der ich mir den Anderen begegnen lasse, eine wichtige Rolle: was ich weiß oder mir einbilde über meine Stellung im Bewusstsein, Urteil und Leben der Anderen. Und vice versa. Das dauernd sich verschiebende Ineinander von solch rückgekoppelten dynamischen Perspektiven des Selbst zum anderen Selbst hin macht das zwischenmenschliche Leben aus, und zwar sowohl auf der Ebene der sachlichen Zusammenarbeit und des Austauschs von Sachen und Dienstleistungen wie erst recht auf der Ebene, in der das Miteinander von diesen Notwendigkeiten befreit ist, die aber auch Stützen und Entlastungen sind. Denn die Konfrontation mit dem Anderen als solchen ist eine Risikoerfahrung. Der noch unvertraute Andere macht leicht Angst.

Solange nun die Einstellung dominiert, die den Anderen als den zu-mir-Anderen, als die Negation meiner primären Egozentrik, erleben lässt, – eben bloß als „den Anderen", der als solcher durch nichts anderes bestimmt ist als dadurch, dass er das Ich ist, das ich nicht bin, ist das zwischenmenschliche Verhältnis unglücklich. Damit aber ist auch das Subjekt selbst, da es wesentlich interpersonal verfasst ist, innerlich von seinen eigenen Quellen abgeschnitten.

Es ist aber die „Icheinsamkeit" (Ebner 1921), aus der heraus alles andere zum bloß Anderen wird. In sie kann das Ich, das doch, wie wir gesehen haben, als das Du eines anderen Ich überhaupt erst zu sich kam, jederzeit übergehen, durch ein Hineinrutschen oder einen Entschluss. Es verständigt sich dann allein mit sich selbst über alles andere. Es schließt sich in der Reflexion mit sich selbst zusammen, gestützt auf sein Wissen, seine Ich-Ideale und sein Ich-Interesse. Diese Selbstverständigung unter Ausschluss aller anderen Mitredner ist normalerweise ein vorübergehendes Zwischenspiel. Wird sie aber zur hauptsächlichen Einstellung, gefährdet sie auch die Lebendigkeit des Ich selbst dadurch, dass sie zu dessen Einmauerung in sich führt.

Aus dieser Einmauerung kann das Ich nur dadurch befreit werden, dass es erneut das „du!" hört, das Wort, das es sich nicht selbst sagen kann, jedenfalls nicht in ursprünglicher Weise, denn das „du" des Selbstgesprächs bleibt innerhalb der Icheinsamkeit. In ursprünglicher, freigebender Weise gesprochen, enthält so ein „du" immer die Botschaft „Es ist gut, dass du da bist!" Hört einer dieses „du", so tritt ihm der Andere anders entgegen: nicht mehr bloß als neutrales Ding oder als Objekt bzw. Subjekt der Beherrschung, sondern als ein eigenes Selbst, das einen inneren Reichtum an Sein hat, der sich mitteilt. Das heißt freilich auch: Das Ich kann dem Anderen das „du" nur „abnehmen", wenn es beginnt, dem Anderen zu vertrauen, und das heißt: wenn es das Wagnis eingeht, ein Stück weit die Absicherungsstrategien zu verlassen, mit denen es sein Ich wie eine Burg verteidigte. Denn in einer Burg kann man auf die Dauer nicht wohnen. Die Flucht des Ich zu sich selbst kann nur ein Notbehelf sein. Denn kein Ich gehört sich selbst.

Literatur

Ebner 1921
Ulrich 1974, 75-160
Theunissen 1981

Bischof 1985
Cockburn 1990
Rütter 2000

III. Zeitlichkeit und Geschichtlichkeit

116 Im Zuge der anthropologischen Reflexion stießen wir schon mehrfach auf die Geschichtlichkeit des Menschen. Immer wieder stellte sie sich dem Bemühen in den Weg, einen zeitlos gültigen und dabei doch gehaltvollen Begriff des Menschseins aufzustellen, also zu sagen, worin denn menschliche Kultur (in Sprache, Gesellschaft usw.) bestehe. Wir versuchten, diese Schwierigkeit zu umgehen, indem wir einerseits die konkreten Illustrationen vor allem aus unserer eigenen Epoche nahmen, und indem wir andererseits den Begriff des Menschlichen selbst auf sehr formale Züge reduzierten. Aber hatte nicht doch Wilhelm Dilthey recht, als er behauptete (WW VIII, 224): „Was der Mensch sei, sagt ihm nur seine Geschichte"? So müssen wir uns nun der Geschichtswissenschaft zuwenden und sehen, was sie über den Menschen sagt. Freilich: redet denn die Historie überhaupt über *den* Menschen? Sie spricht zwar über die Schicksale und Taten von Menschen und menschlichen Institutionen, aber immer geht es dabei um diese und jene Menschen oder Gruppen. Über *den* Menschen sagt sie nichts, außer dass alles

Menschliche sich wandelt, dass es kommt und geht. Wenn wir aber dem, was die Geschichtswissenschaft sagt, wenig über den Menschen entnehmen können, so steht es anders, wenn wir beachten, was sie *ist* und *tut*.

1. Von der Geschichtsschreibung zur Geschichtlichkeit des Lebens

Die Historie (die Erforschung und Darstellung des Vergangenen) ist, wie jede Wissenschaft, dem Ideal der Objektivität verpflichtet. Ihre Aufgabe ist zu berichten, „wie es eigentlich gewesen" (Leopold v. Ranke). Wenn man nun annehmen darf, dass diese Aufgabe – jedenfalls in bestimmten Bereichen – nach der Arbeit zahlreicher Forscher einigermaßen gelöst ist, stellt sich die Frage, wie es zu verstehen ist, dass immer wieder neue Geschichtsdarstellungen geschrieben werden. Heißt Erkennen nicht soviel wie: ein für allemal erkennen?

Einige Gründe, aus denen die Geschichtsschreibung immer wieder neu ansetzen muss, lassen sich mit dem Ideal der zeitlosen Objektivität des Erkennens durchaus vereinen: Neues ist inzwischen geschehen und verlangt, in die Darstellungen des Vergangenen aufgenommen zu werden. Neue Quellen beginnen zu fließen (ein Archiv wird geöffnet; eine Schrift wird entziffert; neue Techniken der Datierung werden erfunden usw.). Voreilig gezogene Schlüsse aus einem identisch gebliebenen Quellenbestand werden durch korrektere ersetzt. Bisher unerforschte Epochen, bisher vernachlässigte Teilgeschichten werden erarbeitet, und das so gewonnene Wissen wird dem bisher schon besessenen hinzugefügt. Aber es gibt noch andere Gründe, auf die Jakob Burckhardt hinweist, wenn er schreibt: „Die Quellen ... sind unerschöpflich, so dass jeder die tausendmal ausgebeuteten Bücher wieder lesen muss, weil sie jedem Leser und jedem Jahrhundert ein besonderes Antlitz weisen ... Es kann sein, dass im Thukydides z.B. eine Tatsache ersten Ranges liegt, die erst in hundert Jahren jemand bemerken wird ... Es ist dies auch kein Unglück, sondern nur eine Folge des beständig lebendigen Verkehrs" (*Weltgeschichtliche Betrachtungen*, WW IV,15), nämlich des „Verkehrs" zwischen der Gegenwart und ihrer Vergangenheit angesichts der je neuen, je anders sich eröffnenden und verschließenden Möglichkeiten von Zukunft. Die einander ablösenden Bilder der Vergangenheit sind so vor allem das Produkt einer Interpretation der Quellen von einander ablösenden Fragestellungen her.

Diese entstehen im Kontext der Fachdiskussion, der seinerseits aufs Engste verflochten ist mit dem Zusammenhang der Probleme und Chancen, die der jeweils aktuellen Situation der Mitwelt des Forschers eigen sind. Dass z.B. früher die detaillierte Darstellung der großen Schlachten so wichtig genommen wurde wie heute die Erforschung der Wirtschaftsstruktur und der Lebensbedingungen der großen Masse der Bevölkerung oder die Entwicklung von Mentalitäten, – das hängt offensichtlich mit der gewandelten Struktur und Lebensweise der Gesellschaft zusammen, in der die Historiker leben und für die sie schreiben.

118 Der Wandel in der Befragung und Darstellung des Vergangenen reflektiert also nicht zuletzt einen Wandel in der Art und Weise, die jeweilige Gegenwart zu erleben. Dies kann auch gar nicht anders sein, da wir die Gegenwart ihrerseits aus dem Vergangenen und Überlieferten heraus verstehen; steht doch die Menschenwelt der Vergangenheit mit der Menschenwelt der Gegenwart in einer unzerreißbaren Kontinuität. Damit übertragen sich Identifikationen und Abneigungen von der Gegenwart in die vergegenwärtigte Vergangenheit, wie man z.B. an der Darstellung der Geschichte des Deutschen Ordens in deutschen und polnischen Geschichtsbüchern, von heute und von gestern, sehen kann. Je mehr eine Geschichtsdarstellung sich mit Vergangenem befasst, das noch weiterlebt, und je mehr sie beim Publikum Interesse zu finden hofft, desto unverzichtbarer wird ihr eine größere oder kleinere Prise des Legendären sein. So steht jede „engagierte" Geschichtsdarstellung zwischen der Möglichkeit, der ideologischen Überhöhung der Vorurteile einer zeitgenössischen Schicht, einer Gruppierung, einer Nation usw. zu dienen oder dieser ein ebenfalls leidenschaftliches kritisches Gegengewicht entgegenzusetzen. Neben diesen beiden Tendenzen, vor denen sich der wissenschaftliche Historiker hütet, denen er aber kaum ganz entgehen kann, gibt es noch eine andere Tendenz, aus der sich das Interesse an der Historie speist: eine Lösung aus der Bindung an das Heute zu bieten – aus diesem Heute oder gar aus jedem kontingenten Heute, zugunsten eines Überblicks von einem Standpunkt *über* den Geschehnissen. Aber auch hier gilt: Der Wille zur Lösung ebenso wie deren Unvollständigkeit bestätigt noch einmal die Tatsache der Bindung.

Das Interesse an der eigenen Vergangenheit ergibt sich also aus dem fundamentalen Interesse an einer Bewältigung, Bereicherung und Relativierung der Gegenwart. In welchem Ausmaß und in welcher Weise allerdings die Thematisierung der Vergangenheit zur Bewältigung der Gegenwart gehört, das variiert ganz beträchtlich:

sozial, epochal, individuell. Mächtige haben im Allgemeinen einen größeren Bedarf an Vergangenheit als Arme; Gruppen oder Einzelne, die nicht mehr weiter wissen, weil sich ihnen die Zukunft verschließt, werden ein deutlicheres Bedürfnis spüren, sich ihrer Vergangenheit zuzuwenden als diejenigen, denen das Überlieferte immer neue, schöpferische Möglichkeiten bietet. Das Ausmaß, in dem man sich mit der Vergangenheit befassen muss, um sich z.B. von ihrer Last zu befreien oder um aus ihr eine Kräftigung des aktuellen Lebens zu erfahren, bestimmt sich von der Art und Weise her, wie man die gegenwärtige Situation empfindet und beurteilt, – weil diese wesentlich ein weiterzuführendes Resultat der Vergangenheit ist.

Welche anthropologische Erkenntnis also kann man gewinnen, wenn man darauf achtet, was die Historie tut? Es ist nicht nur dies, dass sich, wie alles Menschliche, auch die Historie wandelt. Es ist vor allem dies: Dem Bild der Vergangenheit, das die geschichtliche Darstellung vermittelt, liegt eine (noch nicht zum Bild gewordene) Gegenwart und Zukunft, und diesen wiederum eine noch nicht zum Bild gewordene Vergangenheit zugrunde. Zukunft, Vergangenheit und Gegenwart sind also keineswegs bloß Kategorien für die Darstellung von Ereignisketten, die man in vergangene, gegenwärtige und zukünftige einteilt. Sie sind vor allem, einmal ganz vorläufig gesagt, Mächte oder Horizonte, unter denen die Lebendigkeit des Lebens steht, das in einer seiner möglichen Formen „geschichtliche Besinnung" heißt.

Literatur

Nietzsche 1874
Lübbe 1977 und 1992
Koselleck 1979

Angehrn 1985
Haverkamp/Lehmann 1993
Ricœur 2000

2. Von der Ereignis-Zeit zur Zeitlichkeit

Mit welcher Zeitvorstellung arbeitet nun die Historie? Sie reflektiert die Vergangenheit, indem sie die vergangenen Ereignisse auf dem Hintergrund der Idee eines objektiven Zeitablaufs miteinander verknüpft: als frühere und spätere oder gleichzeitige, als so oder so lange währende, als gegliederten Zeiträumen zugehörige. Die Grundstruktur dieser chronologisch-kalendarisch gegliederten Zeit, nämlich die Folge der Jahre, Monate und Tage, lässt sie sich, wie wir alle, von der Physik und speziell von der Astronomie vorgeben. Das Medium dieser „Natur-Zeit" wird nun durchkreuzt durch ein Netz von kulturspezifischen Einteilungen, das schon inhaltlich, durch bestimmte Ereignisse oder Ereignisketten, bestimmt ist. Man wählt ein bestimmtes Ereignis als Referenzpunkt der Datierung: für die Jahreszählung etwa Christi Geburt oder Mohammeds Umzug von Mekka nach Medina (622 n.Chr.); für die Zählung der Tage die Festlegung eines Festkalenders mit einem Neujahrstag (bei uns jetzt am achten Tag von Weihnachten, früher z.B. am 25. März). Hinzu kommen Bezeichnungen für Epochen, die einerseits zur Einordnung einzelner Ereignisse und zur Aufteilung geschichtlicher Ganzheiten dienen und die andererseits gewisse Nationalgeschichten, gewisse Ereignisse und gewisse Zeiten privilegieren und so indirekt eine bestimmte Art, sich selbst zu verstehen, bezeugen bzw. nahelegen. Auf dieser Ebene liegen z.B. die heute noch bewusstseinsprägenden großen Epocheneinteilungen Altertum – Mittelalter – Neuzeit und die Gliederung der Weltgeschichte am Leitfaden der mittelmeerisch-europäischen Geschichte. Der Zeitraster „Geschichtszeit" hat also eine reichere Struktur als der Raster „Naturzeit", den er in sich integriert.

120 Sowohl die Geschichtszeit wie (schon) die Naturzeit sind jedoch in gewisser Weise Konstruktionen. Natürlich sind die Konstrukte nicht willkürlich, sondern gut motiviert. Einerseits sind sie fundiert in den stabilen Wechselverhältnissen zwischen privilegierten Bewegungen in der Natur sowie im Unterschied zwischen wichtigen und unwichtigen Ereignissen in einem geschichtlichen Zusammenhang. Andererseits sind sie gewählt im Hinblick auf den Dienst, den sie leisten sollen: Mittel der Zeitdarstellung und Zeitrechnung zu sein. Doch bleibt der so aufgespannte Zeitrahmen ein menschliches Produkt, das im Lauf der Geschichte in verschiedener Weise ausgebildet und ausdifferenziert worden ist. Für Wochen und Epochen leuchtet das unmittelbar ein. Aber auch Tage und Jahre, verstanden als Zeiträume und -maße, gibt es nicht „an sich", obwohl sie an bestimmten natürlichen Ortsbewegungen „abgelesen" werden (dem „scheinbaren" Lauf der Sonne um die Erde bzw. dem Erdumlauf um die Sonne). Denn die Bewegung, an der man abliest, wie lange ein Vorgang dauert, ist ein Mittel der Zeitrechnung, nicht die Zeit selbst. Was ist die Zeit selbst? Wie sollen wir sie anders bestimmen als von der Zeitrechnung oder, allgemeiner, von der Zeitgliederung her, die bestimmt ist durch ein Zählen und Erzählen? In der Tat definiert Aristoteles in seiner Grundlegung der Na-

turwissenschaft die Zeit als das, was an einer Bewegung zählbar ist, wenn man sie auf den Unterschied von „früher" und „später" hin betrachtet (*Physik* IV,10; 219 b 1-2). Und in unseren Tagen sieht Paul Ricœur in der Erzählung die fundamentale Weise, der Gegebenheit der Zeit zu entsprechen.

Vor diesem (er-)zählenden *Umgang* mit der Zeit aber liegt noch etwas Anderes, Tieferes. Es ist ein *situatives* zeitliches Bestimmtsein: man ist, ob man will oder nicht, eingebunden in zeitliche Differenzen: So findet man sich in der Welt vor, so emp-findet (erlebt) man Zeit wohl ursprünglich. Am Anfang steht so nicht das Zählen und Messen, sondern die Erfahrung von *Dauer*, die besonders dann gemacht wird, wenn uns etwas *zu* lang dauert. So sind wir, wenn wir von München nach Hamburg reisen wollen, in Gedanken schnell dort, bis wir aber auch wirklich dort ankommen, müssen wir es geduldig erwarten, bis sich das Rad genügend oft gedreht hat. Auch wäre man gerne mit dieser oder jener Arbeit schon längst fertig; aber „gut' Ding will Weile haben". Und ebenso steht am Anfang nicht die Einheit der abstrakt gegliederten Zeit, sondern die *Vielheit* der *qualitativ* verschiedenen Zeiten wie z.B. der helle Tag und die dunkle Nacht, das Frühjahr der Vegetationserneuerung und der Herbst der Reife, die guten und die schlechten Tage und Jahre. Dass eine Zeit „gut" oder „schlecht" ist, kann sich auf die Empfindung beziehen und heißt dann z.B.: schön zu leben bzw. schwer zu ertragen. Die Redeweise kann aber auch auf den Unterschied zwischen günstigen und ungünstigen Zeiten – nämlich für ein Tun – hinweisen. Nicht jederzeit, sondern nur zu bestimmten Zeiten bieten sich bestimmte günstige Gelegenheiten: z.B. ein Geschäft abzuschließen, eine Bekanntschaft zu machen, eine Entscheidung zu treffen, eine Frucht zu ernten, den letzten Schnee fürs Schifahren auszunützen usw. Alles hat seine Zeit, sagt man. Man muss geduldig warten, bis sie kommt, und dann entschlossen zugreifen, bevor sie vorübergeht, vielleicht für immer. Darin liegt: Zeit erfahren wir von dem her, was wir mit ihr anfangen können: als Zeit zu ..., d.h. mehr als Kairós (flüchtige Gelegenheit) denn als Chrónos (Einteilung des Nacheinander). Nicht von ungefähr werden die Jahreszeiten in den Darstellungen an alten Kirchenportalen durch die Arbeiten symbolisiert, die in ihnen getan werden.

Ihre *Ursache* hat die qualitative Verschiedenheit der Zeiten teils in bestimmten zyklisch wiederkehrenden Vorgängen, teils in individuellen Ereignissen der großen oder kleinen Geschichte. Unter den ersteren ragen die naturalen Rhythmen heraus, die für unser Leben wichtig sind, insofern es ein leiblich-seelisches Geschehen ist. Man denke nur daran, wie wichtig für das alltägliche Leben der Unterschied von Tageshelle und nächtlichem Dunkel, der Unterschied der Jahreszeiten, der Mondphasen und nicht zuletzt der Unterschied der Lebensphasen ist, in denen man sich befindet. Mit diesen „äußeren", „kosmischen" Rhythmen sind die inneren, die die Chronobiologie erforscht, teilweise synchronisiert: der Wechsel von Phasen des Wachens und des Schlafens, die Zyklen der (vor allem weiblichen) Fruchtbarkeit, die Zyklen des Kreislaufs, der hormonalen Steuerung, der seelischen Höhen- und Tiefenlagen zu manchen Stunden und Tagen. Die Techniken, vor allem die des Beleuchtens, Heizens und Kühlens, haben die Abhängigkeit von diesen natürlichen Rhythmen zwar gemindert, aber dennoch nicht aufgehoben, insbesondere, was die inneren Zyklen und Alterungsprozesse betrifft. Man mag bedauern, hier an Grenzen zu stoßen, wird aber doch in diesen Grenzen auch spezifische Chancen sehen: sowohl im Wechsel von Tag und Nacht und Sommer und Winter als auch im Wechsel von Ruhe und Aktivität, ja vielleicht sogar von Gesundheit und Krankheit. – Zu den zyklisch wiederkehrenden Situationsdifferenzen gehören aber nicht nur die natürlichen, sondern auch die gesellschaftlichen, die mit den ersteren in Harmonie oder im Konflikt stehen können. Der Rhythmus des Arbeitslebens z.B. ist im Großen und Ganzen zwar dem Tag-Nacht-Wechsel und der Notwendigkeit eines Wechsels zwischen Anstrengung und Erholung angepasst. Aber seine Regelmäßigkeit nimmt nur wenig Rücksicht auf die Unterschiede subjektiver Leistungsfähigkeit; umgekehrt beißen sich Nachtschichten und Jet-Lags mit der inneren Uhr der menschlichen Organismen, und das Leben der Familien ist bedroht, wenn deren Mitglieder zu ganz verschiedenen Zeiten zuhause sind.

123 Die Differenz der Zeiten erleben wir freilich nicht nur in rhythmischer Weise, sondern auch als die von einmaligen Zuständen. In erster Linie ist hier natürlich an die Differenz der Lebensalter zu denken, – ein unerschöpfliches, für jeden Menschen sehr wichtiges Thema, das hier nur angedeutet werden kann. Nur hingewiesen sei auf die Tatsache, dass wir nicht nur in der Differenz der Lebensalter stehen, sondern diese Differenz auch als solche in uns tragen: Eine junge Frau steht z.B. jetzt in den ersten Jahren ihres Erwachsenen-Daseins; sie ist kein Kind, keine Jugendliche mehr; sie hat die „besten Jahre" (vermutlich) noch vor sich; die Prozesse der Alterung sind noch weit entfernt. Dennoch *ist* sie jetzt auf ihre Weise, in der altersgemäßen Weise, das Mädchen, das sie einmal gewesen ist, und jetzt ist sie auch die reife Frau und die Greisin, die sie ein-

mal sein kann und vielleicht auch sein wird. Die ungleichzeitigen Lebensphasen, die real alle zum ersten Mal und zugleich zum letzten Mal gelebt werden, sind in jeder Phase in einer gewissen Gleichzeitigkeit präsent. Mit der Differenz der Lebensphasen überschneidet sich die Differenz der Ereignisse, die einem passieren, oder der Geschichten, in die man verwickelt ist. Ereignisse, die das ganze Zeiterleben verändern können, kennt jeder: vor/nach dem Schulbeginn, dem Tod des Vaters oder der Ehefrau, dem Hausbau, der Herzoperation, dem Auszug der Kinder, der Übersiedelung in ein anderes Land usw. Da keiner allein lebt, ist jeder in Geschichten verwickelt: die Geschichten des Volkes in Krieg und Frieden, in Wohlstand und Armut, – die Geschichten der Familie, – die Geschichten von Verwandten, Freunden, Feinden. Manche von diesen Geschichten kommen von weit her, verästeln sich endlos. Wir tragen ihre Gewichte im Guten und Bösen mit uns herum, werden von ihnen in bestimmte Richtungen gelenkt und lenken sie selbst so oder so weiter, bis „unsere" Zeit vorbei ist und die Zeit anderer Generationen kommt.

Literatur

Guardini 1959
Bieri 1972
Ricœur 1983/1985

Rohs 1992
Grätzel 1993

3. Die innere Zeitlichkeit des menschlichen Tuns

Menschliches Tun ist zweifellos in dem Sinne „zeitlich", dass es jeweils „eine Zeit lang" dauert und synchron mit Vorgängen verschiedener Art „abläuft". So erfasst es der außenstehende Zuschauer, so kann es auch der Handelnde selbst vorher und nachher betrachten, – nicht aber während und insofern er selbst tätig ist. Die Hingabe an die Tätigkeit schließt vielmehr ein *solches* Zeitbewusstsein aus, – nicht aber ein anderes Zeitbewusstsein und eine andere Zeitlichkeit, die dem Tun selbst immanent sind. Vorgreifend sei gesagt, dass für die Zeitlichkeit des von außen Beobachteten das serielle Nacheinander der Phasen, die klare Umgrenzung einer bestimmten Dauer von beiden Seiten her und der Vergleich dieser Dauer mit anderen Zeit-"längen" charakteristisch ist, während es die immanente Zeitlichkeit des Tuns kennzeichnet, dass sie aus einer Verschiedenheit von Zukunft, Vergangenheit und Gegenwart lebt, die etwas anderes ist als das Aufeinander-Folgen von kompletten Zeit-Phasen. Als Beispiele für solches Tun seien herausgegriffen: das Wahrnehmen und das Herstellen.

a) Die innere Zeitlichkeit einer Wahrnehmung

Das klassische Beispiel für eine Analyse der inneren Zeitlichkeit der Wahrnehmung findet sich in Edmund Husserls „Vorlesungen zur Phänomenologie des inneren Zeitbewusstseins" (1904/05). Husserl greift dort auf die klassische Analyse zurück, die Augustinus in seinen „Confessiones" (Buch XI, Kap. 14 f.; verfasst ca. 399) gegeben hat. Das Problem ist, wie es möglich ist, einen Rhythmus oder eine Melodie zu erfassen.
Eine Melodie ist ein zeitlich erstrecktes Klang-Ereignis. Mit dem Hören steht es in einer wechselseitigen Beziehung (Korrelation): Es kann ebenso wenig ein (prinzipiell) unhörbares Erklingen geben wie ein Hören, das keinen Gegenstand hat. (Ähnliches gilt für Vorgänge im Bereich des Sehens.) Zur aktuellen zeitlichen Erstreckung des gegliederten Klangereignisses gehört, dass gewisse Teile schon verklungen sind, ein Moment gerade erklingt, während andere, die zum Ganzen gehören, noch ausstehen. Um aber eine Melodie als solche wahrnehmen zu können, muss man sie als Ganze erfassen. Von außen gesehen jedoch, ist sie als das gegliederte *Ganze* nie da: weder bevor sie erklingen wird, noch nachdem sie erklang, noch, während ein Stück von ihr erklingt. Und doch ist sie für den Hörenden da, insofern dieser *zugleich* das Verklungene in seinem Gedächtnis bewahrt, das gerade Erklingende in sich eindringen lässt und das noch Ausstehende erwartet.
Entscheidend ist dabei das „zugleich". Das heißt, dass das Bewahren im Gedächtnis (Husserl: *retentio*) etwas völlig anderes ist als ein Erinnern: Denn das Erinnern holt Vergangenes *wieder* in die Gegenwart. Ein solches Erinnern aber würde die Aufmerksamkeit auf das jetzt Erklingende verhindern; es würde das Erinnerte an die Stelle des zu Vernehmenden setzen. Das Bewahren aber tut das nicht, sondern hält sich im Untergrund des Hinhörens. Ganz parallel steht es mit dem Erwarten (Husserl: *protentio*). Auch dieses darf nicht mit einer Vergegenwärtigung verwechselt werden, d.h. hier mit einer versuchsweisen Vorstellung des Künftigen. Denn dieses würde wiederum dem Gegenwärtigen den Platz im Bewusstsein nehmen. Das Erwarten muss vielmehr in seiner Funktion für das

aktuelle Hinhören aufgehen. Und schließlich darf das aktuelle Hören nicht eingesperrt werden in die je jetzigen Phasen der Melodie, die in die Gegenwart drängen und einander verdrängen. Es ist vielmehr in sich gedoppelt: einerseits aktive Aufmerksamkeit (Augustinus/Husserl: *attentio*) auf das je aktuell Erklingende, andererseits aktiv sich ausspannende Aufmerksamkeit auf das Ganze (Augustinus/Husserl: *intentio*), das nie anders als teilphasenhaft, aber da auch wirklich *da* ist. Im Hinblick auf die Intention, das Ganze in seinen Teilen präsent zu machen und so wahr-zu-nehmen, spannt sich die Seele hörend-bewahrend-erwartend aus in die „gleichzeitige" Ungleichzeitigkeit der drei Dimensionen des Zukünftigen, des Gegenwärtigen und des Vergangenen. Nur in der „Gleichzeitigkeit" des Ungleichzeitigen haben die Höhen, Längen, Farben, Rhythmen, Harmonien usw. der Töne ihren bestimmten, d.h. sich von anderen unterscheidenden „Wert". So wie sich in einem Wort oder Satz die Bedeutung eines einzelnen (phonetischen oder syntaktischen) Elements nicht durch absolute Eigenschaften, sondern nur durch seine Differenz zu anderen möglichen an derselben Stelle und durch seine Relation zu anderen wirklichen an vorherigen oder späteren Positionen bestimmt, so ist es auch mit den Tönen einer Melodie, und so ist es auch mit dem Hören, ihrem „akthaften Korrelat". Weil aber die Intention auf das Ganze die drei Teilakte zusammenhält, so ergibt sich innerhalb der wechselseitigen Verwiesenheit der drei Teilakte doch eine gewisse Priorität der Zukunft: Zuerst, während noch Stille herrscht, streckt man sich erwartend aus auf das, was da wohl kommt; kaum vernimmt man etwas, *hat* man schon etwas vernommen, das, behalten, nun seinerseits ein (je neu sich modifizierendes) Vorzeichen für das weiter zu Erwartende und (als das und das) zu Vernehmende ist.

Wenn das Hören ohne Abschweifung gelingt, weiß man von der Zeit der Uhren und Kalender nichts. Das kommt wohl daher, dass die Präsenz der Melodie mehr ist als ein bloß faktischer Verlauf bedeutungsloser Geräusche, obwohl sie daran gebunden ist, dass ihr ideenhafter – teils rational-mathematischer, teils überrationaler – „Gehalt" im Nacheinander der Zeitmomente erklingt. Aber während man sich, selig selbst- und zeitvergessen, so im Hören auf die werdend-vergehende Präsenz der Melodie ausstreckt, lebt und verlebt man seine eigene Zeit.

b) Die innere Zeitlichkeit des Handelns

126 Als zweite, viel knappere Illustration für eine Weise innerer Zeitlichkeit diene uns das zielbezogene Handeln, wie es beispielsweise beim Einkaufen, Transportieren oder beim Herstellen vorliegt, beziehe dieses sich nun auf ein materielles Produkt, einen Konstruktionsplan oder auf ein soziales Gleichgewicht. Bevor wir zu handeln beginnen, hat uns das Zukünftige in Beschlag genommen. Im einfachsten Fall geschieht das affektiv: Ein Objekt taucht auf, das bedrohlich erscheint (und wir kommen ins Überlegen, was wir anstellen können, um der Gefahr zu entgehen); ein anderes taucht auf, das unser Verlangen weckt (und wir beginnen nachzudenken, wie wir es uns sichern können). Oder so: Es „fällt uns ein", wie schön es wäre, wenn wir dieses oder jenes erreichen, schaffen oder wegschaffen würden. Eine Möglichkeit wirft sich uns also entgegen, und in einer ersten Antwort entwerfen wir eine genauere Gestalt dieser Idee und entwerfen uns selbst im Probehandeln der Phantasie auf sie hin. Die genauere Gestalt, die die anfängliche Idee so annimmt, ist eine vorwegnehmende Vorstellung des Zustands, den sie künftig haben wird, wenn ihre Realisierung in Holz und Eisen oder in Fleisch und Blut oder in Papier und Druckerschwärze abgeschlossen sein wird. Auf diese Zukunft hin leben wir, insofern und solange wir dabei sind, etwas ins Werk zu setzen oder etwas zu erwerben.

Man kann auch sagen, dass wir unsere Gegenwart von ihr her leben. Denn die Zukunft des Werks ist dabei gleichzeitig unsere eigene Zukunft; auch in dieser Art von Intention (Sichausspannen auf ...) stehen Akt und Objekt in einer strengen Korrelation. Von der Intention auf die Idee des Herzustellenden her entfaltet sich wieder die dreifach-eine Zeitlichkeit: Gegenwärtighaltung der Phasen dessen, was erst noch erarbeitet werden muss, und des schon Entstandenen *im* aktuellen Schritt des Tuns. Und so wie zum „Behalten" des Erklungenen das Behalten des Gehörthabens und zum „Erwarten" des noch Kommenden die Bereitschaft für es gehörte, so ist es auch hier: Zum Behalten des schon Erreichten gehört das Gegenwärtighalten unserer früheren Schritte, und zur Vor-haltung dessen, was bis zum Ziel noch fehlt, der Wille, den initialen Entschluss zur Herstellung auch künftig festzuhalten. Dabei kann sich dieser Wille auf affektive Tendenzen stützen, die ihm seine eigene Zukunft eröffnen bzw. offenhalten, wie z.B. Selbstsicherheit und Hoffnung, und er muss sich behaupten gegen andere Stimmungen, die ihm

den Schwung in die Zukunft und damit seine eigene Kraft nehmen, wie z.B. Ängstlichkeit und Selbstzweifel.
Die Zeitlichkeit des Handelns besteht also in der Tatsache, dass man nicht nur eine Vergangenheit hinter sich und eine Zukunft vor sich hat, sondern dazu immer auch ein Verhältnis entwickelt, wodurch bestimmt wird, *wie* man seine Vergangenheit „hinter sich", seine Zukunft „vor sich" und seine Gegenwart „in sich" hat. Die Zeit des Handelns ist eine Einheit von Gegensätzlichem, aber so Zusammengehörigem, dass jedes nur durch seinen Gegensatz zum anderen das ist, was es ist. Das gilt formal, für Zukunft, Gewesenheit und Gegenwart als solche. Das gilt aber auch konkret: Welche Möglichkeiten einer überhaupt haben kann, ist weitgehend von seiner Vergangenheit her vorentschieden; welches aber der Gehalt seiner Vergangenheit war, bestimmt sich erst von dem her, was er daraus zu machen im Stande ist, d.h. den Möglichkeiten der Weiterbildung oder Umgestaltung, die auf ihn zu-kommen; und beides zusammen verengt sich zum Nadelöhr der je-jetzigen Entscheidung und wird von dorther ent-schieden zu einer je neuen Konstellation des Unterschieds von Gewesenheit und Zukunft.

127

c) Wahrnehmen, Handeln, Leben

Herstellen und (selbstzweckliches) Wahrnehmen haben eine je andere Art von Zeitlichkeit: begehrend und herstellend sind wir auf Zukunft bezogen, wahrnehmend auf Gegenwart. Hat das Begehren erreicht, was es wollte, hört es auf. Ist das Herstellen an seinem Ende angekommen, ist das Zukünftige in Gegenwart umgewandelt: das Werk steht da, es braucht das Herstellen nicht mehr. Das „Werk" des Wahrnehmens hingegen ist nur da, solange die Wahrnehmung währt oder sich ihr die Erinnerung anschließt, die aber weniger als die Wahrnehmung ist.
Die Zeiten, die vom Spannungsbogen je einer Wahrnehmungsganzheit oder eines Arbeitsprojekts ausgefüllt sind, reihen sich aber nicht einfach aneinander, sondern sind eingebettet in einen umfassenden Zusammenhang. Arbeitsprojekte der verschiedensten Art (hinsichtlich der Dauer, der Intensität der Aufmerksamkeit, der Kontinuität) überschneiden sich und bilden ein Gewebe, das andererseits durchsetzt ist von Phasen der Entspannung (bis hin zum Schlaf, der ca. ein Drittel unserer Lebenszeit fordert) und Phasen des relativ spannungslosen Lebens auf kleiner Flamme (bei automatisch vollzogenen Gewohnheitstätigkeiten, beim Warten, Bahn-

128

fahren, Dösen, Sich-berieseln-Lassen durch Fernsehen, Radio usw.). Jeder dieser Lebensmodi hat seine eigene Form der Zeitlichkeit. Was aber macht dann das Gewebe aus, das wir „mein Leben" nennen? Ist es ein Ganzes mit Anfang und Ende, und zwar nicht nur an sich, für den Beobachter (zu dem wir uns, das Leben kurz aushängend, auch selbst machen können), sondern auch für uns, insofern wir das Leben leben? Hat es eine innere Ganzheit, mit einem eigenen Formprinzip, so wie das für die Wahrnehmung einer Melodie und die Herstellung eines Werks galt?

129 Augustinus legt uns nahe, die Einheit der Lebenszeit von der des Liedes her zu verstehen: so wie der Vortrag des Liedes Teile habe, so sei es selbst letztlich Teil des Lebensganzen (Conf. XI, 28, 38). Die Analogie überzeugt ohne weiteres aber nur, solange man mit Augustinus voraussetzt, dass es sich bei dem Lied um eins handelt, das mir schon bekannt ist (*canticum quod novi*: ebd.). Aber erstens ist das Leben keine Reprise, sondern eine Première, und zweitens durchgreifen wir seine Erstreckung, anders als das Singen oder Hören des Liedes, nicht mit dem Spannungsbogen einer durchgehenden Intention oder gar Aufmerksamkeit; drittens umgreifen wir seine Ganzheit nicht, weil wir nicht vor seinen Anfang und hinter sein Ende kommen. Das Dunkel der ersten Monate und Jahre bleibt dunkel, auch wenn über diese einige (ohnehin nur spärliche) Informationen von außen zu erhalten sind. Dasselbe gilt für das Wann und Wie des Endes, – einmal ganz abgesehen davon, dass sowohl die Möglichkeit des Anfangs wie der Sinn des Endes ein Geheimnis bleiben.

Manche haben versucht, die Einheit des Lebens von der Einheit eines Herstellungsprozesses her zu deuten: das Leben könne und solle darin bestehen, dass man (wie Plotin) „an seiner Statue meißelt", – dass man (wie der Humanist der deutschen Klassik) sich zu einer Persönlichkeit „bildet", – dass man (wie es heute heißt) als Individuum sich „selbst verwirklicht". Dass mit diesen Formeln etwas Sinnvolles ausgedrückt sein kann, soll nicht bestritten werden. Aber dass sie so etwas wie „Ziele" sein können, die schrittweise im Leben realisiert werden, muss man wohl bezweifeln. *So* sehr haben wir unser Leben nicht in der Hand. Und es ist auch fraglich, ob es immer gut ist, so ein Ideal (mitsamt dem daraus evtl. abgeleiteten) „Lebensplan" trotzdem beizubehalten, z.B. dann, wenn man Mutter ist: „Familie ist immer anders als geplant ... Daher ist Improvisation das, was man in der Familie braucht, was sie einen lehrt. So mag es wohl gerade zum Wesen des Lebens als Familie gehören, dass man nachträglich auch nie recht sagen kann, was man den ganzen Tag, das ganze Jahr, das ganze Leben lang gemacht hat. Man ist einfach dagewesen, nicht mehr, aber auch nicht weniger." (Barbara v. Wulffen).

Literatur

Heidegger 1927, §§ 69-71
Arendt 1960
Gadamer 1972
Orth 1982 und 1983

Bühler 1986
Lyotard 1988
Herrmann 1992

4. Die Dialektik des Lebens in der Gegenwart

„Wir leben im Praesens" (Straus 1956, 417), – nicht im zeitlosen Praesens der Vorstellungen von Prozessen oder Geschichten, das ein praesens perfectum ist, sondern im je-Jetzt, das kommt und geht. Diese Gegenwart kann nicht vorgestellt werden, solange sie Gegenwart ist; sie ist wesentlich Akt. Dieser Akt begreift aber ein gewisses, auch vorstellendes Haben von Zukunft und Vergangenheit mit ein. Dieses Haben kann nun, sowohl nach der Seite der Zukunft wie nach der Seite der Vergangenheit, misslingen, so dass es zu keiner rechten Gegenwart kommt. Dabei lassen sich zwei Fälle unterscheiden: (1) die Aufhebung der gelebten Gegenwart in die gelebte Vorstellung gelebter Vergangenheit oder Zukunft, und (2) die Behinderung gelebter Gegenwart durch den (teilweisen) Verlust von Vergangenheit oder Zukunft. In beiden Fällen enthält die Analyse des Misslingens schon Hinweise auf Möglichkeiten des Gelingens.

(1) Man kann sich in vergangene Umstände und Handlungen versetzen, so *als lebte man* jetzt in ihnen; man lebt Erlebtes noch einmal durch oder fühlt sich in das ein, was andere erlebten. Ebenso kann man sich ins zukünftige Erleben versetzen, etwa in Genüsse oder Leistungen oder auch Bedrohungen und Niederlagen, die man spielerisch vorwegnimmt. All das hat einen guten Sinn, solange es positiv auf die Handlungsgegenwart bezogen bleibt. Es kann aber auch so vollzogen werden, dass es an deren Statt tritt. Man lebt dann, wie man so sagt, nicht mehr im Heute, sondern in der Vergangenheit oder in der Zukunft, weil man nur dort das Lebenswerte findet. Dadurch ergibt sich eine Entwirklichung aller drei Zeitmodi; die Realität wird zum Traum. Denn die Gegenwart ist nun die Gegenwart des Abwesenden, das, als Ereignis in sich fixiert, keinen

Bezug zur gelebten Gegenwart hat, – außer den, diese zu ersetzen. Die Zukunft, die selbst eine Scheingegenwart angenommen hat, verdrängt die reale Gegenwart, statt sie lebendig zu halten. Die Vergangenheit, ebenfalls zur Scheingegenwart geworden, erstickt die Gegenwart, anstatt diese zu tragen. Dadurch erweist sich das Leben in der Erinnerung oder in der Vorwegnahme – wenn es zur bestimmenden Lebensform wird – als ein Leben in einer Ersatz-Gegenwart.

Umgekehrt wird deutlich, was zu einem Leben in der Gegenwart gehört, das ohne die Fluchtbewegungen nach vorwärts und rückwärts auskommt: die Wahrnehmung und Annahme der gerade jetzt gegebenen Möglichkeiten des Herstellens, des Eingehens von Beziehungen, des Genießens. Diese Möglichkeiten sind jetzt vielfach anders als früher und als morgen. Gewisse Handlungsmöglichkeiten bleiben zwar sehr lange bestehen; andere aber, nicht selten die wichtigsten und wertvollsten, haben ihre Stunde, mit der sie kommen und mit der sie auch gehen, in der sie ergriffen oder auch verpasst werden. Max Müller (1974, 112) hat deshalb einen „historischen Imperativ" formuliert, den man Kants „kategorischem Imperativ" entgegen oder doch ergänzend zur Seite stellen kann: „Tue das, was kein anderer tun kann und was du in der Gemeinschaft als gerade deine jetzige alleinige Aufgabe übernehmen kannst!" Denn die Zeit als Medium des Handelns und Lebens ist keine kontinuierliche, homogene Stellenmannigfaltigkeit. Wer das Leben meistern will, muss also lernen, auf den Wellen der Zeit zu reiten, – ohne, was etwas ganz anderes ist, nur das mitzumachen, was zur Zeit als zeitgemäß, aktuell, modern usw. ausgegeben wird. Denn der glückliche Augenblick, die entscheidende Stunde, die sich ergeben, sind ja solche im Hinblick auf einen Wert, zu dem man sich vorher schon entschieden haben muss, um die günstige Gelegenheit, den Kairós, als solche erkennen zu können, – entschieden nach kritischer Überlegung, nicht nur aus Konformitätsdrang. Das schließt nicht aus sondern ein, dass die Entscheidung für einen Wert, der eine viele Situationen übergreifende Gültigkeit hat, sich erst in der konkreten Situation, in der seine Realisierung für mich möglich wird, vollendet; erst dort leuchtet der Wert ja auch in seiner Konkretheit auf, als beglückend, verpflichtend usw. All das hat mit Opportunismus ebenso wenig zu tun wie mit einem geschichtsfremden Prinzipiendenken, das von der Fiktion identisch sich wiederholender Handlungssituationen ausgeht.

132 (2) Die echte Gegenwart aber ist nicht nur dadurch bestimmt, dass sie sich, als die Zeit des Handelns, von der Vergangenheit und der

Zukunft unterscheidet, insofern diese vorgestellte Gegenwarten sind. Sie ist auch dadurch bestimmt, dass sich in ihr Zukunft und Vergangenheit in gewisser Weise durchdringen. Denn alles Handeln – dieses Wort immer sehr weit genommen – ist das Überschreiten des Bisherigen auf ein Neues hin und damit eine neue Sinnbestimmung der Vergangenheit. Damit sind wir beim *zweiten* Aspekt, den wir negativ als die Behinderung der gelebten Gegenwart durch den (teilweisen) Verlust von Vergangenheit (a) oder Zukunft (b) charakterisierten.

(a) Der Ausdruck „*Verlust von Vergangenheit*" soll hier das Phänomen bezeichnen, dass die Gegenwart so gelebt wird, dass die Vergangenheit ausgesperrt wird. Damit wird die Gegenwart selbst irgendwie unwirklich. Das „Volumen" der Gegenwart eines Menschen oder einer Gruppe, die kein positives Verhältnis zu ihrer Vergangenheit finden, ist eigenartig dünn. Die Vergangenheit ist in jedem Falle da und lässt sich nicht abschütteln; sie, zum Resultat gesammelt, macht den Punkt Null aus, von dem aus es weitergeht oder von dem aus es ganz anders und neu anfangen soll. Sie kann aber so da sein, dass sie sich ständig auf den Platz der Gegenwart setzt, weil sie gewissermaßen nicht vergehen kann, ähnlich den unerlösten Totengeistern des Volksglaubens. Das ist der Fall beim Wiederholungszwang, bei der Belastung durch eine unverziehene Schuld, bei der Bedrückung durch einen nicht recht betrauerten Verlust. Diese Vergangenheit kann nicht für die Gegenwart fruchtbar werden, sondern liegt wie ein großer Stein auf ihr. Ins Vergangensein erlöst kann sie nur werden, wenn man sie ausdrücklich erinnert. Hier gilt George Santayanas Satz „Those who cannot remember the past are condemned to repeat it." Es hilft, wenn man das unglückliche Geschehen, gegen allen Widerstand, ins Bewusstsein kommen lässt und sich ihm gegenüber eine neue Stellung erarbeitet, deren erster Schritt die Annahme und Aufnahme dieses Ereignisses in *meine* Vergangenheit ist. Wo vorher Löcher, Sprünge und leere Perioden in der Vorstellung waren, die ich mir von meinem Lebenslauf und dessen Ganzheit machen kann, ergibt sich dann eine größere Integrität und Kontinuität. Wie schwer zu erringen, aber auch wie notwendig ein solches positives Verhältnis zur Vergangenheit ist, das zeigt die Gegenwart der Menschen und Völker (z.B. gerade des deutschen), die durch die Ausklammerung wesentlicher Teile ihrer Geschichte bestimmt ist. Aber auch eine Vergangenheit, die nicht in irgendeiner Weise erst geheilt werden muss, kann nicht einfachhin ad acta gelegt werden. – Die ausdrückliche Erinnerung an Früheres ist wesentlich für das Lernen aus Erfahrung, besonders in jenen Bereichen des Lernens, die vom Betrieb der Vermittlung kognitiven Wissens kaum berührt werden. Die Erinnerung ist auch wichtig im Sinn der Relativierung der gegenwärtigen Auffassungen, Ideale, Gewohnheiten und so für die Befreiung der produktiven, Zukunft entwerfenden Phantasie. Und sie ist schließlich wichtig für die meditative Nachlese im Erlebten, das seinerzeit, im Gedränge der Eindrücke, nur ein Stück weit ausgekostet und bedacht werden konnte; durch solches Nach-Denken wächst dann auch die Dankbarkeit, – ein Grundgefühl, das wie wenige zum Gegenwärtig-Sein und zur Offenheit für die Zukunft befähigt. Überhaupt gilt natürlich all das, was wir über die Auswirkung des Verhältnisses zur Vergangenheit auf das Verhältnis zur Gegenwart andeuteten, auch für das Verhältnis zur Zukunft.

(b) Ebenso steht es nun umgekehrt mit den Konsequenzen, die der *Verlust der Zukunft* mit sich bringt: Vergangenheit und Gegenwart sind davon betroffen. *Erstens*: Wer sich vom Leben nichts mehr erwartet, der wird so wenig Energie aufbringen, dass er eher dahingelebt wird als dass er selbst lebt; die Vergangenheit wird ihm dann leicht zum Asyl, in das er sich zurückversetzt; jedenfalls wird sie nicht mehr als fruchtbarer Boden des Heute und Morgen erfahren. *Zweitens*: Wer nicht auf eine weite Kontinuität der Zukunft mit der Vergangenheit vertraut, wird nicht den Mut haben, sich selbst in ein größeres Werk oder eine Lebensgemeinschaft einzubringen. *Drittens*: Für wen die Zukunft nur immer wieder dasselbe Alte bringt und nichts Neues hervorbringen kann, der wird sich in der Praxis an das Alte als das Normative und in der Theorie an das (vermeintlich) Gesetzmäßige in allem halten. Wem keine andere Zukunft angeboten oder aufgedrängt wird als diejenige, der Sohn, Erbe oder Schüler eines großen Alten zu sein, dem nimmt die eigene Herkunft die Luft. Wer sich (halb unbewusst) einbildet, vor ihm erstrecke sich eine endlose Reihe von Chancen-Wiederholungen, der wird das Nötige hinausschieben und das Gegebene versäumen. Wer aber realisiert, dass eines Tages für sein Handeln keine Zukunft mehr sein wird, der schätzt die Kostbarkeit der gegebenen Zeit; er wird auch weniger versucht sein, aus einer unannehmbaren Vergangenheit in eine ideale Zukunft zu fliehen.

Literatur

Ulrich 1974, 11-72
Alquié 1983

Theunissen 1991b, 37-86. 285-317
Haeffner 1996

5. Geschichtlichkeit

Der Ausdruck „Geschichtlichkeit", den wir schon mehrfach gebraucht haben, bezieht sich immer auf Menschen oder Menschliches, aber nie auf Individuen für sich allein, sondern auf Menschen, insofern sie Teilnehmer von sozialen, politischen und kulturellen Gefügen sind, die sich verändern und dadurch mit ihrer jeweiligen Gegenwart eine Vergangenheit und eine Zukunft haben. „Geschichtlichkeit" kann Verschiedenes bezeichnen: erstens, dass sich die menschlichen Kulturen im Lauf der Zeit wandeln, zweitens, dass jeder Mensch in seine Zeit objektiv und subjektiv eingebunden ist, drittens, dass jeder Mensch aus einem größeren oder geringeren Bewusstsein der Differenz seiner Zeit zu anderen Zeiten lebt, viertens, dass die Kultur einer Epoche schöpferisch, und d.h.: different von den vorherigen sein will und kann.

Der erste Punkt bedarf keiner weiteren Erläuterung. Der *zweite* ist schon bemerkenswerter. Dass jeder Mensch in „seine Zeit" eingebunden ist, meint mehr, als dass er den Rhythmen der Naturzeit unterworfen ist und dass sein Wahrnehmen und Handeln eine innere Zeitlichkeit hat. Die hier gemeinte „Zeit" ist das einmalige Geflecht der Geschehnisse, die während der Lebensdauer eines Menschen auf diesen einwirken und an denen er in größerem oder geringerem Maß teilnimmt. Von diesem Geflecht gelöst, hat niemand eine konkrete Identität. Folglich beruht die Frage, wie Elisabeth I. von England sich Napoleon gegenüber verhalten hätte, auf absurden Voraussetzungen. Hätte sie zur Zeit Napoleons gelebt, hätte sie nicht die sein können, die sie war: ein Mensch des 16. Jahrhunderts. Jeder gehört in seine Zeit. Und jeder lebt und denkt und fühlt aus Möglichkeiten, die entscheidend von den Bedingungen geprägt sind, die zu seiner Zeit herrschen.

Dieser Sachverhalt verdichtet sich noch, wenn dieses Leben aus dem (größeren oder geringeren) *Bewusstsein der Differenz* seiner Zeit zu anderen Zeiten gelebt wird, wie es der *dritten* und zentralen Bedeutung von „Geschichtlichkeit" entspricht. Der Ausdruck „die anderen Zeiten" kann dabei zweierlei bezeichnen: die anderen Zeiten der anderen oder die anderen Zeiten unserer/meiner selbst. Wenden wir uns zunächst je unseren *eigenen* „anderen Zeiten" zu! Sie sind anders, weil sie sich unterscheiden von der Zeit, die schlechthin „unser" ist, der Gegenwart. Es ist unsere eigene Vergangenheit und unsere eigene Zukunft. Jeder Mensch und jede menschliche Gemeinschaft ist hineingestellt zwischen eine ganz bestimmte, nicht mehr zu ändernde Vergangenheit und eine für

Gestaltung teilweise offene Zukunft. Das Hineingestelltsein ist der Boden für die Möglichkeit der Bewusstmachung und der Gestaltung. Es ist zugleich umfassender als diese. Dass es sich bezüglich des einzelnen Menschen so verhält, haben wir schon angedeutet. Es gilt aber auch für die kulturellen Institutionen, in denen er lebt. Was die Zukunft bringt, können wir nicht wissen, sondern höchstens in einem gewissen Umfang erraten oder ahnen. Was morgen sein wird, hängt nur zu einem kleinen Teil von unserem Planen und Bauen ab. Das ist kein bloßer Mangel, sondern gehört zur Zukunft als solcher: könnten wir sie vorauswissen oder im voraus bestimmen, wäre das Neue an ihr und so sie selbst abgeschafft. Dass unsere Vergangenheit nicht mehr zu ändern ist und dass ihre Auswirkungen nur teilweise beherrschbar sind, ist eine der festesten Grenzen unserer Macht. Aber selbst ihrer wissenschaftlichen Erhellung sind Schranken gesetzt, sowohl was die Tatsachen betrifft als auch und noch viel mehr hinsichtlich des Verstehens dieser Tatsachen. Ob die (aus den jeweils aktuellen Lebensmöglichkeiten schöpfende) verstehende Rekonstruktion überlieferter oder längst aufgegebener Bräuche und Auffassungen wirklich gelingt, ist, wenn man selbstkritisch bleibt, oft schwer zu entscheiden. So können wir nur selten sicher sein, dass dem Überlieferten, das manchmal fremd aus alten Zeiten in unsere hineinragt, kein Sinn mehr innewohnt, geschweige denn, dass wir uns sicher sein könnten, die Menschen früherer Jahrhunderte oder auch nur Jahrzehnte wirklich zu verstehen. Im Gegenteil: Je genauer man hinschaut und je besser man versteht, desto mehr erkennt man, dass sich das Frühere letzten Endes in sich verschließt. Damit aber ergibt sich eine wichtige Folgerung: Da wir auf dem Boden dieser Vergangenheit stehen, sei es, dass wir uralte Traditionen fortführen, sei es, dass wir Abgetanes unter den Füßen haben, vermögen wir auch *uns über uns* nur in einem beschränkten Ausmaß aufzuklären. Solche Aufklärungsversuche sind trotzdem sinnvoll und manchmal auch notwendig. Wenn man jedoch von ihrer prinzipiellen Beschränktheit nichts weiß oder gar wissen will, überspielt man seine eigene Geschichtlichkeit und wird den anderen, ohne deren Geschichte wir keine eigene hätten, nicht gerecht. – Damit sind wir schon bei den Zeiten der *anderen*, die wir hier aber nur daraufhin betrachten, wie sie sich mit unserer Zeit überkreuzen. Wer in alten Städten lebt, die frühere Generationen nach ihren wechselnden Vorstellungen gebaut haben, lebt in verschiedenen Epochen gleichzeitig. Dasselbe gilt für das Leben mit Texten, Bräuchen, Musikstücken aus verschiedenen Zeiten, wie es für eine höhere Kultur und ganz besonders für eine Religion typisch ist. Mag dieser Spagat auch gelegentlich wie eine Zerreißprobe empfunden werden, so enthält er doch auch einen großen Reichtum und eine geschichtliche Tiefe, auf die man nicht leicht verzichten wird, selbst wenn man sonst in einer physischen und geistigen Umgebung wohnt, die weitestgehend modern ausgestattet ist. Etwas Ähnliches gilt für das Nebeneinander von Menschen verschiedenen Alters. Die junge, mittlere und alte Generation lebt in *ihren*, gegeneinander verschobenen Zeiten, die für sie durch die Gleichaltrigen repräsentiert sind. Aber die Generationen leben diese Diachronie gegen- und miteinander, also synchron, gleichzeitig. So erfahren sie Geschichte.

Der *vierte* Sinn von „Geschichtlichkeit" besteht darin, dass die Kultur einer Epoche schöpferisch, und d.h.: different von den vorherigen sein will und kann. Der Historiker und Kulturanthropologe kann nun die verschiedenen Kulturen daraufhin untersuchen, welches Maß dieses Wissens und Wollens, d.h. an geschichtlicher Bewegtheit, sich dort findet; man findet dann ein Mehr oder Minder oder nur ein Minimum an Geschichtlichkeit (vgl. Homann 1974). Der Vergleich kann sich auf verschiedene Kulturen beziehen, oder auch auf verschiedene Stadien ein und derselben Kultur. 136

Unter der ersten Rücksicht sprach etwa G.W.Fr. Hegel den damaligen Völkern von Schwarzafrika die Geschichtlichkeit ab, weil sie keinen Begriff von objektiven Natur- und Freiheitsgesetzen und damit auch keinen über der Willkür von Herrschern stehenden Staat entwickelt hätten, dessen Entfaltung zum Sinn der (als Fortschritt gedachten) Geschichte gehört (Vorlesungen über die Philosophie der Geschichte, 128 f.). In anderer Weise bezeichnete Mircea Eliade (1966, 7) die Urgesellschaften als geschichtslos, insofern diese sich gegen die konkrete, historische Zeit auflehnten und alles Geschehen als Wiederholung des archetypischen Geschehens am Anfang zu deuten und einzurichten suchten. Während Eliade nur eine wertneutrale Strukturbeschreibung geben will, verbindet Hegel mit seiner Analyse ein negatives Werturteil.

Unter der zweiten Rücksicht sprechen manche Autoren – z.B. M. Müller (1964) und F. Fukuyama (1992) – davon, dass das „eigentlich" geschichtliche Stadium einer Kultur von einem vorgeschichtlichen und einem nachgeschichtlichen Stadium eingerahmt ist. Dass ein Stadium einer Kultur hier „geschichtlich" genannt wird, hat nicht den Sinn, dass für die spätere historische Rekonstruktion dieser Epoche reichliche, zumal schriftliche Quellen vorhanden sind, während diese für die sogenannte Prähistorie nur spärlich fließen. Das im emphatischen Sinn verwendete Prädikat „Geschichtlichkeit" zielt vielmehr auf eine besondere Bewegtheit des Lebens selbst. Geht es in der *Vor*geschichte erst einmal um die notwendige Sicherung des biologischen Überlebens und in der *Nach*geschichte nur mehr um die Aufrechterhaltung des Rahmens für die Bedürfnisbefriedigung einer Massengesellschaft, ist die Geschichte der Kampf um die sinnhafte Gestaltung des Bezugs der Menschen zueinander, zu ihrem letzten Ursprung und Ziel und zu ihrer je eigenen Tradition. Kampf heißt hier auch, dass man das Eigene gegen die Bedrohung von außen zu verteidigen bereit ist, – vor allem aber, dass die Mitglieder einer Gruppe, eines Volkes usw. miteinander und gegeneinander darum ringen, eine Form des Lebens zu finden und zu etablieren, die es wert ist, dass man in ihr lebt und die es folglich auch wert ist, dass man dafür sein Leben riskiert. Haben die Menschen nichts mehr, das für sie höher steht als ein ungestörtes Genießen des kleinen Glücks und ist damit auch die Differenz der Kulturen zugunsten einer globalen Einheitskultur eingeebnet, dann sprechen manche Autoren vom „Ende" der Geschichte (in diesem zugespitzten Sinn), das durchaus mit der Tatsache vereinbar ist, dass die Zeit für die Menschen weitergeht.

137 Wie immer es um die Richtigkeit und Fruchtbarkeit dieser Theorien stehen mag, so wird doch deutlich, dass auch die sogenannte ungeschichtliche oder geschichtslose Daseinsweise und Kultur eine besondere Modifikation der formal-anthropologischen Geschichtlichkeit (im Sinn der Bedeutungen 1-3), nicht deren Abwesenheit ist. Denn auch sie ist keineswegs ein bloß „natürliches", quasitierhaftes Stehen in der Zeit, sondern die Ausbildung eines ganz besonderen Verhältnisses zum Erstrecktsein in die Dimensionen der eigenen Vergangenheit und der eigenen Zukunft. Die Prädikate „geschichtlich" oder „geschichtslos" usw. werden also im Hinblick auf eine ganz *bestimmte Weise,* in der Geschichte zu stehen, verteilt: nämlich so, dass die Geschichte als die Zeit der Selbstherstellung durch fortschreitende (kontinuierliche oder je neu beginnende) Weltgestaltung und Gesellschaftsbildung gesehen wird. Anthropologisch gesehen, sind sowohl die prononcierte Geschichtskultur wie die Geschichtslosigkeit Weisen der formalen Geschichtlichkeit, – wenngleich nur die Kulturen, die sich selbst als geschichtlich verstehen wollten, auch erst den Begriff der formalen Geschichtlichkeit hervorgebracht haben.

Literatur

Krüger 1958 Hohmann 2005
Müller 1974

IV. Leiblichkeit

Der Leitbegriff, der die Linie unserer Interpretation anthropologischer Phänomene bestimmt, ist der Begriff der Subjektivität: der Vollzug eines Selbstverhältnisses, das zugleich ein Verhältnis zum Anderen ist. Solange dieses Andere ein anderer Mensch oder ein anderes Ding o.Ä. ist, hat es eigene feste Konturen, durch die es auch für den außenstehenden Beobachter als etwas Anderes ausgewiesen ist. Nun gibt es aber für jeden Menschen etwas, was sowohl der Seite des Selbst wie der Seite des Anderen zugeordnet werden kann: das ist sein Leib. Das Phänomen der Leiblichkeit zu deuten, macht also einen entscheidenden Teil der Interpretation der Subjektivität aus. Leiblichkeit ist eine Grunddimension menschlichen Daseins, wenngleich auf einer anderen, tieferen Ebene als die drei zuerst behandelten.

1. Ein Vorbegriff der Leiblichkeit aus der Sprache

Sobald wir abstrakt über den Leib sprechen, drängt sich uns die Vorstellung eines Dings oder einer Maschine auf. Um durch diese – wie sich zeigen wird – verdeckende Vorstellung zur Realität der gelebten Leiblichkeit durchzustoßen, ist es sinnvoll, durch einen Vor-begriff den analysierenden Blick in die richtige Richtung zu bringen. Diese Richtung lassen wir uns von der Erfahrung mit der Sprache vorgeben. Denn das Verständnis für die Eigenart der Sprache geht so sehr mit dem Verständnis des Leibes einher, dass sich im Ausgang von einer Analyse der Sprache eine ganze Theorie der Leiblichkeit entwickeln ließe (vgl. Bruaire 1968). – Wir thematisieren der Reihe nach das Ausmaß der Leib-Metaphorik in der Sprache (a), die „leibliche" Verfasstheit der Sprache selbst (b) und schließlich die Analogie zwischen der „Verborgenheit" der Sprache und der des Leibes (c).

a) Die Leib-Metaphorik in der Sprache

Wohl in allen Sprachen gibt es eine große Zahl von Leibmetaphern, d.h. von Wörtern und Redeweisen, die in ihrem Grundsinn konkrete leibliche Verhaltensweisen oder sinnliche Erlebnisse nennen, darüber hinaus aber auch eher seelische und geistige Befindlichkeiten und Tätigkeiten bezeichnen. Man denke etwa, in der deutschen Sprache, an Ausdrücke wie Handeln, Stehen, Gehen, Strecken, Fallen, Atmen, Sehen, Spüren, Schmecken usw. samt ihren Korrelaten wie Situation, Boden, Weg, Raum, Tiefe, Luft, Farbe, Atmosphäre, Dichte, Würze usw. Sie alle können „wörtlich" oder metaphorisch gebraucht werden, und zwar in vielfachen Abwandlungen: Als Beispiel diene eine kleine Auswahl aus den Ausdrücken mit dem Stamm „stehen": bestehen, aufstehen, verstehen, überstehen, sich unterstehen, Selbständigkeit, Abstand, Zustand ... usw. Dass ein zunächst schlicht leiblicher Sinn durch andersartige Bedeutungen überlagert werden kann, bis hinauf in die geistigsten Sachverhalte, ist nun ein höchst bedenkenswertes Faktum. Zunächst in *praktischer* Hinsicht: Man hat den Eindruck, dass die metaphorischen Ausdrücke eine größere Sagekraft haben, wenn die ihnen zugrunde liegenden „Bilder" im Gebrauch noch mitsprechen dürfen, als wenn sie abgedrängt oder durch widersprüchliche Kombinationen entkräftet werden. Je entwurzelter die Sprache ist, in der vom Seelischen und Geistigen gesprochen wird, desto geringer ist ihre Sagekraft. Aber das Faktum der leiblichen Metaphern ist auch der *prinzipiellen* Frage wert, wie dieses überhaupt möglich ist. Irgendein Grund muss doch vorhanden gewesen sein, der gerade jenes, „zunächst" etwas Sinnlich-Leibhaftes bedeutende Wort zur Bezeichnung für nicht unmittelbar körperliche Verhältnisse und Tätigkeiten werden ließ. Der *eine* Grund ist wohl eine gewisse Ähnlichkeit von Relationen. Formal gesagt: so wie sich a zu b verhält, so c zu d. In zwei Beispielen konkret gesagt: Das Gefühl, das einer hat, wenn ihm existenziell der Boden unter den Füßen wegrutscht, ist wohl demjenigen ähnlich, das sich einstellt, wenn dies wortwörtlich bei einer Bergwanderung geschieht. Wer zu viele „schwer verdauliche" Forderungen, Demütigungen usw. „hinunterschlucken" muss, der findet seinen Zustand „zum Kotzen". Nun aber sind solche Analogiebildungen nur unter einer Voraussetzung möglich: dass nämlich die leibliche Welt- und Selbsterfahrung offen ist auf Erfahrungen und Handlungen „höherer" Bedeutung und dass sich umgekehrt in diesen Keime entfalten, die schon in den schlicht leiblichen Erfahrungen lagen, welche also nicht banalisiert verstanden werden dürfen. Wenn ein Kind aufrecht stehen und gehen lernt, erwirbt es mehr als nur die physische Fähigkeit, aufrecht zu stehen und zu gehen. Der *andere* Grund liegt wohl im Sachverhalt beschlossen, dass die körperlich-psychischen und die psychisch-geistigen „Funktionskreise" ineinander verflochten sind, so dass keiner sich schließen kann, ohne den anderen – jedenfalls zum Teil – mit zu durchlaufen, obwohl beide ihren eigenen, recht verschiedenen Strukturgesetzen gehorchen. In beiden Begründungen liegt, dass Metaphern nur in Ausnahmefällen *bloße* Metaphern sind, dass „Metapher" eine Grundstruktur von Sprache ist. Sie ist ein Index der inneren Bedeutungsfülle der spannungsreichen Einheit des leiblichen Daseins.

b) Die „leibliche" Verfasstheit der Sprache

Obwohl, abstrakt betrachtet, Bedeutung und Lautfolge (oder Zeichenfolge ganz allgemein) voneinander durch einen Abgrund geschieden sind, finden wir sie doch in der konkreten, gesprochenen und verstandenen Sprache in einer ursprünglichen Verknüpfung, so dass den Unterschieden auf der Seite des Bedeutungsträgers (der Laute) automatisch Unterschiede auf der Seite der Bedeutungen entsprechen. Bedeutungsträger (die sprachlichen Zeichen) und Bedeutungen (das sprachlich Bedeutete) verhalten sich in je einer Sprache, wie de Saussure gerne sagte, wie Vorder- und Rückseite desselben Papier-Blattes: zerschneidet man die eine Seite (im Sinn des Differenzprinzips), so ist auch die andere schon mit-zerschnitten. In der Sprache haben Laut und Sinn keine getrennte Existenz, sondern sind die zwei Dimensionen eines ganz eigenartigen, unauflösbaren Phänomens. Dass sich der Vergleich mit der Einheit von Leib und Seele – und entsprechend die Redeweise vom „Sprachleib" und vom „Geist einer Sprache" – hier aufdrängen, ist also kein Zufall. Das Sprechen und das Schreiben selbst aber ist ein leiblicher Vollzug, der nicht nur den Gesetzen der Sprachsysteme einerseits und der Physik andererseits unterworfen ist, sondern eine eigentümliche Sphäre mit eigenen Gesetzen ausmacht. Ob einer laut oder leise, schnell oder langsam, mit Kopf- oder Bruststimme, nur die Unterlippe oder den ganzen Körper bewegend spricht usw. – das alles sind Unterschiede, in denen ins Spiel kommt, wie einer in der Welt steht, relativ dauerhaft oder für eine gewisse Zeit. Auch das Schreiben ist keineswegs nur eine äußere Technik, fertige Gedanken zu fixieren: der eine kann es nur handschriftlich, der andere ist auf Maschinen angewiesen; manche müssen einen bestimmten Federhalter oder Bleistift haben; die Handschrift drückt für den kundigen Leser etwas aus, was über das im Text Ausgesagte hinausgeht; es gibt bestimmte Hemmungen beim Schreiben; es kann einem geschehen, dass sich beim Schreiben das Auszudrückende erst klärt oder aber auch bis zur Unkenntlichkeit verändert. Ob man für gewöhnlich laut liest (wie es die Alten taten) oder „leise", d.h. tonlos, Wort für Wort oder im Überfliegen: Auch alle diese Modifikationen sind Weisen, seine Leiblichkeit zu leben, in der Physisches und Geistiges eine untrennbare Einheit ausmachen.

c) Die „Verborgenheit" von Sprache und Leib

141 Weiter oben war deutlich geworden, dass wir, wenn wir sprechen und hören, im Allgemeinen nicht auf die Sprache selbst achten, sondern auf das, was gesagt wird und was dadurch geschieht. Je besser Sprache funktioniert, desto mehr hat sie die Tendenz, selbst aus dem Bewusstsein zu verschwinden zugunsten dessen, was sie ermöglicht. Die Realität der Sprache liegt im lebendigen Sprachgeschehen, nicht im archivierten Vorliegen ihrer Elemente in Grammatiken und Wörterbüchern. Ein ähnliches Verhältnis scheint in der lebendigen Leiblichkeit vorzuliegen. Wie wird diese erlebt? Der Psychiater Medard Boss bringt ein Beispiel für solches Erleben: Eine Frau entdeckt zufällig, nach langer erzwungener Trennung, ihren Geliebten auf der anderen Seite einer belebten städtischen Straße. Ihn sehen, vom Verlangen ergriffen werden, auf ihn ungeachtet des Verkehrs zulaufen und ihn umarmen ist eine einzige Bewegung. Boss kommentiert: „Charakteristisch menschliches Existieren ... heißt, sich vom Begegnenden ‚mit Leib und Seele' in Anspruch nehmen zu lassen und diesem Zuspruch entsprechend mit Wort und Tat zu antworten. In solch wahrhaft menschlichem Verhalten ist für den Handelnden selbst der Leib *qua* Leib-Körper überhaupt nicht mehr da" (1971, 273). Solange das leibliche Dasein noch nicht bzw. nicht mehr vergegenständlicht ist, sondern voll „in Betrieb" ist, ist seine „Gegebenheits"-weise nur indirekt. Das gilt nicht nur im Selbstverhältnis des handelnden Menschen, in der Perspektive der ersten (grammatischen) Person, obwohl es dort ganz besonders deutlich ist. Es gilt *auch* für das Bewusstsein, das dieser Mensch vom anderen Menschen hat, der ihm leibhaft begegnet. Denn die Frau im angeführten Beispiel stellt nicht zuerst fest, dass in ihrem Blickfeld unter vielen anderen Körpern auch ein Körper erscheint, den sie anhand bestimmter Kriterien als den Körper erkennt, der ihrem Geliebten gehört. Vielmehr taucht in der Blickbahn ihrer Sehnsucht plötzlich *er selbst* auf, leibhaftig und so natürlich leiblich, aber nicht *als* Körper.

In beiden Fällen – dem der Selbstpräsenz und dem der Begegnungspräsenz – steht der Leib also (nur) in einer Art von Mit-Anwesenheit, die verschiedene Grade einnehmen kann, bis hinunter zur fast völligen Abwesenheit für das Bewusstsein. Freilich kann diese Mit-Präsenz in jedem Augenblick in eine – wenngleich vielleicht auch nur flüchtige – thematische Präsenz umschlagen: man achtet dann z.B. auf die Hautverfärbung an seiner Hand, das Gefühl der Taubheit in den Zehen, oder auf die gestiegene Körpergröße des anderen. Diese ausdrückliche Gegebenheitsweise kann dann, durch weitere Einstellungsumstellungen, zur Basis für den Ansatz einer neutralen Beschreibung und wissenschaftlichen Erforschung werden. Aber auch diese thematischen Präsenzweisen eines menschlichen Körpers sind zurückbezogen auf die Präsenz des leibhaft anwesenden Menschen selbst, z.B. für den untersuchenden Arzt. Zum Begriff des Leibes gehört also die Durchlässigkeit und Übergänglichkeit der einen Präsenzweise in die andere, der Verborgenheit in die Gegenwart und umgekehrt. Für eine Theorie der Leiblichkeit ergibt sich daraus die Devise, dass das Phänomen der Leiblichkeit in einem gewissen Gegenzug zum sich aufdrängenden Phänomen des bloßen Leib-"Dinges" zu gewinnen ist. Denn für die Weise, wie der Mensch seine Leiblichkeit lebt, ist es keineswegs notwendig, dass er eine objektive Vorstellung von seinem Körper und ein Wissen von dessen internem Funktionieren hat. Vielmehr ist die Ausbildung einer solchen Vorstellung und der Wissenschaft vom menschlichen Körper schon eine Art und Weise, das in der Leiblichkeit selbst liegende Verhältnis in bestimmter Weise zu entfalten und zu gestalten. Unsere Aufgabe wird es also vor allem sein, möglichst ursprüngliche, noch nicht auf bestimmten theoretischen Annahmen beruhende Weisen des leiblichen Daseins aus dem in ihnen selbst liegenden Bewusstsein heraus auszulegen. Es geht m.a.W. um eine *Phänomenologie* der Leiblichkeit.

Literatur

Bruaire 1968	Ricœur 1975
Boss 1971	Johnson 1987

2. Die Doppelseitigkeit des Leibes

a) Körper und Leib

142 Eine solche Phänomenologie kann, im Anschluss an Max Scheler (1913/16, 409 f.), sich durch die terminologische Unterscheidung zwischen „Körper" und „Leib" einführen. Diese Unterscheidung ist nicht einfach der heutigen deutschen Alltagssprache zu entnehmen, in der die Worte „Leib" und „Körper" in vielen Kontexten oft dasselbe bedeuten, wenngleich nicht immer.
Dennoch hat diese Unterscheidung einen Anhalt in der Sprachgeschichte. *„Körper"* ist ein Lehnwort aus der lateinischen Gelehrtensprache, wo „corpus" als Übersetzung des (gleichfalls der Wissenschaftssprache zugehörigen) altgriechischen Wortes sóma auftaucht. In der griechischen Volkssprache bezeichnete sóma ursprünglich den toten, d.h. seines Lebens beraubten und so gewissermaßen zum Ding gewordenen Leib (= die Leiche). Die Philosophen griffen nun dieses Wort auf, um eine Bezeichnung für die von ihnen geschaffene Idee des materiellen Dings überhaupt, das von Natur aus da ist, zu haben. Das ist die Grundbedeutung von „Körper" bis heute. Das Wort *„Leib"* hingegen hat eine ganz andere Vorgeschichte (vgl. das von den Gebrüdern Grimm begonnene „Deutsche Wörterbuch", Band VI [1885] Sp. 580-611). Grob gesprochen, hat es in der Geschichte drei Bedeutungen durchlaufen, wobei die jeweils älteren in den Hintergrund traten, ohne doch ganz zu verschwinden. Zunächst ist „Leib" ein Synonym von „Leben" („beileibe nicht" = ums Leben nicht, „Leibrente" = Rente auf Lebenszeit). Dann bedeutet das Wort soviel wie „jemand selbst" („Leibarzt", „-wache": diese stehen nur für einen selbst zur Verfügung; „Der Fürst war leibhaftig, d.h. selbst, nicht nur in der Person eines Vertreters, da"). Schließlich kommt das Wort zu der Bedeutung, die heute vorherrscht: das sinnenfällige, primäre Daseinsmedium eines Menschen. (Im Englischen wird die Unterscheidung von „Körper" und „Leib" oft durch die Wortpaare physical/lived body oder manchmal auch body/flesh wiedergegeben, im Französischen durch corps und corps propre bzw. corps vécu.)

143 In Schelers Unterscheidung beziehen sich die Ausdrücke „Körper" und „Leib" auf dieselbe Realität, die jedoch in verschiedenen Weisen gegeben sein kann, so dass die beiden Ausdrücke eine andere *Bedeutung* haben. Wird der menschliche Leib als *Körper* bezeichnet, so wird er in Betracht gezogen als ein Fall von Körper-überhaupt, d.h. eines dreidimensional ausgedehnten schweren Etwas,

das Gegenstand sowohl der äußeren Sinne wie der stereometrisch-physikalischen Theorie ist. Dabei wird abgesehen nicht nur von seiner Lebendigkeit, die ja über pure Körperlichkeit hinausgeht bzw. eine spezielle innere Konfiguration derselben ausmacht, sondern vor allem von seiner Subjekthaftigkeit, d.h. davon, dass es sich um den Leib von jemandem handelt. Spricht man hingegen vom menschlichen Körper als *Leib*, dann ist er von vornherein individuell: er kommt nie im Plural vor („unser" Leib); er ist je schon in Unterschiedenheit *sein* und *ihr* und *mein* Leib. Was die Gegebenheitsweise betrifft, so erlebe ich je „meinen" Leib ganz anders als „deinen" oder „ihren", während Körper prinzipiell gleichartig gegeben sind. Körper sind im alltäglichen Erfahren „gegeben" als mehr oder minder entfernte Dinge, die man u.a. anschauen, anfassen und in ihrer Ausdehnung abmessen kann. „Mein" Leib hingegen wird vor allem „von innen" heraus *empfunden*, in einer Einheit, aus der sich einzelne Muskel- und Organempfindungen herausheben können. Und die Nähe und Ferne des Körpers, der der Leib eines anderen ist, ist nicht nur eine Sache des Metermaßes, sondern kann eine gefühlsmäßige und interpersonale *Bedeutung* haben.

Man kann nun sagen: Wenn ein Körper nicht auch die Züge des Leibes hat, handelt es sich nicht um einen menschlichen Körper. Wenn ein Ich nicht auch körperlich ist, ist es auch nicht leiblich. Folglich ist zu zeigen, dass die Versuche, den Leib auf einen Körper zu reduzieren, scheitern müssen, und dass auch die spiegelverkehrt dazu zu sehenden Tendenzen nicht richtig sind, die das „leibliche" Sein nur auf ein bestimmtes Empfinden und Können reduzieren (wie das z.B. Berkeley versucht hat und wozu manche Phänomenologen neigen). Die Aufgabe, die vor uns liegt, ist also zunächst negativ: durch Abweisung von rationalistischen Konstruktionen den Blick auf das rätselhafte Phänomen der Leiblichkeit freizuhalten.

b) Die Leiblichkeit des Subjekts als Fundament der Setzung des Leibes als Ding und als Maschine

Es ist möglich, den leiblichen Menschen als einen Körper aufzufassen, der, von seiner funktionalen Komplexität her, auch eine Maschine genannt werden kann. Schon Descartes hatte dem Geist, als dem Subjekt der Wissenschaft, als eines seiner Objekte den tierischen und menschlichen Leib entgegengesetzt, den er als Maschine deutete (vgl. Baruzzi 1973). Durch die Fortschritte der naturwissenschaftlichen Medizin hat sich die Fruchtbarkeit dieser Sicht immer mehr bestätigt. Besonders durch seine kybernetische Erweiterung ist das Maschinen-Modell ein überaus umfassendes und fruchtbares Hilfsmittel zur Deutung von allerlei Prozessen geworden, die dem menschlichen Existieren zugrunde liegen. Jedoch: Einer ontologischen Hochstilisierung des Maschinen-Modells stehen sehr gewichtige Argumente entgegen. Eines von ihnen besteht im Aufweis der Tatsache, dass die Gegebenheit „Ding" und die Gegebenheit „Maschine" nur unter der Voraussetzung einer ursprünglichen Leiblichkeit des Subjekts, das sie wahrnimmt bzw. benutzt, möglich ist.

145 Ein *Ding* ist ein Seiendes von relativer Einheitlichkeit an Dauer und räumlicher Gestalt, anschaubar und be-greifbar; es ist notwendig Ding unter Dingen. Ein Ding ist relativ – in seinem Erscheinen – auf das Auge-Hand-Feld. Anschaulich aber ist etwas nur, wenn es in der Figur-Hintergrunds-Relation zu anderem steht; und als Körper muss etwas in einer Perspektive stehen, durch die es anderen Körpern zugeordnet und so zugleich von ihnen unterschieden wird. Diese Perspektive hat ihr (funktional unsichtbares) Zentrum in meinem Gesicht. Von ihm aus erstreckt sich mein Sehraum, wobei es selbst gewissermaßen außerhalb des Raumes ist; es könnte sich aber von ihm aus kein Raum für reale Dinge erstrecken, wenn – in anderer Perspektive – mein Gesicht nicht zusammen mit anderen Dingen im Sehraum eines Anderen erscheinen könnte, von dem ich mich angeschaut erfahre. – Das in meinem Sehraum erscheinende Ding weckt auch die Erwartung, dass es betastet werden kann. Dazu muss ein Raum, wie vordem schon mit den Augen, so jetzt mit dem ganzen Leib und vor allem mit den Händen durchmessen werden: um einen Abstand zu überwinden, um das Ding zu betasten, zu umfassen usw. Damit dies möglich sei, muss ich in ähnlicher Weise leiblich sein bzw. muss mein Leib unmittelbares Medium meiner selbst sein, wie das soeben vom Sehen gesagt wurde. Ein Ding ist also nur für ein Wesen erfassbar, das in den Raum und in die Zeit hineinlebt, das sehen und tasten kann und das Gestalten wahrnimmt und in alledem sich in einem inneren leiblichen Empfinden gegeben ist (vgl. Schmitz 1985). Wenn die funktionierende Sinnlichkeit aber die Bedingung dafür ist, dass uns Dinge gegeben werden können, dann kann *dieses* Funktionieren nicht adäquat als Eigenschaft eben solcher Dinge verstanden werden. Subjektivität ist nicht reduzierbar auf Dinglichkeit, sie muss aber, wenn ihr Dinge gegeben sein sollen, sinnlich und das heißt: leiblich sein. „Mein Leib ist nie bloß Objekt unter anderen, sondern die

Voraussetzung aller denkbaren und möglichen objektiven Verhaltensweisen und aller Wahrnehmungen im Objektiven" (Marcel 1985, 16). Weil er das ist, kann er *dann* (viel später) *auch* (aber nie primär) als ein Ding unter anderen gedeutet werden. Gelebt aber wird er nicht so. Der Satz „Mein Leib *ist* ein Ding" ist nicht in dem Sinn falsch wie etwa der Satz „Mein Leib ist aus purem Gold". Er ist sogar in einem gewissen Sinne richtig, insofern ich meinen Leib als ein Ding unter Dingen logisch klassifizierend betrachten kann. Aber epistemisch und existenziell gesehen, ist die Identität, die er ausspricht, dennoch un-wahr, weil er ursprünglich und d.h. lebensmäßig für mich etwas ganz anderes ist. Wenn ich dies „vergesse" und dieser Identifikation glaube, entsteht so etwas wie ein „falsches Bewusstsein". (Was ist ein falsches Bewusstsein? Es besteht wohl darin, dass man an eine Vorstellung nur theoretisch, nicht aber „im Ernst" des Lebenskontexts glaubt. Es ist eine Art von Selbsttäuschung, die deswegen so überzeugend ist, weil das, was man glaubt, ja „richtig" ist. Oft kann man sich allein davon nicht befreien; es braucht den außenstehenden Beobachter, der einem sagt „Das glaubst du ja selbst nicht!")

Eine *Maschine* ist eine künstliche Einrichtung zur Veranstaltung von Prozessen, die so kanalisiert werden, dass sie irgendwelchen Zwecken dienen, die von Menschen gesetzt worden sind. Bei den Prozessen kann es sich um mechanische Übertragungen von Bewegungs-Impulsen handeln, um chemische Umwandlungen, um elektronische Datenverarbeitung usw. Maschinen sind selbständig gewordene Instrumente, Werkzeuge. Wie diese gehören sie der Sphäre des zweckgerichteten leiblichen Einsatzes in der Welt an, als Entlastungen von körperlicher und zerebraler Anstrengung, gewissermaßen als Zusätze zu den Organen des Körpers. Dass die Maschinenwelt eine Ausweitung und Präzisierung unserer Leiblichkeit ist, wird auch durch die Erfahrung der Rückwirkung deutlich: wir werden davon (fast) ebenso abhängig wie von den Organen und Funktionen unseres Körpers, der von vornherein auf seine Ergänzung durch Werkzeuge angelegt ist und sich dieser Ergänzung auch immer mehr angepasst hat (vgl. Tinland 1977, 126-188). So konnte denn der Leib auch von seiner Ergänzung her selber als Werkzeug des Geistes oder gar als selbst sich regelnde Maschine gedeutet werden, – eine Denkweise, die ihre Anfänge in der Rede von „Organen" (órganon, griech. = Werkzeug) hat. Unter diesen Organen ist die Hand das wichtigste; Aristoteles nennt sie (*De anima* III,8 432a1; *Über die Teile der Tiere* IV 687a20) „das Organ der Organe", also einerseits das hauptsächlichste Organ, andererseits jenes

„Werkzeug", aufgrund dessen es überhaupt Werkzeuge geben kann: „Werkzeug" im *eminenten* Sinn und deshalb, streng genommen, eben kein *bloßes* Werkzeug. Wäre es, schlechthin gesehen, ein Werkzeug, wäre auch zu fragen, mit welchem Organ es denn „gehandhabt" wird. Allgemein verweist jedes Instrument auf ein *Vermögen*, ein Können, das als solches nicht instrumental verstanden werden kann. Dem Gedanken, dass die Werkzeuge die „Verlängerung" des Leibes sind, muss also der Satz beigefügt werden, dass der vertrauteste Werkzeuggebrauch niemals an die Selbstverständlichkeit herankommt, mit der wir leibend-handelnd in die Handlungssituationen verfugt sind. Das aber heißt, dass es nicht sinnvoll ist, den Leib als Ganzen als eine Maschine zu verstehen. Denn niemals ist es uns möglich, aus der unvordenklichen „Identität" mit ihm auszusteigen und, aus dieser Distanz heraus, uns seiner so zu bedienen, wie man sich einer Maschine bedient. Könnten wir das, würde das bedeuten, dass wir selbst zum reinen, leibfreien „Geist" in der Gestalt eines voll selbstdurchsichtigen und selbstmächtigen Maschinisten geworden wären (vgl. Ryle 1949). Eine erlebnismäßige Analogie findet dieser Theorie-Traum in der Erfahrung voll fungierender Leiblichkeit, in der sich das Subjekt als reines „ich-kann", als mit sich identische, lustvoll-ungehemmte Lebendigkeit erlebt, die auf ein Ziel zulebt. In dieser Lebendigkeit ist der Leib qua Körper „verborgen". Aber er ist, als verborgener, doch auch da; dass er verborgen bleiben kann, liegt daran, dass er gesund, gut trainiert usw. ist. Jede Krankheit und schon jedes Stolpern und Ermatten bringt ihn an den Tag.

c) Das Subjekt und sein Leib

147 Dem Nachweis, dass die objektivistischen und technomorphen Deutungen des Leibes den Phänomenen nicht gerecht werden, soll nun – ausschnittweise – ein phänomenologischer Aufweis des Leiblich-Seins folgen. Dieser muss bei der Subjektivität des Leibes ansetzen: „Leib" ist – im Unterschied zum objektiv vorfindlichen „Körper" – immer der Leib eines Subjekts. Was aber heißt das? Gabriel Marcel (1935) hat versucht, in diesen Genitiv etwas Licht zu bringen mithilfe der Fragen: Inwiefern ist es sinnvoll, von „meinem" Leib und so von einem Leib-"Haben" zu sprechen? Oder inwiefern ist es notwendig, zu sagen, ich „sei" (m)ein Leib? (Natürlich sind solche Sätze keine sinnvollen Äußerungen der Alltagssprache, sondern nur Krücken für den Gang der philosophischen Analyse.)

In der Tat können wir uns unserem Leib gegenüber setzen und uns freuen, dass er gut funktioniert bzw. darüber klagen, dass er das nicht mehr befriedigend tut. Wir können mit ihm zufrieden sein oder unglücklich über seine Größe, sein Aussehen und sein Geschlecht. Wir können ihn pflegen, sein Aussehen (Kleidung, Haartracht, Bemalung, Schmuck) verändern. Wir stilisieren seine/unsere Haltung und Bewegung. Wir ergänzen seine Funktionen durch Brillen und Pillen. Wir können sogar einige unserer Bedürfnisse als „seine" Bedürfnisse betrachten, deren Erfüllung wir ihm (jetzt und in dem „von ihm" gewünschten Maß) zugestehen oder verweigern, fast wie einem Haustier. Das kann gehen bis zu den Worten, mit denen Turenne, der Feldmarschall Ludwigs XIV., vor der Schlacht seinen Leib ansprach: „Du zitterst, Gerippe? Du würdest noch mehr zittern, wenn du wüsstest, wohin ich dich führe!" Die Art und Weise, wie wir unsere vorgegebene Leiblichkeit leben, kann also stark variiert werden: sie hängt u.a. von kulturellen Mustern, von Moden, von individuellen Gefühlen, Wünschen und Lebensstilen ab. Zum Leiblichsein gehört ein Verhältnis zum Leib. Insofern kann man davon sprechen, dass wir unseren Leib „haben" und dass er je „mein" oder „dein" Leib ist.

Was aber heißt hier „Haben"? Vergleicht man das Leib-"Haben" mit dem „Haben" (d.h. Besitzen und „Verfügen") von Dingen, die wir „haben", so sieht man: Einerseits ist der Leib, im Unterschied zu allen anderen Dingen, immer Gegenstand eines aktuellen, nie eines bloß potentiellen „Habens"; und dieses Haben ist in seiner Grundschicht immer individuell und exklusiv, nie kollektiv. Andererseits jedoch ist das immer aktuelle und individuelle „Haben" des Leibes kein volles Verfügen, sondern innerlich beschränkt, und zwar in doppelter Weise. Erstens gehört das „Haben" im Sinne der Körperbeherrschung zwar zum Menschsein: Ein Kind, das seinen Trieben und Launen noch nichts entgegensetzen kann, soll ein Ich aufbauen, kraft dessen es dazu fähig ist, und ein Erwachsener, der sich nicht beherrschen kann, wird verachtet. Aber diese Herrschaft ist nie vollkommen, sondern nur größer oder kleiner innerhalb eines gewissen Spielraums: Ein zwanzigjähriger Fußballer beherrscht seinen Körper nur *besser* als ein zehnjähriger; eine geübte Geigerin besser als eine Anfängerin usw. Zweitens *spricht* man im Alltag relativ selten totalisierend von „meinem" Leib, sondern beschränkt die besitzanzeigenden Worte auf Teile des Leibes oder leiblicher Funktionen: „Ihre Leber", „mein Kopf", „dein Blutdruck", „seine Körperhaltung". Und da, wo die totalisierende Rede vom „Haben" oder vom „mein" und „dein" am Platz ist, hat sie fast immer eine unterscheidende Funktion. Beispiele: „Dein Körper ist gesund" (aber vielleicht nicht deine Seele oder deine Beziehungen); „Du hast einen schönen Körper" (und läufst doch in so schlampigen Kleidern herum). Fehlt diese Absetzung des Leibes gegen etwas anderes, setzt man anstelle der Rede vom Haben besser die vom Sein und anstelle der Rede vom Körper die von der Person selbst: „Ihr Körper ist gesund" = „Sie sind gesund", „Du hast einen schönen Körper" = „du bist schön".

149 Folgt daraus, dass, tiefer als jedes „Leib-*Haben*", ein „Leib-*Sein*" liegt? In der Tat, so scheint es. In diese Richtung weist nicht zuletzt die Erfahrung, dass ein Haben, das sich bis zum Unterdrücken der natürlichen Tendenzen des Körpers steigert, leicht umschlägt in ein Beherrschtwerden. Das Verhältnis des Habens muss also sein Gegengewicht in einem Getragenwerden, in einem Sein, haben. Allerdings stellt sich auch hier die Frage, wie dieses Leib-*Sein* zu interpretieren sei. Drei Deutungsmöglichkeiten bieten sich an. Ausgeschlossen scheint (*erstens*) die Deutung „Ich bin *ein* Leib"; denn „Leib" ist nie subjektlos wie ein Körper, und mit einem Körper, bezüglich dessen ich mich frage, ob ich mit ihm schlechthin identisch bin, kann ich – kraft der Fragemöglichkeit – nicht schlechthin identisch sein. Außerdem geht eine solche Identitätsfeststellung ja davon aus, dass die miteinander Identifizierten zunächst in klarer Getrenntheit gegeben sind, entweder alle beide oder mindestens das eine. Aber eben dies ist ja im Hinblick auf „mich" und „meinen Leib" nicht der Fall. „*Ich* bin nichts als einer von vielen Körpern" ist also eine gedankenlose Äußerung, die den Sinn der verwendeten Worte und den Sinn des Aussagens selbst „vergessen" hat. „*Du* bist/*sie* ist nichts als ein Körper" ist eine Beleidigung, eine Attacke, ein Ausschluss des Anderen aus der ethischen Sphäre. – Kann man aber vielleicht (*zweitens*) die Formel vom Leib-*Sein* so lesen, dass sie so viel besagt wie das Wort in Nietzsches *Zarathustra* (I,4; KSA 4, 39) „Leib bin ich ganz und gar, und Nichts außerdem"? Auch diese Deutung scheint unbefriedigend zu sein. Denn entweder ist sie gleichbedeutend mit der gerade erwähnten selbstvergessenen Äußerung und fällt unter deren Kritik. Oder sie verweist auf eine existenzielle Möglichkeit eines Menschen: sich so zu fühlen und zu wollen, dass er ganz aus den vitalen Antrieben heraus lebt und die davon unterschiedenen geistigen Tätigkeiten zu minimisieren sucht. Diese existenzielle Möglichkeit steht aber neben anderen und kann deshalb nicht als Beschreibung dessen gelten, was der Mensch schlechthin *ist*. – Als *dritte* Möglichkeit, die Formel vom Leib-Sein zu lesen, bleibt „Ich bin *mein* Leib". In die-

ser Formulierung steckt eine Redundanz, insofern das „ich" auch im „mein" steckt; sie sagt aber anderes als die Tautologie „Ich bin ich", nämlich mehr, wenn man die Tautologie daraufhin betrachtet, dass sie nichtssagend ist, oder weniger, wenn man sie als Ausdruck einer absoluten Selbstidentität versteht. Sie sagt zugleich mehr und weniger, weil sie das Sein und das Haben verschränkt und damit zum Ausdruck bringt, dass das Haben des Leibes zugleich ein gewisses Gehabtwerden von ihm ist. Also liegt in der Aussage „Ich bin mein Leib" ein Hinweis auf eine Grenze des Durchschauen- und auch Verfügenkönnens, – eine Grenze, die überschreiten zu wollen nicht sinnvoll ist, weil sie zugleich eine Ermöglichung des (begrenzten) Durchschauen- und auch Verfügenkönnens ist.

Literatur

Marcel 1935
Merleau-Ponty 1945, Teil I
Schipperges 1981
Imhof 1983

Petzold 1985
Pöltner/Vetter 1986
Leder 1990

3. Leiblich-Sein

Wenn man nun in der prinzipiellen Erforschung des „Verhältnisses" zwischen Subjektivität und Leiblichkeit an eine Grenze stößt, legt es sich nahe, stattdessen von dort aus in die Breite der Erfahrungen zu gehen, in denen sich das Leiblichsein als Grunddimension des Menschen erweist. Solche Erfahrungen hat jeder in großer Zahl gemacht. Um ihrer aber auch reflex ansichtig zu werden und die Mannigfaltigkeit ihrer Formen zu erweitern, ist es sinnvoll, Experten zu befragen, die sich in diesem Feld besonders gut auskennen. Eine phänomenologische Theorie des Leiblichseins muss also die Erfahrungen eines Plastikers, eines Tanz- oder Schauspielmeisters, eines Malers, eines Arztes, eines Architekten, eines Meditationslehrers, eines Musikers, eines Eheberaters, eines Sport-Trainers usw. einbeziehen. Wenn sie das tut, wird sie dazu beitragen, dass diese Erfahrungen nicht nur im Praktischen bleiben, sondern auch in einer gemäßen Weise theoretisch reflektiert werden.
In Entsprechung zur gegebenen Kritik der Vorstellung des menschlichen Körpers als eines bloßen Dings oder einer Maschine sollen

im Folgenden skizzenhaft zwei Dimensionen des leiblichen Daseins beschrieben werden: seine spezifische Räumlichkeit und Bewegtheit.

a) Räumliches Im-Leib-Sein

151 Jeder Raum bezieht sich auf das, was *in* ihm ist oder sein kann: er ist Raum für... Selbst der leere Raum (wie z.B. ein leeres Zimmer) ist von dem geprägt, wovon er (und wofür er) geleert worden ist oder bereit steht. Daraus folgt, dass es viele Räume gibt. „Den" Raum, in Einheit und Absolutheit, gibt es lebensmäßig nicht.
Zu einem Ding gehört ein zweifacher Raum: der von den Grenzen seiner Gestalt umschlossene und der diese Grenzen umfassende. Falls es sich um den Körper eines Subjekts handelt, so treten Bestimmungen des Raumes auf, die der abstrakte stereometrische Raum nicht haben kann: Orientierung, Leere und Fülle, Distanz und Intimität. Der wissenschaftlich vorgestellte Raum der Geometrie und der Physik (auch der relativistischen) kennt kein Oben und Unten, kein Vorn und Hinten, kein Links und Rechts; er kennt keine Weite oder Enge, keine Nähe oder Ferne, keine Auszeichnung einzelner Orte vor anderen (- ja überhaupt keine Orte, weil keinen Aufenthalt!); er steht außerhalb des Unterschieds von Drinnen (Herein/Hinein) und Draußen (Heraus/Hinaus). M.a.W.: der abstrakte Raum, wie er wissenschaftlich vorgestellt wird, hat gerade das nicht, was den Raum im vollen Sinn, den Subjekt-Raum kennzeichnet.
Für unsere Weise, räumlich da zu sein, sind aber all die genannten Differenzen grundlegend. Der Geometer kann den Nullpunkt seines Achsenkreuzes „irgendwohin" legen und die Achsen irgendwie „ausrichten"; denn kein Punkt seiner dreidimensionalen Stellenmannigfaltigkeit und keine Richtung der Geraden, die durch jeden dieser Punkte gehen können, sind irgendwie privilegiert. (Genau genommen ist schon die Rede vom „irgendwo" und von der „Richtung" ein Anthropomorphismus.) Für uns, wie wir leben, bezieht sich aber jeder mögliche Bezugspunkt auf den „Nullpunkt", auf dem wir messend stehen, – und jedes mögliche Koordinatensystem ist verwurzelt im System der Dimensionen, die sich nach oben und unten, nach hinten und vorn, nach links und rechts von je mir (oder uns) aus erstrecken. Scheler (1913/16, 461): „Der Leib ... ist wesenhaftes *Bezugszentrum* von Raum und Zeit"; er ist also nicht einfach „in" ihnen. Das Auseinanderstreben der Richtungen in Gegen-

den von nicht vertauschbarer, ja gegensätzlicher Bedeutung ist grundlegend für die Räumlichkeit des Raumes; denn dadurch öffnet und weitet sich der Freiraum, den wir, uns bewegend, *durchmessen*, längst bevor wir Strecken, Flächen und Volumina *aus*zumessen beginnen. Ein Raum erschließt sich dem, der ihn durchlebt. Deshalb kann ein Raum in seinem Eigenen weder durch ein maßstäblich verkleinertes Modell noch durch eine Fotografie noch durch die Angabe seiner Maße wiedergegeben werden. Die Organisation des Raumes aber und die Orientierung je meines leiblichen Daseins machen die zwei Seiten eines einzigen Phänomens aus.

Wenn wir beginnen, über den Raum *nachzudenken*, sind wir so auf den übersichtlichen Anschauungsraum fixiert, dass man sich erst eigens bewusst machen muss, was es heißt, einen Raum zu durchmessen, zu erleben und zu erfüllen. Es gibt Räume, die uns beengen, bis zur Beklemmung, und es gibt Räume, in denen wir uns ausgesetzt vorkommen, bis zur Platzangst; dazwischen liegen die heimelig-bergenden „Höhlen" und die weitmachenden Hallen. Je nachdem, wie wir uns selbst „in unserer Haut" fühlen, kommen uns die umgebenden Dinge größer oder kleiner vor, können wir Räume beherrschend erfüllen oder leben wir nur in einem Schneckenhaus, in dem wir uns durch die Räume bewegen. Wände in unserem Rücken, die wir uns als plötzlich wegfallend vorstellen, lassen uns unwillkürlich einen Schritt nach vorne tun; an die Stelle des („gefühlsmäßig") Haltgebenden tritt eine saugende Leere. Runde Räume erleben wir anders als eckige, langgestreckte anders als quadratische. Landschaften können einem viel bedeuten.

Die vielen Räume, in denen wir leben, sind keineswegs nur verschiedene Parzellen eines einzigen Raumes. Einmal abgesehen von den Modifikationen des individuellen Raumerlebens, unterscheiden sich verschiedene Lebensbereiche auch objektiv durch ihre physisch-symbolischen Grenzen: mein Haus oder Zimmer von Räumen, die dir, einem Dritten oder niemandem gehören; die öffentliche Straße und der Laden mit seiner Schwelle; Kirchen- und Bahnhofshallen; Villen- und Slumgegenden; erste und letzte Plätze; In- und Ausland; Kulturgegend und Wüste, Heimat und Fremde. Was an einem Ort erlaubt, normal oder gar geboten ist, ist an anderen Orten verpönt und exzentrisch. Symmetrisch angelegte Gebäude, Gärten und Städte bezeugen und erzeugen ein anderes Lebensgefühl als asymmetrisch und plurizentrisch angelegte. Ein Architekt kann primär beabsichtigen, vorhandene öffentliche Räume mit den plastischen Körpern von Gebäuden zu strukturieren *oder* aber selbst Räume zu bauen: Der Apollontempel des Iktinos in Bassai

(Griechenland) oder F. Wotrubas Kirche in Wien-Mauer sind z.B. eher kostbare Architekturplastiken in einem Landschafts- oder Stadt-Raum, während eine gotische Halle wie der Remter in der Marienburg an der Nogat oder barocke Hallen wie die Balthasar Neumanns in Vierzehnheiligen oder Neresheim in erster Linie selbst Raum-Schöpfungen sein wollen.

154 In diesen bedeutungsmäßig differenzierten Räumen entfalten sich Möglichkeiten des „Spielraums", der zum leiblichen menschlichen Dasein als solchem gehört. So ist auch der reiche Gebrauch von Raum-Metaphern, den unsere Sprache kennt, nicht eigentlich etwas, was erst spät und wie „von außen" (!) zu einem ursprünglichen, bloß wörtlichen Gebrauch hinzuträte. Vielmehr ist das „Hohe" von vornherein nicht nur höher, sondern auch besser als das „Niedrige". Verloren oder beengt können wir uns nicht nur in physischen Räumen, sondern auch in sozialen Räumen vorkommen. Bloß körperliche Anwesenheit ist verträglich mit daseinsmäßiger Abwesenheit; der körperlich schon eingetroffene Reisende braucht oft noch Zeit, „seine Seele nachkommen zu lassen". Sich-Einfinden zu voller leiblicher Präsenz ist mehr als bloß körperliches Vorhandensein oder kognitives Feststellen des Ortes, an dem man sich befindet.

Räume sind wohl primär dem Aufenthalt zugeordnet, d.h. der Ruhe und dem Sichbewegen in einer vertrauten Umgebung: dem zweckgebundenen „Umgehen" mit Mitmenschen und Dingen ebenso wie dem freien Schlendern und Tanzen. Zwischen einem solchen Raum und einem anderen (z.B. der Wohnung und der Arbeitsstätte, oder dem Wohnort und einer anderen Stadt, die man aus beruflichen oder privaten Gründen besucht) erstreckt sich ein Zwischen-Raum, der ganz anders durchlebt wird, nicht als das raumgebende „in", sondern als ein „hindurch", das verschiedene Möglichkeiten bietet: als wechselhafter Aufenthaltsfluss (wenn man eine Lustreise tut: im Zug aus dem Fenster schaut oder wandernd übers Land geht), oder als möglichst umgehend zu neutralisierende Distanz, die man im Grunde hasst, weil sie Zeit und Geld kostet, oder ziellos, als Weg-Erstreckung für eine Bewegung, die wir als solche erleben wollen: im Geschwindigkeitsrausch, im Sieg über die eigene Faulheit, in der körperlichen Bewegungslust.

155 Wir durchleben aber nicht nur, mit allen Sinnen er-lebend und uns bewegend, den Raum, sondern wir werden in demselben Raum auch von anderen angetroffen und eventuell getroffen. Wir sind sichtbar wie die Dinge, ob wir wollen oder nicht. Denn nicht nur derjenige möchte lieber verborgen bleiben, der etwas Unrechtes tut.

Auch bei intimem Tun möchte man unbeobachtet bleiben: bei der Körperpflege, im liebenden Beisammensein, beim Beten. Und ganz allgemein benehmen sich Menschen anders, ob sie sich völlig unbeobachtet fühlen oder ihr Verhalten den möglichen Blicken anderer ausgesetzt wissen, und erst recht, wenn es ein aktueller prüfender oder gar verächtlicher Blick ist. Andererseits rufen nicht nur Kinder „schau doch mal her!" Man möchte auch beachtet und angesehen werden. Auch dafür hat man seinen Leib und besonders sein Gesicht. „Schau mich doch an, wenn du mit mir redest!" Das Gesicht ist zugleich der Sitz unserer Augen, als der Organe unseres Hinsehens und Schauens, und der Teil unseres Körpers, in dem wir selbst am meisten in die Sichtbarkeit treten, und zwar keineswegs für uns selbst, sondern wesentlich für andere. Indem wir das Gesicht verhüllen, melden wir uns für eine Weile aus der gemeinsamen Welt ab. Wird ein Gesicht geschlagen oder gar entstellt, so ist damit eine Entwürdigung der Person beabsichtigt; sie soll aus dem Kreis derer, die in der gemeinsamen Welt zählen, ausgeschlossen werden.

Leiblich sind wir jeweils räumlich, in einem Raum. Wir sind aber auch „in" unserem Leib, den wir von einem Zentrum her in die Extremitäten hinein durchleben, – wobei dieses Zentrum, je nach Charakter und Situation, in der Zwerchfellgegend, in der oberen Brust oder zwischen den Augen liegen kann. Menschen können, wie man so treffend sagt, verkrampft oder locker dasein, sich hängen lassen oder sich zusammenreißen; dabei geht es nie nur um Körperliches. Manche Menschen sind in ihrem Körper so da, dass sie sich in ihm gewissermaßen verstecken, andere wieder sind ganz im leiblichen Ausdruck da. Aufs Ganze gesehen, sind Kinder anders in ihrem Leib als Pubertierende, diese anders als Erwachsene; Männer durchleben ihren Leib und so den Raum anders als Frauen; in grundlegend natürlicher, aber ergänzend auch historisch-sozialer Bestimmtheit. Greise und Schwerkranke verlassen (nach Plügge 1962, 69) ihren Leib „nach innen", der so mehr und mehr zu einer bloßen „Hülle" wird.

In unbekannten Räumen müssen wir uns erst orientieren. Wir tun das mithilfe früherer Erfahrungen, letztlich aber mithilfe der Grundorientierung, die wir nicht erst lernen müssen. Es gibt ein System automatischer Orientierung und Bewegungskoordinierung, das durch Lernen und Übung zwar in den rechten Gang kommt, schlechthin aber schon vorgegeben ist (vgl. Schilder 1923). Sein-im-Leibe und Sein-in-Räumen gehören zusammen, wobei das Sein im Spielraum des Leibes aber eine relative Priorität hat. Unser Leib ist jeweils der Vor-Ort, den wir immer schon eingenommen haben müssen, um Orte einnehmen zu können. Nur weil ich letzten Endes so *im* Leibe bin, dass ich selbst mein Leib *bin,* und weil mein Sein von vornherein ein mitmenschliches ist, können sich mir Formen des Zwischen und Räume öffnen.

b) Bewegtes Leib-Sein

158 Ein uraltes Kennzeichen dafür, dass ein Körper Leben hat, liegt in der Fähigkeit, sich selbst von selbst und nach seinem eigenen Maß zu bewegen. Etwas was sich selbst bewegt, hieß in der altgriechischen Sprache ein *autómaton* (wovon sich die Bezeichnung „Automat" herleitet für Apparate, die eine Funktion selbständig und zwangsläufig ausführen). Lebewesen haben also den Ursprung ihrer Bewegung im Wesentlichen in ihnen selbst. Was vom Lebendigen überhaupt gilt, gilt in seiner Weise auch vom Menschen. Aber wie? Ein Mensch kann in doppelter Weise den Ursprung seiner Bewegungen in sich haben: einmal so, dass er sich frei zu bestimmten Handlungen entschließt, und einmal so, dass er das, was ihn zu Handlungen drängt, in sich trägt. Über die Freiheit wird später in diesem Buch gehandelt werden; nun soll von dem anderen Ursprung seiner Bewegungen die Rede sein. Die menschlichen Handlungen (im engeren oder weiteren Sinn dieses Wortes) sind getragen von einer eigenen, nie ganz schlafenden Strebedynamik, die man Instinkte, Antriebe, Tendenzen, Interessen, Wünsche, Sehnsüchte usw. nennen kann. Solches Streben durchgreift alle „Schichten" des „Aufbaus" der Person: von den primitivsten, den physiologischen Bedürfnissen am nächsten stehenden, über die Emotionen (Passionen) bis zu den geistigsten Formen des Verlangens nach Erkenntnis, nach personaler Anerkennung, nach Schönheit. Gewiss: damit es zu einem effektiven Hin- oder Weg-Streben, zu den Formen des Begehrens und des Fliehens, der Liebe und des Abscheus kommen kann, müssen sich Gegenstände geben. Aber diese allein würden niemals eine Bewegung auslösen, wenn nicht ein Streben schon da wäre, das gewissermaßen auf sie wartet (vgl. das angeführte Beispiel von M. Boss). Dies impliziert, dass der Mensch sein eigenes Streben nicht erst hervorbringt, sondern dass es aus ihm selbst aufsteigt, ja ihn selbst in seiner Tiefe ausmacht, wenn er auch sekundär bzgl. der bestimmten Formen, in denen dieses Streben sich im Handeln konkretisiert, und der relativen Zurückdrängung oder Förderung einzelner Strebungen eine gewisse Macht hat.

Als Beispiel für das abstrakt Gesagte soll ein Hinweis auf den Geschlechtstrieb dienen, der wegen seiner Sublimierbarkeit der „geistigste aller Triebe" genannt worden ist. Das aus ihm gespeiste Verlangen versetzt Leib und Seele in eminenter Weise in eine Bewegtheit und Bewegung. Von ihm her baut sich ein spezifisches Verhältnis zum Leib des Anderen (und darin auch zu diesem selbst) auf. Dadurch nimmt auch das Selbstverhältnis eine Form an, die sozusagen das Gegenteil des Verhältnisses ist, in dem einer sich selbst wie ein Instrument einsetzt, sei es, dass er mit seinem ganzen Körper kräftig einen Wagen schiebt, – sei es, dass er mit Auge, Hand und Verstand einen Fisch zerlegt, – sei es, dass er Rede und Charme kalkulierend einsetzt, um seine Ziele bei einem anderen zu erreichen. Zwar besteht die Möglichkeit, auch eine erotische Beziehung so zu „instrumentalisieren", dass sie eine Variante des Projekts der Machtausübung ist, primär über den anderen, aber sekundär auch (damit einem die Kontrolle über den anderen nicht entgleitet) über sich selbst. Aber darin liegt eine gewisse Perversion des ursprünglichen Antriebs. 159

Nun ist dieser Antrieb polyvalent. Glaubt man den Biologen, so liegt ihm selbst das Ziel der Gen-Propagation zugrunde, also der Fortpflanzung; alles andere, wie die Paarbildung, die Intimität der Lebensgemeinschaft, die gegenseitige Hilfe und Zärtlichkeit sind, aufs ganze gesehen, untergeordnete Teilziele. Dazu passt, dass die Fortpflanzungsfunktionen (Erektionsfähigkeit, Uterusfunktionen) selbst das Ende des individuellen Lebens (im Hirntod) noch eine Zeitlang überdauern. Freilich können, je höher man in der Evolution kommt, diese Teilziele eine gewisse Selbständigkeit bekommen. Insbesondere scheint die echte Liebe eine Blüte neuartigen Typs zu sein. Zwar verdankt auch diese, wenn sie eine erotische Liebe ist, sich noch dem Schwung des Triebs. Aber mit diesem mischt sich noch ein anderer, geistiger Schwung, aus dem ein neues Verlangen und Vermögen herauswächst, nämlich das Verlangen nach der freien Bejahung durch eine andere Person und das Vermögen, selbst über die Ambivalenz des Begehrens zwischen Liebe und Hass hinaus zur Eindeutigkeit eines nachhaltigen Ja zum Anderen zu gelangen.

Beide Arten des Schwungs, wenn man so sprechen kann, liegen außerhalb des Feldes der Machbarkeit. Durch sie befindet man sich in einem einzigen Bewegungsbogen, der zwar abgelenkt oder abgebrochen werden kann, dessen Dynamik aber nicht in jeder Phase durch einen neuen Entschluss, mit dem begonnenen Projekt fortzufahren, erst gesetzt werden kann oder muss. Im Unterschied zum 160 technischen Herstellen findet man sich im Fasziniert- oder Erregtsein schon vor, bevor man sich bewusst und absichtlich in etwas engagiert. Gewiss bleibt meistens die Möglichkeit, sich der Weiterführung dieser schon begonnenen Bewegung zu versagen oder sie in dieser oder jener Weise zu vollziehen; darin liegen erst die eigentlich menschlichen Möglichkeiten. Aber der Schwung bleibt primär. Er kann nicht durch ein freischwebendes Wollen ersetzt werden. Er kann das Ich verwirren oder sogar aus seiner Bahn werfen. Er beschenkt es aber auch mit einem Können, das sich das Ich selbst nicht verschaffen kann. Leib ist nicht nur das, was das Ich als das Objekt seines Empfindens und Wahrnehmens sowie als das Objekt kennt, über das es disponiert. Der Leib ist auch das Subjekt einer Dynamik, ohne die Menschsein arm wäre.

Literatur

Bollnow 1963
Schmitz 1965 und 1967
Hammer 1974
Luyten 1985

Großheim 1995
Fuchs 2000
Waldenfels 2000

C. Das geistige Element des Daseinsvollzugs

Menschen sind Wesen, die immer in einem Verhältnis zu anderen Wesen stehen und darin ein Verhältnis zu sich haben, m.a.W. die sich zu sich selbst verhalten, indem sie sich zu anderem verhalten. Sie erfüllen so unsere Kriterien für das Prädikat „Subjekt". Im Folgenden soll die Aufmerksamkeit auf das apriorische Wie dieses Doppelverhältnisses gelenkt werden. Der Mensch steht nicht nur in einem Verhältnis zu den Wesen und Dingen, sondern empfindet das auch und kann darum wissen. Der Mensch kann nicht nur auf Situationen reagieren, sondern er kann eine eigene Stellung zu diesen Möglichkeiten entwickeln, die sich ihm erschließen. Beides kann er, weil er sich wesentlich im „Element" des Geistigen befindet. Das Bild will sagen: So wie das Wasser das Element für das Fischleben ist, so ist das Geistige das Element, aus dem sich dem Menschen die spezifisch menschlichen Lebensmöglichkeiten zuspielen.

Das geistige Element liegt auf einer anderen Ebene als die bisher besprochenen „Grunddimensionen". Es ist nicht eine weitere dieser Grunddimensionen. Diese ergaben sich aus einer philosophischen Interpretation des alltäglichen Lebens, so wie wir es alle kennen und leben und so wie es von verschiedenen Humanwissenschaften auf seine Strukturen hin analysiert worden ist. Das Geistige hingegen bleibt im alltäglichen Leben unentdeckt; für seine Entdeckung und Interpretation ist die Philosophie allein auf sich angewiesen; keine empirische Wissenschaft kann ihr eine wesentliche Hilfe bieten.

Zum Geist gehören, wie angedeutet, zwei Dimensionen. Die erste Dimension des Geistes ist das Wissen: In ihr liegt, dass der Mensch aus einem Offenen heraus lebt, das er gleichzeitig zu strukturieren und zu erweitern bestrebt ist. Namen für dieses Offene sind: Bewusstsein, Erkenntnis, Vertrautheit usw. Menschen funktionieren gewiss über manche Strecken hinweg automatisch. Aber diese Automatik folgt zu einem Teil nicht blinden Mechanismen, sondern bestimmten Überzeugungen und Überlegungen, die sie sich auf der Basis bestimmter Annahmen, Gründe und Einsichten erworben haben und einer Prüfung unterziehen können. Menschen würden anders handeln, wenn sie anderes für wahr, gut, richtig, schön bzw. für falsch, schlecht, unzutreffend oder abscheulich hielten. – Die zweite Dimension des Geistes ist der Wille, der sich selbst bestimmt. Menschen können bestimmen, welchen Wünschen, Werten oder Idealen sie sich verpflichten wollen, und an welche Personen, Institutionen und Dinge sie ihr Herz hängen wollen. Sie können in einem gewissen Sinn selbst bestimmen, wer sie sein wollen.

Die zwei Dimensionen des Geistes durchdringen sich gegenseitig aufs Intimste. Darauf verweisen schon die beiden klassischen Grundsätze, die einander zu widersprechen scheinen, aber doch wohl als komplementär zu lesen sind: *Nihil cognitum, nisi amatum* (Man erkennt nur das, woran man ein Interesse hat) und *Nihil volitum, nisi cognitum* (Man kann nur das lieben, was man [als liebenswert] erkannt hat). Im Sinne einer ersten Einführung bleibt jedoch nichts anderes übrig, als die beiden Dimensionen des geistigen Lebens im Menschen getrennt und der Reihe nach zu behandeln: zuerst die Dimension der Weltoffenheit im Wissen, dann die Dimension der freien Selbstbestimmung.

I. Wissen

Unsere Überlegungen gliedern sich hier in vier Abschnitte. Zunächst (1) geht es darum, auf das Phänomen des Bewusstseins aufmerksam zu werden, es nach seinen Grundstrukturen hin zu artikulieren, und hinsichtlich seiner verschiedenen Weisen zu gliedern. Dann (2) betrachten wir z.T. dieselben Phänomene unter dem Stichwort des Erkennens und besprechen verschiedene Formen des Erkennens. Drittens (3) wird nach den Voraussetzungen des Erkennens im Sein des Menschen gefragt, um dieses von dorther zu bestimmen. Schließlich (4) werden zwei Bemerkungen zur Dynamik des Geistes nachgetragen.

1. Das „Phänomen" des Bewusstseins

163 Der erste Schritt in der Interpretation einer Sache muss immer darin bestehen, sie überhaupt zu Gesicht zu bekommen, d.h. den Einstieg in die Erfahrung zu finden, in der diese Sache (mehr oder minder) ursprünglich zur Gegebenheit kommt, m.a.W. ins „Bewusstsein" tritt. Wie also wird das Bewusstsein selber bewusst? Gewiss nicht in der Weise, wie uns bestimmte empirische Sachverhalte gegeben sind; das Bewusstsein selber ist offensichtlich eine „Sache" ganz

anderer Ordnung als diese Sachverhalte. Unmittelbar und als solches ist es kein Thema des alltäglichen Beredens oder auch der wissenschaftlichen Erforschung der Welt. Es muss uns erst als Thema, als Gegenstand möglicher Aufmerksamkeit, aufgehen. Im Folgenden versuchen wir, a) die Situationen zu bestimmen, in denen es zu einem Bewusstsein des Bewusstseins kommen kann, b) die Struktur zweier schlichter Weisen von Bewusstsein anhand einfacher Beispiele zu analysieren, c) die Beziehungen zu skizzieren, die zwischen „Bewusstsein", „Wissen" und „Erkenntnis" bestehen, und d) auf die innere Helldunkelschichtung des Bewusstseins aufmerksam zu machen.

a) Bewusstsein als Phänomen

Wie wird das Bewusstsein für uns Phänomen? Als Erstes ist 164 die Hypothese zu prüfen, dies könne so gelingen, dass man von der Bewusstlosigkeit ausgeht und von da aus, durch negative Abhebung, erfasst, was Bewusstsein ist. Jemand „verliert das Bewusstsein": durch einen Kreislaufkollaps, durch Narkose, durchs Einschlafen oder auf andere Weise. Er tritt in Weisen der Bewusstlosigkeit ein, die gestuft sind: während im Schlaf noch mancher Vorgang im oder um den Körper herum wahrgenommen werden kann, aber höchstens in verfremdeter Form (im Traum) bewusst wird, ereignet sich in der Narkose der Verlust einer Wachheit, die dem Unterschied von Schlafen und Wachen noch vorausliegt. Die Frage ist nun: Ermöglicht dieser Übergang aus dem Zustand des Bewusstseins in den der Bewusstlosigkeit bzw. umgekehrt eine Erfassung des Bewusstseins? Nein, weder für den, um dessen Zustände es sich handelt, noch für die Umstehenden. Für den ersteren kann es kein Bewusstsein der Bewusstlosigkeit geben, und auch das Bewusstsein des Übergangs ist ihm nicht möglich, wie jeder weiß, der einmal sein Einschlafen oder Aufwachen bewusst erleben wollte. Der Unterschied zwischen dem Bewusstsein und seiner Abwesenheit scheint erfahrbar also nur für die umstehenden Beobachter. Genau betrachtet, erfassen diese jedoch nicht, wie es für den beobachteten Menschen ist, bei Bewusstsein zu sein. Sie erfassen nur jene typischen Weisen des Verhaltens bzw. der Passivität, die man mit dem bewussten Leben bzw. dem Schlafen, der Ohnmacht usw. als deren Ausdruck und Symptom verbindet. Aber das Bewusstsein *selbst* ist auf diese Weise nicht gegeben. Es kann nur von demjenigen erlebt werden, der es hat. Es ist wesentlich Innerlichkeit; es kann nicht direkt Phänomen für einen mitlebenden Menschen oder gar für einen äußeren Beobachter werden.

165 Wie also kann dem, der Bewusstsein hat, aufgehen, was er da hat? Gewöhnlich sind wir so sehr von den Inhalten, die uns gerade bewusst sind, eingenommen, dass wir von der Bewusstheit selber nichts merken; das ist ganz in Ordnung und gehört offenbar zur Natur des menschlichen Bewusstseins selbst. Wie aber wird dann das Bewusstsein eines Menschen für diesen zum Thema? Wohl auf verschiedene Weisen, von denen drei genannt seien! *Erstens* kann einem auffallen, dass die verschiedensten Inhalte seines Wahrnehmens, Empfindens, Denkens, Vorstellens usw., die sachlich ganz disparat sind, untereinander in einer spezifischen Gemeinsamkeit und Verbindung stehen: dass sie eben als bewusste die Einheit je seines Bewusstseins bzw. „Bewusstseinsstromes" ausmachen. *Zweitens* kommen wir zu einem rohen Begriff des Bewusstseins, wenn wir erleben, dass uns gewisse Sachverhalte, in deren „Gegend" wir uns schon länger, aber wie blind, „herumgetrieben" haben, auf einmal „aufgehen". Besonders dann, wenn es sich um Zusammenhänge eines bisher unbekannten Typs handelt, die man zum ersten Mal erfasst bzw. die sich als rare Einsichten erweisen, können wir das „Aufgehen" so kräftig erleben, dass wir es eigens bezeichnen durch Ausdrücke wie „etwas ist mir bewusst geworden" oder „etwas ist mir zum Bewusstsein gekommen". *Drittens* kann das Bewusstsein zu einem eigenen Phänomen werden aus dem Erleben intensiver Präsenz heraus, die einer gesteigerten und prolongierten Aufmerksamkeit entsprechen kann, beispielsweise im Kontext eines konzentrierten ästhetischen Wahrnehmens. Der Unterschied des „konzentrierteren" zum diffusen und praktisch verbrauchten gewöhnlichen Bewusstsein kann so, obwohl er ein Unterschied innerhalb des Bewusstseins ist, dieses *überhaupt* zum Thema werden lassen.

166 Aufgrund der so entstandenen ersten ausdrücklichen Bekanntschaft mit dem Bewusstsein (*in* dem man vorher bloß lebte, das aber eben deswegen selbst wie gar nichts zu sein schien), kann dieses nun zum Gegenstand einer theoretischen Fragestellung werden: Wie steht das Bewusstsein zum Sein der Dinge und Ereignisse? Hielten wir diese bisher vielleicht für alles, was es überhaupt gibt, so fällt nun auf, dass es auch noch etwas anderes gibt: nämlich dass es die Dinge und Ereignisse *für uns* gibt und damit auch, dass es überhaupt dieses „für uns" gibt. Mit anderen Worten: Bewusstsein kommt dadurch zum Bewusstsein, dass zum Bewusstsein kommt,

dass Realität nicht nur „ist", sondern auch „aufgeht"; dass wir nicht nur inmitten von Realem, sondern in einer von Grund auf erscheinenden (wenngleich keineswegs gleich erkannten und durchsichtigen) Welt leben; dass wir nicht nur leben, sondern dass dieses Leben sich so und so erlebt und weiß; oder auch, dass Wahrheit kein bloßes Ideal ist, sondern anfänglich schon übergegangen ist in Wissen, das wir unser nennen können. Diese so mehrfach angedeutete Tatsache kann und wird dann wohl auch Gegenstand eines eigenen Staunens werden: Sie zeigt sich als etwas Wunderbares oder gar als „Wunder aller Wunder" (Husserl WW V, 75).

Um sich das Wunderbare der Bewusstseinstatsache expressiv zu verdeutlichen, kann man zu zwei fiktiven Vergleichen greifen. Man stelle sich vor, man sei seit jeher blind, gehörlos, für Berührungen und Gerüche unempfindlich, darüber hinaus auch aller inneren Empfindungen, Stimmungen usw., d.h. aller konkreten Medien des Bewusstseins beraubt. Was wäre da die wirkliche Welt, ja ich selbst *für mich*? Worin bestünde *meine* Welt? Die wirkliche Welt wäre an sich, was sie an sich ist. Aber für mich wäre es, als gäbe es sie nicht. Nachdem man sich in einen solchen Zustand der Privation, der Beraubung, hineingefühlt hat, stelle man sich vor, wie es wäre, wenn sich nun langsam, eine nach der anderen, die Türen der Sinne öffneten und die Welt in ihren sinnlichen Qualitäten einließen, und wie man selbst dabei die Lust der Wahrnehmung empfände. Oder, einem zweiten Vergleich folgend, der der Tradition wichtig war, stelle man sich vor, man sei, mit aufnahmebereiten Sehorganen, im Dunkeln, in das langsam das *Licht* einbricht und allen Dingen Kontur und Farbe verleiht (vgl. Platon, *Staat* VI, 18-19). Das, was beide Male zu den Dingen hinzutritt, ist das „für mich/uns": das Bewusstsein. Freilich hinken beide Vergleiche in einem entscheidenden Punkt: Das Bewusstsein selbst ist in ihnen bereits vorausgesetzt: einerseits als leeres, das auf Erfüllung mit Gegebenem angelegt ist, und andererseits als eines, das mit Gegebenem erfüllt ist. Dennoch können sie vielleicht hilfreich sein, indem sie das Faktum der Gegebenheit selbst, als solches und in seiner Fülle, verdeutlichen.

b) Die Struktur eines Wahrnehmungs- und Empfindungsbewusstseins

Als bestimmte, sehr einfache Formen des Bewusstseins analysieren wir erstens das Bewusstsein, das in einer Wahrnehmung liegt, und zweitens dasjenige, das zu einer Empfindung gehört.

168 Unter Wahrnehmung soll *hier* verstanden sein ein „Nehmen des Wahren", also eine volle, erfüllte Wahrnehmungserkenntnis, und nicht ein undeutlicher Eindruck von etwas Unbestimmtem („Hund? oder Schatten? oder sonst was"). Ebenfalls ist hier nicht gemeint das rein sinnliche Element, das eventuell aus einem vollen konkreten Wahrnehmungsbewusstsein analytisch herauspräpariert und gegen dessen sprachlich-kategorialen Elemente abgehoben werden kann. Das Modell für ein solches *Wahrnehmungsbewusstsein* entnehmen wir der Sphäre des Gesichtssinns. Es spricht sich beispielsweise in Sätzen aus wie „Die Kastanie setzt schon Knospen an" oder „Ich sehe (bzw. habe gesehen), dass die Kastanie schon Knospen ansetzt."

Schon diese Formulierungen lassen erkennen, dass das Bewusstsein, das sich im zweiten Satz ausspricht, abhängig ist vom Bewusstsein, von dem der erste lebt. „Zuerst" kommt das Sehen der Kastanie, „dann" erst kann es zu einem Erfassen des Sehens kommen. Sehen kann stattfinden, ohne dass sich der Sehende sein Sehen bewusst macht. Aber dieses Bewusstsein, zu sehen, hängt am Bewusstsein dessen, was man sieht. Das Urphänomen des Bewusstseins liegt also im „Aufgang" der intendierten Sache. („Aufgang" heißt hier soviel wie: dass einem etwas „aufgeht", d.h. sich öffnet.) Bewusstsein ist zunächst und grundsätzlich gegenständliches Bewusstsein, das heißt: das Bewusstwerden, das Zur-Erscheinung-Kommen eines objektiven Sachverhalts, dem auf der Seite des Subjekts eine Aufmerksamkeit entspricht, in der das Subjekt selbst (hinsichtlich seiner Zustände, Gedanken usw.) für sich selbst nicht vorkommt. Nur so vermag es ganz „bei der Sache" zu sein. Nur indem das Subjekt „intentional" in der sich entfaltenden Präsenz eines Gegenstands „aufgeht" (wie man sagt, dass die Wolle im Pullover oder eine Bruchrechnung ohne Rest „aufgeht"), kommt das „Wahrnehmung" genannte Bewusstsein zustande. Dieses zweifache „Aufgehen" ist ein einziges Phänomen.

169 Und doch ist im Gegenstandsbewusstsein auch eine Art von Selbstbewusstsein eingeschlossen, aber eben als eingeschlossenes, verborgenes. Es ist nicht thematisch, sondern begleitet das eigentliche Thema des Bewusstseins nur: Es ist nicht selbständige *scientia*,

sondern nur *con*-scientia. Die zum gegenständlichen Bewusstsein (z.B. des Knospens der Kastanie) gehörende Form des Selbstbewusstseins ist ja so und muss auch so sein, dass sie das erstere, auf dem es aufbaut, nicht stört, d.h. nicht verdrängt oder überlagert. Erst in der Reflexion (wörtlich: Rück-beugung) ändert sich das: Hier entsteht ein neues thematisches Bewusstsein, dessen Gegenstand nun der Akt meines Sehens bzw. meines Gerade-gesehen-Habens (der Kastanie) ist. Und weil unmittelbar bewusstes Sehen je meines ist, werde ich darin auch meiner selbst bewusst. Was bisher Inhalt des begleitenden, akthaften Bewusstseins war, gleitet nun hinüber in die Form ausdrücklichen, gegenständlichen Bewusstseins. Freilich stellt dies, dass mir bewusst wird, die Kastanie (schon eine Zeit lang) zu sehen, keine inhaltlich neue Erkenntnis dar. Denn deren Wahrheit und Gewissheit war im Vollzug des schlichteren Bewusstseins schon impliziert. Dennoch hat das unthematische begleitende Akt- und Selbstbewusstsein einen prinzipiellen Vorsprung vor dem reflexen Akt- und Selbstbewusstsein. Ursprüngliches, akthaft begleitendes Selbstbewusstsein darf also nicht von der sekundären Form her gedeutet werden, die es in der Reflexion annimmt. Zu dieser Form gehört vor allem die scharfe Trennung von Subjekt und Objekt und damit auch die Möglichkeit und Pflicht, das objektive Wissen zu begründen. Beides darf nicht in das schlicht begleitende Selbstbewusstsein hineingetragen werden. Täte man es dennoch, so löste man seine Unmittelbarkeit auf und geriete in einen *regressus* der Begründungen *in infinitum*.
Leider verführt zu dieser Verwechselung des Unmittelbaren mit dem Reflexen schon unser Sprachgebrauch, der „bewusst" und „reflex bewusst" meistens gleichsetzt, weil das Bewusstsein, über das man in konkreten Kontexten *redet*, nur das reflex gewordene sein kann. Im Hinblick auf diesen Sprachgebrauch müsste man also die Form des schlichten Selbstbewusstseins, wie es z.B. zu einem Wahrnehmungsbewusstsein gehört, nachgerade „unbewusst" nennen, wenn es nicht der Sache nach die *ursprüngliche* Form des „wissenden" Bei-sich-Seins wäre! Methodologisch folgt daraus, dass für eine Analyse des Bewusstseins die Analyse des Gebrauchs von Wörtern wie „bewusst" usw. nicht hinreicht. Man muss die Phänomenologie heranziehen, d.h. die Kunst, ausgehend von den reflexen und versprachlichten Formen des Bewusstseins, sich introspektiv zu dessen schlichten, vorsprachlichen und ungegenständlichen Formen zurückzuarbeiten.
Nach dem *gegen*ständlichen Bewusstsein, das in einer Wahrnehmung liegt, soll nun kurz jenes *zu*ständliche Bewusstsein betrach-

tet werden, das zu einer *Empfindung* gehört. Und ebenso, wie wir oben unter „Wahrnehmungen" jeweils volle sinnliche Erkenntnisse verstanden, nicht die abstrakt herauspräparierten bloß sinnlichen Elemente derselben, so sollen hier unter „Empfindungen" nicht psychologische Konstrukte verstanden werden (wie z.B. die Rot-Empfindung, die angeblich ein Element in der Wahrnehmung einer roten Fläche ist), sondern konkrete Weisen des unmittelbaren Erlebens je eigener Zustände. Es ist freilich schwer, das Feld, das durch die Formulierung „unmittelbares zuständliches Erleben" ganz roh umrissen ist, klar zu umgrenzen und systematisch zu gliedern. So nennen wir nur einige sehr primitive Beispiele: Jemandem ist es kalt oder eng; jemand empfindet Schmerz oder Lust; einer fühlt sich schwach oder vital. Zu all diesen Zuständen gehört ein Bewusstsein. Wenn Lust nicht erlebt wird, findet sie nicht statt; wer keine Schmerzen empfindet, *hat* auch keine. Eigentlich interessant sind freilich nicht diese primitiven Formen der momentanen Selbstgegebenheit, sondern dies, wie man sich augenblicklich oder länger im Ganzen fühlt: das Lebensgefühl, die Grundstimmung; ob man überhaupt eine stabile Grundstimmung hat oder in viele Launen zerfällt; ob die Grundstimmung im Wesentlichen eine Übereinstimmung und Zustimmung mit sich und seiner Welt einschließt, oder ob sie die Züge einer Verstimmung trägt.

171 Wie stehen nun Wahrnehmung und Empfindung zueinander? Hier sind drei Bemerkungen angebracht. Erstens darf das Aktbewusstsein, das eine Wahrnehmung begleitet, nicht verwechselt werden mit der Empfindung, die möglicherweise von einer Wahrnehmung ausgelöst wird, wenn z.B. ein bestimmter Ton einen Schreck hervorruft oder ein bestimmter Anblick Lust oder Abscheu. Zweitens: Die Form des *zu*ständlichen Bewusstseins, sei dieses nun ein augenblicklicher Affekt oder eine Grundstimmung, ist völlig verschieden von der *gegen*ständlichen Form des Bewusstseins, wie wir sie bei der Wahrnehmung kennen gelernt haben. Drittens: Die gegenständliche Form des Bewusstseins ist jedoch nicht auf äußere Wahrnehmungen beschränkt. Auch innere Zustände wie Schmerzen, Gefühle usw. können unter sie fallen, natürlich nicht unmittelbar, sondern erst in einem zweiten oder dritten Schritt. So kann z.B. Schmerz über das bloße Empfinden hinaus objektiviert werden zur bewusst getroffenen Feststellung „Es tut mir jetzt weh", die die Voraussetzung dafür ist, dass man nach den Ursachen dieses Zustands und den möglichen Gegenmitteln gegen ihn zu forschen vermag. Eine Stimmung ist nicht so leicht und so unmittelbar zu objektivieren; ihre Objektivierung muss erst vorbereitet werden

durch die Vermittlung eines ausdrücklichen „Gespürs" für das eigene Sich-Befinden. Kommt es aber in der Reflexion zu einer Objektivierung des unmittelbaren Empfindens, so liegt darin eine Aufspaltung des Ich, das zunächst vielleicht „ganz Schmerz" und „ganz Stimmung" war, in ein empfindendes Ich, das nun Objekt wird, und ein die Empfindung gewissermaßen wahrnehmendes und konstatierendes Ich, das das Subjekt der neuen Einstellung und des dazugehörenden Bewusstseins ist. Das Ich erhebt sich in der Reflexion über die Unmittelbarkeit hinaus und erhält dadurch eine neue Freiheit. Aber es darf auch hier nicht vergessen werden, dass das Bewusstsein grundsätzlich nicht die Form der Reflexion hat, sondern das des schlichten, hier stimmungshaften Bei-sich-seins.

Höhere Tiere empfinden sicher einige von den Schmerzen und Lüsten, die Menschen empfinden. Es ist schwer zu sagen, wie groß die Ähnlichkeit ist zwischen ihrer Art des Empfindens und der menschlichen. Sicher jedoch wird man ihnen nicht ein gewisses Bewusstsein absprechen dürfen, kraft dessen sie ihrer eigenen Zustände und der relevanten Lebensumstände „innewerden". Das „Wunder des Bewusstseins" beginnt also nicht erst beim Menschen. Dem Menschen eigen scheint jedoch die Objektivität der Wahrnehmungs*erkenntnis* zu sein, in der an die Stelle des beim Tier ganz oder weitestgehend in sich gefangenen zuständlichen Bewusstseins das freie, reflexionsfähige Selbstbewusstsein tritt, das auf dem Umweg über das gewissermaßen ekstatische Aufgehen im aufgehenden Objekt zu sich kommt (vgl. Thomas v. Aquin, *De veritate* I,9).

c) Bewusstsein   Erkennen – Wissen

Nachdem das Phänomen des Bewusstseins in einer ersten Näherung vorgestellt wurde, ist es nötig, „Bewusstsein", „Erkennen", „Wissen" und ähnliche Dinge, von denen beiläufig ja auch schon die Rede war, zueinander in Beziehung zu setzen. Ein umfassendes Panorama zu geben, ist hier freilich unmöglich; wir müssen uns auf wenige Andeutungen beschränken. Die genannten Beziehungen zu entfalten, ist ein Projekt, das zugleich sachliche und semantische Analysen und Festlegungen einschließt. So sehr man wünschen möchte, dass diese beiden Aufgaben streng getrennt werden, so wenig ist dieser Wunsch jedoch erfüllbar; zu sehr überkreuzt sich das eine mit dem anderen.

Das deutsche Wort „bewusst" kommt von „Wissen" (das „u" statt des „i" geht auf Luther zurück). Dass mir etwas bewusst ist, heißt ursprünglich soviel wie, dass etwas mir bekannt ist bzw. dass ich um es weiß. Bewusstsein gehört also in die Gattung des „Wissens".

174 Die erste Frage ist nun, wie das Wort „Bewusstsein" zu verwenden ist. Wir stellten das Bewusstsein, am Beispiel des Wahrnehmungsbewusstseins, als eine komplexe Struktur vor, die zwei grundverschiedene Typen des „Wissens" in sich verband: einerseits das Wissen von einem gegenständlich gegebenen Sachverhalt, der mir „bewusst" ist, d.h. von mir bemerkt, gekannt wird usw., und andererseits das Wissen, das im Bewusstsein dieses Kennens, Bemerkens usw. besteht. Wir verwenden das Wort „Bewusstsein" also, im Anschluss an seine ursprüngliche deutsche Bedeutung und in weitgehender Übereinstimmung mit dem modernen englischen (*consciousness*) und französischen (*conscience*) Sprachgebrauch, in einem ganzheitlichen Sinn, demzufolge es sowohl eine objektive wie eine subjektive Seite einschließt. Oft aber wird das Wort „Bewusstsein" in einem engeren Sinn verwendet, demzufolge es nur das Wissen um die eigenen Akte bezeichnet, sei es, dass dieses nun schon thematisch-reflex geworden ist, oder sei es, dass es noch, als bloßes *Mit*-Wissen (*con*-scientia) mit dem Erkennen, Überlegen, Handeln und anderen Akten einhergeht. (Man muss also auch hier, wie überall im philosophischen Dialog, erst prüfen, wie der Partner die Worte gebraucht, damit man nicht aneinander vorbeiredet.)

175 Die zweite Frage ist, in welchem Sinn „Bewusstsein" ein „Wissen" ist und in welchem nicht. Wenn wir das (objektive und begleitende) Bewusstsein – scientia und con-scientia – zur Gattung des „Wissens" rechnen, dann muss diese Gattung mehr umfassen als das, was man im engeren Sinn und sehr häufig Wissen nennt. Gebraucht man nämlich, wie weitgehend im Alltag und erst recht in der Wissenschaft, das Wort „Wissen" so, dass damit das habituelle, begründete oder begründungsfähige (und damit auch bezweifelbare) Wissen von Sachverhalten bezeichnet werden soll, dann ist das Bewusstsein kein Wissen: und zwar weder das gegenständliche noch das akthafte noch das zuständliche. Denn Bewusstsein ist immer eine individuelle Realität; es bedarf keiner Begründungen, und es ist aktuell vollzogenes Wissen, nicht nur eines, das man „hat", um es bei Gelegenheit aus dem Gedächtnis herauszuholen. Kraft dieser Lebendigkeit ist es „mehr" Wissen als das gewöhnlich so genannte. Anderseits aber ist es, wenn man dieses als Maßstab nimmt, weniger. Denn wenn mir ein individueller Sachverhalt aufgeht, weiß ich noch nicht, warum er so ist, wie er ist. Und wenn ich

um mein Sehen und Handeln weiß, weiß ich doch noch nicht, *was* mein Sehen und Handeln im Grunde ist. Gerade wegen seiner Aktualität ist das Bewusstsein kein allgemeines Wissen, das viele andere mögliche Gegenstände von vornherein zu umgreifen gestattet.
Zum Wissen im engeren Sinn des verfügbaren Wissensvorrats kommt man auf dem Wege über das Erkennen, in dem etwas viele Male als ein So-und-So identifiziert und auf sein Warum hin gedeutet worden ist. Denn Wissen in diesem Sinn ist Erkannthaben und zwar so, dass das Erkannte verfügbar bleibt. Umgekehrt unterscheidet sich das Erkennen vom schlichten gegenwärtigen Wahrnehmen oder auch Bewussthaben dadurch, dass es am Abschluss eines solchen Vorgangs steht: Erkennen ist ein Gesehenhaben, das offen ist auf eine potentielle Wiederholung, ein Wiedererkennen, ja ein Wiedererkennen von Wiedererkanntem. Dabei durchläuft das Erkennen einen Bogen, der voller Spannung ist: Einerseits liegt seine Aktualität im Erfassen zum ersten Mal, wenn einem also etwas Neues aufgeht, was wiederum verschiedene Formen haben kann: z.B. dass man plötzlich kapiert und einem „die Schuppen von den Augen fallen", oder dass ein Sachverhalt nur für einen Augenblick aufblitzt, aber doch eine „Spur" hinterlässt, die man weiter verfolgen kann. In diesem Erkennen „zum ersten Mal" ist der Bezug zur Sache selbst noch ganz lebendig, weil diese sich gerade erst erschließt und weil man mit ihr noch nicht „fertig" ist. Aber andererseits geht das Erfassen doch auch wiederum auf ein Erfasst*haben*, in dem die Sache, mit der man nicht mehr unmittelbar im Kontakt steht, vertreten durch ihr satzhaftes „Bild", als ein Fall eines Allgemeinen, eingeordnet in das schon vorher Bekannte, fest im Griff ist und dazu taugt, Neues und Unbekanntes zu begreifen.
Der Erwerb von Wissen durch eigene Erkenntnisbemühung oder durch Übernahme fertigen Wissens von Lehrern oder aus Büchern wird in den meisten Fällen ein bewusster Akt sein und entsprechend zu einem formulierbaren Wissen führen, dessen wir uns bewusst sind. Man kann jedoch fragen, ob es nicht auch ein Erkennen und Wissen gibt, das ohne jedes Bewusstsein auskommt. Versteht man unter „Erkennen" die Verarbeitung von Informationen im Hinblick auf ein angepasstes Verhalten und unter „Wissen" das Gespeicherthaben und Verfügbarhalten von solchen Informationen, so gibt es neben dem bewussten Erkennen und Wissen auch eines, das weitgehend oder völlig ohne Bewusstsein auskommt, wenn man Bewusstsein und Ausdrücklichkeit gleichsetzt. Im Straßenverkehr nehmen wir zahllose Informationen auf und verarbeiten sie für ein angepasstes Fahren, ohne dass uns dies so bewusst ist, dass wir es

im Einzelnen vor uns haben oder nachher erzählen könnten (vgl. Tye 1995). Und in ähnlicher Weise bildet sich im Laufe eines Lebens in Beruf und Mitwelt ein Erfahrungswissen, das im weiteren Handeln eingeschlossen bleiben kann, ohne dass es einer expliziten Bewusstmachung im Sinn einer erschöpfenden Formulierung fähig oder bedürftig sein müsste. Es ist aber schwer zu entscheiden, ob damit schon *jegliche* Form der Bewusstheit ausgeschlossen ist, oder ob wir es hier mit geistigen Leistungen und Besitzständen zu tun haben, die zu jenem Teil des Bewusstseins gehören, der unterhalb der Schwelle der thematischen Objektiviertheit liegt; denn ein völlig bewusstloses Tun ist das Autofahren oder das Sichbewegen in einer Gesellschaft ja nun auch wieder nicht. Der Hinweis, auch Thermostate und ähnliche Vorrichtungen, denen man doch keinerlei Bewusstsein zubillige, würden doch Informationen aufnehmen und verarbeiten, entscheidet die Frage auch nicht sofort. Denn hier handelt es sich um „Informationen", „Fühler" und „Befehl" nur in einem metaphorischen Sinn.

d) Formen des Bewusstseins, die das ausdrückliche umgreifen

Das, was gewissermaßen im Vordergrund unseres Bewusstseins steht, erschöpft dieses nicht. Die Helle des thematisch Bewussten ist nur möglich auf dem Hintergrund anderer, unthematisch bleibender Weisen des Bewusstseins, so dass sich das konkrete Bewusstsein als eine innerlich geschichtete Realität erweist. Dieses interne Verhältnis selbst tritt in verschiedenen Formen auf, von denen einige genannt seien.

178 Eine *erste* betrifft dasjenige, was als Hintergrund, „Hof" usw. eines Gegenstandsbewusstseins zwar nicht in der Helle der ausdrücklichen Aufmerksamkeit steht, nicht „Thema" ist, aber doch so mit dem Thema verknüpft ist, dass es irgendwie *mit*bewusst genannt werden muss. Von dieser Art ist etwa die Gegebenheit des basso ostinato in einem polyphonen Satz, von dem man nur die Melodiestimme verfolgt, – oder die Gegebenheit der Architektur eines Baumes, auf den man nur einen Blick wirft, um zu sehen, ob es eine Linde oder eine Esche ist. Wäre der Bass nicht dabei oder anders, hörte man auch die Melodie anders; also hat man ihn irgendwie, wenngleich nur ganz anfänglich und unbestimmt, „mitbekommen".

179 Eine *zweite* Weise des Vor-Bewussten betrifft die Art, wie ein erlerntes Wissen, eine Erinnerung oder eine Absicht, an deren Gehalt

man gerade nicht denkt, in die Art, wie sich einem eine Situation, ein Problem usw. präsentieren, hineinspielen. Sie sind im Hintergrund mit da, freilich in einem Bewusstsein, das unausdrücklich bleibt. Dabei ist diese Unausdrücklichkeit kein Mangel, sondern eine positive Realität, ohne die es Ausdrücklichkeit überhaupt nicht geben könnte. Der unausdrückliche Untergrund gehört ebenso zur Realität des Bewusstseins selbst wie der ausdrückliche, thematische Vordergrund. – Diesen allgemein formulierten Sachverhalt kann man nun in Bezug auf verschiedene Weisen des „Untergrunds" deklinieren. Der eine Fall besteht darin, dass dieser Untergrund von einem Wissen gebildet wird, das nur faktisch nicht thematisiert wird, aber durch einen einfachen Schwenk der Aufmerksamkeit leicht thematisiert werden könnte, im Unterschied zu dem Fall, wo dieses nicht ohne weiteres möglich ist: denn auch das Vergessene, das gegen eine unmittelbare Erinnerung oder Explikation resistent ist, ist auf seine Weise Teil des Bewusstseins. Ein dritter Fall betrifft jene Teile des Bewusstseins, die, weil man sie dort nicht erträgt, aus dessen thematischer Sphäre hinaus- und sozusagen in den Untergrund gedrängt wurden. Man kann dabei an die frühkindliche Verdrängung traumatischer Erlebnisse im psychoanalytischen Sinn denken, oder auch an jenen Selbstbetrug, der das Schlechte zu etwas Harmlosem oder gar Gutem umfälscht, ohne den viele Menschen es nicht schaffen würden, etwas zu tun, was sie als unmoralisch erkannt haben. Beide Sorten von Inhalten werden jedoch nicht schlechthin aus dem Bewusstsein gedrängt (was schon deswegen nicht geht, weil dieses Drängen selbst eine Art von Handlung, nämlich eine „bewusstseinsumgrenzende" innere Handlung ist [vgl. Bartels 1976], Handeln aber immer ein Minimum von Bewusstsein mit sich führt). Sie bleiben eine seelische Tatsache. Deswegen kann man, wenn sie in die Helle des thematischen Bewusstseins aufsteigen, sagen: Im Grunde habe ich es immer gewusst.

Ein *drittes* Beispiel betrifft nicht ein Wissen, das einmal thematisch und klar war, dann aber in den Untergrund abgesunken ist und von dort aus sein Wesen treibt, indem es in positiver oder auch störender Weise in das Oberflächenbewusstsein hineinspielt. Es betrifft vielmehr das Auftauchen von *neuen* Inhalten im thematischen Bewusstsein. Diese Inhalte entstehen nicht einfach aus dem Nichts, sondern „tauchen auf" aus einer tieferen Schicht, in deren Dunkel sie sich bildeten. So kann man etwa fragen: Wo sind die Gedanken, Ideen usw., bevor sie einem kommen? Manchmal brauchen Einsichten wie auch Entscheidungen ja ihre Inkubationszeit, bis sie reif werden. Gelegentlich erhoffen wir in einem Problem dadurch Klärung, dass wir es eine Zeit lang einfach liegen lassen oder „darüber" erst einmal schlafen. Es kann auch vorkommen, dass ein Anderer, der uns gut kennt, früher als wir selbst merkt, dass wir eine Frage „im Grunde" schon entschieden haben.

181 Die Beispiele ließen sich vermehren, die Weisen feiner unterscheiden. Hier kommt es zunächst nur auf das Prinzip an, das man paradox so formulieren könnte: Das Un- und Vor-bewusste ist ein Teil des Bewusstseins selbst, nämlich jener Teil, der thematischer Bewusstheit nicht bedarf oder für sie nicht ohne weiteres zugänglich ist. Der reflex bewusste Teil des Bewusstseins ist also ein heller Fleck, der von verschieden intensiven Dunkelheiten umgeben ist.

Dieser helle Fleck aber lässt sich nicht nur verschieben, sondern auch vergrößern; und auch die ihm eigene Helligkeit lässt sich steigern. Diese Tatsache liegt wohl hinter der Möglichkeit, das Adjektiv (oder Adverb) „bewusst" auch im Komparativ „bewusster" zu gebrauchen. Einige Weisen solcher gesteigerter Helligkeit seien genannt!

182 Wenn jemand rückgefragt wird, ob er das, was er getan hat, auch wirklich tun wollte, kann er antworten: „Ja, das habe ich bewusst getan." Negativ gesagt, will er mit dieser Antwort ausdrücken, dass es ihm nicht nur aus Versehen unterlaufen ist oder dass er das im Rausch o.Ä. getan haben muss; positiv: dass er sich seines Tuns bewusst war; dass er wusste, was für eine Tat das ist; und dass er davon überzeugt war, auch anders handeln zu können. Diese Bewusstheit kann nun noch gesteigert sein: durch eine genauere Kenntnis der Umstände und der möglichen Folgen, durch ein besseres Durchschauen der eigenen Motive, durch eine Erwägung von Entscheidungsalternativen usw. Über das einzelne Tun hinaus kann auch eine Lebensführung im Ganzen (oder doch im Allgemeinen) „bewusster" sein als im Durchschnitt. Ein Mensch beispielsweise, der dem Tod noch einmal entkommen ist, lebt nun oft „bewusster" als vorher. Das heißt wohl soviel wie: Er macht sich seine Handlungsmöglichkeiten klarer und wählt überlegt zwischen ihnen, statt es „darauf ankommen zu lassen"; er verweilt mehr bei dem, was sich wahrnehmen lässt, statt rastlos von einem Phänomen zum anderen überzugehen; er nimmt deutlicher wahr, wie unselbstverständlich vieles Gute ist, und verbindet so mit der Bewusstheit die Dankbarkeit. – Das bewusstere Leben ist im Allgemeinen auch das bessere Leben. Reflexion steigert die Lebensqualität, wenn sie nicht zu einer tatenlähmenden, das unmittelbare Erleben zersetzenden Hyperreflexivität wird oder dazu führt, die Achtung zu verler-

nen vor dem, was besser unerforscht und unausgesprochen bleibt. Das bewusstere Wahrnehmen muss, wenn es auf die Schnelligkeit der Reaktion ankommt, nicht besser sein als das weitgehend unbewusste, wohl aber ist es so, wenn es auf die Wahrnehmung selbst ankommt. Dazu ist Wissen sehr nützlich. Sonst gleiche Bedingungen vorausgesetzt, weiß der Botaniker nicht nur mehr, sondern sieht auch mehr, der Musikgebildete hört auch mehr und besser, – vorausgesetzt, sie haben ihr Wissen nicht nur theoretisch, sondern auch im Kontext des Sehens und Hörens erworben und bleiben offen für die Erfahrung des Neuen und Einzelnen, das nie nur ein Fall des gewussten Allgemeinen ist.

Indem man vom Wissen Gebrauch macht, um Phänomene zu erhellen, lässt man es selbst für den Augenblick ungeprüft. Nur wenn das Licht von einer Quelle her leuchtet, die uns gewissermaßen im Rücken liegt, macht es hell, was vor uns liegt. Aus demselben Grund sind die Erkenntnis*prinzipien*, wie z.B. die Prinzipien des Nicht-Widerspruchs und des Grundes, gerade weil sie *alle* Aktivität des theoretischen Fragens, Urteilens und Schließens erhellend leiten, von einer gewissen Dunkelheit. Darin deutet sich an, dass das Bewusstsein sich nicht nur nach unten, in Formen des Unbewussten, sondern gewissermaßen auch nach oben, in Weisen des Mehrals-Bewussten transzendiert.

Literatur

Husserl 1913 Theunissen 1981
Freud 1916/17 Gloy 1998

2. Formen des Erkennens

Das Beispiel, an dem wir die Struktur des Bewusstseins analysierten, war ein Akt sinnlicher Wahrnehmung. Um seine Grundstruktur zu erhellen, war dieser Akt betrachtet worden in Loslösung von den Horizonten, in denen er stehen kann. Auf diese muss nun die Aufmerksamkeit gelenkt werden, damit das Phänomen des Bewusstseins und des auf ihm sich aufbauenden Erkennens und Wissens nicht in ungebührend eingeschränkter Weise in den Blick kommen. Es muss die Rede sein vom Unterschied der theoretischen und praktischen Formen des Bewusstseins (a) und von der speziellen Struktur der Selbsterkenntnis (b).

a) Theoretisches und praktisches Bewusstsein, Erkennen und Wissen

183 Die Ausdrücke „theoretisch" und „praktisch" sind hier so zu nehmen, wie es die griechischen Worte nahelegen, von denen sie herstammen: *theoreín*: anschauen, *theoría*: Schau; *práttein*: tun, ausführen, *práxis*: Handlung. „Theoretisch" hat in diesem Kontext also nicht die Bedeutungen von „bloß hypothetisch, bloß denkbar" oder „bezogen auf die Bildung von Theorien, d.h. von allgemeinen Annahmen, die viele Einzelphänomene erklären können". Das theoretische Bewusstsein ist vielmehr das Bewusstsein, das zu einer Anschauung gehört, m.a.W. zu dem, was sich für den hinnehmenden Blick als das präsentiert, was *ist*. Im Unterschied dazu ist das praktische Bewusstsein nicht bezogen auf das Sein, d.h. auf das, was einfach *ist*, sondern auf das Gute bzw. Schlechte, d.h. auf das, was *sein soll* oder nicht sein soll, und zwar insofern, als dies Sein abhängt davon, wie wir handeln. Beide Formen des Bewusstseins können miteinander kombiniert sein. Der Klarheit halber ist es sinnvoll, sie zuerst jeweils in reiner Form darzustellen.

184 Eine der Formen des *theoretischen* Bewusstseins ist die sinnliche Wahrnehmung, die sich selbst genügt, d.h. deren Zweck nicht darin liegt, dass man sein Handeln nach ihr einrichtet. Der Bergbauer oder Wanderer schaut auf die Wolken im Hinblick auf die praktische Frage, ob das Heuen beschleunigt werden muss oder nicht bzw. ob es ratsamer ist, abzusteigen statt den Aufstieg fortzusetzen. Der Naturforscher und der Künstler schauen anders: Ihr Interesse gilt nicht den Wolken als Signalen, sondern den Wolken selbst in ihren wechselnden Gestalten. Sie schauen um dessentwillen, was sich dem Blick darbietet. Dieser Blick kann sich dann, aus einer anfänglichen Einheit, in zwei verschiedene Richtungen entwickeln: entweder mehr dazu, dass man versucht, das rationale Gesetz zu erraten, das der wechselnden Bildung der Wolken zugrunde liegt, oder mehr dazu, dass man den Blick auf der Form des Wahrnehmbaren ruhen lässt, ohne das Wahrnehmbare selbst zu verlassen. Wenn Letzteres der Fall ist, wird die Wahrnehmung „ästhetisch". Aísthesis aber ist das griechische Wort für Wahrnehmung. „Ästhetische" Wahrnehmung ist also eigentlich nichts als Wahrnehmung, die nichts als Wahrnehmung, d.h. ein aufmerksames Sein beim Wahrnehmbaren sein will. Dasjenige Wahrnehmbare aber, das den Blick zum Verweilen einlädt, ist das Schöne. Wo man so „ästhetisch" wahrnimmt, schaut und horcht man ohne praktische Absicht; vielmehr ist einem das Schauen und Hören schon in sich ein genügen-

des Ziel. Ähnliches gilt für die Bewusstseinsform des theoretischen Wissenwollens und Erkennens. Das wissenschaftliche Wissen wird um seiner selbst willen erstrebt, nicht wegen des praktischen Nutzens, der sich mit solchem Wissen vielleicht auch verbinden lässt. Meistens aber steht die Wahrnehmung oder die Erkenntnis überhaupt in einem praktischen Sinnkontext, wie oben beim Bergwanderer oder Bauern. Sie mag sich zwar in einem „theoretischen" Satz aussprechen, d.h. in einem Satz, der nur Tatsachen feststellt, nicht auch Werturteile fällt. Es handelt sich aber dann doch um Informationen, die uns nur im Hinblick auf unsere Interessen wichtig sind und deswegen einen praktischen Sinn haben. Der Satz „In diesem Zimmer ist es kalt!" ist der Form nach, nicht aber notwendig auch dem Sinn nach eine theoretische Feststellung. Denn möglicherweise wird er formuliert im Horizont der Befürchtung, sich zu erkälten, und hat so seinen Sinn im Hinblick auf eine bestimmte Absicht oder Aufforderung, z.B. die, den Raum zu heizen.

Das rein theoretische Bewusstsein lebt ganz aus der Dimension der Gegenwart. Das *praktische* Bewusstsein hingegen steht unter dem Primat der Zukunft und bringt die Dialektik der Zeit ins Spiel (vgl. B III, 4). Im praktischen Bewusstsein wird bewusst, was eine Situation, in der ich mich befinde und bewege, für mich als Betroffenen und möglicherweise Antwortenden bedeutet. Eine Chance, eine Gefahr, ein Angebot, eine Verpflichtung werden mir nicht als einem unbeteiligten Zuschauer, sondern als einem Betroffenen bewusst, und zwar nicht für ein bloßes Feststellen, sondern im Hinblick auf mein Seinsollen und Seinkönnen: für das Ergreifen einer Handlungsmöglichkeit. Die primäre Weise des praktischen Bewusstseins ist für gewöhnlich affektiv. Im Affekt (Emotion, Gestimmtsein) sind beide Aspekte, das Erfassen der Situation und der Anfang einer Reaktion, ungetrennt: beispielsweise das, was das Verlangen weckt und der Anfang des Verlangens, oder das, was Furcht bereitet und der Anfang eines Fluchtverhaltens, oder das Spüren einer Atmosphäre und ein anfängliches Sichöffnen bzw. -verschließen. In dem Maß nun, in dem man das, was im primären praktischen Bewusstsein enthalten ist, objektiviert, ohne doch aus ihm auszusteigen, tritt dieses in seine verschiedenen konstitutiven Dimensionen auseinander.

Diese Dimensionen können nach zweimal zwei Aspekten unterschieden werden, die sich gegenseitig überkreuzen: Wert und Sein, Situation und Handeln. Die *Situation* wird bestimmt einerseits von den „Werten", unter deren Herrschaft sie steht, und andererseits von den Tatsachen, die in sie hineinspielen. Ebenso wird die *Hand-*

lungsmöglichkeit bestimmt, einerseits von dem, was einer kann und weiß, andererseits von dem, was er will und was er sich zutraut. – Tatsachen alleine machen keine *Situation* aus, selbst dann nicht, wenn sie einen Einfluss auf mich haben. Erst wenn Tatsachen eine lebens- und handlungsmäßige Bedeutsamkeit haben, sind sie Teil einer Situation. Und diese Bedeutsamkeit besteht wiederum vor allem darin, dass die Tatsachen Möglichkeiten enthalten im Hinblick auf zu realisierende Werte, z.B. eine gute Ausbildung zu erwerben, eine bessere Wohnung zu beziehen, seine Rache auszukosten oder weniger Schmerzen zu leiden. Das Situationsbewusstsein enthält also ein Wertbewusstsein und ein dadurch fokussiertes Tatsachenbewusstsein, sei es in einem unmittelbaren, gewissermaßen instinktiven Erfassen, sei es in differenzierten und reflektierten Formen, bis hin zu einer Situationsanalyse mithilfe einer Erfassung und Hierarchisierung sowohl der hereinspielenden Werte wie der relevanten Tatsachen. – Das *Handlungsbewusstsein* setzt natürlich das Situationsbewusstsein voraus, enthält aber darüber hinaus folgende Elemente: eine Vorstellung des Zieles, das man hier und jetzt erreichen will; ein Wissen davon, wie dieses zu erreichen ist; eine hinreichende Vertrautheit mit den Möglichkeiten und Grenzen des eigenen Könnens und schließlich einen Glauben daran, dass das Handeln gelingen kann, ja gelingen wird. Zielvorstellung, Wissen, Vertrautheit, Glaube sind ganz verschiedene, aber im Handlungsbewusstsein zusammengehörige Formen des Bei-sich-Seins.

187 Wenn wir uns nun näher dem Element des Wissens zuwenden, das für das Handeln selbst konstitutiv ist und deshalb „praktisch" heißt, so zeigt sich, dass hier zwei verschiedene Bewusstseins- und Wissensweisen hereinkommen können, die man als technisch-praktisch und als sittlich-praktisch bezeichnet. Im technisch-praktischen (oder auch: pragmatischen) Bewusstsein geht es darum, schnell und treffsicher eine Situation daraufhin zu beurteilen, wie man „das Beste" aus ihr macht. Eine Erweiterung und Ausdifferenzierung dieses Bewusstseins geschieht durch den Erwerb allgemeinen, aber auf Anwendbarkeit bezogenen Wissens aller Art (*know how* durch Lebenserfahrung oder Ausbildung, – in Handwerk, Menschenführung, Politik). Im sittlich-praktischen Bewusstsein hingegen geht es um die Beurteilung von möglichen oder schon angesteuerten Zielen des Handelns am Maßstab unbedingt geltender Werte. Seine Grundform ist das Gewissen, das verbietet, gebietet und einlädt (und im Nachhinein verurteilt oder schweigt). In ausgebildeter Form tritt es als moralisches Urteil auf, sei es im Allgemeinen oder im Einzelnen; eine noch reflektiertere Form nimmt es in der Ethik

an, sei es der allgemeinen oder der kasuistisch angewandten. – Beide Weisen des praktischen Bewusstseins sind ihrer inneren Form nach verschieden; entsprechend unterscheiden sich auch ihre reflektierten Formen: Management-Wissenschaft ist etwas anderes als Ethik. Im konkreten Leben treten sie meistens kombiniert auf. Das Wissen, wie man etwas macht, und das Wissen, was erlaubt oder gut ist, prägen meistens beide zugleich die Art, wie wir die Situationen bewältigen, und zwar meistens auf so selbstverständliche Art, dass wir uns weder das eine noch das andere zu reflexem Bewusstsein bringen. Das geschieht für gewöhnlich erst dann, wenn wir in Schwierigkeiten geraten, – und da dies selten auf beiden Ebenen zugleich der Fall ist, kommen die beiden Formen des *reflexen* praktischen Bewusstseins meistens so vor, dass das eine als Problem auftritt, während das andere als Voraussetzung im Untergrund bleibt.

Sowohl das sittlich-praktische wie das pragmatische Bewusstsein kann sich in Sätzen aussprechen, die der Struktur nach keinen Unterschied zu den theoretischen Aussagesätzen zeigen. Daraus folgt aber nicht, dass man den Unterschied zwischen den Bewusstseinsformen, aus denen theoretisch-beschreibende und praktische Sätze hervorgehen, vernachlässigen dürfte. Die Bedingungen für die Bewusstwerdung der entsprechenden Sachverhalte sind jeweils andere: Jeder kennt den theoretisch hochgebildeten Intellektuellen, der sich nicht auf das praktische Umgehen mit Menschen und Autos versteht, und man kennt auch den mit allen Wassern gewaschenen, aber gewissenlosen Praktiker. Ein Lehrbuch der Psychologie studiert haben, heißt noch nicht, mit der eigenen Seele erfahren zu haben, wovon darin die Rede ist, und natürlich auch umgekehrt: Leiden ergibt noch kein Wissen von den Ursachen des Leidens. Heute werden die nicht-theoretischen Weisen des Bewusstseins, des Wissens und der Ausbildung oft nicht genügend geachtet und die intellektuellen überschätzt. Aber für eine ausgeglichene Bewusstseinskultur haben auch die unmittelbaren Weisen des praktischen Bewusstseins ihre unersetzliche Bedeutung, die z.T. neu gelernt und geschätzt werden muss. Mit bloßer Aversion gegen das Intellektuelle ist jedoch noch kein einziger positiver Schritt in diese Richtung getan.

Das Bewusstsein im praktischen Kontext ist gegenüber dem Bewusstsein im Zusammenhang des bloßen Schauens grundlegend. Denn wie schon Sinnlichkeit und Motorik, so bilden allgemein Erkennen und Handeln einen Funktionszusammenhang (vgl. Straus 1956), der wiederum von der Bewegtheit des Lebens her verständlich wird: angesichts je neuer Situationen immer neue Antworten suchen zu müssen, um das Leben zu sichern und um das Beste daraus zu machen. Das Lebendige ist wesentlich auf dem Weg, während das reine Anschauen als Vorwegnahme eines Ruhens in einem Ziel für die Dauer des Weges immer nur Pause, vorübergehende Unterbrechung sein kann. Doch gehört gerade die „interesselose" Wahrnehmung des Schönen, das kontemplative Verweilen und der distanziert wahrnehmende Blick der Reflexion auf seine eigenen Zustände zu den Möglichkeiten, die für den Menschen typisch und wichtig sind.

b) Vom Selbstbewusstsein zur Selbsterkenntnis

Zu jedem Bewusstsein gehört – aktuell oder virtuell – eine Art von Selbstbewusstsein, wobei dieses nicht auf die Struktur des Gegenstands- oder auch Situations-Bewusstseins reduzierbar ist. In der sinnlichen Wahrnehmung ist mir das Wahrgenommene gegeben; zugleich aber und begleitend werde ich mir selbst darin in gewisser Weise präsent, und zwar um so „materieller", je primitiver der dabei agierende Sinn ist. Das Selbst-Erleben, das zum Gesichts- und Gehörsinn gehört, hat – jedenfalls innerhalb gewisser Grenzen der Reizintensität – eine nur geringe leibliche Konnotation. Deshalb tritt dort meist die subjektive Befindlichkeit hinter dem objektiven Bewusstsein zurück, während bei den „niederen" Sinnen das Umgekehrte der Fall ist: Die Wahrnehmung von Gerüchen, von Enge bzw. Weite von Räumen oder von Hitze/Kälte ist zugleich Empfindung meines Zustands, der in der Betroffenheit durch jene Tatsachen besteht. Im Feld der Aussagen, die Wahrnehmungen der niederen Sinne bezeichnen, ist die subjektive Betroffenheit gleichsam schon mitverstanden, während sie im Feld der höheren Sinne eigens ausgedrückt werden muss. Freilich ist sie auch dort da: nur hat sie einen anderen emotionalen „Beiklang": den der Souveränität des anschauenden Subjekts gegenüber dem Angeschauten. Denn das zum Anschauen gehörende begleitende Bewusstsein hat den Charakter einer gewissen Befreiung aus dem Zustand des Eingebundenseins. In der primären Selbsthabe „hat" man sich also nicht als Objekt einer direkten Wahrnehmung durch die äußeren oder inneren Sinne, sondern als das sich selbst erlebende Subjekt der Wahrnehmung, der Situationsempfindung, des Handelns. Es ist die Weise der Gegebenheit, die im Gefühl der Betroffenheit und der Tätigkeit liegt: gleichsam im Rückstoß von einer Erfahrung her, die den Spiegel der Seele in bestimmter Weise färbt. In dem Maß nun, als eine solche empfindungsmäßige Selbstgegebenheit nicht nur stattfindet, sondern objektiviert und als Tatsache formuliert wird, wird sie selbst zu einem Objekt, so dass eine gewisse Trennung des Subjekts in (nun „angeschaute") Empfindung und „Anschauung" (von Empfindung) stattfindet. Darin besteht das *erste* Element eines eigentlichen Selbstbewusstseins.

Die dem Selbstbewusstsein eigentümliche Gegebenheitsweise schlägt auch durch auf die Weise, in der es sich sprachlich ausdrückt. Es sind Sätze, die in der ersten grammatischen Person formuliert sind, m.a.W. in denen das Wort „ich" vorkommt. Solche Sätze sind ihrer Form nach nicht reduzierbar auf Sätze, die in der dritten Person formuliert sind: „Anna ...", „er ...", „Nummer 5" oder gar „dieses Ding da". Andererseits gehört zum Sinn des Ausdrucks „ich" auch, dass derjenige, der sich damit ins Spiel bringt, sich nicht nur überhaupt als ein Ich, sondern als „ich, nicht du, nicht der da", d.h. als eine Person unter anderen und in gewisser Hinsicht sogar als ein Ding unter anderen „weiß". Was ist, entwicklungspsychologisch betrachtet, die Genese dieser Struktur? Zur konkreten Aktualität eines solchen „Wissens" kommt es nur dadurch, dass ich mich als „du" angesprochen erfahren habe, so, dass ich mich dadurch zugleich als dieser, kein anderer, und als aktives Subjekt des eigenständigen Handelns und der Selbstaffirmation entdeckt habe; *zugleich* mit dieser primären „Selbstfindung" hat sich dann auch schon eine erste Erkenntnis von Dingen und Personen entfaltet (– die also für das Bewusstsein des Angesprochenseins keineswegs schon vorausgesetzt ist oder gar erst, ausgehend vom eigenen Selbstbewusstsein, aufgebaut werden müsste). Das *zweite* Element, das das Selbstbewusstsein ausmacht, ist also, dass es nicht solipsistisch isoliert ist, sondern von vornherein in einen interpersonalen und intentionalen Kontext gehört.

Noch ein *drittes* Element kommt hinzu, das wir bisher übergangen haben, weil wir das Selbstbewusstsein nur als Selbstgegenwärtigkeit betrachtet haben, abgeschnitten von seiner zeitlichen Erstreckung in die Dimensionen der Zukunft und Vergangenheit. Zum Selbstbewusstsein eines Ich gehört, dass dieses sich als dasselbe weiß, gestern, heute und morgen, ungeachtet der Verschiedenheit der Zustände und Umstände, durch die es jeweils konkret bestimmt ist. Dieses „Wissen" ergibt sich nicht erst als Resultat aus Erkenntnissen oder Überlegungen. Denn es gehört schon als Basiselement zu allen konkreten Formen des je in der Gegenwart vollzogenen Selbstbewusstseins selbst.

191 Das Selbstbewusstsein aber ist noch keine echte Selbst*erkenntnis*. Es enthält nur die formalen Elemente und einige Anfänge derselben. Wie kommt man zu individueller Selbsterkenntnis und welche Elemente gehören zu ihr? Sicher gehört dazu ein Wissen um den eigenen Charakter, d.h. die persönlichen Neigungen und Handlungsdispositionen, die eigenen Schwächen und Stärken, die eigenen Begabungen und Grenzen, seine typischen Reaktionen auf Schwierigkeiten usw. Dieses Wissen entsteht nur zu einem sehr geringen Teil aus Introspektion in Ruhelage. Es kann erst dann entstehen, wenn man zurückschauen kann auf zahlreiche eigene Handlungen, in denen sich durchhaltende Muster und mögliche Weiterentwicklungen zeigen: meistens erkennt man diese Muster ja auch erst dadurch, dass man von Mitmenschen auf sie aufmerksam gemacht wird („feedback"): feststellend, kritisierend, ermutigend. Zur Selbsterkenntnis gehört aber nicht nur, dass man sich mit seinem relativ stabilen eigenen Charakter bekannt macht, sondern auch, dass man sich mit seiner bisherigen Geschichte vertraut macht: mit dem, was man erlebt hat, und mit dem, was man selbst getan hat. Auch dafür, dass man sich das im Zusammenhang klar machen kann, braucht man Andere: in der Erzählung für Andere, die einem zuhören, „kommen" die Erlebnisse viel besser als in der Einsamkeit der Erinnerungsarbeit. Und schließlich gehören zur Selbsterkenntnis nicht nur diese empirischen Elemente, sondern auch das formale, dass man sich als ein „Selbst" erfasst, d.h. dass man sich in seiner innersten Freiheit und in seinen persönlichsten Möglichkeiten entdeckt. Auch darauf können Andere einen aufmerksam machen. Erfassen und ergreifen kann sie jeder nur selbst.

Literatur

Tugendhat 1979   Searle 1992
Frank 1990 und 1991   Schröer 1995

3. Innere und äußere Voraussetzungen des Erkennens

192 Das Erkennen als Erwerb von explizitem Wissen wird in der Erkenntnistheorie daraufhin untersucht, wie es methodisch vorangehen und die Gültigkeit seiner Resultate prüfen kann. In der Metaphysik wird gefragt, wie Wissen und Sein prinzipiell zueinander stehen. In der *Anthropologie* des Erkennens muss u.a. die Frage ge-

stellt werden, aufgrund welcher Voraussetzungen im Menschen es zu so etwas wie Erkennen überhaupt kommen kann. Eine „Voraussetzung" ist gleichbedeutend mit einer notwendigen Bedingung: x kann *nicht* sein *ohne* y, – wobei nicht gesagt ist, dass x schon dadurch gegeben sein müsste, dass y gegeben ist. Denn dann wäre y nicht bloß eine notwendige, sondern auch schon die hinreichende Bedingung. Man unterscheidet nun seit jeher zwei Typen solcher „Voraussetzungen": innere und äußere. Die äußeren sind in ihrer Ordnung ebenso wichtig und unerlässlich wie die inneren, sonst wären sie ja keine Voraussetzungen. Die Unterscheidung ist also nicht die einer Rangordnung. Der Unterschied ist vielmehr der, dass eine innere Voraussetzung *konstitutiv* und *einsichtig* in die durch sie bedingte Sinngestalt eingeht, während die äußere Voraussetzung eine faktische Bedingung für das Auftreten dieser Sinngestalt namhaft macht, deren bloße Tatsächlichkeit nicht in einen einsichtigen Zusammenhang überführt werden kann.

a) Spontaneität und Rezeptivität als innere Voraussetzungen

Der Prozess der Wahrnehmung und des von ihr ausgehenden Erkennens kann – seiner inneren Tendenz nach – beschrieben werden als ein progressives Eindringen in die sich zeigende „Sache", das gegebenenfalls zugleich ein progressives Abbauen eines unsachgemäßen Meinens ist, mitsamt den es evtl. tragenden emotionalen Festlegungen. Die Sache soll, so wie sie ist, zur Präsenz im Wahrgenommen- und Erkanntsein gebracht werden. Darin liegt sowohl eine Rezeptivität (Passivität) wie eine Spontaneität (Aktivität), auf allen Stufen des Wahrnehmens und Erkennens.

Eine Rezeptivität liegt vor in einem doppelten Sinn. Einerseits als (hier sehr weit zu verstehende) sinnliche Empfänglichkeit, die wiederum zweifach auftritt: Zuerst, insofern wir meistens, schon bevor wir danach suchen, von irgendwelchen Eindrücken oder Intuitionen überfallen worden sind, in denen sich eine Sache allererst meldet; und dann, insofern das geweckte Erkenntnisinteresse für seine Befriedigung auf mannigfache Weisen der Erfahrung angewiesen ist. Andererseits und vor allem ist hier von Rezeptivität zu sprechen, weil *jede* Erkenntnis – auch die, für die sinnliche Empirie kaum eine oder vielleicht gar keine Rolle spielt – ihrem Sinn nach hinnehmend ist. Denn die Sachen haben schon eine Bestimmtheit, bevor *wir* sie erkennend „bestimmen"; letztere Bestimmung hat also den Sinn, die erstere in einer gewissen, uns möglichen Weise zu „wiederholen" (was etwas ganz anderes als eine einfache „Widerspiegelung" oder „Abbildung" ist). Daran, an der Vorordnung des Seins vor dem Erkennen, hängen die Begriffe der Wahrheit und der Falschheit sowie der größeren oder geringeren Adäquatheit bzw. Inadäquatheit.

195 Das Hinnehmen aber ist ein Nehmen, also etwas Spontanes, kein rein passives Geformtwerden, wie es mit einem Knetgummi geschieht. Es ist ein Abtasten, ein Sich-Öffnen, ein aktives Sich-Bestimmen-*Lassen*. Schon ohne eine mindestens vage Aufmerksamkeit nimmt man nichts wahr. Man kann nicht sehen, was vor einem liegt, und nicht hören, was gesprochen wird, solange man „geistig abwesend" ist; diese „Anwesenheit" ist eine Leistung, ein Akt der Spontaneität. Weiter geht eine *gezielte* Aufmerksamkeit, in der der Gegenstand z.B. auf bestimmte Eigenschaften oder mögliche Klassenzugehörigkeiten hin befragt wird. Hier, in dieser „Intention", wird dem erstrebten Sich-Zeigen der Sache eine Vorgabe gemacht: Wird sie sich als dies oder als das erweisen? Und was im Bereich der sinnlichen Wahrnehmung gilt, gilt erst recht auf den höheren Ebenen der Deutung und Erklärung von Phänomenen der verschiedensten Komplexitätsgrade: Überall ist das Erkennen eine Art von Frage- und Antwortspiel. Ohne die Vorgabe eines Fragens zeigt sich nichts Bestimmtes; ohne dass sich etwas zeigen kann und gewissermaßen „will", ist das Fragen sinnlos, ja unmöglich.

Jede Frage aber hat schon eine Bestimmtheit; sie entsteht, indem sich die unbegrenzte Leere und Offenheit des Wissenkönnens und Wissenwollens in eine begrenzte Form zusammenzieht. In jedem Fragen liegt eine Deutungshypothese, also die Unterstellung einer Antwortmöglichkeit, ein Vorgriff auf eine mögliche Erkenntnis. Das gilt auf der Ebene der absichtlich und bewusst gestellten Fragen. Es gilt aber auch schon unterhalb dieser Ebene, nämlich auf der Ebene unseres gewissermaßen naturhaften „Abfragens" der andrängenden Wirklichkeit, das in der Vorstrukturiertheit unseres Erkenntnisvermögens und -drangs liegt. Also lassen sich zwei Arten solcher Vorgriffe unterscheiden: auf der einen Seite besondere, frei gebildete Vermutungen und auf der anderen Seite apriorische gegenstandskonstitutive Vorgaben. Einige Beispiele der ersteren sollen uns hier als Hinführung zur Erhellung der letzteren dienen!

Das Telefon klingelt. „Das wird Ferdinand sein. – Oh, du bist es, Hedwig...!" – „Das Münchner Rathaus erinnert mich an dasjenige von Brüssel. Aber vieles ist doch ganz anders, z.B. ...." – Es werden also ganz bestimmte Erwartungen formuliert und durch die (erste oder erneute oder vertiefte) Wahrnehmung im Bereich der gezielten Aufmerksamkeit bestätigt, durchkreuzt oder weiterer Differenzierung zugeführt. Die Erwartungen sind mehrstöckig. Meine Vermutung bezüglich der Person des Anrufenden impliziert die subjektiv gewisse Hypothese, dass überhaupt jemand anruft (anstatt dass das Klingeln durch Manipulationen in der Telefonzentrale hervorgerufen wurde); diese wieder impliziert die hypothetische Gewissheit, dass es wirklich geklingelt hat (und das Klingeln nicht nur von mir halluziniert wurde).

Alle derartigen *besonderen* Hypothesen, die erfahrungsbezogen formuliert sind, können sich als unzutreffend oder als (mehr oder minder gut) zutreffend erweisen. Die „apriorischen", d.h. der Erfahrung ermöglichend vorausliegenden Vorgaben sind dagegen eben deswegen, weil sie Erfahrung erst ermöglichen, nicht empirisch verifizierbar oder falsifizierbar; sie können höchstens in einer Kategorie von Gegenständlichkeit anwendbar, in einer anderen aber unanwendbar sein, so dass man, wenn man es doch versucht, einen Kategorienfehler begeht (wie z.B. „der Graf auf C-Dur"; vgl. Ryle 1970). Es handelt sich bei diesen apriorischen Vorgaben u.a. um die Idee des Seins – um die Idee des Verursachtseins von etwas, – um die Idee des Unterschieds von Wirklichkeit und Möglichkeit, – um die Idee des irgendwie Guten, – um die Strukturgegebenheiten des Wahrnehmungs-Raumes und der Wahrnehmungs- und Erlebnis-Zeit. Einige dieser Vorgaben gehören zu jeglicher Vorgabe, wie etwa die Idee des Seins. Andere sind zwar sehr allgemein, beziehen sich aber doch nur auf eine Region der Erkenntnis wie etwa die Idee der Kausalität oder die Idee des Etwas-mit-Eigenschaften oder die Idee des Ganzen-in-seinen-Teilen oder die Idee der Mittel zu einem Zweck. (Solche Wahrnehmungsformen und Gegenstandskategorien in ein gewisses System zu bringen, ist Sache der transzendentalen Ästhetik und Logik, in der Tradition von Aristoteles und Kant. In diese Diskussion müssen wir hier nicht einsteigen. Das anthropologisch Interessante ist das *Dass* solcher Vorgaben.)

Das Erkennen, in dem sich eine Wahrnehmung vollendet, erwächst also aus einer Verschachtelung spontaner Akte, die von dem Streben getragen und zusammengehalten sind, einen Freiraum zu entwerfen, damit sich eine Sache zeigen kann in dem, was sie ist. Im (hinreichenden, je besseren, nie aber erschöpfenden) Zeigen der Sache selbst erfüllt sich dieses Streben in einem gewissen Maß. In dieser Erfüllung, so partikulär und vorläufig sie auch sein mag, kommen Spontaneität und Rezeptivität inhaltlich zur Deckung; das Subjekt ist im Objekt aufgegangen und umgekehrt. In der aktuellen

Erkenntnis sind das Erkennen (und darin der Erkennende als solcher) und das Erkannte (als solches) *eins* geworden, wie auf je ihre Weise es Aristoteles (De anima III,7; 431 a1) und Kant (K.r.V. B 197) gesehen haben und wie es auch schon der Sprachgebrauch bezeugt, dem zufolge „Erkenntnis" *sowohl* das Erkennen wie das Erkannte, und „Wahrnehmung" *sowohl* das Wahrgenommene wie das Wahrnehmen meint. Nur innerhalb dieser Einheit des aktuellen Wissens treten Subjekt und Objekt auseinander und unterscheiden sich dann auch das erkennende Seiende und das erkannte Seiende. Nur wer diese (transzendentale) „Vorgeschichte" jeden Objekts der Wahrnehmung und des Wissens nicht kennt, kann meinen, man könne auch die lebendige und schöpferische Wirklichkeit des Erkenntnissubjekts (als solchen) als eine bloße Unterklasse der objektiv sich präsentierenden Wirklichkeit verstehen.

Die Möglichkeit des Erkennens beruht in einem ursprünglichen Sein des erkennenden Wesens, kraft dessen es sowohl „ekstatisch" beim Wahrnehm- und Erkennbaren sein wie von dorther reflex zu sich zurückkommen kann. Dieses ursprüngliche Bei-sich-und-beim-anderen-Sein, das die Wurzel allen aktuellen (theoretischen wie praktischen) Bewusstseins ausmacht, ist selbst nichts ausdrücklich Bewusstes. Denn dasjenige, was alles konkrete Bewusstsein ermöglicht, muss als solches aller unmittelbaren Vergegenständlichung entzogen sein. Es kann höchstens angezielt werden in einem Rückgang, der sich vom konkreten Bewusstsein zu dessen innerem Grund vortastet, also im Vollzug jener Anámnesis, die Platon entdeckt hat und die später besonders Fichte wiederentdeckt hat.

b) Ein funktionsfähiges Gehirn als äußere Voraussetzung des Erkennens

Der Grund dafür, dass ein Mensch Farben und Gestalten schlecht oder gar nicht wahrnehmen kann, liegt, vereinfacht gesagt, darin, dass etwas an seinen peripheren oder zentralen Sehorganen defekt ist. Analoges wie für das Sehen gilt für alle sinnlich vermittelten Erkenntnisse. Für das formale Schließen und für das philosophische Erkennen besteht zwar keine unmittelbare Abhängigkeit von einzelnen Sinnesorganen. Wohl aber sind auch diese Fähigkeiten offensichtlich an die Funktionsfähigkeit des menschlichen Gehirns gebunden. Zahlreiche Forschungen haben ergeben, dass „geistige" Ausfälle großen Ausmaßes (Demenz, Verblödung oder Verwirrung, Irresein, Gedächtnisverlust usw.) ihre Ursache in der Zerstö-

rung, Degeneration oder mangelnden Durchblutung des Gehirns im ganzen oder bestimmter Gehirnareale haben. Weniger dramatisch: Jeder hat schon im Alltag erlebt, wie sehr die Denkfähigkeit von körperlichen Zuständen wie Hunger oder Rausch, Müdigkeit und Frische abhängig ist. Daraus ergibt sich umgekehrt, dass die geistigen Vermögen des Denkens, Erkennens usw. nur unter der Voraussetzung einer normalen, ungestörten Gehirnfunktion aktiviert werden können. Diese ist die *condicio sine qua non* jener.
Welche Folgerungen aber sind aus dieser Erkenntnis zu ziehen? Folgt daraus, dass man das, was Erkennen ist, vom Funktionieren eines Organismus her *verstehen* kann? Da ein solches Verstehen kausal oder funktional (teleologisch) angelegt werden kann, prüfen wir, ob auf diese beiden Weisen Erkenntnis verständlich wird, beginnend mit der kausalen Theorie und als Beispiel, einer schlichten Wahrnehmungserkenntnis.
Es liegt nahe, eine Wahrnehmung aufzufassen als eine *Kausalbeziehung* zwischen zwei Dingen, wobei das wahrgenommene Ding auf das wahrnehmende Ding so einwirkt, dass ein Bild, eine subjektive Vorstellung des ersten Dinges im zweiten, das ein Organismus ist, entsteht. Man sieht dann den Grund der Repräsentationsfunktion in der kausalen Abhängigkeit. Diese Deutung kann mithilfe verschiedener wissenschaftlicher Erkenntnisse näher differenziert werden. Das sieht dann etwa so aus, dass von der Kastanie Lichtwellen in bestimmter Weise reflektiert werden, die, wenn ich in diese Richtung schaue, von der Linse meiner Augen gebündelt und auf die Netzhaut projiziert werden; in deren empfindlichen Stäbchen und Zäpfchen wird die differentielle Lichtenergie in elektrische Spannungsdifferenzen umgewandelt, deren Spiel, durch die Funktion des Zentral-Nervensystems mannigfach kybernetisch vermittelt, schließlich meine Erkenntnis der Kastanie hervorbringt. Die Teilerklärungen, die in diesem Zusammenhang mit den Methoden der Physik (Wellentheorie, Optik, Elektrik usw.), der Chemie, der Physiologie usw. gegeben werden, sollen hier nicht bezweifelt werden. Wie aber sind sie zu interpretieren? Sie geben die Bedingungen an, unter denen menschliche Wahrnehmung steht; fallen sie weg oder ändern sie sich, so wird Wahrnehmung unmöglich oder es ändert sich ihre Art und Weise (Erblindung durch Netzhautablösung; Farbveränderung durch andere Beleuchtung oder schnelle Bewegung oder andersfarbige Hintergründe usw.). Mit diesen Teilerklärungen aber darf nicht der Anspruch verbunden werden, die Tatsache der Wahrnehmungserkenntnis als solche aufzuklären. Denn kausaler Einfluss begründet kein Repräsentations-

verhältnis, wenn er auch einen Beitrag zum Aufbau sinnlicher Wahrnehmung leistet. Zwischen der Endstation der physikalisch-physiologischen Rekonstruktion, dem Geflirr von „Erregungs"-Mustern im Sehzentrum des Gehirns, und dem zu erklärenden Endpunkt, nämlich dem in seinen Formen und Farben sich für mich als real darstellenden Gegenstand, klafft ein logischer Hiatus, ein Abgrund zwischen grundverschiedenen Kategorien (vgl. Eccles 1999). Unerklärlich bleibt, wie es vom Gewoge der Spannungspotentiale im Gehirn zum Wahrnehmungsgegenstand „Kastanie" kommt. *Dass* es dazu kommt, ebenso wie zu zahllosen anderen empirischen Erkenntnissen, wird doch von jedermann als im Prinzip zuverlässig angenommen. Dürfte man diese Annahme nicht mitmachen, so wäre beispielsweise auch der Hirnforschung jeder Boden entzogen. Deren Sinn kann also nicht darin bestehen, uns überhaupt erst darüber aufzuklären, was Erkenntnis sei und weshalb sie unter gewissen Bedingungen als zuverlässig gelten dürfe. All diese philosophischen Themen kann und wird der nüchterne Hirnforscher auf der Seite lassen, um das zu erforschen, was sein eigener Gegenstand ist: nämlich was das Gehirn ist, wie es intern funktioniert und in welchem Zusammenhang die Gehirnfunktionen mit den somatischen und psychischen Funktionen des Menschen stehen.

200 In ähnlicher Weise erweist sich der Versuch, das Erkennen *funktional* als Lebensfunktion eines Organismus zu verstehen, letzten Endes als unbefriedigend. Ein solcher Versuch liegt z.B. in der sogenannten „evolutionären Erkenntnistheorie" vor, die, nach dem Vorgang von K. Lorenz (1973), z.B. von G. Vollmer (1975 u. 1985) und R. Riedl (1979) vorgelegt worden ist. Man geht dort aus von dem Faktum, dass Erfahrung dadurch möglich ist, dass sie auf einer gewissen vorstrukturierten Basis von apriorischen Schemata beruht, die der Grund dafür ist, dass wir unserer Sinneserkenntnis normalerweise trauen können. Die wunderbare „Passung" von Erfahrungsart und Umweltstruktur hat nach dieser Auffassung ihren Grund darin, dass wir die Erben einer physiologisch-psychologischen Sinnesorganisation sind, die sich durch Mutation und Selektion während vieler Millionen von Jahren entwickelt hat. Sinn dieser Ausstattung ist von daher natürlich nicht die objektive Erkenntnis der Wirklichkeit, sondern die Erfassung der Veränderungen in der Umwelt, die für das *Überleben* von Populationen wichtig sind. – Wie ist dieser Vorschlag zu beurteilen? Zunächst ist zu sagen: Dass sich unsere Sinnesorganisation – physiologisch wie psychologisch betrachtet – in ihrem Gewordensein durch die Mechanismen der Evolution in gewisser Weise rekonstruieren lässt, ist

durchaus eine sinnvolle und fruchtbare Vermutung. Denn die Art und Weise dieser Organisation ist nichts Notwendiges, sondern etwas Kontingentes; andere Sinnesorganisationen (bei anderen Lebewesen) stehen neben ihr. Aber man muss auch die Grenzen dieser Erklärung ins Auge fassen. Diese Grenzen werden *schon* in der Erklärung der sinnlichen Wahrnehmung deutlich. Ist es nicht erstaunlich, dass ein ganz aufs Überleben gestelltes Werden der Sinnesorganisation beim Menschen eine Sinnlichkeit hervorgebracht hat, die nicht nur dem Signalerfassen dient, sondern deren höchste Leistungen im Bereich des Zwecklosen liegen (bildende Kunst, Musik, Kochkunst usw.) und die insofern dem theoretischen, ganz un-praktischen Erkennen verwandt ist? Wenn man zur Vernunfterkenntnis übergeht, ist *erst recht* zu beachten, dass der Mensch die Bedingtheit seiner Erkenntnis durch die faktische Struktur seiner Sinne selbst erkennen kann, so dass es ihm möglich ist, nicht nur gewöhnliche Sinnestäuschungen zu durchschauen, sondern auch bloße Vorstellungsnotwendigkeiten oder Denkgewohnheiten zu unterscheiden von sachgemäßen Denknotwendigkeiten, wie es z.B. durch die Aufstellung der nichteuklidischen Geometrien, der Quantenphysik und der Relativitätstheorie geschah. Die evolutionsbiologische Theorie der Wahrnehmung selbst ist ein Beispiel für die Transzendenz der Vernunft über die primären Suggestionen der Sinne, und außerdem ein Beispiel für ein freies Erkennen, das offenbar ganz unter dem Ideal der Wahrheit steht und seinen Sinn nicht in seiner Dienlichkeit fürs Überleben hat. Daraus aber folgt, dass die für die Aufstellung dieser (wie jeder anderen) Theorie nötige Erkenntnisfähigkeit nicht mehr evolutiv verständlich gemacht werden kann, weil das Bindeglied der „*fitness*" diesbezüglich wegfällt. So kann diese Theorie unter Umständen wertvolle Beiträge liefern zum Verständnis der kontingenten Organisationsfaktoren unseres Erkenntnisvermögens. Dieses selbst scheint jedoch nicht hintergehbar zu sein. Es kann immer nur vorausgesetzt, übernommen und bestaunt werden (vgl. Baumgartner 1981, Spaemann 1984).

Die Hinweise auf die Abhängigkeiten unserer Erkenntnisfähigkeiten von der Organisation unseres Zentralnervensystems sind also Hinweise auf „äußere" Voraussetzungen in dem oben umschriebenen Sinn. Sie sind keine Wesenserfassung. Ihre Kenntnis ist für die effektive Erkenntnisarbeit in Physik, Theologie, Mathematik, Geschichtswissenschaft, ja auch Gehirnphysiologie selbst absolut irrelevant. Sie betrifft nie den Erkennenden als Subjekt, sondern immer nur als Objekt. Deshalb wäre es kein Gewinn, wenn sich die Menschen daran gewöhnen würden, bei allem eigenen und fremden Nachdenken, Wahrnehmen und Forschen sich innerlich vorzustellen, was gleichzeitig in den jeweiligen Gehirnen vorgeht. Und dies nicht deswegen nicht, weil diese Vorgänge nicht stattfänden, sondern deswegen, weil es offenbar ihr Sinn ist, bloße untergründige Voraussetzung für etwas zu sein, das ganz anderer Natur ist, ohne dass wir wissen müssten und wohl auch könnten, wie so etwas denkbar ist.

c) Der menschliche Geist als „irgendwie alles"

202 Das Ergebnis unserer doppelten Prüfung ist: Was Denken und Erkennen sind, können wir letztlich nicht so verstehen, dass wir auf unser Wissen vom Menschen als einem psychophysischen Organismus zurückgreifen. Das haben im übrigen Frege und Husserl in ihren grundsätzlichen Widerlegungen des Psychologismus in der Logik auch schon gezeigt. Umgekehrt aber kann man sagen: Die Erfassung dessen, was Erkennen ist, ergibt einen wesentlichen Einblick in das, was der Mensch ist.

203 Zwar ist kein Nehmen des Wahren so unmittelbar und so erschöpfend, dass es in seinem Wie nicht bedingt wäre durch die Disposition unserer Sinnesorgane, unserer Frage-Interessen, unserer Deutungshorizonte. Dennoch: wenn irgendeine Erkenntnis möglich sein soll, dann nur dadurch, dass die Distanz zwischen dem zu Erkennenden und dem Erkenntnisstreben in einem entscheidenden Punkt aufgehoben wird zugunsten einer Identität: wo das Streben dadurch „erfüllt" wird, dass die Sache aus ihrer Verborgenheit in die Unverborgenheit übergeht. Die Art und Weise der Gegenwart der Sache wird zwar immer auch durch die Art und Weise unseres Wahrnehmens mitbestimmt sein, so dass wir die Sache selbst niemals so erfassen können, wie sie sich in einem völlig weise-losen, un-endlichen Erkenntnisraum an ihr selbst zeigen würde. Dennoch bleibt auch das *endliche* Erkennen ein Erkennen der Sache *selbst* und somit ein echter Identitätsvollzug, in dem der Unterschied zwischen dem Innen (der „Bewusstseinsimmanenz") und dem Außen (dem „Bewusstseinstranszendenten") letztlich dahinfällt.

204 Diese (noch so perspektivische und bedingte) Identität, die das aktuelle Erkennen im Einzelnen ausmacht, ist nun aber nur durch den spontanen apriorischen Vorgriff auf Sein überhaupt möglich (vgl. N° 195-197). In diesem Sinn hat Aristoteles gesagt, dass die geistige Seele des Menschen mit allem übereinkommt, ja sogar „irgend-

wie alles *ist*" („ta pánta pôs estin": De anima III,8; 431 b 21). In dieser apriorischen „Identität" mit allem beruht die „Geistigkeit" des Menschen. Sie ist die Bedingung der Möglichkeit nicht nur der jeweiligen Identität der einzelnen Erkenntnisse, sondern auch ebenso die Bedingung der Möglichkeit dafür, diese Erkenntnisse zu relativieren: auf die umfassendere oder tiefere Wahrheit hin oder auf die adäquatere Erfassung eines Sachbezirks hin, mag eine solche für den Augenblick möglich sein oder auch nicht. Entscheidend ist, dass der Mensch Wahrheit immer in doppelter Weise „hat": einmal in der Weise, dass sich ihm Seiendes selbst (wie vorläufig auch immer) in seiner Bestimmtheit effektiv zeigt, und zum andern als Idee, m.a.W. als das Erkannte und als das, was erkannt werden kann und soll. Aus dieser Doppelheit lebt alles Fragen, alle Selbstkritik, aller wissenschaftlicher Fortschritt und damit auch alles lebendige Erkennen und Wissen. Aus dieser Doppelheit lebt auch die unausrottbare metaphysische Tendenz des Menschen: sich eine Vorstellung zu erarbeiten vom Ganzen und Letzten, habe diese Vorstellung nun die Form einer Erzählung oder eines Systems, sei sie formuliert in bildhaften oder abstrakten Symbolen.

Wenn nun diese „Identitätsvollzüge" als solche nicht dadurch verständlicher werden, dass wir versuchen, sie als psychologische „Vorgänge" oder als physiologische Prozesse zu deuten, – und wenn die Selbstkritik, zu der das erkennende Wesen fähig ist, offensichtlich den Rahmen sprengt, der durch die biologistische Interpretation der Wahrheit als Lebensnützlichkeit gebildet wird, dann werden uns die wichtigsten Kategorien der Verständlichkeit genommen, durch die wir uns unser eigenes Wesen begreifbar zu machen versuchen. Das Erstaunliche, Rätselhafte, das dem Faktum des Bewusstseins und der Erkenntnis anhaftet, geht voll und ganz auf uns selber über. Da all das, was wir in gewissem Wissen von uns glauben, eine Gestalt des Gewussten und Bewussten ist, das als solches, seiner Form nach, ein Geheimnis ist, bleibt all unser empirisches Wissen über uns selbst umgriffen von etwas, das wissensmäßig nicht mehr aufarbeitbar ist, gerade weil es alles Wissen ermöglicht. Diese Tatsache selbst freilich können wir noch erkennen.

Literatur

Husserl 1900
Heidegger GA 24, 67-107
Spaemann 1984
Plantinga 1993, Kap. 12

Pöltner 1993
Metzinger 1995
Zoglauer 1998
Irrgang 2001

4. Elemente der Dynamik des Geistes

206 Geist ist eine reiche und schwer zu fassende Realität. Der Versuch, ihn mithilfe einiger markanter Sätze so anzuzeigen, dass er überhaupt in den Blick gerät, steht in der Gefahr, in mindestens zwei Weisen missverstanden zu werden: zum einen im Sinn einer Überschätzung der faktischen Macht des Geistigen im Menschen und zum andern im Sinn einer Identifikation des Geistigen bloß mit dem Wissen. Die folgenden fragmentarischen Bemerkungen sollen diesen Missverständnissen ein wenig gegensteuern.

a) Sein und Schein

207 Der Gegensatz von Sein und Schein spielt im praktischen Bewusstsein eine vertraute Rolle: Wir unterscheiden drei Fälle: Etwas ist so, wie es zu sein scheint (und dann ist die entsprechende Aussage wahr und im Anschein scheint das Sein auf) oder es ist nicht so, wie es zu sein scheint (und dann ist die entsprechende Aussage falsch und es handelt sich um bloßen Schein) oder es ist nicht festzustellen, ob dem Anschein ein Sein entspricht oder nicht. Wir haben wohl im Grunde alle die Überzeugung, dass es sich in den meisten Einzelfällen prinzipiell entscheiden lässt, was der Fall ist. Unsere Irrtümer und Ungewissheiten sind, diesem Glauben nach, Inseln in einem Meer von zuverlässigen Sinneswahrnehmungen, von Wissensgehalten und von Techniken, zu einer Entscheidung zwischen Sein und Schein zu kommen.

Andererseits aber scheint dieser sichere Besitz dauernd bedroht durch zahlreiche Faktoren: durch das Vergessen; durch die interessenbestimmte Vereinseitigung des Blicks; durch unvorsichtige Verallgemeinerung; durch mutloses Versinken im Detail; durch die Verschleierungstechniken der Menschen; durch die Überwältigung durch unkoordinierte Informationsmassen; durch das Erschlaffen des Erkenntniswillens; durch die Ungeduld, sein Urteil zurückzuhalten, wo nicht genügend Gründe vorliegen; durch die blinde Wahl von Autoritäten; durch die Parteilichkeit, mit der wir bestimmen, wem wir unser Gehör schenken wollen und wem nicht; durch die maßlose Überschätzung unseres faktischen Wissens im Vergleich zu unserem Nichtwissen; durch die Unfähigkeit zu einem ursprünglichen Wahrnehmungskontakt; durch die Magie, die von Wörtern ausgehen kann; nicht zuletzt durch die undurchschaute Macht der Phantasien, die wir auf die Mitmenschen, auf uns selbst und auf das soziale Leben projizieren. So gesehen, ist Wahrheit nur im dauernden Kampf gegen die je neu wachsende Macht des Scheins zu erringen; ist das, was wir von ihr erfassen, immer nur Stückwerk, das außerdem gewissermaßen von selbst zerfällt, wenn man es nicht permanent frisch hält. Diese skeptische Erkenntnis ist jedoch, wie Sokrates erfasste, nicht das Ende, sondern der Anfang aller wahren Erkenntniskultur, im Leben wie in der Wissenschaft.

b) Erfinderische Phantasie

Der Phantasie als geistigem Vermögen begegneten wir schon unter den Stichworten der Hypothesenbildung, des Sich-Einfühlens in andere Personen und der Fähigkeiten, Ding- und Ereigniszusammenhänge als Ganzheiten zu erfassen. In all diesen Kontexten steht die Erfindungskraft der Phantasie im Dienste des Erkennens. Aber sie erschöpft sich keineswegs darin. Der Mensch ist ein Wesen, dem mit dem Erkennbaren und Vorhandenen die Welt nicht genügend gefüllt ist. Er erfindet lustige, spannende, mitreißende und tragische Geschichten, die er sich selbst in Gedanken vorspielt oder die er anderen erzählt und von anderen gern hört, liest und sich vorspielen lässt. Menschen erfinden Regeln, um sich an sie zu binden: keineswegs nur, weil das für praktische Zwecke nötig ist, sondern auch irgendwie um der Regeln willen: Regeln beim Tanzen, beim Kartenspiel, beim gemeinsamen Essen und Reden. Menschen erschaffen sich in Malerei, Dichtung, Musik, Kino eine neue Welt, die auf die sozusagen primäre in vielfacher Weise zurückwirkt. Menschen denken sich Bewegungsformen und Lebensstile aus, die es vorher nicht gegeben hat. Und je weniger diese unmittelbaren Bedürfnissen dienen, desto höher werden sie unter Umständen geschätzt. Menschen erfinden Zwecke für ihre Handlungen, immer neu, in immer größerer Fülle. Auch darin zeigt sich die *Freiheit* ihres Geistes.

II. Freiheit des Willens

209 Die Erschlossenheit je einer Situation, in der uns andere Menschen, Dinge usw. begegnen und in der sie mit uns da sind, hat grundlegend und normalerweise eine praktische Bedeutung. Auf eine Situation „antworten" wir, indem wir uns so oder so verhalten, so oder so reagieren oder handeln. Bei einer Übersicht über die verschiedenen Weisen zu reagieren fällt auf, dass die einen dem Reagierenden mehr zu „eigen" sind als andere, obwohl sie doch allesamt *seine* Reaktionen (und nicht die eines Anderen) sind. Eine Aufzählung von Reaktionsweisen enthält u.a.: reine Reflexhandlungen (wie z.B. beim Patellarreflex), instinktive Reaktionen (wie z.B. das Verschränken der Arme in einer ungemütlichen Unterhaltung), mechanisch gewordene Handgriffe (wie z.B. das richtige Schalten beim Autofahren) und überlegte Handlungen (wie z.B. die Formulierung eines wichtigen Briefes). Immer bin „ich" es, der seinen Fuß hebt, seine Arme verschränkt, den Brief verfasst. Und doch bin ich selber, als ich selber, in sehr unterschiedlichem Ausmaß der Urheber dieser Aktivitäten: Wenn der Arzt mit seinem Hämmerchen auf meine Kniescheibe schlägt, bricht, vielleicht zu meinem Erstaunen, mein Fuß nach vorne aus. Die Reaktion folgt hier ganz mechanisch dem Reiz; es wäre übertrieben, sie als Antwort des Organismus auf eine *Situation* zu kennzeichnen. Auf das automatische Verschränken der Arme aber träfe das schon zu, obwohl ich das ganz unbewusst und unabsichtlich getan habe. Das richtige Schalten der Gänge des Autos war einige Zeit ein überlegter Akt, ist dann aber zu einem Automatismus geworden. Schließlich: Was ich schreibe, wollte ich so schreiben, nachdem ich mir das genau überlegt hatte, und deshalb erkenne ich das Geschriebene auch als mein Werk an. Von daher kann man einen Vorbegriff des freien Willens gewinnen: Wenn etwas so aus „mir selbst" hervorgeht, dass es letztlich nicht mehr auf eine Ursache abgeschoben werden kann, die nur als etwas *an* mir zu mir gehört (und so in relativer Andersheit zu mir steht), dann können wir davon sprechen, dass ich dieses Verhalten frei gewollt habe.

210 Keineswegs alles menschliche Verhalten geht aus dem freien Wollen hervor. Auf die Gesamtheit unserer Verhaltensweisen und auf die Komplexität einer einzelnen freien Handlung hin gesehen, spielt die Freiheit vielleicht nur eine kleine, jedenfalls aber nicht die einzige Rolle. Ohne den Unterbau von Reflexreaktionen und instinktiven Handlungstendenzen könnte es gar keine Handlungen

geben, die aus Entscheidungen hervorgehen. Doch ist es uralte Überzeugung, dass sich Menschen für ihr Tun verantworten können, dass es also auch an ihnen selbst liegt, ob sie so oder anders handeln, – dass ein menschliches Handeln (actus hominis), wo es spezifisch menschlich ist (actus humanus), anders strukturiert ist als das Reagieren selbst eines hochentwickelten Tiers wie z.B. eines Primaten: eben durch die Freiheit. Gehalt und Berechtigung dieser Überzeugung sollen im Folgenden untersucht werden.

1. Was meint „Freiheit des Willens"?

In vielen Diskussionen um die Existenz oder Nichtexistenz der Freiheit des Willens wird dieser Freiheitsbegriff mit anderen verwechselt. Deshalb muss unsere Überlegung mit einer Ausscheidung dieser verwandten Freiheitsbegriffe und mit einer Definition der Willensfreiheit beginnen.

Das deutsche Wort „frei" hatte ursprünglich einen sozialen Sinn, den einer Standesbezeichnung. (Ähnlich steht es mit dem lateinischen Wort *liber*, von dem sich die modernen Bezeichnungen libertà, liberté, liberty ableiten.) Gleichbedeutend mit „lieb", „geschätzt" – heute noch spricht man vom „Freier" –, bezeichnete es jene, die von einem der Herrenschicht angehörenden Sprecher geschätzt werden: nämlich die (mit ihm mehr oder minder verwandten) Mitglieder des herrschenden Teils der Gesellschaft. Diese tun, was sie selbst *wollen*, im Unterschied zu den Sklaven, Leibeigenen usw., die tun *müssen*, was *andere* von ihnen wollen. Von daher die allgemeine Grundbedeutung von „Freiheit": sein eigener Herr sein, seinen eigenen Gesetzen folgen können.

Unbeschadet der Tatsache, ob ein einzelner Mensch im Sinn des (früheren) sozialen Status zu den „Freien" oder „Unfreien" gehörte, konnte und kann man sich die Frage stellen, ob und in welchem Maß er ansonsten „Herr" über seine Handlungen war. Und ebenso kann die anthropologische Frage erörtert werden, ob jeder Mensch als solcher eine Herrschaft über seine künftigen Handlungen (dominium sui actus) hat. Auch diese Verfügungsmacht über einzelne Handlungen heißt „Freiheit".

a) Verschiedene Bedeutungen des Wortes „Freiheit"

Von seiner Bedeutung in alten politischen Systemen her ist also das Wort „Freiheit" übertragen worden in den Bereich der Verfügungsmacht jedes Einzelnen über seine eigenen Handlungen. Nur so soll es im Folgenden verwendet werden. Aber auch hier noch sind drei verschiedene Bedeutungen zu unterscheiden, in denen jemandem die Verfügungsmacht über bestimmte Handlungsmöglichkeiten zugeschrieben wird. Wir nähern uns dem Begriff der Willensfreiheit, indem wir zunächst zwei andere Bedeutungen von „Freiheit" umreißen, dann deren negativen Charakter bestimmen und schließlich das Verhältnis von Wünschen und Wollen kurz erörtern.

212 (1) Zunächst also zwei Bedeutungen von „Freiheit", die von „Willensfreiheit" zu unterscheiden sind! Das *erste* ist die Freiheit im Sinn der Beliebigkeit, auch „moralische Freiheit" oder „Freiheit des Ermessens" (libertas ab obligatione) genannt; so sagen wir etwa „Es steht dir frei, hier im Hof zu parken". Frei (bezüglich bestimmter Handlungen) ist in diesem Sinn jemand, der tun *darf*, was er will, das heißt, dessen Recht, so zu handeln, *nicht* durch moralische oder juristische Gesetze eingeschränkt ist. Manchmal werden solche „Freiheiten" ausdrücklich eingeräumt, wie z.B. die Zollfreiheit (= Befreitsein von Zollabgaben) oder die Handelsfreiheit (= die Zulassung zu bestimmten Märkten). Manche dieser Freiheiten (wie z.B. die Pressefreiheit, die Religionsfreiheit, die Koalitionsfreiheit usw.) sind so, dass der (moderne demokratische Staat) sie nicht als erst zu gewährende Erlaubnisse, sondern als unmittelbar geltende Rechte ansieht.

213 Das *zweite* ist die Handlungsfreiheit. In diesem Sinn „frei" ist jemand (bezüglich bestimmter Handlungen), der *nicht* daran gehindert wird, das *auszuführen*, was er tun will, d.h. was zu tun er sich vorgenommen hatte bzw. was zu tun er schon im Begriff war (libertas a coactione). Als solche Hinderung kommt vor allem äußerer Zwang in Frage. In diesem Sinn ist einem Gefangenen, Gefesselten usw. die Freiheit genommen. In Analogie zum äußeren Zwang kann man auch von inneren „Zwängen" sprechen. – Nur „Zwang" im engen Sinn hebt die Handlungsfreiheit auf. Zwang im engen Sinn nimmt dem Betroffenen die Möglichkeit, eine bestimmte Handlung von sich aus zu setzen: er *kann* (wie der Gefesselte bzgl. des Laufens) *nicht* tun, was er will, bzw. *muss* tun, was er *nicht* will (so wie man einem Waschzwang nicht auskommen kann). „Zwang" im weiteren Sinn liegt dann vor, wenn z.B. gesagt wird,

jemand sei unter Androhung von Gehaltskürzungen „gezwungen" worden, etwas Bestimmtes zu tun. Denn dieser Zwang hebt die Handlungsfreiheit nicht auf, sondern macht nur die Kosten der Alternative, die man gern ausgeführt hätte, extrem hoch.
In einer Gesellschaft, in der die Beachtung der Gesetze und Vorschriften durch polizeiliche Gewaltanwendung erzwungen werden kann – meist im weiten Sinn von „Zwang" –, sind die Ermessensfreiheit und die Handlungsfreiheit (bzw. -unfreiheit) im Einzelfall oft miteinander verknüpft. Prinzipiell aber bleibt ihr Unterschied bestehen; denn es gibt illegalen Zwang und ungehinderte Illegalität.
(2) In beiden Freiheitsbegriffen wird die *negative* Bedeutung von „Freiheit" verwendet: hinsichtlich bestimmter Handlungsmöglichkeiten frei sein *von* etwas: einmal von Verpflichtungen, einmal vom Zwang. Das positive Handeln-Können des Subjekts selbst und in sich liegt dabei außer Betracht; es konstituiert nicht den Begriff der Handlungsfreiheit, sondern wird vorausgesetzt. Dasselbe gilt für das „Dürfen", das positiv ist, also nicht zusammenfällt mit der Negation des Nicht-Dürfens, wie z.B. in der Redewendung „dass ich diesen Bau noch vollenden durfte ...": es ist im Begriff der Ermessensfreiheit nicht gemeint. Dieses positive Können (und evtl. Dürfen) wird einfach *vorausgesetzt*, wenn man eine Handlung daraufhin betrachtet, ob ihr ein Verbot oder ein Zwang entgegenstehen wird oder nicht. Gehindertwerden (bzw. Nicht-Gehindertwerden) und Nicht-Dürfen (bzw. Dürfen) beziehen sich also auf Handlungen, die ich vollziehen *kann* (und will). Vom (Nicht-)Verbotensein oder vom (Nicht-)Gehindertsein hinsichtlich einer Handlung zu sprechen, die zu vollziehen ich von mir aus gar nicht das physische, psychische, intellektuelle usw. Können habe, ist sinnlos. Bezüglich solcher Handlungen, zu denen mir das Können fehlt, stellt sich das Freiheitsproblem in keiner seiner Bedeutungen, auch nicht im Sinn der Willensfreiheit. Manchmal hört man freilich auch Sätze wie „Ich bin nicht frei, (ohne technische Mittel) in der Luft zu fliegen" oder „Niemand hat die Freiheit, sich seine Eltern auszusuchen". Aber hier bedeutet „Freiheit" einmal nur soviel wie ein physisches Können und das andere Mal nur dies, dass das, was Vorbedingung all meines Wählens ist, nicht selbst gewählt werden kann. Beide Sätze bringen also weder eine Einschränkung der Ermessens- und Handlungsfreiheit zum Ausdruck noch einen Einwand gegen die Freiheit des Willens.
(3) Nun richten sich Verbot und Zwang immer gegen Handlungen, die jemand vollziehen *will*. Was versteht man unter dem *Wollen*?

Man kann es zu umgrenzen versuchen, indem man es abgrenzt gegen das Müssen und das Wünschen.

215 Das *Müssen* kommt in zwei verschiedenen Formen vor, als bedingtes und als unbedingtes. Das unbedingte Müssen steht im Gegensatz zum Wollen: was ich da „muss", ist meiner Verfügung entzogen. Beispiel „Ich wollte ja nicht so weit hinausschwimmen, aber ich ‚musste' es, weil die Strömung stärker war als ich." Das bedingte Müssen hingegen steht nicht schlechthin im Gegensatz zum Wollen, sondern nur zu dem, was ich von mir aus *lieber* gewollt hätte: „Ich zahle ehrlich meine Steuern – nicht weil ich will, sondern weil ich *muss*" = „Ich *will* sie zahlen, um mir den Ärger mit der Steuerpolizei zu ersparen." Der Ausdruck „freiwillig" hat beide Bedeutungen: „freiwillig" seine Steuern zahlen (anstatt die Pfändung abzuwarten) ist etwas anderes als „freiwillig" eine Spende machen (d.h. ohne, dass ich dazu verpflichtet wäre: spontan, gerne, von mir aus). Oft versuchen wir, mit der Formel „ich wollte ja x tun, aber ich *musste* y tun" uns der Verantwortung zu entziehen, wo es in Wahrheit so war, dass man es frei *vorzog*, y zu tun.

216 Wie steht nun das „Wollen" zum „Wünschen"? Sowohl das Eine wie das Andere ist eine innere Stellungnahme zu zukünftigen Zuständen, die als irgendwie gut empfunden werden. Im Alltag verwenden wir das Wort „wollen" manchmal so, dass es gleichbedeutend ist mit „wünschen" oder auch „mögen" („Ines wünscht sich viel Geld = „Ines will viel Geld haben"). Oft aber bringt es Klarheit, wenn man beides terminologisch auseinander hält. So soll es auch hier geschehen, und zwar im Sinn der folgenden Unterscheidungen. *Erstens* kann sich das Wünschen auf einen viel größeren Gegenstandsbereich richten als das Wollen. Jemand kann z.B. wünschen, dass ein Tag um vier Stunden länger würde, dass er eine bedeutende Erfindung macht oder dass seine sterbende Schwester wieder gesund werde: Wollen aber kann man das alles nicht: wollen kann man nur das, was möglich ist, sowohl an sich wie für mein Handeln (entweder direkt oder indirekt: ich tue es selbst oder befehle einem anderen, es zu tun). *Zweitens* kann ein Ich von Wünschen umstellt sein, deren Realisierung an sich und ihm selbst möglich ist, – und kann es doch beim Wünschen lassen und nicht zum Wollen übergehen. Wünschen ist ein Angezogenwerden und Sichanziehen-Lassen vom Schönen, Genussvollen, Edlen usw. und evtl. ein Spielen mit den Möglichkeiten des Realisierens, Habens und Seins. Es ist die Vorstufe eines möglichen Wollens, von der aus es (evtl. über die Vermittlung eines *Beabsichtigens*) zum Wollen

kommen kann. Von starken Wünschen (Motivationen) erfüllt zu sein, ist grundsätzlich selbst ein wünschenswerter, wenngleich nicht einfach machbarer Zustand; denn es gibt nicht nur das „wunschlose Glück", sondern auch das Unglück der Wunschlosigkeit. Nun kann man zwar ein Tun bzw. sein Unterlassen nur dann wollen, wenn man es (unter irgendeiner Hinsicht) als wünschenswert empfindet. Aber das Wollen ist kein bloßes Wünschen, wenngleich sich jemand sehr unmittelbar von einem Wunsch zum Wollen bestimmen lassen kann. Wollen ist auch etwas anderes als ein Wünschen „zweiten Grades" (vgl. Th. Pink 1996 gegen Harry Frankfurt 1971).

Was ist Wollen? Psychologen unterscheiden manchmal das willentliche Handeln vom *flow*-Handeln; während letzteres wie von selber aus einem herauswachse, müsse man sich zu ersterem erst aufschwingen und evtl. mit zusammengebissenen Zähnen auch dabei halten. Dabei wird „Wille" in einem engeren Sinn gebraucht. Sachlich wird man nicht ohne weiteres sagen können, dass alles *flow*-Handeln willenlos sei: Es kann die Frucht einer langen, immer wieder bejahten Übung sein oder die glückliche Koinzidenz des Willens mit dem, was einem „liegt" und leicht fällt. Umgekehrt kann der gewissermaßen nackte Wille, dem die Unterstützung durch die entsprechenden Motive fehlt, diese Not nur für kurze Übergangszeiten überbrücken.

Konkretes Wollen scheint zwei Seiten zu haben: Es bildet sich in einem Entschluss (einer Wahl, einer Entscheidung), und es realisiert sich früher oder später in einem äußeren Handeln. Zum Entschluss selbst gehört eine Art von „innerem Handeln": erstens dass man seine Aufmerksamkeit bestimmten Personen, Tatbeständen, Lebensmöglichkeiten usw. zuwendet oder von ihnen abwendet; zweitens dass man sich der Attraktivität einer Lebens- und Handlungsmöglichkeit aussetzt oder verschließt; drittens dass man sich aktiv mit einer bestimmten Möglichkeit so identifiziert, dass man sie als jetzt durch mich zu realisierende ergreift. Die Realisierung selbst besteht im Entschlossensein. Dieses muss nicht unbedingt sofort ein Handeln aus sich entlassen: es kann auch eine Haltung (z.B. Treue zu einem Partner) oder ein Projekt sein (z.B. Politiker zu werden). Aber insofern zu dieser Haltung oder zu diesem Projekt bestimmte Handlungen gehören, ist der Entschluss zu diesen im Entschluss zu jenen mitgesetzt. Ob ein wirkliches (und nicht nur vermeintliches) Entschlossensein gegeben ist, erweist sich daran, ob die entsprechenden Handlungen bzw. Unterlassungen auch erfolgen oder nicht. In diesem Sinn ist das echte Wollen, im Unterschied zu bloßen Willens-Anwandlungen je schon anfänglich in das Handeln übergangen, dessen einzelne Etappen es trägt.

219 Damit von einem „freien" Wollen die Rede sein kann, muss zwischen dem Wünschen (samt dem vom von ihm ausgehenden Handlungsdrang) und dem Wollen (d.h. dem Entschluss und dem Entschlossensein zu seinem bestimmten Handeln) ein Abstand (Hiatus) bestehen. Bei kleinen Kindern ist dieser Hiatus noch nicht ausgeprägt, insofern sie dem „Es" ihres Wünschens (ihres Drangs, Strebens usw.) (noch) kein „Ich" entgegensetzen können: Wünschen und Wollen sind hier noch ungeschieden. Deswegen halten wir im Allgemeinen ihr Wollen nicht für frei. Wo hingegen ein Ich ist, das überlegen und entscheiden kann, treten Wünschen und Wollen auseinander, d.h. der Wille tritt den Inhalten des Wünschens gegenüber und bestimmt von sich aus darüber, was realisiert werden soll und was nicht. Darin liegt seine Freiheit.

Man kann das Wort „wollen" so verwenden, dass die mit jener Distanz und Verfügungsmacht gegebene Freiheit zu seiner Bedeutung gehört. Man kann es freilich auch so verwenden, dass es offen bleibt, ob es sich um ein freies Wollen handelt oder um ein Wollen, in dem ein Wunsch distanzlos unmittelbar handlungsbestimmend wird. – Unter dem Ausdruck „Wille" kann ein einzelnes Wollen bzw. das darin Gewollte gemeint sein (z.B. „sein letzter Wille"). Im anthropologischen Kontext meint es jedoch das freie Wollen-Können, das „Vermögen" zu wollen. Das Wort „Vermögen" darf jedoch nicht zu dem Missverständnis verleiten, als habe der Wollende zu seinem Wollen noch einmal jenes Verhältnis des Verfügens, das er wollend zu seinen Handlungsmöglichkeiten hat. Ungeachtet der Mannigfaltigkeit dessen, was jeweils Gegenstand seines Wollens ist, ist sein Wollen nichts *an* ihm, sondern nichts anderes als die Weise, in der *er selbst* „ist", d.h. sein Leben lebt.

b) Die Freiheit des Willens

220 Die Bezeichnungen „Willensfreiheit", „Entscheidungsfreiheit", „Wahlfreiheit" (oder, in Kants Sprache, „Freiheit der Willkür") gehen alle auf den lateinischen Ausdruck *liberum arbitrium* (= souveräner Richterspruch) zurück. Obwohl manche Autoren sie teilweise gegeneinander unterscheiden, werden sie doch meistens im gleichen Sinn verwendet.

Wenn nun die These aufgestellt wird, die Freiheit des Willens gehöre wesentlich zum Menschen, dann kann der *Gehalt* dieses Begriffs vielleicht so umschrieben werden: als *die prinzipielle Fähigkeit, sich selbst für ein bestimmtes* (mögliches und als sinnvoll erlebtes) *Handeln oder dessen Unterlassung* beziehungsweise für dieses oder jenes Handeln *zu entscheiden.* – Diese Definition ist nun nach ihren Bestandstücken zu erläutern.

(1) „Handeln" ist weit zu nehmen: es geht nicht nur um das Tun oder gar Machen, sondern beispielsweise auch um das Stillhalten, um das Versprechen, Denken, Zulassen, Zustimmen usw. Zum Handeln gehört, im Unterschied zu einer bloßen spontanen Bewegung des Körpers, eine Vorstellung und Deutung von dem, was man tut: Man betrachtet eine Handlung nicht nur „unter einer Beschreibung" bzw. Benennung, sondern vollzieht sie schon so. Diese Benennung ist eng verknüpft mit der Absicht, die das Handeln bestimmt. So kann ein und dasselbe physische Tun zu zwei sehr verschiedenen Handlungen gehören (Beispiele: man steht vom Stuhl auf als Anfang des Weggehens oder als Zeichen der Ehrerbietung; Ödipus heiratet die Frau, die seine Mutter ist, aber nicht als solche). Ebenso kann umgekehrt ein und dieselbe Handlung durch verschiedene physische Bewegungen vollzogen werden (z.B. Applaus durch Klatschen, Klopfen oder Trampeln). – Der Ausdruck „Handeln" selbst kann, je nach der Situation, dreierlei meinen: erstens ein individuelles Verhalten hier und jetzt, zweitens einen *Typ* des Verhaltens, drittens ein Handlungsprojekt, das viele Handlungen einschließt. Im zweiten Fall drückt sich die Entscheidung in einem allgemeinen Vorsatz oder einer Handlungsmaxime aus: es geht dabei darum, sich zu jemandem, zu immer wiederkehrenden Situationen usw. in ein dauerhaftes Verhältnis zu setzen. Zum dritten Fall gehören die Entscheidungen für langfristige Projekte und für dauerhafte Engagements in Ehe, Beruf, Religion usw. Zwischen den drei „Fällen" besteht eine gegenseitige Abhängigkeit. Ohne allgemeine Vorsätze und Projekte sind die einzelnen Entscheidungen zufällig und ohne rechtes Maß. Aber auch die Entscheidungen des zweiten und dritten Falls, in denen man sich und seinem Leben selbst ein „Gesetz gibt" bzw. einen „Stil" vorschreibt, müssen sich immer in Entscheidungen zu einzelnen Handlungen konkretisieren, in denen allein sie Realität gewinnen. Deswegen stehen diese im Vordergrund unserer Analyse. – Gewiss sagt man nicht nur, dass man zwischen Möglichkeiten des Handelns wähle, sondern auch, dass man sich zwischen *Sachen* oder *Personen* entscheide (z.B. zwischen verschiedenen Seifen, von denen man eine kauft). Aber jede Entscheidung für eine Sache oder eine Person ist zugleich eine Entscheidung über das eigene Handeln, z.B. die Seife „Ga" und

nicht die Seife „Fi" zu kaufen oder Frau X und nicht Frau Y zum Urlaub einzuladen.

(2) Die Alternative kann sich nur auf Handlungen beziehen, die der Handelnde als seine eigenen Möglichkeiten erlebt. Darin liegen zwei Elemente: Erstens: Die Handlungsmöglichkeiten müssen so sein, dass er sie als sinnvoll empfindet: bei ihrer Erwägung muss etwas in ihm zum Klingen kommen (Thomas v. Aquin spricht vom *bonum consonum*). Etwas als eine sinnvolle Handlungsmöglichkeit erleben, heißt: sie (in sich oder im Hinblick auf ein Ziel) als gut erfassen; urteilen, dass ihre Realisierung der Mühe wert ist, mindestens um ein noch größeres Übel abzuwehren usw. Zweitens: Der Handelnde muss die Macht haben, sie auszuführen, oder muss mindestens einige Zeit glauben können, er habe diese Macht. Zum Gefühl des Könnens gehört auch der Glaube, man wisse, was die eigenen Handlungen bedeuten und bewirken.

(3) Man kann sich fragen, inwieweit nicht nur Empfinden und Glauben, sondern auch wahres *Wissen* für eine freie Wahl konstitutiv ist. In welchem Maß muss die ins Auge gefasste Handlung hinsichtlich ihrer Umstände und Folgen und ihrer Motive durchsichtig sein, damit von einer freien Entscheidung die Rede sein kann? Diese Frage öffnet ein weites Feld von Untersuchungen. Hier muss es genügen, die äußersten Grenzen abzustecken. Einerseits ist eine völlige Durchsichtigkeit nur sehr selten und in sehr beschränkten Zusammenhängen gegeben; wir müssen oft entscheiden, ohne genau zu wissen, was uns alles dabei bewegt, und ohne vorauszusehen, was die Folgen der Entscheidung sein werden. Andererseits ist Freiheit des Willens wohl nur da gegeben, wo ein gewisses Mindestmaß von Durchsichtigkeit hinsichtlich der Umstände, Folgen und eigenen Motive erreicht ist. Eine vollkommen blinde Dezision verdient den Namen „Entscheidung" nicht. Zwischen diesen beiden Extremen gibt es wohl verschiedene Grade, denen entsprechend die *prinzipielle* Fähigkeit der Entscheidung zu einer *effektiven* Fähigkeit wird.

(4) „Oder" bezeichnet eine Alternative: es gibt mindestens zwei echte Möglichkeiten des Handelns, wie immer diese selbst äußerlich und innerlich zustande gekommen sein mögen und welche Rolle mein Suchen und Entwerfen dabei gespielt haben mag. Ganz formal betrachtet, kann die Alternative zwei Formen annehmen, die in unserer „Definition" durch den Ausdruck „beziehungsweise" getrennt sind. Im ersten Fall geht es darum, eine bestimmte Handlung zu setzen oder zu unterlassen (z.B. eine Bemerkung zu machen oder nicht zu machen), im zweiten Fall darum, diese oder jene

Handlung zu setzen (z.B. zu arbeiten oder zu joggen). Im ersten Fall spricht man davon, dass die Willensfreiheit die Form der Vollzugsfreiheit annimmt, im zweiten die Form der Bestimmungsfreiheit. An die Situation der Vollzugsfreiheit schließen sich wichtige Probleme an. a. Es ist offenbar ein Unterschied zwischen den zwei folgenden Fällen: (1) Einer beschränkt seine Überlegung auf die Frage, ob er eine Handlung x setzen soll (oder nicht). (2) Ein anderer bezieht in seine Überlegung auch die zwei Tatsachen mit ein, dass einerseits auch die Unterlassung von x eine Art von Handlung ist und dass andererseits anstatt von x immer irgendetwas getan wird, da man ja unmöglich gar nichts tun kann. Daraus ergeben sich dann die beiden Fragen, ob man für eine bewusste Unterlassung ebenso verantwortlich ist wie für ein aktives Tun, und ob man für das, was sich durch eine Entscheidung gegen eine Handlungsmöglichkeit statt dessen als Tun durchsetzt, auch verantwortlich ist. b. Wer in die Situation kommt, zwischen Alternativen entscheiden zu müssen, kann versuchen, *dieser* Entscheidung auszuweichen. Dies mag gelingen. Aber damit ist *auch* schon eine Entscheidung getroffen, und zwar die, die zuerst anstehende nicht zu treffen. Daraus sieht man, dass in jeder Entscheidung eine Vor-Entscheidung liegt: nämlich die, diese Alternative zur Entscheidung zu akzeptieren. Als endliche Wesen haben wir nicht die Wahl, in Wahlsituationen überhaupt zu kommen oder nicht, wir geraten einfach in sie. Und, noch grundsätzlicher gesagt: Wir haben nicht die Wahl, überhaupt frei zu sein oder nicht. Wir *sind* frei und üben diese Freiheit immer schon so oder so aus. – Daraus ergibt sich eine innere Spannung: Als diejenigen, die die Alternativen und damit den Spielraum einer quasi richterlichen Entscheidung (*liberum arbitrium*) über deren Realisierung haben, stehen wir *über* unseren Möglichkeiten; das ist die Souveränität des Wählenden. Aber zur Wahl gehört auch die Qual: das Hin-und-Her-Gezerrtwerden zwischen den Alternativen, das in der Überlegung, dem Mit-sich-zu-Rate-Gehen, ausgetragen wird. Erst die Entscheidung setzt dem ein Ende. Solange unser Sein in alternative Möglichkeiten erstreckt ist, sind wir ein lebendiger Widerspruch, der zur Auflösung zugunsten einer eindeutig konturierten Gestalt des Verhaltens drängt.
(5) „Sich selbst" ist ein Reflexivum: es deutet an, dass derjenige, der entscheidet, und derjenige, über den entschieden wird, derselbe ist, in einer Einheit von Aktivität und Passivität.
Aktivität: Bei einer freien Entscheidung ist der Entschluss die letzte Ursache dafür, dass einer sich so und nicht anders verhält. Gewiss hat er oft auch *Gründe*, sich so und so zu verhalten. Aber, im Un-

terschied zu naturhaft determinierenden *Ursachen*, sind diese Gründe nur etwas im und für den Akt der Entscheidung: Sie sind Instrumente der Überlegung, durch die die Selbstbestimmung für das Selbst (und evtl. andere) durchsichtiger wird. Gewiss ist auch das Überzeugtsein von Gründen eine Art von Ursache; aber da es Gründe für und wider gibt und da, was als Grund zugelassen wird, wiederum Sache der Entscheidung ist, bleibt deren Unableitbarkeit erhalten. Die Entscheidung zu einer bestimmten Handlung ist somit nicht einfach das Resultat der inneren und äußeren Handlungssituation, die ihr vorausliegt; letztere ist, wie sie ist, aber was aus ihr „folgt", ist durch das Nadelöhr der Entscheidung gegangen. Die Entscheidung ist also Quelle von *Neuem*. Deswegen ist der Entscheidende *selbst* (nicht nur etwas *an* ihm) die „Ursache" für seine Entscheidung und damit für seine Handlung: dafür, dass es überhaupt zu beiden kommt und dazu, dass sie *so* sind und nicht anders. Zu einer freien Entscheidung gehört, dass der Entscheidende sich auch hätte anders entscheiden können. Deswegen kann man von ihm auch Rechenschaft über sie verlangen, besonders dann, wenn seine Entscheidung Folgen für andere hatte: Er muss seine Entscheidung (und damit sich) verantworten. (Und er sollte das auch vor seinem eigenen inneren Forum, dem Gewissen, tun können.) Ist jemand unfähig, in einen Verantwortungsprozess zu treten, dann wird man ihm die Verantwortlichkeit und damit auch die (effektive) Willensfreiheit absprechen.

Passivität: Jedes Verhalten hat Rückwirkungen auf den, der sich so oder so verhält, ob er das nun beabsichtigt oder eher zu vermeiden trachtet. Das Handeln aber, zu dem sich einer frei entscheidet, hat Rückwirkungen einer besonderen Art. Man wird zu einem Menschen, der von sich sagen kann oder muss: Ich habe das getan. Solche Sätze stehen in einem werthaften Horizont. Ein „guter" oder „schlechter" Mensch wird man nicht durch die Einflüsse der Umwelt oder durch Vererbung, die zwar die Wahrscheinlichkeit von gesellschaftlich gewünschten oder unerwünschten Verhaltensdispositionen bestimmen, nicht aber das innerste Herz (dem die Absichten und Gesinnungen entspringen) einnehmen können. Ein schlechter oder guter Mensch wird man nur durch die Rückwirkung von wiederholten und nicht fundamental revidierten schlechten oder guten Freiheitstaten. Jedenfalls haben die Begriffe des sittlich Guten und Schlechten nur einen Sinn im Hinblick auf Freiheit.

(6) Von einer „prinzipiellen" Fähigkeit zur Selbstbestimmung ist die Rede. Diese ist zu unterscheiden von den verschiedenen auf

ihr aufbauenden Bereitschaftsgraden des konkreten Vermögens zu freier Entscheidung. Das grundlegende Vermögen der Selbstbestimmung im Horizont der Idee eines sinnvollen Lebens, das allen Menschen als solchen eigen ist, muss ja, bis es zu einem effektiven Vermögen in der ganzen Tiefe seines Ausgreifens wird, reifen. So sprechen wir etwa einem ganz kleinen Kind die effektive Fähigkeit zur freien Selbstbestimmung ab, obwohl es dazu die Anlage hat und auf deren Entfaltung hin „angesprochen" werden muss und kann. Aber auch bei einem biologisch-psychologisch im Prinzip reifen Erwachsenen kann es geschehen, dass die Fähigkeit zur Selbstbestimmung verschiedene Aktualitätsgrade annimmt. So sprechen wir davon, dass ein Mensch innerlich „frei" oder „unfrei" sei und meinen damit nicht die An- oder Abwesenheit der Willensfreiheit überhaupt, sondern das größere oder geringere Können, das die Möglichkeit ihrer Ausübung erweitert oder begrenzt. Wenn man sich fragt, was man unter einem Menschen versteht, der dieses Können hat, so kann man vielleicht antworten: Es ist erstens ein Mensch, der eine große Unabhängigkeit hat vor dem Urteil oder der Reaktion anderer Menschen; er braucht ihr Lob nicht unbedingt, er fürchtet ihren Tadel oder ihre Drohung nicht zu sehr; er kann seine Angst, allein dazustehen, überwinden, usw. Zweitens wird man sagen: Er hat seine Stimmungen und Affekte soweit im Griff, dass sie ihm das nüchterne Urteil und das beabsichtigte Handeln im entscheidenden Augenblick nicht verderben. Als dritte Stufe innerer Freiheit wird man noch dies hinzufügen, dass ein Mensch in einem beträchtlichen Grade fähig ist, das, was er als objektiv gut erkannt hat, auch zu tun. Wie werden diese Stufen innerer Freiheit (einigermaßen) erreicht? Eine Antwort auf diese Frage kann hier nur angedeutet werden: einerseits sicherlich nur als Folge immer wieder geübten eigenen, entschiedenen Wollens und Handelns, andererseits für gewöhnlich nicht ohne Erziehung in günstigen, aber fordernden Umständen, – nicht ohne Erfolgserlebnisse, – nicht ohne die Aufforderung und Ermutigung, die man dazu von Freunden erfährt.

Ob ein *bestimmtes einzelnes* Verhalten eines Menschen aus freier Entscheidung hervorgegangen ist oder nicht, ist oft nicht leicht zu sagen. Man muss dies aber auch nicht wissen, um an der Überzeugung von der prinzipiellen Fähigkeit der Selbstbestimmung festhalten zu können. So wird auch z.B. vor Gericht im Allgemeinen die prinzipielle Willensfreiheit einfach vorausgesetzt, wenn man anhand bestimmter Kriterien untersucht, ob ein Mensch bzgl. bestimmter Taten, die ihm zugeschrieben werden müssen, zurechnungsfähig war oder nicht. Denn diese Kriterien sind vor allem negativ.

Literatur

Heckhausen 1987
Steinvorth 1987
Tugendhat 1987

Cranach/Foppa 1996
Pink 1996
Bieri 2001

2. *Positiver Aufweis der Existenz der Freiheit*

222 Bisher haben wir uns darauf beschränkt, im Ausgang von allgemein menschlichen Erfahrungen und Überzeugungen einen Begriff der Freiheit zu entfalten. Nun wird aber die Realgeltung dieses Begriffs, also die Existenz der Willensfreiheit, bestritten. Man nennt die Philosophen, die die Existenz der Willensfreiheit (im Menschen) schlechthin bestreiten, „Deterministen". Zwar ist auch die freie Selbst-Bestimmung eine Weise der Bestimmung (d.h., lateinisch gesagt, der determinatio). Aber von dieser sieht man ab, wenn man vom „Determinismus" spricht. Man unterscheidet manch mal einen sogenannten „harten" oder einen „weichen" Determinismus. Letzterer sagt nur, dass die menschliche Motivationsstruktur, durchschnittlich gesehen, so ist, dass in vielen Fällen die Wahrscheinlichkeit sehr hoch ist, dass sich die Menschen für die eine Seite der Alternative entscheiden werden statt für die andere: z.B. für das Leichte statt für das Schwere, für das Angenehme statt für das Unangenehme, für den Gewinn statt für den Verlust usw. Der weiche Determinismus schließt die Willensfreiheit nicht prinzipiell aus. Eben das aber tut der „harte" Determinismus, der, über das bloße Faktum hinaus, auch deren Möglichkeit bestreitet. Anders als der weiche beschränkt er sich nicht auf empirisch gefundene Wahrscheinlichkeiten, sondern arbeitet mit apriorischen Argumenten im Feld von Notwendigkeiten und Unmöglichkeiten. Wenn im Folgenden von „Determinismus" die Rede ist, dann ist immer derjenige gemeint, der im ausschließenden Gegensatz zur Freiheitsthese steht, also der „harte".

Gegen ihn müssen wir also die Gültigkeit unserer Analysen ausdrücklich verteidigen. Dies kann so geschehen, dass wir Argumente für unsere eigene Behauptung bringen oder so, dass wir die Beweise der Gegenseite kritisch destruieren. Beides soll versucht werden: der positive Aufweis in diesem Abschnitt, der negative in den Abschnitten 3 und 4.

a) Aufweis aus dem Widerspruch zweier Annahmen

Mit dem Begriff der Willensfreiheit ist der Begriff der Verantwortlichkeit notwendig verbunden. Ohne die Realgeltung des ersteren ist auch, wie anfänglich schon Aristoteles (*Nikomachische Ethik* III,7) gezeigt hat, jedes Loben und Tadeln im sittlichen Bereich ohne objektives Fundament. Wenn also einer die Realität der Freiheit prinzipiell leugnet und zugleich moralische Urteile über andere oder über sich fällt, dann behauptet er zwei einander widersprechende Thesen. Um den Widerspruch zu vermeiden, muss er eine von beiden aufgeben. Will er seinen Determinismus festhalten, wird er die Tätigkeiten und Einstellungen, die die Freiheits-Überzeugung implizieren, entweder fallen lassen oder so interpretieren müssen, dass diese Implikation verschwindet. Das Fallenlassen wird sich schnell als etwas erweisen, was man lebenspraktisch weder schafft noch will.

So bleibt die Notwendigkeit der Uminterpretation. Ein Determinist kann z.B. das Loben und Tadeln als ein Belohnen und Bestrafen deuten. Von dieser Identifikation ausgehend, kann er *erstens* der kausalen Interpretation des Belohnens und Bestrafens eine finale entgegensetzen. Letztere sagt: Jemand wird nicht belohnt, *weil* er es durch seine vergangenen Taten verdient hat, sondern *damit* er in Zukunft ähnlich handelt. Von der Frage, ob diese wünschenswerten Taten aus freien Entscheidungen hervorgegangen sind oder nicht, kann dann abgesehen werden. Nun aber ist das Loben und Tadeln etwas anderes als das Belohnen und Strafen, obwohl die letztere Zweiheit mit der ersteren verknüpft sein kann. Das Belohnen und Strafen, das bekanntlich auch als Instrument der Verhaltenskonditionierung eingesetzt wird, die bei Tieren „Dressur" heißt, kann ganz vom erwünschten künftigen Ziel her verstanden werden; Freiheit ist dabei weder der Tatsache noch dem Sinn nach vorausgesetzt. Loben und Tadeln aber beziehen sich nach rückwärts und setzen voraus, dass der für sein Tun Gelobte oder Getadelte auch die gegenteilige Möglichkeit hatte, sie aber nicht ergriff. Dass sich dem Lob und dem Tadel, d.h. der positiven oder negativen Beurteilung eines Handelns (von der der Handelnde u.U. gar nichts erfährt), auch noch eine Belohnung oder Bestrafung anschließen kann (z.B. in der Form öffentlicher Belobigung oder Beschämung), ist für jene kontingent und kann deshalb für das Verständnis von lobender oder missbilligender Beurteilung nicht herangezogen werden. (Etwas ganz anderes ist die weitgehend praktische Frage, inwieweit ein System des Strafrechts kausal oder final begründet werden soll. Es wird wohl eine Kombination sein müssen. Denn einerseits soll die Strafe ja von der Wiederholung der schlechten Tat abschrecken und zu einer erhofften „Resozialisierung" beitragen, was die finale Betrachtung ins Spiel bringt. Andererseits wird man das Recht des Staates, jemanden der Freiheit zu berauben und zu Verhaltensänderungen zu zwingen, normalerweise nicht so begründen, wie man die Legitimität der Sicherheitsverwahrung begründet, nämlich als Notwehr: weil nur so der Schutz der Öffentlichkeit vor Tätern gewährleistet ist, deren effektive Willensfreiheit in bestimmten typischen Situationen von krankhaften und überaus gefährlichen Impulsen überrannt wird. Man wird auch den Hinweis auf die Schuld und somit auf die Willensfreiheit des Betreffenden nicht entbehren können, wenn man nicht ein allgemeines Verfügungsrecht der (dann „totalitären") Gemeinschaft über die Handlungsfreiheit ihrer Mitglieder statuieren will. Man wird aber auch für die Kooperation der Gefangenen auf Einsicht und Freiheit bauen wollen.)

225 Zweitens ist versucht worden, wiederum ausgehend von der Identifikation der negativen Beurteilung eines Handelns mit dessen Bestrafung, das moralische Beurteilen, das den Freiheitsglauben voraussetzt, und damit diesen selbst, als unmoralisch zu diskreditieren. Der Wille zur Strafe sei nichts anderes als der Wille sich zu rächen, der, um seine Nacktheit zu bemänteln, den Gedanken der gerechten Strafe und die darin implizierte Idee von der Freiheit dessen, der bestraft werden soll, einfach erfindet. – Richtig ist, dass der Rachedurst und das Bedürfnis nach einem Sündenbock dazu *verleiten* können, dort volle Verantwortlichkeit und damit effektive Freiheit einfach zu supponieren, wo diese bei näherer, verständnisvollerer Betrachtung gar nicht oder nur in recht reduziertem Maß vorhanden ist. Aber gegen diese Gefahr kann man sich ja durch Selbstkritik wappnen. Das Individuum kann es, indem es seine Voraussetzungen reflexiv erfasst und kritisch prüft; die Gesellschaft kann es, indem sie (statt z.B. der spontanen Lynchjustiz) für die Einrichtung und Verwaltung eines Rechtssystems sorgt. Darin – und nicht zuletzt im Projekt der moralischen Kritik an bestimmten pseudomoralischen Verhaltensweisen – erweist sich wieder die praktische Unvermeidlichkeit der Freiheitsüberzeugung.

Die Freiheit des Willens ist aber nicht nur und nicht in erster Linie die Voraussetzung der Zurechenbarkeit von Taten und der (vor allem negativen) Verantwortlichkeit für sie. Sie ist Voraussetzung ebenso und vor allem für die positive Möglichkeit, sich im Hinblick auf das Gute und Bessere selbst zu bestimmen: d.h. sich für diese Möglichkeiten innerlich zu öffnen, ihnen den Zuschlag zu geben und sie in Taten, Haltungen und Institutionen zu realisieren, soweit das möglich ist. Dafür, dass dies gelingen kann, müssen viele Bedingungen gegeben sein; die Tatsache der Willensfreiheit für sich allein ist dafür keine hinreichende, wohl aber eine notwendige Bedingung.

b) Aufweis aus dem Widerspruch von Satz und Setzung

Die Lage der Diskussion ist in diesem Fall so, dass der Determinist nicht zwei verschiedene, miteinander unverträgliche Behauptungen vorträgt, sondern nur die eine Behauptung, es gebe keine Willensfreiheit. Es soll nun, auf dem Wege eines Retorsionsarguments, gezeigt werden, dass *jede* Behauptung – also auch diese – von der Überzeugung lebt, dass sowohl der Behauptende wie sein Adressat hinsichtlich ihrer Behauptungen frei sind. Somit hätten wir einen Widerspruch zwischen dem Satz, der behauptet wird, und den Überzeugungen, die jede Setzung von Behauptungen voraus-setzt.
Eine Behauptung impliziert notwendig den Anspruch, dass ihr Inhalt der Wahrheit entspreche und dass ihr Wahrheitswert dem Behauptenden einsichtig geworden sei: m.a.W. dass er andere mögliche Aussagen bewusst verworfen hat zugunsten der einen, ihm wahr erscheinenden, und dass er die Möglichkeit, externe Vorteile zum Kriterium seiner Wahl zu machen, zugunsten der Wahrhaftigkeit zurücktreten hat lassen. Dieser Tatbestand erfüllt den Begriff, den wir uns von einem freien Wollen gemacht haben. Der Verdacht, dass sich unter einer solchen Wahl ein Mechanismus als wahres Agens verberge, der das Phänomen der Wahl zu einer Illusion werden lässt, mag im Ausnahmefall begründet sein; wird er aber *prinzipiell* verstanden, so zerstört er, mit der Möglichkeit von Erkenntnis überhaupt, auch die Möglichkeit des Verdachts selbst.
Dasselbe Ergebnis resultiert aus den Erwartungen, die jeder Diskussionsteilnehmer an seinen Partner richtet. Er wird nicht damit zufrieden sein, dass ich, um ihm einen Gefallen zu tun, einfach äußerlich seine Meinung übernehme. Er wird auch die eventuell gebotene Möglichkeit, mich physiologisch oder psychologisch so zu

konditionieren, dass ich nur noch deterministische Thesen von mir gebe, ablehnen. Er will, dass ich mich, angesichts mehrerer möglicher Aussagen, frei und ganzherzig für diejenige entscheide, die mir wahr erscheint – und hofft, dass dies dieselbe sei, an der er selbst festhält.

228 Ist aber einmal im begrenzten Feld einer theoretischen Diskussion die Willensfreiheit zugestanden, so ist die Universalität der deterministischen These gebrochen. Mehr: es besteht kein Grund, den Bereich der Freiheit auf das Wählen zwischen Behauptungen einzuschränken und für den Bereich des Praktischen die schlechthinige Herrschaft des Mechanischen zu postulieren. Denn einerseits kämpft auch der Mensch, der erkennen will, mit emotionalen und sonstigen Fixierungen; und andererseits ist auch die Stellungnahme zu möglichen Behauptungen eine Art von Praxis (Handlung) im Horizont der Wahrheit, die das spezifische „Gut" des Verstandes ist. Und schließlich bleibt es ja nicht beim inneren Erkennen, sondern meine Sprachwerkzeuge gehorchen (normalerweise) dem Willen, das als wahr Erkannte auch mitzuteilen, – gewiss mit Hilfe der „Mechanik" der Sprachzentren, Stimmbänder, Lungen usw., aber eben nicht „mechanisch". Im bejahenden und verneinenden Urteilen „steckt ... ein willensartiges Stellungnehmen oder ein alternatives Verhalten zum Wert, und es ist demnach gerade in dem Punkt ... dem anderen wertenden Verhalten des Subjekts gleichartig" (Rickert 1921, 303).

c) Theoretische und praktische Gewissheit

229 Man kann also, wenn man begriffen hat, was der Ausdruck „Willensfreiheit" meint, und wenn man bedenkt, was man selbst voraussetzt, wenn man sachlich diskutiert, nicht im Ernst behaupten, wir hätten keine Willensfreiheit. Jeder theoretisch erwägbare Determinismus steht so der faktisch vollzogenen Überzeugung von Freiheit gegenüber. Der Aufweis der Freiheit besteht also darin, dass der Blick aus der Ebene der denkbaren oder konstatierbaren Tatsächlichkeiten in genere zurückgeführt wird auf die Ebene des von mir und dir handelnd in Anspruch Genommenen und Affirmierten. Gegen dieses Vorgehen könnte freilich eingewendet werden, dass so eben nicht das *Sein* des freien Willens selbst, sondern nur die *Unvermeidlichkeit* aufgewiesen worden sei, an Freiheit zu *glauben*, solange man handelt: nämlich an die eigene und an die der Partner des Handelns; ob es Freiheit wirklich gebe, bleibe also zweifelhaft.

Zur Verteidigung unseres Arguments können jedoch zwei Gedanken angeführt werden. *Erstens*: Das, was als ein Mangel erscheinen kann, ist nur eine Konsequenz aus der Art, wie Freiheit „ist" und zum Bewusstsein kommt. Denn das Sein der Freiheit ist nicht primär Gegenstand eines neutralen Konstatierens, sondern erschließt sich *aus* der Lebenspraxis *für* diese, in der Erfahrung des Zueinanders von Sich-entscheiden-Müssen und Hoffnung. Ein gewisses Element des Vertrauens und Hoffens lässt sich aus der Weise, wie Freiheit – eigene und andere – sich uns erschließt, nicht ausstreichen, und deswegen führt der Beweis der Freiheit auch nicht zu einer solchen „reinen" Tatsächlichkeit, dass von hier aus das „Recht" der handlungsleitenden Überzeugung allererst kritisch getestet werden könnte. Zweitens: Da sich die Bezweiflung der Freiheit als etwas erweist, was die Überzeugung von der effektiven Freiheit der Urteilszustimmung noch einmal voraussetzt, kann man sich von der Hartnäckigkeit des zum Handlungsbewusstsein gehörigen Freiheitsglaubens nicht *so* distanzieren, wie man sich von seinem Waschzwang oder von den Vorurteilen seiner Epoche distanzieren kann. Man müsste schon, um dafür einen Grund zu haben, annehmen, dass eine extrem tief gehende Selbsttäuschung in unser Wesen eingebaut sei. Der Determinismus scheut sich nicht, eine solche Annahme zu machen. Es wird gleich zu prüfen sein, ob seine Begründung so unwiderleglich ist, dass sie zu einer so kontraintuitiven These zwingt.

Mit der praktischen Überzeugung von unserer Willensfreiheit nicht zu verwechseln sind allerdings zwei Dinge: Erstens die theoretische Auslegung des genauen Gehalts dieser Überzeugung: bei dieser schwierigen psychologisch-philosophischen Analyse kann man sich leicht vertun. Zweitens die Feststellung, dass diese und jene, eigene oder fremde, vergangene oder zukünftige Handlung auf eine freie Entscheidung zurückzuführen ist oder nicht. Auch hier kann man sich im Einzelfall täuschen oder im Ungewissen bleiben. Denn die für die Entscheidung angeführten Gründe müssen nicht die wahren Beweggründe sein, sondern können auch das Produkt einer dem Schein aufsitzenden Rationalisierung sein. Dass eine Entscheidung mit Gründen, von denen sich viele finden lassen, gerechtfertigt werden kann, ist zwar ein gewisser Hinweis auf ihre mögliche Freiheit, weil ein Entscheiden aus Gründen jene Distanz bezeugt, die für die freie Wahl charakteristisch ist. Aber es ist kein Beweis, da es schwer festzustellen ist, ob die anführbaren Gründe mit den de facto ausschlaggebenden identisch sind. Andererseits ist auch die Hypothese zu erwägen, dass eine freie Entscheidung auf die

Abwägung von Gründen und Gegengründen gar nicht unbedingt angewiesen sein muss. In jedem Fall ist die prädikative Anwendung der Freiheitsidee auf individuelle Handlungen nicht immer sicher durchzuführen.

Aber *prinzipiell* die *Möglichkeit* freier Handlungen zu bestreiten, wie das der Determinismus tut, ist etwas anderes. Diese Bestreitung tritt in zwei Formen auf, die den zwei Aspekten der Freiheit korrespondieren: der Nichtdeterminiertheit des Handelnden als Ursprung (causa efficiens) seiner Handlungen, und der Unbeschränktheit des Motivationshorizonts (der causae finales) seiner Handlungen. Dementsprechend sind auf ihre Begründungen zu prüfen der mechanistische (3) und der teleologische (4) Determinismus.

Literatur

Fichte 1797/98, Nr. 4-5
Krings 1973

Pothast 1980, bes. 251-274
Nagel 1997, Kap. 6

3. Argumente gegen den mechanistischen Determinismus

231 Die klassische Formulierung des mechanistischen Determinismus hat der Astronom Pierre Simon Laplace († 1827) gegeben: „Wenn wir den Zustand des Universums zu einem Zeitpunkt t sowie alle Gesetze der Natur kennen, so können wir daraus den Zustand des Universums zu jedem früheren oder späteren Zeitpunkt als t ableiten", wobei es nicht so sehr auf die effektive Möglichkeit dieses doppelten Kennens ankommt, sondern auf das, was darin vorausgesetzt ist: dass nämlich die Geschehnisse *selbst* so deterministisch strukturiert sind, dass die Abbildung dieser Strukturen in einem Wissen der gekennzeichneten Art möglich ist.

Obwohl es nun scheint, dass die Behauptung der Freiheit und die deterministische These nicht zusammen bestehen können, haben wir doch an beiden ein Vernunft-Interesse (vgl. Kant, Kritik der reinen Vernunft, B 471-480, 560-586): Wir wollen an der Freiheit festhalten, insofern sie die Voraussetzung des theoretischen und praktischen Urteilens ist. Und wir wollen an der universalen Notwendigkeit festhalten, weil nur so Naturwissenschaft und Technik möglich zu sein scheinen. Da wir an beiden gegensätzlichen Thesen so fundamental interessiert sind, liegt es nahe zu untersuchen, ob ihr Widerspruch nicht vielleicht nur ein scheinbarer ist.

a) Unvereinbarkeit von Freiheit und
durchgängiger Determiniertheit

In der Tat versuchen viele Philosophen zu zeigen, dass die gegensätzlich erscheinenden Thesen, näher betrachtet, sich gar nicht widersprechen, sondern miteinander vereinbar sind. Zwei solcher „kompatibilistischen" Auffassungen sollen kurz betrachtet werden: diejenige Moores und diejenige Kants.

George Edward Moore gibt in seinen „Principia ethica" (1903) eine Deutung des Ausdrucks „Er hätte auch anders handeln können", mit dem die Freiheit einer Handlung ausgedrückt wird. Diese Formulierung heißt nach ihm soviel wie „Es hätte auch etwas anderes geschehen können, – da es sich bei den Umständen der Handlung um lauter kontingente Sachverhalte dreht". Wären Umstände, Vorgeschichte des Handelnden, Bewusstsein der handlungsrelevanten Folgen anders gewesen, so hätte der Handelnde auch anders gehandelt, – ungeachtet der Tatsache, dass die Handlung, so wie sie getan wurde, die notwendige Folge aus den inneren und äußeren Umständen war (vgl. Ricken 1977, Pothast 1978, 142-156). So seien Freiheit und Determinismus miteinander vereint. In der Tat allerdings nur scheinbar; weil die Freiheit dem Determinismus geopfert wurde. Denn die allgemeine Kontingenz der Vorbedingungen jeder Handlung begründet noch keine Freiheit; zu dieser ist erforderlich, dass die Handlung selbst in *wiederum* kontingenter Weise aus den Vorbedingungen hervorgeht, wobei diese Kontingenz kein bloßer Zufall ist, sondern auf eine Wahl zurückgeht, die der Wählende auch hätte anders treffen können. Denn das So-und-auch-anders-Können, das dem freien Subjekt zukommt, ist mehr und Anderes als das bloße „Es kann sein, dass er so handelt oder auch anders" (vgl. Tugendhat 1979, 217-220).

Immanuel Kant vertritt insofern einen Kompatibilismus, als seiner Meinung nach jedes „Handlung" genannte Ereignis vollständig sowohl auf Naturursachen wie auf freie Entscheidung zurückgeführt werden kann (Kritik der reinen Vernunft B 561 bis 586; vgl. Beck 1974, 169-196; Wood 1984, 73-101). Diese Lösung setzt voraus, dass die beiden Erklärungen verschiedenen Ordnungen angehören, die koexistieren und sich durchdringen, ohne doch einander verdrängen zu können, was wiederum nur möglich ist dadurch, dass es sich dabei nicht um ontologische, sondern um epistemische (d.h. die Weisen unseres Wissens betreffende) Ordnungen handelt: die Natur mit ihren notwendigen Kausalverknüpfungen ist zwar der Gegenstand möglichen Wissens, aber eines Wissens, das immer unabgeschlossen ist und auf Phänomene beschränkt bleibt, während die Freiheit nur der Gegenstand eines praktischen Glaubens ist, der aber höher steht als alles Wissen, weil er dessen Möglichkeitsbedingung betrifft. Kants „Kompatibilismus" hat seine inneren Schwierigkeiten, die hier nicht diskutiert werden müssen (z.B. droht die freie Entscheidung zu einem Absolutum zu werden, das nach rückwärts keinen Zusammenhang mit der konkreten Geschichte und Psyche des Handelnden hat). Im Prinzip stellt er eine vernünftige Lösung dar. Nur: ein eigentlicher Kompatibilismus ist seine Lösung nicht. Denn sie schließt den „dogmatischen", d.h. ontologisch-realistisch verstandenen Determinismus gerade aus. Insofern liegt hier ein Gegenstück zu Moores Lösung vor.

Wenn nun aber, wie die beiden Beispiele (freilich nur exemplarisch) zeigen, ein Kompatibilismus nicht durchzuhalten ist (vgl. Pothast 1980, 125-175), dann liegt es nahe, die Gründe zu prüfen, die für die deterministische These angeführt werden, um zu sehen, ob sie zwingend sind.

b) Die Unbeweisbarkeit des mechanistischen Determinismus

234 Eine Begründung des Determinismus könnte, grob gesprochen, auf zwei Weisen versucht werden: induktiv oder deduktiv. Das induktiv-empirische Begründungsverfahren scheitert an der Eigenart des zu beweisenden Satzes, der von offener Allgemeinheit und Notwendigkeit ist. Solche Sätze können nur deduktiv bewiesen werden. Aber aus welchen Prämissen? Einmal abgesehen davon, dass die Deterministen im Allgemeinen einen Horror vor einer metaphysischen Argumentation haben, um die es sich dabei ja handeln müsste, sieht man nicht, welche das sein könnten.

Also bleibt nur die Möglichkeit, die deterministische These nicht als Darstellung der Struktur der Naturzusammenhänge an sich zu lesen, sondern als das regulative Prinzip von deren Erklärung. Dieses Prinzip kann selbst zwar nicht streng begründet werden, erweist sich aber durch die enorme Fruchtbarkeit der physikalischen Erkenntnisbemühungen, die unter seiner Voraussetzung stehen, als eine mögliche und sinnvolle und insofern gerechtfertigte Annahme, jedenfalls solange, bis sich Grenzen seiner Anwendbarkeit zeigen. Grenzen scheinen sich aber, einmal abgesehen vom Freiheitsproblem, in zweifacher Hinsicht zu zeigen: im Bezug auf das Ganze und im Bezug auf die Elemente.

Die Formulierung des universalen Determinismus, die Laplace 235 (damals in erster Linie bezüglich der Bewegung der Himmelskörper) gegeben hat, bringt das *Ganze* des Weltlaufs mit allen Zuständen ins Spiel, die jeweils als Wirkungen und Ursachen gelten können. Die Gesamtheit der Ursachen und Wirkungen bzw. der Erklärungen und Voraussagen, die sich auf ein bestimmtes Ereignis beziehen, ist jedoch, wie Kant sagt, der Forschung *auf*gegeben, niemals aber *gegeben*. Dabei ist es entscheidend zu sehen, dass dieses „niemals gegeben" sich nicht nur auf die Einzelheiten bezieht, sondern auch schon auf die Leitidee als solche: diese ist niemals eine schon vorweggenommene Erkenntnis, etwas „im Prinzip schon sicher Gewusstes", das nur (vorläufig) der Ausfüllung durch Details ermangelte, sondern immer nur Entwurf, Leitidee, Annahme. – Was nun die Elemente betrifft, so wird in der Quantenphysik schon länger die Frage diskutiert, ob die deterministische Annahme für jedes einzelne Ereignis überhaupt sinnvoll ist. Manche meinen zwar, sie müsse weiterhin als an sich wahr angesetzt werden, wenngleich sich eine prinzipielle Grenze ergeben hat, sie für die Prognose der Bewegung einzelner Elektronen fruchtbar zu machen. Andere sehen hier aber einen objektiven Indeterminismus. Nun ist zwar die evtl. anzunehmende objektive Indeterminiertheit von Elementarquanten noch keineswegs ein Beweis für die Freiheit, d.h. jene Indeterminiertheit des Willens, die erst durch die Entscheidung eine Bestimmung erhält. Denn „Indeterminiertheit" ist im ersten Fall ein bloßes Nichtvorhandensein von kausaler Bestimmtheit, im zweiten Fall aber die positive Macht zur Selbst-Bestimmung. Aber wenn zur Realität nicht nur Determiniertheit sondern auch Indeterminiertheit gehört – in die aristotelische Sprache übersetzt: Aktualität und Potentialität – , dann stehen die Chancen für den Determinismusglauben schlechter und für den Freiheitsglauben besser, und mit diesem für die Überzeugung, dass es eine echte Zukunft gibt, die nicht nur eine Verlängerung des Gewesenen ist. Im Übrigen hindert die (ontologische oder bloß epistemische) Indeterminiertheit des Bewegungsimpulses des *einzelnen* Elektrons in Bezug auf seine Ausgangsbedingungen nicht, dass im statistischen Durchschnitt das mikrophysikalische Geschehen durchaus kausalen Gesetzen folgt.
Wenn wir nun von der hochabstrakten Ebene der Physik auf die 236 Ebene jener Wissenschaft herabsteigen, in der die Begriffe rund um die freie Wahl (wie „Wollen", „Motivation", „Selbstkonditionierung" usw.) überhaupt erst vorkommen, nämlich auf die der Psychologie, so finden wir, dass von Gesetzen, aus denen Verhalten

erklärt und vorhergesagt werden kann, nur wenig die Rede ist. Nur Wahrscheinlichkeiten werden angeboten (vgl. Kornadt 1996). Aber selbst eine große statistische Wahrscheinlichkeit für ein bestimmtes Verhalten in einer bestimmten Situation schließt nicht aus, dass das einzelne erwartungsgemäße Verhalten auch aus einer freien Entscheidung hat hervorgehen können. Das Zusammen von Freiheit und Regelmäßigkeit erklärt sich daraus, dass Menschen sich im Allgemeinen so verhalten wollen, wie es ihren Bedürfnissen, Wünschen entspricht, wie es am leichtesten geht usw. Dass eine Mehrheit von Menschen sich in ähnlichen Situationen im Durchschnitt ähnlich verhalten wird, besonders wenn es sich um fundamentale Interessen handelt, spricht nicht notwendig gegen die Freiheit der Einzelnen.

237 Heute freilich wird manchmal die Willensfreiheit auf einer mittleren Theorie-Ebene zwischen Physik und Psychologie bestritten: auf der Ebene der Gehirnforschung. Einige jener Gehirnphysiologen, die ohnehin dem Determinismus anhängen, glauben mit Hilfe bildgebender Verfahren auch empirisch nachweisen zu können, dass nicht Frau x, sondern ihr Gehirn die „Entscheidung" über ihre/seine Handlungen treffe. Man stützt sich dabei auf eine gut bestätigte Entdeckung des Neuropsychologen Benjamin Libet: Schon ca. 550 Millisekunden bevor die Handlung beginnt und etwa 350 Millisekunden bevor das Bewusstsein des Wollens zustande kommt, sind bestimmte Bereitschaftspotentiale im Gehirn „erregt". Daraus folgern einige: „Das Gehirn" habe schon „entschieden", bevor das Bewusstsein aktiv werden könne. – Die ausführliche Diskussion der experimentellen Ergebnisse (z.B. Pauen 2004, Geyer 2004) zeigt jedoch ein weit differenzierteres Bild möglicher Deutungen. Libet selbst interpretiert seine Beobachtung so, dass sie mit der Überzeugung vom freien Willen, den er vor allem als Zensor (Enthemmer) von Impulsen sieht, kompatibel ist.

c) Der Wechselbezug von Selbstbestimmung und Naturbestimmtheit in der Handlung

238 Eine durch und durch freie Selbstbestimmung, ohne das Mitwirken naturhafter Determination, gibt es im menschlichen Leben nicht. Eben deshalb muss – umgekehrt – die naturhafte Determination des menschlichen Verhaltens als offen auf mögliche Selbstbestimmung gedacht werden. Diese Offenheit kann aber nur vom Faktum und vom Sinn der Freiheit her gedeutet werden; der Aufweis der

schwachen Gründe des „harten" Determinismus zeigt nur die Nicht-Unmöglichkeit der Freiheit, nicht deren Realität und folglich auch nicht die positive Offenheit der „Natur" auf Freiheit hin. Solche Offenheit ist in zweifacher Weise zu konstatieren: in der einen Weise gehören die Freiheit und die Notwendigkeit (= sehr hohe statistische Wahrscheinlichkeit) wie dialektische Gegenstücke zusammen, in der anderen Weise wie Überbau und Basis.

Mit der dialektischen Zusammengehörigkeit ist folgendes gemeint: Wie weiter oben gezeigt worden ist, setzen die Erkenntnis und Behauptung objektiver Tatsachen und Gesetze die Freiheit des erkennenden und behauptenden Subjekts voraus; das sich vergrößernde Gebäude erkannter Regelmäßigkeiten ist also ein Zeugnis der Freiheit des menschlichen Geistes. Zugleich ist jede neue Erkenntnis eines gesetzmäßigen Zusammenhangs der erste Schritt zur Erweiterung des praktischen Handlungsspielraums und damit auch der effektiven Alternativen von Entscheidungen. Die Erkenntnis der „Notwendigkeit" ist aber nicht nur das *Werk* des freien Denkens, sondern auch die *Voraussetzung* freier Tätigkeit. Denn einerseits gilt: Nur wo (statistisch) notwendige Zusammenhänge vorliegen, ist ein verlässliches Wissen und eine Planung technischen Einsatzes möglich; sonst würde die Wissenschaft zum zufälligen Spiel von Impressionen und die Technik zum Hasard-Spiel. Andererseits aber ist der Lauf der Dinge nicht so determiniert, dass er nicht beeinflusst werden könnte: der Bach kann umgelenkt, die Fortpflanzung gelenkt, die Funktionslust so oder anders kanalisiert werden. Es geht dabei um neue Finalisierungen. Das Gesetz der Erhaltung der Energie wird dadurch nicht verletzt: Auch wenn einer durch Ideale begeistert wird und dadurch „neue Lebens-Energie" erhält, verbraucht er zugleich Energie im gewöhnlichen Sinn, in dem sie in Joule gemessen wird. Freiheit und Naturnotwendigkeit gehören also, gerade in ihrem Gegensatz, zueinander.

Das gilt nicht nur für den Bereich der Erkenntnis und Lenkung der Vorgänge der äußeren Natur, sondern, wenngleich in veränderter und verminderter Weise, auch im Bereich der inter- und intrapersonalen Beziehungen. Zwar muss es im *zwischenmenschlichen* Umgang die Bereitschaft geben, auf das Neue, Unableitbare usw. einzugehen, d.h. den Anderen nicht auf eine bestimmte Vorstellung von ihm und seiner Verhaltensweise festzulegen, sondern seiner Freiheit einen Raum zu geben. Aber solche Offenheit können wir nur leisten, wenn das Verhalten der anderen in weiten Bereichen nach den vertrauten Mustern abläuft, die für sie als Menschen überhaupt, als Kinder oder als Alte, als so und so Gebildete, als

Menschen dieses Charakters usw. kennzeichnend sind. Denn nur so können wir ihre Reaktionen auf unsere Initiativen in etwa abschätzen. Eine Gesellschaft aus lauter unberechenbaren Menschen wäre kein Pflanzgarten der Freiheit. Nur die *totale* Berechenbarkeit des Verhaltens der Mitmenschen, nicht die weitgehende Berechenbarkeit, steht im Gegensatz zu ihrer Freiheit. So muss sich die Kunst des rechten und klugen Umgangs mit Menschen in der Mitte zwischen den Extremen nüchtern eingesetzter Psychotechnik und bloßen Appellierens bewegen. In ähnlicher Weise gilt dies für das *intrapersonale* Verhältnis, d.h. das Selbstverhältnis. Wer als freier Mensch leben will, muss wissen, unter welchen seelischen, sozialen usw. Mechanismen er steht. Und wer ein freierer und besserer Mensch werden will, muss lernen, dass dies nicht mit bloßen Vorsätzen möglich ist, sondern (unter anderem) nur dadurch, dass man sich selbst nach den Gesetzen der Lernpsychologie konditioniert.

240 Nun zum anderen Verhältnis von Notwendigkeit und Freiheit! Es ist dem Verhältnis von Basis und Überbau vergleichbar. Kein Mensch entsteht durch seinen freien Willen. Seiner ersten Existenzweise nach ist er das Produkt einer Kosmo-, Phylo- und Ontogenese (vgl. Breuer 1983), die er im Rückblick als etwas sehen kann, was bis zum Punkt seiner Entscheidungsfähigkeit geführt hat. Diese Vorgeschichte ist nichts bloß Vergangenes, denn die gegenwärtige Lage ist ja ihr Resultat: Nur in einer bestimmten Ordnung des Sonnensystems bleiben die Bedingungen für irdisches Leben erhalten; nur wenn der Stoffwechsel des menschlichen Organismus richtig funktioniert, nur wenn die tragenden unbewussten Prozesse des seelischen Lebens im Wesentlichen intakt sind, kann das Wunder der Freiheit, das doch auf kein Gesetz der genannten Ordnungen zurückgeführt werden kann, stattfinden. Ohne die Weisheit des Leibes könnte sich die Weisheit des menschlichen Geistes nicht entfalten; ohne die Spontaneität der Wünsche und Bewegungen hinge die Idee einer freien Selbstbestimmung in der Luft. Nur ein Wesen, das schon als Subjekt bestimmt ist, kann sich (weiter) selbst-bestimmen. Andererseits ist es eben *so* „schon bestimmt", dass nicht alles schon fertig da ist, sondern so, dass diese Bestimmtheit Voraussetzung und Moment einer Selbst-Bestimmung sein kann.

Naturhafte Determinismen im Subjekt, die dem Handeln selbst ermöglichend (bzw. per accidens verunmöglichend) vorausliegen, werden vom freien Handeln aus erkennbar. Meistens ist der Anlass ein negativer: dass solche Bedingungen normalerweise vorliegen, wird erkennbar, wenn das Vermögen freier Selbstbestimmung *aus-*

fällt und wenn man dann, nach der Ursache forschend, erkennt, dass der Ausfall (und so auch der Nicht-Ausfall) unter gesetzlichen Bedingungen stand (Beispiele: Sprachstörungen nach Gehirnblutung, Narkose). Der normale, freie Kontakt mit einem Menschen, der seiner selbst offenbar nicht mehr oder nicht mehr im normalen Maß mächtig ist, ist unterbrochen worden; der Mitmensch, der vorher Partner war, muss unter Umständen nun vorübergehend fast wie ein nicht mehr funktionierendes Gerät behandelt werden. Ist die Störung mit physiologischen Methoden behoben, die auf der Anerkennung der Tatsache beruhen, dass das Verhalten dieses Menschenwesens unter Naturgesetzen steht, wird der Geheilte aber nicht wie ein reparierter Apparat, sondern wieder wie ein freier Partner behandelt. Das Erklären menschlichen Verhaltens im Ganzen nach Naturgesetzen hat seinen Ort also primär an der *Grenze* des echt interpersonalen Austauschs, der noch nicht oder nicht mehr oder nur halb „geht". Erst wo man das Verhalten des anderen nicht mehr aus nachvollziehbaren Gründen *verstehen* kann, wird man gezwungen, es aus sinnfreien Mechanismen zu *erklären*. Erst dort ist das Erklären auch erlaubt. Wer es vorzieht zu erklären, wo mit gutem Willen auch verstanden werden kann, handelt zynisch. Dass der Determinismus, wenn er durchgängig auf Beziehungen zwischen Personen angewandt wird, ungewollt zum Zynismus wird, zeigt aber, dass die Integration dieses Glaubens in unsere lebensweltlichen Grundüberzeugungen nicht wünschenswert, ja zuletzt gar nicht möglich ist (vgl. Beck 1976), d.h. dass die Wahrheit des Determinismus nur partiell, nicht umfassend sein kann. Mag also auch in der Ordnung der Zeit und in der Ordnung der notwendigen Bedingungen das Gefüge der naturhaften, notwendig-zufälligen Prozesse, von dem die Kosmologie spricht, das Erste sein, so ist dieses „Erste" doch *nur* das Erste, *nur* Anfang: rückwärts erschlossene Voraussetzung für die freie Selbstbestimmung im Horizont des Guten, die eine eigene, höhere Ordnung bildet, in der das Vorausgesetzte eingeschlossen und aufgehoben ist.

Literatur

Splett 1980
Heckhausen/Gollwitzer/Weinert 1987

Honderich 1993
Kornadt 1996

4. Argumente gegen den teleologischen Determinismus

241 Der mechanistische Determinismus, in psychologischen Termini formuliert, besteht in der These, dass jedes einzelne Verhalten eines Menschen oder höheren Tiers die eindeutige Resultante aus der je aktuellen Motivkonstellation ist. Demgegenüber nimmt der *teleologische* Determinismus an, dass diese Subjekte durchaus einer gewissen Überlegung fähig sind, dass aber der Bereich der Ziele durch ihre Bedürfnisstruktur festgelegt ist. Die Überlegung, die der Entscheidung normalerweise vorausgeht, beziehe sich nur „instrumental" auf die Mittel der Verwirklichung, ob diese nämlich geeignet sind, das Ziel (telos) zu erreichen oder nicht. Sie könne sich weder auf die Frage beziehen, ob die Mittel auch erlaubt sind, noch könne sie sich auf die Beurteilung der Ziele selbst erstrecken, ob diese es auch wert sind, realisiert zu werden. Wenn der Mensch mit sich zu Rate geht, wie er handeln solle, dann zünde sich also – mit Schopenhauer zu reden (Sämtl. Werke, I, München 1911, 179) – der vitale Grundtrieb nur ein Licht an, um die Bedingungen der Verwirklichung seines Wollens besser zu durchschauen. Damit aber bleibt, nach dieser Auffassung, das menschliche Handeln prinzipiell innerhalb der Grenzen der Möglichkeiten des tierischen Verhaltens; haben doch auch die hochentwickelten Tiere eine gewisse Fähigkeit der Auswahl, insofern sie Vor- und Nachteile (z.B. Risiken bei der Nahrungssuche) gegeneinander abwägen können. Gewiss erstrecke sich der Bereich der Erfahrung und vor allem der phantasiemäßigen Vorwegnahme und damit auch des Wählens beim Menschen viel weiter; gewiss habe er feinere Instrumente der Überlegung und ein umfassenderes Arsenal von Techniken aller Art zur Verfügung. Seine Freiheit gegenüber den sich anbietenden Verhaltensmöglichkeiten sei dadurch aber nur gradmäßig größer, nicht prinzipiell andersartig als die der höheren Tiere.

Nun nimmt man aber doch im Allgemeinen an, dass Tiere für ihr Verhalten nicht verantwortlich gemacht werden können, Menschen aber schon. Wenn jedoch als Grund der Verantwortlichkeit von Menschen deren Freiheit genannt wird, dann kann diese nicht in der Fähigkeit der Abwägung allein bestehen. Worin besteht sie?

a) Der Maßstab praktischer Überlegung

Man wählt etwas (im Unterschied zu etwas anderem) immer oder meistens um eines allgemeinen Wertes willen; dessen Vorzug gibt den Grund ab dafür, dass man eine Handlungsmöglichkeit (zumindest für den Augenblick) einer anderen vorzieht. Man entscheidet sich z.B., weiter an einem Aufsatz zu arbeiten, *weil* man ihn bald abschließen möchte, statt zum Baden zu gehen, das einem bei der Hitze doch Vergnügen machen würde. Auch jede werthafte *Alternative* kann nur im Horizont eines allgemeinen Werts auftreten; sonst gäbe es keine Vergleichbarkeit und folglich keine Alternative. Dieser gemeinsame Horizont ist ein Maßstab zur Beurteilung des Wertes (d.h. einer allgemeinen Form des Gutseins) der Handlungsalternativen bzw. ihrer Objekte. In seinem Licht zeigen sie sich als teilweise gut, teilweise nicht. Im banalen Beispiel einer Wahl zwischen Speisen zeigt sich die eine als gut, die andere als weniger gut oder schlecht, wenn man z.B. den Maßstab des Wohlgeschmacks zugrunde legt, oder auch den Maßstab der Verträglichkeit oder des Preises. Um einzelne konkrete Güter gegeneinander abwägen zu können und ihnen gegenüber frei zu sein, muss ich mich schon – bewusst oder naiv – an den übergeordneten Maßstab gebunden haben.

242

Nun ist eine Wahlsituation selten so gebaut, dass für die Beurteilung mehrerer Handlungsalternativen nur *ein* Maßstab angelegt wird. Meistens kommen mehrere Maßstäbe ins Spiel: im genannten Beispiel sowohl der Wohlgeschmack wie die Verträglichkeit wie der Preis. Zur Freiheit gehört also die Möglichkeit, nicht nur *unter* Maßstäben, sondern auch über die Maßstäbe selbst zu entscheiden: So kann einer z.B. sagen „Heute soll weder der Geldbeutel noch der Arzt, sondern nur der Genuss den Ausschlag geben!" Meistens fällt so eine Entscheidung zwischen Maßstäben nicht abstrakt, sondern als unselbständiges Element einer einzelnen Wahl. Indem man sich für das eine Tun und gegen das andere entscheidet, entscheidet man also zugleich, dass hier und jetzt der eine Wert für einen selbst höher stehen soll als der andere.

243

Diese Struktur der Überlegung und Entscheidung, die wir aus eigenem Erleben kennen, findet sich wohl auch schon bei höheren Tieren. Was muss hinzutreten, dass wir der freien Entscheidung nahe kommen, die das „Monopol" des Menschen ist? Es sind wohl drei Elemente: das reflexe Bewusstsein der Abwägung; die Möglichkeit der Setzung von Maximen, d.h. dass die Geltung einer solchen Entscheidung zwischen Maßstäben nicht auf den Augenblick begrenzt

244

gewollt wird, sondern für alle ähnlichen Situationen; und vor allem, dass das Überlegen und Wählen des Menschen in einem Wert- bzw. Sinn-Horizont stattfindet, der wesensmäßig den der vitalen und damit nur subjektbezogenen Werte übersteigt auf objektiv gültige Werte hin.

Subjektbezogene Werte bzw. Formen von „gut" sind Nützlichkeit und Genuss. Man nennt Dinge oder Tätigkeiten „gut", weil sie *für jemanden* zu etwas taugen bzw. nützlich sind („ein gutes Messer", „ein guter Service"); oder man nennt sie „gut", weil sie *für jemanden* Lust mit sich bringen („ein guter Wein", „Tanzen ist gut"). Als objektiv gültig bzw. „in sich gut" hingegen bezeichnet man Personen oder Handlungen, insofern sie einen Selbstwert haben. Solche selbstwertigen Handlungen sind z.B. das freie Gespräch, das Wandern, das Singen, das Beten. Eine besondere Klasse selbstwertiger Handlungen sind die sittlich gebotenen Handlungen, die sich von den sittlich schlechten und deshalb verbotenen Handlungen absetzen. Man kann also wohl sagen: je mehr eine Entscheidungssituation durch den Einschnitt bestimmt ist, den das sittliche Gebot in die Fülle der Güter macht, desto mehr kommt Freiheit ins Spiel. Weil ich weiß, dass ich in einer bestimmten Weise handeln *soll*, weiß ich auch, dass ich die Freiheit habe, *so* zu handeln – und *überhaupt* das Subjekt einer Handlung zu sein, nicht nur der Agent natürlicher Triebe. Daraus kann man entnehmen: Dass der Mensch fähig ist, sich (nicht nur in seinem Denken und Urteilen, sondern auch mit seinem Herzen und in diesem Sinn mit seinem Willen) bis zu jenem allgemeinsten Maßstab zu erheben, der das Gute nicht nur als Funktions- oder als Erlebnisqualität, sondern auch und vor allem in sich selbst enthält, und dass er im Grunde immer unter diesem Maßstab steht, macht seine Freiheit aus. Daraus ergeben sich die beiden komplementären Freiheitsbegriffe: die Fähigkeit, zwischen Alternativen unter dem Horizont des in sich Guten zu wählen, und die Fähigkeit, das in sich Gute um seiner selbst willen zu lieben bzw. zu tun.

b) Freiheit zum Guten

245 Kant unterscheidet (in der „Grundlegung zur Metaphysik der Sitten", 1785, II. Abschnitt) Maßstäbe des Handelns, die ich mir bewusst oder durch naive Übernahme *faktisch* gesetzt habe (subjektive Maßstäbe oder „Maximen"), von Maßstäben, die ich mir setzen *soll*. Letztere haben, sprachlich gesehen, die Form von Imperati-

ven, die einer dem anderen gegenüber erhebt: „du sollst". Man kann solche Imperative auch sich selbst gegenüber erheben, indem man sich gewissermaßen wie einen anderen anredet. Solche Imperative gibt es nun in zweierlei Form: sie sind entweder hypothetisch: „*Wenn* du x willst, dann tue y!" – oder kategorisch: „Tue y!". (Mit „Form" ist hier nicht in erster Linie die äußere sprachliche Formulierung gemeint, sondern das Verhältnis der Forderung zum Willen des Angesprochenen, denn ein der sprachlichen Formulierung nach kategorischer Imperativ kann der inneren Form nach durchaus hypothetisch sein: „Verschwinde! – wenn du nicht willst, dass ich dir Beine mache".) Ein hypothetischer (bedingter) Imperativ appelliert an einen schon in mir vorhandenen Willen. Er zeigt mir z.B., mit der Berufung auf Naturgesetze, den Weg zu seiner konsequenten Realisierung; es ist die Form der technischen Anweisungen und Rezepte, im weitesten Sinn: „Wenn du heißes Wasser haben willst, dann dreh den linken Hahn auf!". Oder er verheißt mir die Ankunft erwünschter Wirkungen, wenn ich tue, was jemand von mir will, bzw. droht unerwünschte Folgen an, wenn ich dem Befehl des anderen nicht gehorche: „Wenn du schön brav deinen Teller leerst, erzähle ich dir eine Geschichte" bzw. „Drehen Sie das Radio leiser, sonst hole ich die Polizei". Man versteht, warum hypothetische Imperative wirken: es liegt im Interesse des so Angesprochenen, ihnen zu gehorchen.

Hingegen ist nicht leicht zu verstehen, wie die *kategorischen* (d.h. un-bedingten) Imperative der sittlichen Ordnung wirken können. Das Problem ist: wie kann ich, als Adressat, ihn verstehen und ihm gehorchen, und zwar so, dass ich ihn nicht unter der Hand als hypothetisch nehme? Ein kategorischer Imperativ kann sich ja weder auf ein schon ausgebildetes Wollen in mir stützen noch auf meine Wünsche oder Befürchtungen. Vielmehr, wenn es überhaupt sittliche Forderungen gibt, dann können sich diese nur durch die innere Werthaftigkeit dessen begründen, worum es dabei geht – durch das immanent werthafte Sein eines Menschen z.B., das geachtet werden soll, – nicht durch den Appell an mein faktisches Interesse. Aber irgendein „Brückenkopf" oder „Ankerplatz" in mir muss doch für die mögliche Wirksamkeit der sittlichen Gebote vorausgesetzt werden; worin besteht er? Er besteht in der inneren Freiheit meines Willens von bloß vitalen Trieben, d.h. in meiner Fähigkeit, solche objektiven Wertverhältnisse einzusehen *und* sie zum Bestimmungsgrund von Entscheidungen werden zu lassen. Die Werteinsicht allein und damit die innere Freiheit der Vernunft genügt nicht; es muss auch der Wille selbst die innere Freiheit haben, sich durch das so eingesehene Gute zu bestimmen.

Diese *Fähigkeit* (als bloßes Vermögen) selbst aber bleibt solange unverständlich, als man nicht sieht, dass sie ihrerseits in einem Wollen (und damit in einem Akt) gründet, nun freilich keinem bestimmten Wollen, sondern einem Grundwollen in uns selbst, das wesenhaft auf das in sich Gute bezogen ist. Nur so ist es möglich, dass der Adressat eines sittlichen Imperativs in diesem eine Forderung erkennt, die seinem innersten Willen entspricht, und die ihn folglich nicht versklavt, sondern frei macht. Das sittlich Gute ist das innere Gesetz der Freiheit. Als lust- und schmerzempfindliche Wesen, die begehren und befürchten, werden wir freilich die moralischen Gebote und Verbote oft auch als Einschränkungen empfinden, gegen die wir rebellieren möchten. Um so wichtiger ist es, das Wissen zu gewinnen, dass sich in ihnen das innere Gesetz unserer eigenen Freiheit ausspricht. Denn nur, wenn dies in einem hinreichenden Maß geschehen ist, können moralische Imperative überhaupt als das, was sie sind, wahr- und angenommen werden. Umgekehrt gilt auch: Wer das nicht will, wird sie vor sich selbst immer als willkürliche Forderungen hinstellen, die von außen kommen, und die man folglich als freie Persönlichkeit zu Recht missachten kann bzw. die man, wenn es nicht anders geht, nur äußerlich beachtet.

246 Der sittliche Imperativ spricht einerseits unbedingt und lässt nicht mit sich markten. Auf der anderen Seite spricht er wehrlos; er führt keine Waffen bei sich. So *kann* er nur frei und un-bedingt angenommen werden, wenn er seinem ursprünglichen Sinn nach vernommen wird. Wenn er aber so vernommen und angenommen wird, enthüllt er indirekt das Wunder der Freiheit, das noch verdeckt bleibt, wenn man den Begriff der Freiheit nur am Wählen von Alternativen innerhalb des Horizonts des faktischen Wünschens und Befürchtens abliest.

Gewiss sind in allen menschlichen Gesellschaften Sanktionen an die Achtung oder Missachtung der sittlichen Normen (so wie auch anderer Normen) geknüpft, da die sittliche Motivation *allein* (bei den meisten Menschen oder überhaupt meistens) nicht stark genug ist, um den Schutz der Rechte des einzelnen und die soziale Kohäsion zu garantieren. Sie müssen die sittliche Motivation entweder ersetzen oder (als zusätzliche „Triebfedern") ergänzen. Man muss sich einerseits hüten, in verblasenem Idealismus solche Sanktionen (auch für sich selbst!) für unnötig oder unsittlich zu halten, – andererseits kann der Blick auf die Sanktionen für sich allein weder die

Sittlichkeit einer Forderung noch den sittlichen Wert der Befolgung einer legitimen Forderung begründen.

Man sieht, dass es eine langwierige Aufgabe der Erziehung und Selbsterziehung ist, sich zur Höhe eines solchen Verständnisses der sittlichen Ordnung und damit der Willensfreiheit zu erheben oder sich ihr doch anzunähern (vgl. z.B. Kohlberg 1984). Und man sieht auch, dass man von einer evtl. gewonnenen Höhe jederzeit wieder herunterrutschen kann. Dieses Versagen kann sogar den Anlass dafür geben, die Idee des Sittengesetzes und der ihr entsprechenden Idee der freien Entscheidung überhaupt theoretisch zu bezweifeln. Ist jenes Gesetz nicht doch nur ein Ensemble von Handlungsvorschriften, die ihrer inneren Form nach hypothetisch sind, und jene Entscheidung nichts anderes als die Suche nach Lösungen in einem internen Interessenkonflikt? *Kann* denn, so fragt man sich dann, das Gewissen etwas anderes sein als die mechanisch verinnerlichte Form der in meiner Gesellschaft (Familie, Gruppe usw.) faktisch geltenden Normen? So entsteht das Projekt einer Genealogie der Moral, d.h. eine erklärende Rekonstruktion des moralischen Bewusstseins aus a-moralischen Motiven. Eine solche reduktionistische Theorie ist in vielen Formen vorgelegt worden. Hier sei die tiefenpsychologische Deutung S. Freuds skizziert und durchleuchtet.

Das kleine Kind hat in sich einen starken Trieb zur Nachahmung, der von den Eltern gefördert wird. Dieser Tendenz und der Gehorsamsforderung der Eltern setzt freilich das Bündel triebhafter Wünsche, aus dem der psychische Apparat des kleinen Kindes weitestgehend besteht, eine Schranke, die nur durch die Vorstellung besonderer Belohnungen und Bestrafungen zurückgeschoben werden kann, d.h. durch die Mobilisierung noch mächtigerer Wünsche und Ängste. Im Extremfall sieht der kleine Hans seine Männlichkeit oder gar sein Leben bedroht. Der unerträglich gewordenen Spannung zwischen den Triebwünschen und der Angst, die mit dem Verbot gekoppelt ist, entzieht er sich durch die Flucht nach vorn: er identifiziert sich mit der lebensbedrohenden Instanz, dem Vater als dem Repräsentanten der Verbote, so dass die vorher äußere Instanz nun zur psychischen Instanz des Über-Ich wird. Dadurch gewinnt das kindliche Ich eine ähnliche Herrschaft über sein Es wie vorher der Vater über es selbst. Die Substanz des Über-Ich und der durch es gegebenen relativen Überlegenheit über die Triebansprüche ist allerdings selbst triebhaft: es ist die Angst. Die unbewusst gewordene Angst vor dem strafenden Gesetzgeber liefert die Energie für den Triebverzicht, der vom Sittengesetz immer wieder verlangt wird.

Was wird hier erklärt und was nicht? Zweifellos wirft diese Theorie ein gewisses Licht auf die Entstehung moralischer „Über-Ich"-Instanzen in einem zunächst „unschuldig"-amoralischen Menschenkind, das nur seinen Wünschen folgt, weil es ihnen gewissermaßen ausgeliefert ist. Aber solange die Substanz des Über-Ichs nur die Angst ist, bleibt das so entstandene moralische Verständnis und Können auf der Ebene des Hypothetischen. Der Schritt zur eigentlichen Moralität der Gesinnung bleibt noch zu tun bzw. erst noch zu erklären. So bleibt diese Rekonstruktion des Moralischen, wenn sie umfassend zu sein beansprucht, unbefriedigend. Wenn sie sich aber auf die Erhellung der psychodynamischen Elemente beschränkt, die im Gesamtkomplex des sittlichen Lebens und seiner Genesis eine Rolle spielen, kann sie hilfreiche Hinweise geben. Sie kann beitragen zur Unterscheidung des reifen Gewissens von einem, durch ein überstarkes Über-Ich, skrupulösen, oder durch ein zu schwaches Über-Ich, amoralischen Ich. Sie kann auch deutlich machen: Wenn das schwache Ich von den Eltern keine selbstlose Zuwendung erfährt und auf sein Vermögen, aus der Einsicht in echte Werte zu leben, nicht angesprochen wird, können sich die inneren Potenzen seiner Freiheit nicht entfalten, sondern bleiben unter der Übermacht von Es und Über-Ich, von Begierde und Angst.

Literatur

Siewerth 1959
Görres 1968, 31-52
Kohlberg 1984

Kobusch 1993
Hübsch 1995

III. Das Geistige in der Einheit des Menschen

Im einleitenden Kapitel war, als Grundriss für eine Darstellung des menschlichen Seins, der Begriff der Subjektivität entworfen worden, wobei dieser selbst in den ontologischen Rahmen einer Stufung realer Einheit (Selbstidentität) eingezeichnet worden war. Sieht man nun, von den vielfältigen Analysen des Menschseins im Fortgang dieses Buches, zurück auf den Anfang, so kann einem dieser zum Problem werden. Hat denn der Mensch eine echte innere Einheit, oder ist er nicht vielmehr ein so vielfältiges Wesen, dass er eher als ein Gefüge von Elementen, Relationen und Vorgängen beschrieben werden muss oder gar, wie vom späten Scheler (1928), als ein Kampfplatz gegensätzlichster Tendenzen? In jedem Fall ist er ein Wesen, dessen Einheit in Spannung zu seiner inneren Vielheit steht.

Schon auf der Ebene der biologischen Betrachtung ist festzustellen, dass seine einzelnen Bestandteile (z.B. Zellen und Organe) zwar in das Ganze integriert sind und sich ja auch in ihrer Vielheit aus einem Ganzen ausdifferenziert haben. Dennoch haben die Teile dem Ganzen gegenüber auch eine gewisse Selbständigkeit: Zellverbände können sich krebsartig aus ihrer funktionalen Einbindung ins Ganze emanzipieren oder können, bis hin zur Größe ganzer Organe, erfolgreich in andere Organismen transplantiert werden, in dessen Ganzheit sie sich integrieren. Umgekehrt bewahrt das Ganze gegenüber seinen Teilen einen gewissen Vorrang: Die Materialien, aus denen sich der lebendige Körper aufbaut, werden im Lauf der Lebenszeit mehrfach ausgetauscht; nicht jeder Verfall von Zellverbänden wirkt sich negativ auf das Ganze aus; manche ausfallenden Funktionen können in einem gewissen Ausmaß ersetzt werden durch andere organische Dispositionen; der Verlust des einen von paarigen Organen oder Gliedmaßen kann verschmerzt werden, ohne dass das Leben wesentlich gefährdet wird, usw. Nur das Gehirn kann, abgesehen von kleinen Arealen, nicht ersetzt werden. Und wenn eines Tages die Transplantation eines menschlichen Gehirns in einen anderen menschlichen Körper möglich wäre, dann müsste man wohl korrekter sagen, dass der Mensch, dessen Gehirn das war, nun einen neuen Körper bekommen hat. Das Gehirn hat sich ja in der Medizin als jener Teil eines Menschen herausgestellt, mit dem sein Leben und seine Individualität am meisten verknüpft sind. Es selbst hat freilich wieder eine in sich plurale Struktur, deren funktionale Einheit nicht wiederum durch ein Zentralorgan geleistet wird, sondern dadurch, dass eine je neue Verbindung zwischen den Teilen diese zu einem Ganzen integriert, das freilich nicht nur Produkt, sondern auch Voraussetzung dieser vernetzten Kommunikationen ist.

Eine solche plurale Einheit zeigt sich auf der Ebene der psychologischen Betrachtung. Dauernd ändert sich das Gefüge der konkreten Wünsche, Stimmungen, Wahrnehmungen, Antriebe. Und wenn dafür auch normalerweise der individuelle Charakter einen festen Rahmen abgibt, so kann sich doch jemand – durch die Beziehung zu einem Menschen, durch bestimmte Erlebnisse, durch den Wechsel der Lebensumstände – so sehr ändern, dass er „ein ganz anderer Mensch" geworden zu sein meint. Und manche Situationen bringen es heraus, dass „zwei Seelen wohnen, ach, in meiner Brust". Es kann auch geschehen, dass jemand durch seine eigenen Reaktionen so überrascht wird, dass er „sich nicht wiedererkennt". Und schrecklich ist es für einen Alzheimerpatienten, wenn er sich seines Zustands noch oder vorübergehend bewusst wird: zu erleben, wie es vom Zufall abhängt, ob er sich selbst gehört oder nicht. Aber selbst bei gesunden Menschen ist die psychische Einheit immer die Aufgabe eines Ausbalancierens zwischen verschiedenen Tendenzen, in oft recht engen Grenzen. Dennoch: Auch hier sind die Teile nicht einfachhin das Erste und das Ganze das Zweite. Sonst würde man die Zerrissenheit nicht als seine eigene empfinden und an ihr leiden können, und sonst könnte man auch nicht darauf vertrauen, dass die Hoffnung auf eine bessere Integration auf die heilende Kraft einer fundamentalen Einheit bauen kann.

251 Während auf der biopsychischen Ebene die Einheit sich durch eine Vielheit hindurch vermittelt, so dass die Einheit immer als das Erste vorausgesetzt werden darf, so fragil sie auch sein mag, weil sie eben auf die vielen Teile angewiesen ist, – gibt es nun aber eine Zweiheit im Menschen, die seine Einheit fraglich macht oder doch zumindest als eine Einheit von ganz besonderer Art erscheinen lässt. Es ist der Unterschied, der besteht zwischen dem organischen und dem geistigen Element in ihm, zwischen „Leib und Seele", wie man oft sagt. Es ist ein Unterschied, der im Kontext der alltäglichen Lebenserfahrung meistens verborgen bleibt.

Zwar kennt man dort den Unterschied des Seelischen und des Leiblichen in dem Sinn, dass man Gefühle, Vorstellungen, Antriebe und Frustrationstoleranzen einer anderen Ordnung zurechnet als z.B. den Calciumstoffwechsel, eine Nervenentzündung, das Schlafbedürfnis oder eine trainierte Muskulatur. Aber selbst wenn es schwierig sein mag, empirisch oder gar prinzipiell die Beziehungen aufzuklären, die zwischen Elementen der beiden Ordnungen bestehen, so bezieht man diese Elemente doch wie selbstverständlich auf die eine und ganze Realität desselben individuellen Menschen. Mögen auch das Leibliche und das Seelische unterschieden sein, so ist doch beides ein Teil von ihm, der zugleich leibhaft und seelisch da ist, auch wenn einmal mehr diese und einmal mehr jene Seite in den Vordergrund tritt.

Es gibt jedoch bestimmte Erfahrungen und bestimmte theoretische Kontexte, in denen die Einheit der Seele mit ihrem Körper fraglich wird, wenn sie nämlich als Geist-Seele in den Blick kommt. Dann entsteht das sogenannte Leib-Seele-Problem.

1. Formen der Leib-Seele-Dualität

In Wirklichkeit ist dieses Problem nicht ein einziges Problem, sondern eine Gruppe von verschiedenen, nur miteinander verwandten Fragestellungen, die im Lauf der Geschichte nacheinander aufgetreten sind, wobei die späteren Formen die früheren nie ganz abgelöst, sondern nur in den Hintergrund gedrängt haben.

252

Am Anfang der Unterscheidung von Leib und Seele, weit vor aller expliziten Philosophie, stehen wohl zwei uralte Grenzerfahrungen. Die erste Erfahrung ist die Entdeckung, dass es, wenngleich selten, Leistungen oder Tätigkeiten der menschlichen Seele gibt, zu denen sie der gewöhnlich dafür nötigen leiblichen Organe und Verfahren nicht zu bedürfen scheint: z.B. das Miterleben von gleichzeitigen, aber sehr weit entfernten Ereignissen (Telepathie), das Auslösen von mechanischen Bewegungen ohne Einsatz von Körperkraft (Telekinese), das Vorerleben von künftigen Geschehnissen (Vorausschau), die intuitive Erfassung der Geschichte und des Charakters eines Menschen (Kardiognosie) oder gar die Reise der Seele eines Schamanen an einen entfernten Ort, während sein Leib still in seinem Bett liegt.

Die zweite Erfahrung macht man als Zeuge des Sterbens. Ein Mensch, mit dem gerade noch ein Gespräch möglich war, ist auf einmal nicht mehr da; an die Stelle seiner lebendigen Präsenz ist die Wirklichkeit der Leiche getreten. Dadurch kommt eine doppelte Dualität zum Vorschein. Auf der einen Seite zeigt sich im Rückblick eine Dualität im Lebenden selbst: die Dualität zwischen ihm, der lebendig war, und seiner Lebendigkeit: er hatte das Leben so, dass er es jederzeit verlieren konnte. Auf der anderen Seite drängt sich eine Dualität im Verstorbenen auf. Einerseits wird der Verstorbene weiterhin mit seinem Körper identifiziert, wenn man sagt „*Er* wurde hinausgetragen, begraben und liegt jetzt auf dem Westfriedhof". Andererseits war den Menschen immer mehr oder minder klar, dass Sein und Schicksal des Toten nicht schlechthin mit dem Sein und Schicksal der Leiche zusammenfallen. Selbstverhältnis und Begegnungsfähigkeit des Verstorbenen lösen sich nicht einfach in nichts auf, sondern nehmen eine weithin unbekannte Form an, die durch den Totengeist repräsentiert wurde. Wenn dieser „umging" oder wenn man diesem ein Opfer brachte, so war das ebenfalls *er*, der Tote selbst, um den es sich handelte.

Diesen uralten Erfahrungen und Redeweisen, die auch heute noch im Volk leben, gesellte sich in der „Achsenzeit" der Kulturgeschichte (8.-2. Jahrhundert v.Chr., vom Mittelmeer bis nach China, nach K. Jaspers) eine neue Erfahrung zu, die Erfahrung des Geistes. Diese Erfahrung wurde teils im Kontext einer neuen Gestalt von Religion, teils im Kontext der neuen Idee der Wissenschaft gemacht. Diese Kontexte sind nicht identisch, aber sie zeigen verwandte Züge und mannigfache Querverbindungen, damals wie in allen Epochen der Geistesgeschichte. In der Religion favorisierte die immer deutlichere Erkenntnis Gottes als des absolut Einzigen, Guten und in sich Lichten die Erkenntnis der Seele, die gewissermaßen sein Pendant im Menschen, und zwar im einzelnen Menschen, ist. In der neuen Idee und Praxis einer freien „Wissenschaft" (Philosophie), die nicht mehr im Dienst der primären Lebensnotwendigkeiten steht, steckten zwei Voraussetzungen. Die eine ist die, dass die Wirklichkeit eine Einheit und Erkennbarkeit hat; denn sonst kann man nicht fragen „Was ist das alles?". Die andere ist, dass die fragende Instanz, die Seele oder der Geist im Menschen, zwar teilweise ihrem Leib dienstbar ist, teilweise aber auch frei ist für ihre eigenen Zwecke wie es z.B. eine zweckfreie Erkenntnis des Seienden ist; und so entdeckt sie sich, als das Pendant dieser wahren Wirklichkeit, selbst als eigene Wirklichkeit.

Drei Formen der Selbstdeutung des Geistes und des „Leib-Seele-Verhältnisses", das die Philosophie formuliert hat, sind sachlich wie historisch von besonderem Gewicht: a) das Verhältnis des Geistes zum animalischen Organismus; b) das Verhältnis des Lebens zum Körper, der das Leben hat; c) das Verhältnis des selbstbewussten denkenden Ich zu seinem maschinenartigen Körper.

a) Die Seele als Subjekt geistiger Lebendigkeit (Platon)

253 Die Entdeckung des Geistes geht im Wesentlichen auf Platon zurück. Er hatte gezeigt, dass das Vermögen des Denkens (die Vernunft) einer anderen Ordnung angehört als die Vermögen der Empfindung und Wahrnehmung. Empfinden und Wahrnehmen finden sich bei Tier und Mensch; beide sind zugleich seelische und körperliche Tatsachen; beide beziehen sich auf einzelne Ereignisse, die im materiellen Umfeld des Lebewesens stattfinden. Das Denken aber, das sich selbst zunächst im Geometrietreiben und dann noch mehr im Philosophieren entdeckt, geht auf die immateriellen, zeitlos-"ewigen" Ideen, wie z.B. „das Dreieck", „Identität", „Gerechtigkeit" und „Schönheit" überhaupt. Es findet notwendige und universal gültige Beziehungen zwischen Ideen. Weder die Erkenntnis solcher Ideen noch die der notwendigen Verknüpfungen zwischen

ihnen kann jedoch ihren adäquaten Ursprung in der Erregung der Sinne haben; sie muss, weil sie geistiger Natur ist, auf geistige Ursprünge zurückgehen. Für die Erfassung der Ideen muss eine Verwandtschaft der Seele, aus der das philosophische Denken herauswächst, mit dem, was dieses denkt, vorausgesetzt werden. Zum Bewusstsein einer solchen Verwandtschaft führt aber nicht nur die Erfahrung des apriorischen Erkennens, sondern auch die Erfahrung des *Strebens* nach solcher Erkenntnis, das für Platon nicht nur ein neutrales Wissenwollen ist, sondern ein Verlangen (Eros) der ganzen Seele nach Erfüllung in einer Art Schau des Wahren, das zugleich *das* Schöne und Gute *selbst* ist (*Symposion*). Wenn wir uns nun jedoch strebend und erkennend zu den ewigen Ideen erheben können, muss dann nicht die geistige Seele, die der Grund jenes Könnens in uns ist, selbst irgendwie etwas Ewiges sein, nach dem Spruch „Wär' nicht das Auge sonnenhaft, die Sonne könnt' es nie erblicken"? Einerseits gewiss. Aber: Wenn zur Seele so verschiedene „Teile" bzw. Vermögen gehören wie einerseits die auf das Ewige gerichtete Vernunft, und andererseits die Kraft der Selbstbehauptung oder der Drang des vitalen Begehrens, die den körperlichen Interessen der Selbst- und Arterhaltung dienen, wie kann sie dann eine innere Einheit haben? Das ist das platonische Leib-Seele-Problem, das also in erster Linie die innere Einheit der Seele selbst betrifft und erst in zweiter Linie die Einheit der Seele mit ihrem Körper. In dieser Hinsicht lautet das Problem so: Kann das geistige „Tun" der Seele – das Urteilen in Mathematik, Physik und Ethik – aus dem Funktionsgefüge eines Organismus heraus begriffen werden, so wie das jedermann für die dranghaften Empfindungen und unmittelbaren Reaktionen der Seele selbstverständlich annimmt? So kann es nicht sein. Zwar dient auch die geistige Seele ihrem Körper, indem sie sich in ihm ausdrückt: in edler Haltung, in sittlichem Verhalten, im Leuchten der Augen, wenn sich Einsicht einstellt. Aber aufs Ganze gesehen, ist es doch umgekehrt. Sie stellt, der Möglichkeit und dem Sollen nach, das leibhafte Leben in den Dienst des geistigen Lebens, so z.B. wenn wir unsere Leidenschaften beherrschen und unter die Leitung der Vernunft stellen. Auf welcher Seite der beiden Komponenten des menschlichen Seins aber steht das Ich? Ist der Mensch an sich ein sinnlicher Organismus? Platon sagt, dass sich ein Mensch zwar so verstehen und entsprechend leben könne und dies auch meistens so tue; aber schlechthin betrachtet, sei er kein bloßer Organismus. Er ist vielmehr ein Wesen, das sich so oder so verstehen kann. So steht er in der Mitte zwischen seinen beiden Grundmöglichkeiten, dem Triebhaften und dem Vernünftigen. Weil aber das „sich so oder verstehen" selbst der Form nach geistig und nicht triebhaft ist, gehört das menschliche Ich doch eher auf die Seite des Geistes. Das Geistige aber ist das Ewige, das zeitlos Gültige. Das Ich, das seine höchste und bestimmende Form des Lebens aus dem Ewigen zieht, ist also zugleich, ontologisch betrachtet, die eigentliche Tiefe des Menschen und, ethisch betrachtet, seine höchste Verwirklichung. Ein so sich verstehender Mensch sieht dann sogar den Tod nicht mehr als letzte Bedrohung. Der Tod ist ihm in gewisser Weise zu etwas Äußerlichem geworden. Umgekehrt ist die Situation angesichts des Todes eine Gelegenheit, sich der Transzendenz der eigenen Seele bewusst zu werden. Gemeint ist in erster Linie nicht der Tod der anderen oder der eigene Tod als unvermeidliches Schicksal, sondern der angedrohte Tod, der alternativ zu einer ungerechten Tat steht. Wenn es notfalls besser sein soll, Unrecht zu leiden, statt Unrecht zu tun (Platon: *Gorgias* 469 C), und wenn andererseits niemand verpflichtet sein kann, sich selbst zu schaden, dann muss der, der (wie Sokrates) ungerecht hingerichtet wurde, weil er sich geweigert hat, das Gesetz des Geistes zu verraten und Unrecht zu tun, hoffen dürfen, im Ewigen seine Zuflucht zu finden (*Phaidon*).

b) Die Seele als Prinzip der Lebendigkeit eines organischen Körpers (Aristoteles)

254 Aristoteles setzt anders als Platon an, weniger existenziell, naturphilosophischer. Die Seele (*psychè*) sieht er vor allem, was immer ihre Innenperspektive sein mag, als das Prinzip der Lebendigkeit im Lebendigen an. Ausgangspunkt ist ein Allgemeinbegriff von Körper (*sôma*) überhaupt. Lebendige Körper werden gesehen als solche, die sich von leblosen unterscheiden. Da aber die leblosen Körper schon im vollen Sinn Körper sind, sind Körper, bloß als solche genommen, leblos. Folglich muss die Seele als das Prinzip der Lebendigkeit eines lebendigen Körpers einer anderen Ordnung angehören als der des Körperlichen. Wie ist dann das Miteinander von Seele und Leib im Lebewesen zu beschreiben?

255 In seiner Schrift „Über die Seele", seiner Grundlegung der Biologie, hat Aristoteles eine Deutung dieses Miteinander gegeben. Für ihn gehören immer ein bestimmter Typ von Seele und ein bestimmter Typ von Körper zusammen, je nachdem, ob es sich um Menschen oder um Tiere und Pflanzen der verschiedenen Gattungen handelt. Nur ein natürlich entstandener, mit Organen versehener,

lebensfähiger Körper kann beseelt sein und ist es auch, solange er lebt. Und die Seele dieses Körpers ist nichts anderes als das innere Prinzip seiner Lebendigkeit. Diese Lebendigkeit, d.h. dieses Bewegtsein von selbst, hat verschiedene Intensitäts- und Komplexitätsstufen: vegetatives Leben (Selbstreproduktion in Assimilation und Fortpflanzung), animalisches Leben (Empfindung und Wahrnehmung, Streben und Ortsbewegung) und geistiges Leben (im Denken und Einsehen). Pflanzen weisen nur vegetatives Leben auf, Tiere darüber hinaus animalisches und Menschen nochmals darüber hinaus geistiges Leben. Das Verhältnis zwischen der Seele und ihrem Körper denkt sich Aristoteles (*De anima* II,1; 412 a 27) nicht, wozu Platon und Descartes tendieren, als das Verhältnis zweier selbständiger Seiender. Vielmehr deutet er es als das Verhältnis von zwei Prinzipien, die nur zusammen ein einziges Seiendes ausmachen, für sich allein aber gar nicht vorkommen, analog zum Verhältnis zwischen dem organisierenden Formprinzip und den organisierten Materialien z.B. bei einem Krug oder einem Webstuhl: Der Krug ist solange eine bloße Idee, solange er nicht aus einem bestimmten Stoff (z.B. Tonerde) entsteht; aber ein Klumpen Ton ist kein Krug, solange er nicht zu einem Krug geformt und bearbeitet wird. Im fertigen Krug sind Stoff und Form eine Einheit geworden. Es gibt das eine nicht ohne das andere: zerfällt ihre Einheit, fallen beide Bestandteile dahin; da sind nicht zuerst zwei Seiende, sondern da ist *eines* mit seiner inneren Dualität.

Die Dualität von Seele (Form) und Körper (Materie) ist also umgriffen von einer starken Einheit. Das kommt daher, dass Aristoteles das Leib-Seele-Verhältnis abgelesen hat an den Tieren. Von diesen steigt er einerseits ab zu den Pflanzen und noch einfacheren Lebensformen, die der bloßen Materie ganz nah sind; von den Tieren steigt er andererseits auf zu den Menschen und zu noch höheren Lebewesen wie den Geistern, von denen er die Planeten beseelt meinte, und zu Gott, der reine Form, ohne Materie ist. Was den Menschen betrifft, sieht Aristoteles wie Platon folgende Schwierigkeit: Wie kann die Vernunft, als die alles erhellende, Einsicht ermöglichende geistige Spontaneität Teil oder Vermögen der menschlichen Seele sein, wenn diese wesentlich das Formprinzip eines individuellen Organismus ist? Aristoteles erwägt die Auffassung, dass diese Vernunft in diesen nur ab und zu, wie von außen („durch die Tür"), eintritt, selbst aber etwas Göttliches, allem Werden und Vergehen Enthobenes ist. Der Mensch ist dann „eigentlich" nur ein Lebewesen, wenngleich eines, das Vernunft *hat*. Wenn die Vernunft aber nur zu Besuch kommt und nicht zum Menschen gehört, dann ergeben sich zwei Folgerungen: Erstens hat der Mensch nichts Unvergängliches in sich und sein Tod ist nicht unterschieden vom Verenden der Tiere. Zweitens hat dann die menschliche Seele und so auch das von ihr getragene Subjekt keine innere Einheit mehr. Diese Folgerungen sind für Aristoteles nur schwer bzw. gar nicht akzeptierbar gewesen. So hat er zu keiner klaren Lösung gefunden.

c) Das selbstbewusste Ich und die Körpermaschine (Descartes)

257 Ausgangspunkt des Gedankengangs von René Descartes in seinen *Meditationes de prima philosophia* ist die Suche nach vollkommen gewisser Erkenntnis. Diese Suche scheint ins Leere gehen zu müssen. Denn einerseits sind alle einzelnen Sinneserkenntnisse ungewiss, da ihr Seinsgehalt möglicherweise ebenso trügerisch ist wie ein Traumbewusstsein, das man ja auch erst nach dem Erwachen als bloß geträumt erfasst. Und auf der anderen Seite folgen vielleicht auch die verstandesmäßig erfassten notwendigen Strukturzusammenhänge z.B. der Mathematik einem bloß subjektiven Vorstellungszwang. *Eine* Erkenntnis jedoch gibt es, deren Wahrheit gewiss ist, und, was dasselbe ist, deren Seinsglaube wirklich das Sein trifft: Wenn ich darüber nachdenke, ob es wirklich gewiss sei, dass ich jetzt denke, geht mir auf: Es kann gar nicht anders sein, denn schon die Erwägung einer solchen Annahme macht sie automatisch wahr. Wenn ich denke, dass ich denke, ist es wahr und gewiss, dass ich denke: d.h. ich erfasse mich bei jenem Seinsvollzug, der „Denken" heißt. Das ist der Sinn der berühmten Worte *cogito, ergo sum*. Als was erfasse ich mich? Als denkend, d.h. zweifelnd, suchend, urteilend usw. Was also *bin* ich? Mit Gewissheit kann ich (nur, dies aber ohne Zweifel) behaupten, ich sei ein denkendes Etwas (res cogitans): d.h. ein Etwas, das denkt, und das ein Bewusstsein hat vom Akt seines Denkens und auch davon, *was* es denkt: zunächst seiner selbst (im apodiktisch gewissen Selbstbewusstsein), dann auch (im faktisch gewissen Bewusstsein) all seiner Vorstellungen als solcher. Diese Gewissheit steht in sich. Sie hängt nicht ab davon, ob meine Überzeugung, ich hätte einen Körper, sich als wahr erweist oder nicht. Hier scheint ein Selbstbewusstsein auf, das ganz anderer Art ist als das Wissen um mein körperliches Dasein, ja, das von seinem Zentrum her sich sogar all meinen Emotionen, Vorstellungen, Empfindungen gegenüberstellen kann. Diese gehören zwar erlebnismäßig auch zu mir, aber eben nur *auch;* sie

gehören nicht zu meinem innersten Kern. Meinem innersten Kern nach bin ich das souveräne Subjekt meiner Urteile über Sein und Schein, über Gewissheit und Ungewissheit, – ein Subjekt, das die Kriterien für dieses Urteilen in sich trägt und in dessen „innerer Burg" nichts geschieht, worüber es nicht Herr ist oder doch sein könnte. Die Entdeckung dieses Ich hat das moderne Denken seit Descartes bis heute zu Recht fasziniert, und selbst die Bewegungen dagegen sind davon noch tief geprägt.

Was ist nun für dieses Ich sein eigener Leib? Er ist erlebnismäßig als ein Ensemble von qualitativen und quantitativen Bestimmungen gegeben, die teils empfunden und teils wahrgenommen werden. Wenn man aber *wissen* will, *was* er *ist*, muss man fragen, was ein komplexer Körper *überhaupt* ist. Die Antwort auf diese Frage ist auch die Antwort auf die Frage, in welche Kategorie der menschliche Leib gehört: Er ist ein ausgedehntes Etwas (res extensa), genauer: eine Maschine, die hinreichend charakterisiert werden kann durch die mathematische Mechanik. Begriffe wie Selbstbewegung, Selbstzwecklichkeit usw. müssen von ihm ebenso ferngehalten werden wie die primären sinnlichen Qualitäten. Jegliches „selbst" hat seinen Ort exklusiv auf der Seite des selbstreflexiven Ich. Auch den Tieren kommt keinerlei Zentriertheit, Spontaneität, Selbstbewegung zu; sie sind nichts als Maschinen. In der Konzeption des Descartes und seiner zahlreichen Nachfolger bis heute vermittelt keine Animalität mehr zwischen dem bloßen Ding und dem denkenden Subjekt. Der Begriff der Seele (*anima*, *psychè*), als das, was einen Leib beseelt, fällt folglich weg. Schroff stehen sich das je aktuelle Ich bzw. Bewusstsein (*mens*) und die Welt der mathematischen Physik gegenüber. Es sind Realitäten, die durch grundverschiedene Attribute charakterisiert sind: *hier* die „mentalen" Prädikate Denken, Spontaneität, Selbstgegebenheit und auch Vorstellung und Empfindung – *da* die Prädikate der Ausdehnung, der Trägheit, des bloß faktischen Seins.

Wenn es nun aber eine universale, sich unabweisbar aufdrängende Überzeugung ist, dass ein solcher Körper als mein Leib zu mir gehört, wie ist das denkbar? Das ist das Leib-Seele-Problem in seiner modernen Gestalt, die bis heute alle Diskussionen beherrscht: Wie kann man *begreifen*, was man als evidente Tatsache empfindet und glaubt: dass nämlich ein Körper, d.h. ein Teil des Weltsystems, wie es uns die Physik präsentiert, *und* das seiner selbst bewusste Ich, das sich diese Präsentation des Weltsystems in intellektueller Tätigkeit erarbeitet hat, *ein einziges Wesen*, den einen je individuellen Menschen ausmachen? Erst in einem solchen Begreifen aber kommt das Streben der Wissenschaft ins Ziel. Denn für den radikalen Wissenschaftsimpuls gilt: Mag eine Tatsache auch noch so unumstößlich erscheinen, so ist sie doch erst als Tatsache ernst zu nehmen, wenn sie aus ihrem Grunde begriffen ist.

Literatur

Nussbaum/Rorty 1992 Goller 2003
Steiner 1992 Meixner-Newen 2003
Rozemond 1998

2. Versuche, die duale Einheit des Menschen zu begreifen

260 Auf der Basis der gekennzeichneten Problemstellung gibt es zwei Klassen von Lösungsversuchen. Die erste, dualistische Klasse bestimmt die Einheit zwischen den beiden, gleichrangig gesehenen Elementen Geist und Körper als das Produkt einer *Beziehung* zwischen ihnen, die entweder als wechselseitige Kausalität, als Identität in einer tieferen Einheit oder als Koordination gedacht wird. Die Lösungen der zweiten, monistischen Klasse bestehen darin, dass nur *einem* der beiden Elemente – sei es dem Körper, sei es dem Bewusstsein – echte Realität zugesprochen wird; auf diese wird dann die andere, als bloß phänomenal deklarierte, ontologisch reduziert.

a) Im Ausgang vom Cartesischen Dualismus

261 Auf der Basis unserer alltäglichen Überzeugung, dass einerseits einige unserer leiblichen Bewegungen auf bewussten Vorstellungen (wie Absichten usw.) beruhen und dass andererseits durch das Wirken bestimmter Körper auf unseren Körper bewusste Empfindungen und Wahrnehmungen ausgelöst werden, statuierte Descartes eine *Wechselwirkung* von Geist und Körper aufeinander, die er in einem bestimmten Areal des Gehirns lokalisierte. Das Problem dieser Erklärung ist freilich, dass die darin beanspruchte Kausalität, wenn sie den garstigen Graben zwischen res cogitans und res extensa überwinden soll, von ganz besonderer Art sein muss: sie darf weder bloß geistig-psychologischen noch bloß physikalischen Gesetzen folgen und soll doch Realitäten beider Ordnungen

miteinander kausal verknüpfen. Eine solche Kausalität ist uns aber sonst unbekannt; ja sie scheint einen Widerspruch zu enthalten. Denn wie soll ein Körper einen Bewegungsimpuls erhalten, der nicht von einem Körper ausgeht? Und wie soll durch das Einwirken eines Körpers auf einen anderen so etwas wie ein Bewusstsein entstehen? Wenn man also, trotz des Scheiterns der metaphysischen Wechselwirkungskonzeption, darauf beharrt, dass res cogitans und res extensa zwei in sich vollständige Realitäten sind, dann ist man zu anderen Lösungsansätzen gezwungen. Man denke hier z.B. an B. Spinoza, der Ausdehnung und Denken zu Attributen einer einzigen, in ihrer Seinsart nicht näher bestimmten Substanz machte. Oder an G.W. Leibniz, der die Vermittlung zwischen den Ereignissen im Bewusstsein und im Körper, die die „Wechselwirkung" nicht leisten konnte, durch eine vom Schöpfer prästabilisierte Harmonie erklärt. Diese metaphysischen Theorien finden heute kaum mehr als ein historisches Interesse.

Wechselwirkungen zwischen Zustandsänderungen der res cogitans und solchen der res extensa sind nur dann möglich, wenn es dafür einen gemeinsamen Boden gibt. Das aber ist nur dann möglich, wenn eine grundsätzliche Einheit des Menschen schon vorausgesetzt ist, aus der sich der Unterschied zwischen den beiden „Komponenten" für die Zwecke der Selbstbesinnung und der Wissenschaft herauspräparieren lässt. Wenn man diese Einheit einfach als gegeben (nicht begriffen) voraussetzt, dann kann man von Wechselwirkungen sprechen, nun freilich nicht mehr im metaphysischen, die Seinskonstitution des Menschen betreffenden Sinn, sondern im Sinn der *empirisch* fassbaren Abhängigkeitsbeziehungen zwischen gedanklich-seelischen und somatischen Veränderungen in ein und demselben Menschen. In diese Richtung einer phänomenalen, nicht ontologisch hochstilisierten Wechselwirkung gehen heute viele Autoren (paradigmatisch z.B. Carrier/Mittelstraß 1989).

b) Im Ausgang vom (insbesondere materialistischen) Monismus

Diese empirischen Wechselwirkungstheorien stehen dem gesunden Menschenverstand nahe und eröffnen der Forschung ein weites Feld. Das metaphysische Bedürfnis aber befriedigen sie nicht. So fanden und finden die monistischen Versuche Zustimmung. Sie bestehen darin, dass einem der beiden Elemente nur eine phänomenale Realität zugesprochen wird: sei dies der Körper (Idealismus), sei dies das Bewusstsein (Materialismus).

262 Der Klassiker der *idealistischen* Lösung ist G. Berkeley. Seine Lösung baut auf der Überlegung auf, dass der Begriff eines Körpers an sich, unter Abzug aller Qualitäten der Wahrnehmung und der Empfindung, nichts mehr sagt. Von da aus ist es nur noch ein Schritt bis zu seiner berühmten These *esse est percipi*, in der er das Sein der Körper ganz auf ihr Vorgestelltsein reduziert. Freilich kommt er dann in Schwierigkeiten, die intersubjektive Geltung von Aussagen über Körper zu begründen. Berkeleys These wird heute kaum mehr vertreten. Doch findet seine Tendenz eine Erneuerung bei manchen extremen Phänomenologen, die methodisch den realen Körper ganz im phänomenalen Leib und damit im (freilich das Unbewusste mit einbeziehenden) Bewusstsein der Leiblichkeit aufgehen lassen.

263 Besonders viele Anhänger haben heute die materialistischen Versuche, die phänomenale Dualität des Mentalen und des Physischen im Menschen auf die einheitliche Realität des Physischen als auf die einzige „echte" Realität zurückzuführen, wobei man „das Physische" formell als das definiert, was physikalisch erforscht und erforschbar ist. Eine solche physikalistische Behauptung ist etwas anderes als schlichtes Physiktreiben. Man kann Physikalist sein, ohne von Physik viel zu verstehen, und man kann erst recht Physiker sein, ohne zugleich Physikalist zu sein. „Physikalismus" ist eine *metaphysische* Behauptung, dass nämlich die Physik die einzig sinnvolle und erschöpfende Theorie der Wirklichkeit sei. Diese Versuche haben eine große Attraktivität, sowohl aus empirischen wie aus „apriorischen" Überlegungen. *Empirisch* scheint die materialistische These gestützt zu werden durch drei Klassen feststellbarer Korrelationen: durch die Erfahrungen, dass bestimmten Gehirnschädigungen bestimmte Schädigungen der geistigen Vermögen entsprechen; durch die Untersuchungen mithilfe des Elektroenzephalo- und Kernspintomographen, die zeigen, dass bestimmten mentalen Zuständen oder Aktivitäten bestimmte „Erregungen" in bestimmten Gehirnarealen korreliert sind; durch die Experimente, in denen sich durch die chemische oder elektrische Stimulation bestimmter Hirnregionen bestimmte Bewusstseinsinhalte wie Empfindungen, (halluzinierte) Wahrnehmungen usw. produzieren ließen. Aber auch aus sehr allgemeinen Überlegungen scheint sich eine materialistische Deutung des Geistes zu empfehlen. Erstens weil sie eine Einlösung des wissenschaftlichen Ideals der einheitlichen und sparsamen und zugleich universalen Erklärung zu sein verspricht. Zweitens weil sie sich auf den plausibel erscheinenden Glauben stützen kann, dass das Leben, das in der kosmischen Evo-

lution erst spät aufgetreten ist, und ebenso das Selbstbewusstsein, das noch viel später „aufgetaucht" ist, sich doch aus dem erklären lassen *muss*, was schon vorher da war und weiterhin da ist: aus der materiellen Primärschicht der Realität.

Von diesen Voraussetzungen her wird das sog. Leib-Seele-Problem heute weitgehend nicht mehr unter gleichmäßiger Beachtung beider Seiten gestellt, sondern auf die Form „Naturalismus *versus* Antinaturalismus" eingeengt, d.h.: Genügt eine physikalische Theorie, um das Wesen des Menschen zu erfassen, oder genügt sie nicht? Muss und darf man zum Körper hinzu noch eine andersartige „Seele" (Bewusstsein u.Ä.) annehmen oder nicht? Es gibt heute so viele Varianten einer physikalistischen Lösung des Leib-Seele-Problems (vgl. Brüntrup 1996), dass hier nur zwei typische Beispiele behandelt werden können: die Identitätstheorie und der Funktionalismus.

Als *erstes* sei die sog. *Identitätstheorie* genannt, d.h. die These, die „Ereignisse" in der Seele bzw. der Bewusstseinssphäre hätten keine ontologische Eigenständigkeit, sondern seien zurückzuführen auf Ereignisse im Körper, d.h. hier genauer, im Gehirn. Die (freilich noch im Allgemeinen bleibenden) empirischen Korrelationen zwischen beiden Typen von Ereignissen werden also so interpretiert, dass das eine, das körperliche Glied der Korrelation das „wahre", primäre Sein repräsentiert und das andere das bloß erscheinende, sekundäre. Diese Identitätstheorie gibt es in extremer und in gemilderter Form. – In ihrer *extremen* Form ist sie die ontologische Behauptung, die „Ereignisse" der Bewusstseinssphäre *seien nichts als* Vorgänge im Gehirn; so, wie sie unmittelbar selbst erlebt werden, seien sie nur *Schein*. Gegen diese Behauptung ist zweierlei einzuwenden. Erstens, dass sie einen Kategorienfehler begeht, indem sie z.B. Empfindungen oder Urteile einfachhin in die Klasse von chemischen Reaktionen einordnet. Zweitens dass man, wenn die Behauptung stimmte, doch wohl konsequent versuchen müsste, die Alltagssprache, die diesem Schein entspricht, zu ersetzen durch die Sprache der Gehirnphysiologie, die dem „wahren Sein" entspricht. Aber man braucht diese Möglichkeit nur durchzudenken, um zu sehen, dass ihre Realisierung weder wünschbar noch möglich ist. Denn die Sprache der Wissenschaft baut auf der Alltagssprache sowohl des Wissenschaftlers wie auch und besonders seiner Versuchspersonen auf.

Eine bescheidenere Form der Identitätstheorie liegt in der These, „Ereignisse" der Bewusstseinssphäre gehörten zwar einer eigenen Bedeutungsebene an und hätten legitimerweise ihre eigene Sprache; aber sie seien doch *kausal reduzierbar* auf Vorgänge im Gehirn. Das Problem dieser These besteht darin, die Gesetze zu nennen, die den behaupteten notwendigen Zusammenhang von geistigen Phänomenen bestimmter Art (z.b. das Urteil, dieses Gedicht sei schön, oder jene Annahme sei falsch) mit Gehirnprozessen formulieren. Denn dies muss, der Reduktionsbehauptung entsprechend, nach *beiden* Richtungen des Kausalbezugs geschehen, nach dem Modell: „Immer dann, wenn sich die Temperatur eines Gases bei gleich bleibendem Volumen und sonst gleichen Temperaturbedingungen erhöht, ist es unter Druck gesetzt worden" und „Immer dann, wenn ein Gas bei gleich bleibendem Volumen unter Druck gesetzt wird, erhöht sich seine Temperatur" und dies alles nicht zufällig, sondern notwendig, und zwar aus einem angebbaren Grund. Mit der Qualität solcher aus der Chemie und Physik vertrauten Erklärungen hält jedoch die „kausale Rückführung" des Identitätstheoretikers keinen Vergleich aus. Das gilt schon für so schlichte bewusste Empfindungen wie „warm", „süß" oder „müde", weil zwischen einer Empfindung und z.b. einer Molekularbewegung keine Gattungsgleichheit herrscht (vgl. Bieri 1995). Aber selbst wenn eines Tages dennoch so ein Versuch der kausalen Rückführung in Bezug auf Empfindungen gelingen könnte, so scheint sie doch wesenhaft scheitern zu müssen, ja widersinnig zu sein, wenn es um intentionale Akte wie Urteilen, Begreifen und Begründen geht. Denn der praktische Umgang mit Fragen, Urteilen, Wertungen, wenn diese in ihrem sachlichen Anspruch ernst genommen werden, ist immer etwas ganz anderes als der Umgang mit „Vorgängen" in der äußeren oder inneren Natur, und das gilt auch und gerade für das Wissenschaft-Treiben selbst. Im Übrigen liegt wohl schon in der Ansetzung des Fragens, Denkens, theoretischen und sittlich-praktischen Urteilens, usw. als mentalen „Ereignissen" und „Vorgängen" ein naturalisierender Objektivismus. Denn weder meine Frage noch deine Frage ist für mich ein „Vorgang", dessen Verlauf ich beobachte und den ich in das allgemeine Raum-Zeit-Kontinuum einordne. Wenn sie dazu gemacht wird, ist sie *als* Frage schon ausgeschaltet und zu etwas Anderem gemacht worden. Und das heißt, dass alles Weitere nicht mehr von ihr, sondern höchstens von etwas *an* ihr handelt.

265 Eine *zweite* Variante einer physikalistischen Lösung des modernen Leib-Seele-Problems ist der sogenannte *Funktionalismus*. In ihm wird das Denkvermögen (Descartes' *ego cogito*) als Informationsverarbeitungs- bzw. als Problemlösungskompetenz definiert. Die Grundlage dieser Disposition wird mit den Programmen eines

Computers verglichen, der selbst als Modell für das Gehirn angesetzt wird. Basis dieses Vergleichs ist die sog. „Künstliche Intelligenz", die man an den Leistungen von Computern bewundern kann, wenn diese – in *hardware* und *software* – nur hinreichend komplex sind: so kommt es nicht nur zur Lösung von hochkomplexen Rechenaufgaben, sondern auch zur Erfassung vielfältigster Daten und deren Verarbeitung, so dass dadurch z.B. der Verkehrsfluss einer großen Stadt automatisch gesteuert wird und vieles andere mehr.

Nun ist nicht zu leugnen, dass eine Analogie zwischen den Leistungen eines Computers zu bestimmten Leistungen des menschlichen Verstandes besteht, die ja durch Computerleistungen ersetzt werden können und zwar so, dass dieser „Ersatz" das Original in mancher Hinsicht übertrifft. Doch gibt es gewichtige Einwände gegen die Übernahme der funktionalistischen Theorie des geistigen Lebens (vgl. Schäfer 1994) und seiner Verortung im Körper. (1) Es ist schon fraglich, ob die Art und Weise, *wie* Computer ihre Leistungen erbringen, ein Schlüssel sein kann zum Verständnis der Art und Weise, wie das beim Menschen geschieht. Führende Vertreter der biologischen Gehirnforschung scheinen jedenfalls vom Computermodell abzurücken (vgl. Edelman/Tononi 1997). (2) Die geistigen Leistungen, zu denen ein Computer fähig ist, sind auf die Datenverarbeitung beschränkt. In diesem Sinn mag ein Computer „rechnen" oder sogar „denken". Aber er wird kein selbständiges Fragen entwickeln, weder in der Bedeutung des Wissenwollens noch in der Bedeutung der moralischen Beurteilung seines Tuns noch gar in der Bedeutung der Suche nach dem Sinn seines Daseins. (3) Selbst die Leistungen, die er erbringt, sind nicht die Lösungen seiner eigenen Probleme, sondern der Probleme, die *wir uns* stellen und für deren bequemere, schnellere usw. Lösung wir ihn gebaut haben. Seine gesamte Intelligenz hat er von den intelligenten Wesen, die ihn konstruiert haben, und für die intelligenten Wesen, die sich seiner zu bedienen wissen. Außerhalb dieser möglichen Verwendung durch einen Benutzer kann im Hinblick auf den Computer weder von „Zeichen" noch von „Information", weil nicht von *Bedeutung* die Rede sein. Für sich genommen, abgesehen von seinen Benutzern bzw. Nutznießern, ist ein Computer sinn-los. Von einem Für-sich-sein, einer sinnorientierten Spontaneität ist bei ihm keine Spur. Nur der üppige metaphorische, ja manchmal mythologisierende Gebrauch mentaler Worte im Bezug auf Vorgänge im Rechner – „Jetzt ‚will' er wieder nicht; er ‚erkennt' diesen Befehl nicht; er ‚sucht' eine Datei; er ‚anerkennt' das Passwort usw." – täuscht über diese Tatsache hinweg.

266 Im Übrigen ist bemerkenswert, dass der Funktionalismus das Verhältnis von Seele und Körper, wenn er es vom Verhältnis von *software* (Programm) und *hardware* her konzipiert, äußerlicher denkt als der wegen seiner angeblichen Leibfeindlichkeit vielgescholtene Platonismus. Denn zwar ist jedes Programm auf einen Rechner angewiesen, aber eben auf irgendeinen, aus irgendwelchen Materialien bestehenden. Die geistigen Fähigkeiten des Menschen aber sind offenbar auf ein Gehirn angewiesen, das aus ganz bestimmten chemischen Elementen besteht und dessen Architektur sich im Lauf einer nicht geplanten Naturgeschichte und z.T. auch Sozialgeschichte gebildet hat. Die Bindung der menschlichen Seele an diese Art von Leib und (speziell an diese Art von Gehirn) ist nicht die Bindung an Materiekombinationen, die man sich auch ganz anders vorstellen könnte. Es ist eine natürliche Bindung an einen natürlichen Organismus. So steht im Hintergrund dieser Kontroverse der Streit um das, was Natur ist. Ist, wie Aristoteles (Physik II,1) und Kant (Kritik der Urteilskraft §§ 64-68) meinten, das natürliche Entstehen grundsätzlich anders als das technische, oder sind, wozu heute viele neigen, doch beide strukturgleich, so dass man das natürlich Gewordene grundsätzlich so betrachten und behandeln kann, als ob es etwas technisch Gemachtes wäre?

c) Schlussfolgerungen

267 Thesenhaft sollen nun aus den vorstehenden Überlegungen drei Schlussfolgerungen gezogen werden.
(1) Die Versuche, die geistigen Handlungen und Erfahrungen sowie z.T. auch die seelischen Phänomene ihrem Sinn nach (essentiell) oder ihrem vollen Dasein nach (kausal) auf physiologische Prozesse zu *reduzieren*, müssen wohl als gescheitert betrachtet werden. Damit ist die essentielle Eigenständigkeit, die innere Eigenform der seelischen und vor allem der geistigen Sphäre „gerettet", und in diesem Sinn auch die Irreduzibilität ihrer Bewusstseinsmodi, sprachlichen Ausdrucksformen und praktischen Regeln. Das genügt, um guten Wahrheitsgewissens ein Leben zu führen, das für gewöhnlich an die Zuverlässigkeit geistiger Phänomene (im Gespräch, im Gewissen, im Prüfen von Hypothesen, in der Erfahrung des Schönen usw.) glaubt und sich dem Anspruch, der von ihnen ausgeht, verpflichten will.
268 (2) Aber genügt das schon, um die Denkbarkeit der (wie auch immer begründeten) Überzeugung zu retten, dass das menschliche

Leben eine jenseitige Zukunft haben könne? Offenbar nicht ohne weiteres. Denn wenn von einem Leben „nach" dem Tod die Rede sein soll, muss dieses doch mindestens ein bewusstes Leben und Erleben sein; aber eben das Bewusstsein schwindet mitsamt allen geistigen Tätigkeiten spätestens vor den allerletzten Phasen des Sterbeprozesses dahin, weil es abhängig ist von intakten Gehirnfunktionen. Im Vergleich zur Abhängigkeit der geistigen Tätigkeit von den Sinnen, die man seit jeher kannte, ist *diese* Abhängigkeit einerseits äußerlicher und andererseits tiefgreifender. Äußerlicher, weil das sinnliche Erfassen seinem Gehalt nach Vorstufe und Moment des geistigen Erfassens selbst ist, während das für Gehirnprozesse im Hinblick auf Urteile nicht gesagt werden kann. Aber zugleich tiefgreifender, weil die Angewiesenheit des geistigen Erkennens auf die Sinne nur relativ ist, während die intakte Gehirnfunktion *die condicio sine qua non* dafür zu sein scheint, dass Akte der Erkenntnis und der freien Entscheidung stattfinden können. Freilich hat die Feststellung dieser Abhängigkeit ihre Geltung zunächst nur in dem Bereich, der unserer Erfahrung zugänglich ist. Eine absolute, metaphysische Geltung könnte erst dann behauptet werden, wenn nicht nur die Tatsache, sondern auch das Wesen der fraglichen Abhängigkeit einsichtig wäre; aber eben das scheitert an der Inkongruenz, die zwischen den empirischen Abhängigkeitsverhältnissen und den Kategorienunterschieden zwischen dem, was voneinander abhängig sein soll, besteht: *hier*, wie es scheint, nichts als wohlverstandene chemisch-elektrische Prozesse, *dort* „Prozesse" wie Urteile, Fragen, Entscheidungen, die samt und sonders in der Sphäre des Sinns zuhause sind. So ist es doch ohne Widerspruch *denkbar*, dass jenes geistige Leben, das sich im Unterwegs dieses Lebens als bewusstes Erleben, Urteilen, Fragen, Entscheiden usw. äußert und für diese manifesten Aktivitäten an ein intaktes Gehirn gebunden ist, am Ende seiner Geschichte im Tod in eine ganz andere, „verewigte Form" übergeht, in der sich seine tiefsten und umfassendsten Tendenzen erfüllen. Ob es so ist und welche Gründe dafür sprechen, wird im Zusammenhang des nächsten Kapitels erörtert werden. Hier kam es nur darauf an zu zeigen, dass, *wenn* solches geglaubt wird, dies nicht im Widerspruch zu den Daten der empirischen Gehirnforschung stehen muss und also von daher gesehen *nicht unmöglich* ist.

(3) Wenn sich nun aber sowohl dem metaphysischen Konzept der Wechselwirkung wie dem metaphysischen Konzept des materialistischen Monismus unüberwindliche Schwierigkeiten in den Weg stellen, die nicht nur temporärer, sondern prinzipieller Natur sind,

hat es den Anschein, als kämen wir hier an die Grenze des für uns Erkennbaren. Erstaunlich wäre dies nicht. Denn es handelt sich nicht um irgendein Problem unter vielen, sondern um das, wie es in Goethes *Faust* (I. Akt, Monolog) heißt, „was die Welt im Innersten zusammenhält"; und wenn Faust ausruft „das will mir schier das Herz verbrennen, dass wir nichts wissen können", dann meint er eben jene letzte Einheit, die wir nicht durchschauen und begreifen können. – Wie aber wäre es, wenn uns das doch gelänge? Dann hätten wir uns begreifend eingeholt. Der permanente Vorsprung des Fragens und Suchens vor dem Gefundenen wäre aufgehoben, der Vorsprung der Dynamik des Erkennens vor dem Erkannt- und Fixiertsein dieses Erkennens wäre vernichtet. Bildlich gesprochen: Der Mensch hätte es geschafft, ganz aus sich herauszutreten und sich so zu begreifen, wie ein völlig ungeschichtlicher, an nichts gebundener, sich selbst völlig durchsichtiger reiner Geist das begreift, was außer und unter ihm ist.

Von hier aus gesehen ergibt sich der paradoxe Sachverhalt, dass der monistische Materialist ein spiritualistisches Ideal ansteuert und von einem spiritualistischen Credo lebt. Beides hat eine objektive und eine subjektive Seite. Auf der *Objektseite* besteht das *Ideal* darin, alles zu durchschauen, begreifend hinter alles zu kommen und so die bloß vordergründige Erscheinungswelt zu ersetzen durch eine vollkommen rationale Hinterwelt. Das *Credo* sagt, dass dieses Ideal nicht nur angestrebt werden soll und darf, sondern dass es auch erreichbar ist, d.h. dass die Wirklichkeit jetzt schon, obwohl vieles Einzelne noch unerkannt ist, vom Prinzip her als schon erkannt gelten darf. – Auf der *Subjektseite* besteht das *Ideal* im Streben, die schwache conditio humana abzulegen und sich möglichst der Position eines reinen Geistes (nach Art des Cartesischen und des Laplaceschen Dämons) anzunähern. Die *subjektive Seite des Credo* aber besteht darin, dass man so tut, als könne man jetzt schon von der Position des reinen Geistes aus sprechen. Der reduktionistische Materialismus ist also ein metaphysischer *Glaube*. Und was ihn beflügelt, ist nicht die Materie – wie sollte diese beflügeln? –, sondern der Traum vom Geist.

Wenn der Physikalismus aber zugeben muss, ein Glaube zu sein, dann ist sein Selbstverständnis, eine wissenschaftlich begründete Weltanschauung zu sein, nicht mehr haltbar. Darüber hinaus ist auch sein Ideal fragwürdig, alles Dunkel zu beseitigen. Denn der Mensch kann im grellen Licht einer durchgängig szientistisch interpretierten Welt nicht leben; Szientist kann man nur stundenweise und mit dem Kopf sein. Das Dunkel, das die Helle des menschlichen Geistes begrenzt, umfängt sie zugleich tragend. Es darf nicht umgefälscht werden zu einer bloß äußeren, im Prinzip zu überwindenden und überwindbaren Grenze der Selbstdurchsichtigkeit und der Macht, möglichst alles zu durchschauen. Es gehört zur *inneren* Begrenzung, die als *positive* Ermöglichung des Könnens zur Endlichkeit des menschlichen Geistes gehört. So könnte gerade in der Unlösbarkeit des metaphysischen Leib-Seele-Problems sich etwas vom Wesen des Menschen zeigen.

Literatur

Pöltner/Vetter 1986
Kutschera 1993

Brüntrup 1996
Pauen-Stephan 2002

D. Die Frage nach dem Sinn des menschlichen Daseins

270 Ausgangspunkt unseres anthropologischen Weges war der Wille zu erkennen, wer wir eigentlich sind, insofern wir Menschen sind, d.h. ausdrücklich ins Bewusstsein zu heben, was wir im Grunde alle wissen. Um der Objektivität des gesuchten Wissens willen mussten Umwege gegangen werden; so kamen wir uns selbst aus großer Ferne und Fremde als ein Tier unter Tieren entgegen (Teil A). In einer mittleren Lage ist die Gestalt des Selbstverhältnisses angesiedelt, die sich in der Interpretation unseres weltlichen Daseins auf seine Grunddimensionen hin ergab (Teil B). In der Thematisierung der Formen des Wissens und der Freiheit des Wollens (Teil C) holten wir verstehend ein, was der Ausgangspunkt unserer Frage war: den Willen zu einer gewissen Selbsterkenntnis, das Vertrauen auf deren Möglichkeit und die Möglichkeit der Selbstbestimmung, in deren Horizont die Selbsterkenntnis steht. Damit ist die Beschreibung unseres Seins im Wesentlichen ins Ziel gekommen, so fragmentarisch sie auch geblieben sein mag.

Mit einer Skizze der Struktur des menschlichen Seins kommt aber die Frage-Intention, die der Suche nach einem Verständnis unseres Wesens zugrunde liegt, noch nicht ins Ziel. Denn *warum* wollen wir denn wissen, wer oder was wir eigentlich sind? Dieses Wissen hat ja seinen Sinn nicht in sich selbst; es ist seinem Sinn nach nicht das Ruhen des theoretischen Blicks in einem Gewussten, das schon als so gewusstes höchste Erfüllung gewährte. Vielmehr hat die Suche nach jenem Wissen und folglich auch dieses selbst eine zentral praktische Komponente, vor allem im Sinn einer Orientierung für die Lebensführung im Ganzen. Selbst noch die speziellsten Einzeldisziplinen, in die sich die Frage nach dem Menschen verzweigt, haben ihre Fragedynamik auch und nicht zuletzt aus der Suche nach einer Möglichkeit, diesem Leben, das wir zu leben haben, einen lebbaren Sinn abzugewinnen.

271 Mit „Lebenssinn" ist (mindestens) etwas Dreifaches gemeint: der Sinn einzelner Lebenssituationen, der Sinn eines Lebens im Ganzen und der Sinn des Daseins von Menschen überhaupt. Nun ist ein solcher Sinn, falls davon überhaupt die Rede sein kann, zweifellos etwas, was nicht einfach dekretiert werden kann, sondern etwas, was es schon gibt, bevor wir es suchen. Entweder ist es so, dass die Frage nach dem Sinn gar nicht aufkommen muss, weil man vom Sinn – und sei es ein bloß scheinbarer oder oberflächlicher Sinn –

erfüllt ist. Oder es ist so, dass man, unbefriedigt, sich auf die Suche nach Sinn macht; dann weiß man auch, dass Sinn jedenfalls nicht einfach „gemacht" werden kann, sondern gefunden werden muss. Denn wenn man einer Situation einen Sinn „gibt", indem man Möglichkeiten erkennt, sie verstehbar zu deuten oder etwas (Gutes oder Besseres) aus ihr zu machen, so ist dies Erkennen ein Finden. Das ist die eine Seite. Auf der anderen Seite aber können wir diesen Sinn nicht aus der sicheren Distanz wissenschaftlicher Untersuchung heraus ausfindig machen. Wir können ihn nur *so* suchen und finden, dass wir mit uns selbst als Einsatz experimentieren. Und schließlich gehört zu einem evtl. gefundenen Sinn sicher auch, dass man ihn nicht nur betrachtet, sondern dass man sich *den* Lebensmöglichkeiten *handelnd* verbindet, die sich uns durch ihre innere Stimmigkeit als gut oder gar als verbindlich erschlossen haben.

Die praxisorientierte Frage nach dem Sinn hat zwei Bedeutungsschichten. In einer grundsätzlichen Schicht geht es darum, ob dieses Leben so „gebaut" ist, dass es einen vollen Einsatz überhaupt lohnt bzw. zulässt. „Sinn" kommt hier vor allem von seinem Gegenteil her in den Blick, vom Unsinn oder noch mehr vom Sinnlosen. In einer zweiten Schicht bedeutet die Sinnfrage dann soviel wie die Suche danach, worin konkret der positive Sinn des Lebens: je meines individuellen Lebens wie des menschlichen Lebens im Allgemeinen, wohl liege.

Die Sinnfrage in all ihren Formen kann man sich nicht stellen, wie man sich vornimmt, das nächste Kapitel einer Frageliste abzuarbeiten; sie stellt sich selbst. Sie stellt sich nicht jederzeit, sondern zu bestimmten Zeiten, und wenn öfter, dann vielleicht in ähnlichen Zügen, aber wahrscheinlich doch auch je anders, entsprechend der geänderten Lebenssituation. Sie stellt sich aber nie nur theoretisch, sondern immer dann, wenn man vor einer Entscheidung steht, die so ist, dass sie nicht anders als auf einen geglaubten und gehofften Sinn gefällt werden kann: dann zeigt sich, dass einem ein solcher mangelt; dann begibt man sich auf die Suche danach.

Diese Suche ist die Sache jedes Einzelnen, und zwar in dem Maß, wie er durch seine Veranlagung und seine Geschichte zu ihr befähigt und auch gedrängt ist. Wegen der großen Verschiedenheit der Lebensschicksale und wegen der wesentlich persönlichen und praktischen Natur der Sinn-Erfassung ist hier eine allgemeine anthropologische Wissenschaft und Reflexion überfordert; sie kann dem Einzelnen sein persönliches Suchen, Irren und Finden nicht abnehmen, indem sie ihm verlässliche theoretische Auskünfte und praktische Anweisungen lieferte. Was jedoch gegeben werden kann, ist eine Analyse der Sinnfrage selbst und der typischen Strategien, eine Lösung für sie zu finden, von denen einige sich durch ihre Selbstwidersprüchlichkeit als Wege in die Sackgasse aufzeigen lassen. Ohne vorwegnehmen zu können und zu dürfen, wie das sinnvolle Leben für den Einzelnen aussehen kann, lassen sich so gewisse, vor allem negative, Gesetze erheben, unter denen die Suche nach dem konkreten Sinn steht.

Im Folgenden soll zunächst (1) etwas über die Grundspannung im menschlichen Dasein gesagt werden, aus der die Sinnfrage in ihrer grundsätzlichen, eher negativen Form aufsteigt, ob nämlich das Leben in der Bedeutung „Sinn" hat, dass es einen vollen Einsatz lohnt, oder ob es das durch seine absurde Struktur unmöglich macht. Zweitens (2) wird die Logik von Versuchen reflektiert, den Bedingungen auszuweichen, unter denen allein, wenn überhaupt, der Sinn gefunden werden kann. Schließlich geht es darum, die Richtung anzudeuten, in der eine gemäße Antwort liegen müsste (3).

1. Grund und Struktur der Sinnfrage

273 Die Einheit der Subjektivität ist eine Spannungseinheit. Das gilt schon für die animalische Daseinsform. Sie kann jederzeit bedroht werden; nahezu immer ist das Tier auf dem Sprung, um sich zu schützen oder um Chancen wahrzunehmen. Das Gleichgewicht hält nie lange, muss immer neu errungen werden. Insofern der Mensch selbst eine Art von Tier ist, ist es bei ihm nicht viel anders. Doch ist das Grundverhältnis, das seine Weise der Subjektivität durchherrscht, vom Prinzip her anders. Im Selbstbewusstsein wird sich der Mensch als eines leiblich-begehrenden Wesens bewusst, – so aber, dass dieses Selbstbewusstsein sein Bewusstes nicht bloß als Objekt außerhalb seiner hat, sondern so, dass es die Art und Weise des begehrend-leiblichen Daseins modifizieren kann. Zum menschlichen Sein gehört also ein Zweifaches: einerseits die Transzendenz durch Wissen und Freiheit über das bloß Faktische (von daher die Selbstwiderlegung aller Reduktionismen!), – und andererseits die Gebundenheit an eine bestimmte Leiblichkeit, Situation usw., die durch das Transzendieren sowohl überschritten wie angeeignet wird. Bewusstsein und Freiheit mindern die Spannung nicht, sondern bringen zusätzlich zur ersten eine neue Spannung ins Spiel. Diese Spannung ist zu umreißen.

Die Freiheit des Willens hat in sich eine innere Unendlichkeit. Kraft dieser Freiheit sind wir nicht so in die Enden und Grenzen einer bestimmten Gestalt verfugt, wie das die Dinge und Pflanzen und Tiere sind; kraft der Phantasie, die zur Freiheit gehört, stehen wir unter einem offenen Horizont von Möglichkeiten. Und doch verweist uns gerade diese Un-endlichkeit auf ihr Gegenteil: auf eine Erfahrung der Endlichkeit und damit der Bedingtheit, die in dieser Schärfe keinem „bloß" endlichen Wesen möglich ist. Drei Formen, in denen diese Endlichkeit erfahren wird, können genannt werden:

(1) Die Alternativen, die sich einer freien Entscheidung bieten, stellen sich unbeliebig. Es liegt nicht in unserer Hand, ob sie auftreten oder nicht. Man kann sagen: die Alternative „stellt" uns, in dem Sinn, in dem man sagt, dass ein Flüchtender von seinen Verfolgern „gestellt" wird. Wenn man vom Anteil der eigenen früheren Entscheidungen am Zustandekommen einer Entscheidungssituation einmal absieht, gilt: Die Alternativen der Freiheit sind kein Werk der Freiheit.

(2) Die Transzendenz über die bestimmten Güter und der Spielraum der Möglichkeiten, die mit der Freiheit gegeben sind, werden durch die effektive freie Entscheidung vernichtet. Denn in der Entscheidung binde ich mich ja an ein bestimmtes Gut, das alle anderen ausschließt, und verendliche mich dadurch in bestimmter Weise.

(3) Das freie Wesen hat die Macht, selbst zu bestimmen, was es sein wird. Doch erstreckt sich die Macht der Selbstbestimmung nicht so weit, dass damit auch ein Zurückgreifen hinter das eigene Sein gegeben wäre: Dass einer frei ist, das liegt seiner freien Entscheidung voraus. Er ist frei, ob er will oder nicht. In ihrer Wurzel ist also die Fähigkeit zur Selbstbestimmung Bestimmtheit, ist die Freiheit Notwendigkeit. Das ist wohl die Form der Endlichkeit, die der Freiheit am meisten innerlich ist.

Diese dreifache Spannung zwischen Endlichkeit und Unendlichkeit, zwischen Notwendigkeit und Freiheit, also zwischen Gegensätzen, gehört zur Struktur der menschlichen Freiheit in all ihren Situationen. Diese spannungsreiche Struktur der menschlichen Wesensverfassung aber ist für den Menschen, der in ihr steht, eine Sache, die nicht außerhalb seines Selbstverhältnisses steht. Sie ist nicht nur Struktur einer Situation, sondern *selbst* Situation, nämlich Grund-Situation. Anders gesagt: Zu seinem eigenen Wesen ein Verhältnis zu haben, heißt zunächst: mit der Spannung, die in ihm liegt, konfrontiert zu sein und zwar so, dass eine „Stellungnahme" unausweichlich ist. Und es heißt dann: diese Grundsituation so oder so an sich heranlassen, sie so oder so zu verstehen, und ihr so oder so handelnd zu entsprechen. Kierkegaard hat auf diesen Sachverhalt am Anfang seines reifsten Werkes, *Die Krankheit zum Tode* (1849), seine klassisch knappe Formel gemünzt: „Der Mensch ist Geist. Aber was ist Geist? Geist ist das Selbst. Aber was ist das Selbst? Das Selbst ist ein Verhältnis, das sich zu sich selbst verhält, oder ist das im Verhältnis, dass das Verhältnis sich zu sich selbst verhält. Der Mensch ist eine Synthese von Unendlichkeit und Endlichkeit, ... von Freiheit und Notwendigkeit": diese „Synthese" ist das erstgenannte, strukturelle Verhältnis. Sich zu diesem eigens ins Verhältnis setzen: das ist das zweite Verhältnis, der Selbstvollzug, das freie Sein. In ihm kommt das Selbst, das vorher nur wesensmäßig umgrenzte, im so dahinlebenden Menschen versteckte Möglichkeit war, zur Wirklichkeit (vgl. Theunissen 1991).

276 Wie sieht das konkret aus? Jeder freien Entscheidung zu dem oder jenem liegt in gewisser Weise die Entscheidung voraus, überhaupt sich selbst zu entscheiden statt sich bloß treiben zu lassen. Diese „Grundentscheidung" oder „Urwahl" ist natürlich keine Entscheidung, die allein in sich stehen könnte; sie ist vielmehr ein Element der konkreten Entscheidungen, das diesen freilich innerlich vorausliegt und manchmal auch eigens ins Bewusstsein tritt. Das ist z.B. dann der Fall, wenn man sich von einer Lebensweise loszureißen versucht, in der man, jedenfalls sektoriell, sich mehr hat leben lassen als dass man selber „lebte", d.h. sein Leben „führte". Es wird aber normalerweise auch der Fall sein bei den sogenannten Lebensentscheidungen, bei denen es um die Wahl des Lebenspartners, des Berufs, der Religion usw. geht, d.h. um Entscheidungen, in denen man sich u.U. für sein ganzes Leben und so auch für sein eigenes Schicksal festlegt und auf die hin man folglich seine Willenskräfte zu bündeln versucht.

Wer sich selbst für oder gegen konkrete Möglichkeiten entscheiden will, muss sich auch für die Entscheidungsmöglichkeit selbst entschieden haben. Er muss frei sein *wollen*. Wer sich für die eine oder andere der sich ihm bietenden Möglichkeiten entscheidet, ratifiziert damit auch diese Wahlsituation selbst. Umgekehrt: Wer in einer bestimmten Wahlsituation selbst schon etwas grundsätzlich Unerträgliches und Unannehmbares findet, wird versuchen, sich vor der Entscheidung zwischen den gegebenen Alternativen zu „drücken". Und wenn dies nicht geht, wird die Entscheidung unwillig, halbherzig, seufzend oder protestierend fallen.

Was für die konkrete Wahlsituation gesagt worden ist, lässt sich nun aber auch auf die Situation der Grundentscheidung übertragen. Denn jede Wahlsituation trägt in sich eine Zumutung wegen der oben skizzierten dreifachen Spannung, in der die innere Endlichkeit und Bedingtheit der Freiheit zu dieser selbst steht. Der Mensch kann diese Zumutung als unannehmbar empfinden und von sich weisen. Gewiss wird eine solche Zurückweisung des eigenen Wesens kaum je die Form eines eigenen Entschlusses annehmen. Sie wird vielmehr versteckt sein in der Art und Weise, wie man die zahlreichen Alternativen des konkreten Lebens angeht. Aber das Leben der Freiheit zerfällt doch nicht einfach in die vielen Einzelentscheidungen, sondern *hat eine tiefe Einheit*, – eine Einheit, die der seinsmäßigen Selbstidentität eines Individuums entspricht. Und gewiss kann eine solche Reserve gegenüber dem eigenen Wesen niemals zu einer vollständigen Ablehnung werden, – schon deshalb nicht, weil auch das Nein zum eigenen Wesen aus diesem lebt und dieses so unfreiwillig ratifiziert. Aber es genügt, dass dieses Wesen nicht entschieden bejaht wird. Dann ist der Lebenssinn schon bedroht durch die drei grauen Mächte des Halb-und-Halb, des Ja-und-auch-wieder-nicht und des Wenn-es-nur-schon-vorbei-wäre.

Literatur

Blondel 1893
Theunissen 1991

2. Versuche, die Spannung zwischen Endlichkeit und Unendlichkeit einseitig aufzulösen

Hier beginnt nun die Suche nach Möglichkeiten, das Problem aufzulösen, – eine Suche, in deren Verlauf sich das Subjekt wund reibt und dadurch (vielleicht) weise wird. Vom Gesichtspunkt des weise Gewordenen aus zeigen sich im Rückblick die Irrwege, die Strategien der Flucht vor dem Unausweichlichen. Wenn die Irrwege durchschaut werden auf ihr Prinzip hin, so kann man hoffen, dass sich daraus ein Hinweis auf die Richtung ergibt, in der die Lösung zu suchen ist. (Man darf freilich nicht vergessen, dass es leicht ist, falsche Einstellungen *in abstracto* oder am anderen Menschen zu erkennen, – sehr schwer aber, seine eigene Lage so zu analysieren, dass man merkt, wie es mit einem steht. Selbst im Rückblick ist das schwer, geschweige denn in der Situation selbst.)

Objektiviert und trennt man die beiden Pole der Spannung, so kann man, wie es immer wieder geschehen ist, bildlich sagen, dass der Mensch zwischen einem Tier und einem reinen Geistwesen stehe. Engel und Tier scheinen in sich „runde", geschlossene Wesen zu sein, ohne die wesenhafte Ruhelosigkeit und Exzentrizität des Menschen. Denn beide sind, was sie sind, *ganz*: Sein ohne Freiheit bzw. Sein aus Freiheit. So kann es geschehen, dass der Mensch aus seiner Not mit dem Menschsein heraus einen sehnsüchtigen und resignierenden Seitenblick auf den Engel oder auch auf das Tier wirft (wie es z.B. Rilke in den *Duineser Elegien* tut). Manchmal geht man sogar so weit zu meinen, der Mensch *sei* im Grunde ein gefallener Geist oder ein entfremdetes Tier.

a) Verweigerung der Endlichkeit

278 Der Ausweg aus der problematischen Freiheitssituation, der sich als erster nahe legt, ist der „idealistische", – jener Weg, auf dem sich das Subjekt mit seiner Geistigkeit *gegen* seine Endlichkeit identifiziert.
Eine solche Verweigerung der eigenen Endlichkeit steht wohl hinter Haltungen wie den folgenden: Der universale Kritiker lässt nur das gelten, was in jeder Hinsicht vollkommen ist (und verliert so alles, was er leben und lieben könnte, bis zu einer Steigerung des Hasses auf alles, das nicht wert ist da zu sein, weil es mangelhaft ist). Die „schöne Seele" spiegelt sich in ihren Potentialitäten und scheut, um keine zu verlieren, die Festlegung (und schwindet so dahin, ohne Konturen gewonnen zu haben). Der Rationalist kann nichts annehmen, was er nicht rekonstruierend durchschaut hat (und verfällt vor lauter Misstrauen der Leichtgläubigkeit gegenüber den nächstbesten Hypothesen), – usw. Die Erfahrung, die man mit dem Versuch macht, seine Endlichkeit zu verweigern, ist immer doppelt: einerseits gelingt es nicht, und andererseits führt auch das (relative) Gelingen des Projekts nicht zur Emanzipation des Geistes von seinen Fesseln, sondern zum Verlust seiner Wirklichkeitsfülle. Die Erfüllung des Geistes und seine Erlösung lassen sich nicht direkt ansteuern. Was überwunden oder „abgearbeitet" werden sollte – die Macht der Tradition, der „Naturwüchsigkeit", der Undurchsichtigkeit des Lebens usw. – kann gerade dadurch übermächtig werden, in negativer Dialektik. „Wer den Engel spielt, wird zum Tier" (Pascal, *Pensées* [Br.] Nr. 358).

b) Verweigerung der Un-endlichkeit

Aus der Enttäuschung mit dem idealistischen Lebensprojekt fällt man leicht in das Gegenteil, – in die Negation der idealistischen Negation, die doch, wie man erfahren muss, noch keine Positivität ergibt.

Eine solche Tendenz ist etwa hinter folgenden Einstellungen zu entdecken: Jemand versucht, die Fragerei nach dem Richtigen von sich abzuschütteln und nur noch nach dem spontanen Gefühl zu leben (und muss erfahren, dass die zum Programm gemachte Spontaneität eine Verkrampfung zur Folge hat). Man weicht der eigenen Verantwortung aus, indem man sich von dem tragen lässt, was „man" zur Zeit denkt und tut (und muss entdecken, dass auch die – bewusst gewählte – Konformität verantwortet werden muss). Man flieht in Schlaf, Versenkung oder Rausch (und erwacht enttäuschter), usw. Die Erfahrung, die man hier macht, ist die, dass für uns kein Weg zu spontan-unschuldiger Tierheit zurückführt, wenn wir einmal in die geistig bestimmte Existenzform eingetreten sind. Es besteht ein wesentlicher Unterschied zwischen der gewissermaßen vor-geistigen Animalität, aus deren Sphäre sich das Leben des Geistes erhebt (und *naturhaft* periodisch zurücksinkt: Schlaf, automatisches Verhalten usw.), – und dem „Projekt" Animalität, das der Form nach ein geistiges ist und deswegen innerlich widersprüchlich ist. (Ähnliches gilt, wie wir zu zeigen versuchten, von den biologistischen Theorien.)

So kann man erfahren: Der Pol der Spannung, *gegen* den man seine Ganzheit zu gewinnen sucht, setzt sich zerstörend durch. In der Tat muss man in jedem Projekt, unwillig und – wie man hofft – vorläufig nur, die jeweils ungeliebte Freiheitsdimension mitvollziehen, um überhaupt handeln zu können. Weil man dem Vollzug nicht zu entkommen vermag, kann der Verdacht wachsen, das Dasein gestatte zwar einzelne Erlebnisse und Tätigkeiten, die man als Sinn-Inseln erfährt. Aber das menschliche Dasein als Ganzes sei resistent gegen eine umfassende Sinngebung. Es sei sinn-los.

Literatur

Welte 1967
Coreth 1985

3. Die Annahme der Grundspannung als Bedingung der Sinnrealisierung

280 Durch die ent-täuschenden Erfahrungen mit dem spiritualistischen Selbstverständnis (samt ihrem dialektischen Gegenstück im Vitalismus) aber kann auch die Einsicht reifen, dass der richtige Weg nicht in der Flucht vor dem bestehe, was wir doch unweigerlich zu sein haben, sondern in der An-nahme dieses Seins, das also als sinnfähig, ja als sinnvoll vorausgesetzt und dann erfahren wird. Der humoristische Dichter Eugen Roth, der das Menschliche ebenso scharfsichtig durchschaute wie er es liebevoll darstellte, hat (1983, 283) diese Einsicht so formuliert: „Ein Mensch, der einsieht mit der Zeit / Man bringe es als Mensch nicht weit, / Ist, bisan brav und unverdrossen, / Zum Nicht-mehr-Menschsein wild entschlossen. / Doch Mensch-sein ist, wie er erkennt, / Ein unauslöschlich Sakrament."

Diese „Annahme" kann kein bloß resigniertes Strecken der Waffen sein, denn sie soll ja den Boden für ein aktives Engagement mit dem Leben bilden. Sie kann aber auch kein Ja unter Bedingungen sein, weil die Realität keine Bedingungen akzeptiert. Auch wenn die Bedingungen verändert werden sollen, müssen sie zuerst genommen werden, so wie sie sind. Nur so *kann* es zu einem vollen Ja zum Leben kommen, nur so zu einem erfüllten, dankbaren Dasein.

Freilich: Seltsam ist es schon, dass wir dasjenige, was wir *schon* sind, *noch einmal* zu sein haben, beziehungsweise, dass der grundlegende Akt der Freiheit eine Wiederholung dessen sein muss, was wir schon sind. „Eine seltsame Sache oder gar eine unheimliche Sache, dass wir erst auf den Boden springen müssen, auf dem wir eigentlich stehen" (M. Heidegger, Was heißt Denken? Tübingen 1961, 16).

281 Diese „Wiederholung", die Annahme des menschlichen Seins nach vorne hin, umfasst drei Elemente: die Annahme der gegenwärtigen Situation, die Annahme seiner selbst und die Annahme des Todes. Im Hinblick auf diese Sachverhalte soll deutlich werden, erstens: Diese Annahme kann als eine schwere, ja manchmal überfordernde Zumutung erlebt werden. Aber wenn sie nicht geleistet wird, stellt sich der Sinn des Daseins nicht ein; diese Annahme ist die Sinnbedingung, die wir jeweils selbst beizusteuern haben. Und zweitens: Diese Annahme selbst steht unter Bedingungen, die wir nicht setzen können, sondern voraussetzen müssen. Alles kommt darauf an, zu der Überzeugung zu kommen, dass wir sie auch voraussetzen *dürfen*.

a) Die Annahme der gegenwärtigen Situation

Über dieses Thema ist schon im Abschnitt B III 4 (*Die Dialektik des Lebens in der Gegenwart*) das Wichtigste gesagt worden. Die Gegenwart ist oft genug so, dass sie nicht zur Annahme einlädt, sondern im Gegenteil eine Flucht des Geistes und Herzens in zukünftige oder vergangene Zeiten und Zustände provoziert. Wer diesen Fluchtweg aber zu oft oder schon mehr oder minder gewohnheitsmäßig nimmt, lebt in einer Schatten- und Traumwelt und wird schließlich selbst ein Schatten seiner selbst, d.h. dessen, was er hätte sein können. So zeigt sich in vielen Erfahrungen, dass die Annahme der Gegenwart eine entscheidende Bedingung der Selbstrealisierung ist. Denn deren Ausgang kann nur aus den Verhältnissen genommen werden, wie sie jetzt sind, nicht, wie sie einmal waren oder sein werden oder gar nie sein werden, sondern nur sein sollten. So ungünstig und beklagenswert die gegenwärtige Situation auch im Einzelnen sein mag, sie ist nie so schlecht, dass nicht irgendetwas Gutes in ihr läge und aus ihr gemacht werden könnte. Ohne diese Erfahrung oder diesen Glauben – je nachdem, wie es dem Einzelnen gegeben ist – ist eine bedingungslose Annahme der Gegenwart nicht möglich.

b) Die Annahme seiner selbst

Für die Grundstruktur der Annahme seiner selbst spielt es keine Rolle, ob es sich bei dem Anzunehmenden um geschichtlich gewordene Zustände oder um Charaktereigenschaften handelt. Diese Zustände, Eigenschaften usw. werden in einem gewissen Maß als etwas erkannt und erlebt, was nicht *so* zu mir gehört, dass ich mir nicht auch denken und wünschen könnte, ich sei anders als ich de facto bin. In manchen Phasen des Lebens wird die bloße Faktizität des eigenen Soseins sogar recht deutlich erlebt. Damit stellt sich die Aufgabe der Identifikation mit diesem Sosein. Sie wird als Aufgabe, ja als Problem erfahren, wenn es sich um Eigenschaften oder Zustände handelt, die als schlecht, belastend usw. erlebt werden: wie Jähzorn, Armut, leibliche und (noch mehr) seelische Krankheit, Verlassensein, Mangel an Kraft oder Schönheit usw. Wichtig ist nun, wie die Auseinandersetzung mit dieser Aufgabe geschieht. Ihre Lösung kann nicht so geschehen, wie man sich mit Tatsachen abfindet oder wie man, zwischen den Sachzwängen hindurch, das Beste aus einer verfahrenen Situation zu machen sich bemüht. Denn weil die fraglichen Bestimmungen, trotz aller Objektivierbarkeit und theoretischen Distanzierbarkeit, eben doch meine bleiben, sind sie nichts anderes als ich selber, der ich als ein so und so bestimmter – und nicht anders – da bin. Die Identifikation mit dem eigenen Sosein ist mehr und etwas anderes, als dass man sich mit einem äußeren Zustand abfindet. Sie trägt nicht von ungefähr die Bezeichnung „Annahme seiner *selbst*". D.h. sie hat die Struktur der Annahme einer Person. Darin liegt: Ich (dieser konkrete Mensch) bin mir (dem Subjekt der Freiheit) zugefallen oder zugekommen, in einer gewissen Ähnlichkeit mit der Weise, in der mir ein anderer Mensch ungebeten und unabweisbar zufallen kann, nur mit dem Unterschied, dass ich mir schon von jeher zugeteilt worden bin. Die Bedingungen aber für die Annahme einer Person kann der Annehmende nicht allein bestimmen; sie werden auch und in erster Linie von dem abhängen, der angenommen werden will.

Wie sich aber der Mensch, der mir zugefallen ist, nur entfalten – und darin evtl. auch indirekt mich bereichern – kann, wenn ich ihm den Raum seines Selbstseins lasse, so gilt es auch für mich, das Subjekt in seiner endlichen Bestimmtheit, in den Augen des frei annehmenden und verwerfenden Ichs. Wer sich zu seiner eigenen Bestimmtheit verhält wie der Techniker zu einem ungeeigneten Material oder wie der Herr zu einem unwilligen Sklaven, der muss erfahren, dass dieses personale Material und dieser freie Sklave sich so nicht „integrieren" lassen. Denn sie sind kein Es, sondern nichts anderes als er selbst, ein annahmebedürftiger Mensch. Im Bild des Märchens vom Froschkönig gesagt: der Frosch (der unschöne Persönlichkeitsanteil, die eigene Schwäche usw.), der von der Prinzessin (der Freiheit) als Prinz (d.h. als ihr ebenbürtig) geliebt werden will, um sich als Prinz erweisen zu können.

283   Da die Selbstannahme eine strukturelle Ähnlichkeit mit einem interpersonalem Geschehen hat, ist es verständlich, dass sie sich konkret weniger in der Form des reflexen Selbstbezugs vollzieht, als vielmehr darin, dass man die Anderen, deren Annahme einem schwer fällt, zu achten und anzunehmen sich bemüht. Etwa so, dass man sich in den Anderen hineinversetzt, der einem „auf die Nerven geht", – was besonders dann interessant ist, wenn einem in dessen ärgerlichen Manieren die dunkle Seite des eigenen Charakters begegnet. Oder so, dass man den Kranken nicht meidet, der einem die eigene Anfälligkeit für Krankheit repräsentiert. Andererseits ist es so, dass keiner den Mitmenschen recht annehmen kann, der nicht sich selbst (ein großes Stück weit) anzunehmen vermochte, und da-

zu wiederum ist die Erfahrung, als Kind von den Eltern und später immer wieder von anderen Menschen angenommen worden zu sein, eine wesentliche Hilfe. In jedem Fall kann das eine nicht *gegen* das andere gelingen: eine Selbstannahme, die mit der Verweigerung der Annahme der anderen verknüpft ist, – und eine Nächstenliebe, die aus der Flucht vor sich selbst motiviert ist.

Zu diesem Annehmen gehört nicht, dass man alles am Anderen gut heißt oder dass man seine Erwartungen ohne weiteres erfüllt, – ebenso wenig, wie es zur Selbstannahme gehört, dass einer seinen schlechten Tendenzen freien Lauf lässt. Sowohl diese Annahme des Anderen wie die seiner selbst motivieren sich nicht aus dem Blick auf angenehme oder nützliche Eigenschaften oder gute Handlungsweisen, sondern auf das substanzielle Sein der Person selbst, das diesen zugrunde liegt, aber nicht mit ihnen zusammenfällt. Eigenschaften und Handlungen haben ihre eigenen Maßstäbe für gut und schlecht. Auf das Sein der Person selbst hingegen finden diese Maßstäbe der Bewertung keine Anwendung, und zwar nicht deswegen nicht, weil dieses Sein ein wertfreies, bloß faktisches Vorkommen wäre, sondern im Gegenteil deswegen, weil es seinen eigenen Wert, seine eigene Gutheit hat (vgl. Nagel 1997, 179 f.). Alle Annahme, die den Menschen selbst meint und nicht aufgrund bestimmter Eigenschaften und Leistungen gegeben wird, geschieht im Hinblick auf das Gute, das im Person-Sein selbst liegt, sei es im Sein eines Anderen oder sei es auch im eigenen.

Dieses Sein aber *braucht* das Angenommenwerden, um sich recht entfalten zu können. Ein Mensch, der die Erfahrung macht, dass er in dieser Dimension angesprochen wird und nicht nur auf seine Eigenschaften und bisherigen (guten oder weniger guten) Leistungen festgelegt wird, kann sich zum Besseren entwickeln, ja manchmal direkt über sich hinauswachsen. Das heißt: Unbedingte Annahme gibt neue Zukunft, – aber die bedingte Annahme, die unter der Bedingung einer besseren Zukunft geleistet wird, ist fruchtlos, weil in ihr nicht der reale Mensch, so wie er ist, angenommen wird, sondern nur der Mensch, wie er sein soll, – nicht der Mensch heute, sondern der Mensch morgen.

Eine Zuspitzung des Problems der Annahme seiner selbst ist die Erkenntnis, sich schuldig gemacht zu haben (die zu unterscheiden ist vom bloßen Schuldgefühl, das oft ganz andere Wurzeln hat als die eigene Verfehlung). Wie kann man Ja zu sich sagen, wenn man weiß, dass man schuldig geworden ist und wenn man diese Schuld nicht verdrängt? Nur dann, wenn man darauf vertrauen kann, dass das eigene Sein durch das schlechte Tun nicht einfachhin schlecht geworden ist. Denn wenn dies Letztere der Fall wäre, hätte eine mögliche Annahme, ein versuchtes Ja keinen Ansatzpunkt mehr und die Konsequenz wäre wohl eine Art von Selbstzerstörung geringeren oder größeren Ausmaßes. Man rächt sich an sich selbst, so wie manche Gesellschaften an einem anderen, der sich vergangen hat, einfach Rache üben, indem sie ihn schädigen, paradigmatisch in der Todesstrafe. Diese Rache ist zu unterscheiden von der Buße, die man dem anderen oder auch sich auferlegt, und die den Sinn hat, die Lösung vom Bösen und die Besserung zu erleichtern. Auferlegte Buße lebt jedoch davon, dass sie angenommen wird, und die Hoffnung auf diese Annahme wiederum lebt aus dem Glauben, dass die böse Tat das gute Sein des Handelnden nicht zerstören konnte. Diese Annahme drückt sich dem Anderen gegenüber als das Angebot der Vergebung aus. Ohne die Zusage solcher Vergebung durch Andere wird man sich selbst die eigene Schuld nicht verzeihen können. Und doch kann auch der Vergebende dem Anderen die Aufgabe nicht abnehmen, die Vergebung anzunehmen und sich selbst zu verzeihen. Beides nicht nur zu wünschen, sondern auch wirklich zu wollen und zu können, wird jeder, der in dieser Lage ist, sich nicht als Leistung zurechnen, sondern als ein Geschenk empfinden. Wenn man fragt, woher dieses kommt, wird man antworten müssen: Da es ein Wollenkönnen ist, das geschenkt wurde, kann es nur aus der unversehrten, ontologischen Gutheit des substanziellen Ichgrundes selbst kommen. Aber diese Gutheit kann natürlich nicht aufgefasst werden als eine meiner Eigenschaften, deren ich mich rühmen könnte. Sie muss aufgefasst werden als Qualität meines Grundes, aus dem ich mir in meiner Freiheit und in deren besten Möglichkeiten zugespielt werde, und der jedem Zugriff entzogen ist, weil jeder mögliche Versuch des Zugriffs durch eben dieses Zuspiel im Vorhinein gegenstandslos geworden ist.

Literatur

Guardini 1953
Haeffner 1993 und 1994 b

c) Die Annahme des Todes

286 Was uns hindert, uns auf die begrenzten Möglichkeiten unseres Daseins einzulassen und uns so selbst in endlicher Weise zu ver-

wirklichen, ist wohl auch ein tiefes Bewusstsein von der Todgeweihtheit alles Endlichen. Das Bewusstsein von der Bedrohung durch den Tod, das zum Menschen gehört, ist unmittelbar mit seinem individuellen Selbstbewusstsein gegeben; und je mehr letzteres auf seine innere Endlichkeit hin ausgebildet ist, desto mehr auch das Wissen vom äußeren Ende, – die Macht der Verdrängung abgerechnet. Denn je mehr ein Wesen individuiert ist, desto mehr Angriffsflächen bietet es der Zerstörung.

Je nachdem nun, wie einer zu seinem Leben steht, so steht er auch seinem Tod. Oft meint man: Wer sehr leidet, wird die Auflösung der Grenzen des Ichs als wünschenswert ansehen; und wer sein Leben als sinnvoll erlebt, wird den Tod als fundamentale Bedrohung empfinden. Das trifft in der Tat immer wieder zu. Aber oft ist auch das Gegenteil wahr: Wer ein erfülltes Leben hat, ist auch bereit zu gehen, und diejenigen kleben am meisten am Überleben, die am wenigsten gelebt haben. Wer nicht weiß, wofür es sich wirklich zu leben lohnt, verdrängt den Tod; und wer etwas kennt, was es wert ist, dass man notfalls dafür das Leben riskiert, weiß auch, wofür es sich lohnt zu leben. In jedem Fall steht das Leben unter dem Vorzeichen des kommenden Todes. Je nachdem, wie man den Tod versteht, ergeben sich andere Möglichkeiten, das Leben zu „verstehen", d.h. es so oder so zu führen.

Sieht man mit Epikur (im *Brief an Menoikeus*) das Leben unter dem Gesichtspunkt der Möglichkeit, es zu genießen, so deutet man den Tod als den Zusammenbruch des Bewusstseins und damit als den Abbruch der Möglichkeit, das Leben zu genießen, aber gegebenenfalls auch als das Ende der Leiden. Je nachdem, ob einem das Leben gerade mehr Leiden oder mehr Genüsse bietet, wird man den Tod herbei- oder wegwünschen, hinausschieben oder herbeiführen. Diese Stellungnahme zum Tod wechselt also zustandsabhängig und damit phasenweise. Dem entspricht, dass auch das Leben keine innere Einheit hat, dass das freie Selbst sich von seinen Zuständen noch nicht prinzipiell zu unterscheiden weiß und sich also noch nicht kennt. Folglich wird auch das Problem, das im Tod als der Vernichtung des Selbst liegt, verdrängt. 287

Andere haben den Tod insofern als Begleiter gewählt, als er ihnen den Wert des Lebens vor Augen führt. Er lehrt sie nämlich die Kostbarkeit der Zeit und schärft ihre Augen für die Tatsache, dass die verschiedenen Zeiten des Lebens Chancen bieten, die nur selten oder gar nicht wiederkehren. Er weckt sie aus der Lethargie der Meinung, es gehe immer weiter, und warnt sie so vor der Gefahr, dass das Leben leer bleibt, wenn man seine Chancen nicht rechtzei- 288 tig ergreift. Er mahnt zur Bescheidenheit: Die hochdifferenzierten Wesen, die ihr Dasein der sexuellen Vereinigung verdanken, müssen den Nachkommenden Platz machen, ebenso wie sie den Platz ihrer Vorfahren eingenommen haben. Und er macht deutlich, dass es keinen Sinn hat, sich zu wünschen, das Leben möge einfach immer weitergehen. So unterstreicht der Tod die Differenzierung des Lebens, indem er die Knappheit der Lebenschancen als wertsteigernd deutet. Und so enthält dieser Gedanke an den Tod auch eine Möglichkeit, sich ein Stück weit mit dem Tod zu versöhnen. – Diese Einstellung greift schon tiefer als die epikureische Position. Sie enthält wertvolle Sinnkomponenten. Dennoch unterscheidet sie sich noch nicht grundsätzlich von der Epikurs. Denn auch hier ist das Leben nur eine *Serie* von Handlungen und Erlebnissen, die durch die bloß faktische Einheit des psychophysischen Organismus zusammengehalten wird; ein Selbst, das so lebt, dass es sein Leben *als Ganzes* im Blick hat und ihm von einem Sinnprojekt her Einheit gibt, ist noch nicht entdeckt. So ist der Tod auch wieder nur als Begrenzung der Lebenszeit im Blick.

289 Eine neue Einstellung ergibt sich erst dann, wenn man sein Handeln insofern vom Tod begleitet sein lässt, als man mit dem Gedanken des Todes die Idee der Totalisierung des Lebens verbindet (vgl. Kierkegaard: *An einem Grabe*). Diese Idee nährt sich aus verschiedenen, miteinander verwandten Motiven. Das erste ist die Erfahrung von Menschen, die dem Tode nahe waren: Sie sahen ihr ganzes Leben wie einen Film im Zeitraffer vor sich ablaufen und zogen dabei selbst eine Art von Bilanz über das Ganze. Das zweite ist das uralte Bild vom Gericht, das einen jenseits der Schwelle des Todes erwartet und in dem ebenfalls Bilanz gezogen wird unter der Frage, ob einer sein Leben moralisch gut oder schlecht gelebt hat. Das dritte ist der Gedanke, dass der substanziellen Einheit der Person, die deren Handlungen zugrunde liegt, eine finale Gestalteinheit entsprechen muss. In dieser kämen die Grundentscheidungen eines Menschen, in denen sich ausdrückte, wer er sein will, und damit sein innerstes und einmaliges Lebensprojekt ins Ziel, d.h. zu definitiver Geltung. Darf man nun diese Idee des Todes zugrunde legen, dann ergibt sich in der Tat ein Schwergewicht an Sinn, das der sonst „unerträglichen Leichtigkeit des Seins" (Milan Kundera) entgegengesetzt ist: Jeder Augenblick ist ein potentielles Atom der Ewigkeit; der Tod ist das Ende des geschichtlichen Lebens, jedoch nicht die Vernichtung des Selbst, sondern dessen Verewigung. Umgekehrt: Darf man diese Idee nicht zugrunde legen, so fällt das Leben in ein nur locker verbundenes Nacheinander verschiedener

Phasen, Zustände und Aktivitäten auseinander, und alles, was in ihm einen absoluten Wert hatte, löste sich an seinem Ende ebenso auf wie alles Banale.

Wenn dies aber die Wahrheit wäre und wenn wir dies nicht verdrängten, sondern immer vor Augen hätten, welches Gewicht könnte dann der Unterschied zwischen dem Guten und dem Schlechten *jetzt* haben? Wie kann er so absolut sein, wie er es beansprucht, wenn das Handeln, das sich an ihm ausrichtet, ebenso ins Nichts sinkt wie jenes, das sich darum nicht kümmert? Man sieht, dass das Pathos der Freiheit, der Menschenwürde und des sittlichen Unterschieds von Gut und Böse daran geknüpft sind, dass der Tod des Lebewesens „Mensch" nicht das letzte Wort über das Sein des Freiheitswesens „Mensch" hat. Nur wenn dies so ist, lohnt sich für ein denkendes Wesen das Leben, – nicht, als rechtfertigte sich das irdische Leben überhaupt erst durch ein anderes Leben, das man sich kommend und jenseitig vorstellt, – wohl aber so, dass das irdische Leben allzu leichtgewichtig wäre, wenn es nicht in ihm selbst eine ewige Dimension hätte, die weiter trägt als die Spanne des Erdenlebens.

Freilich: Bisher wurde nur gezeigt, dass zwischen bestimmten Deutungen des Lebens und bestimmten Deutungen des Todes ein Wechselverhältnis besteht. Und es wurde dabei auch deutlich, dass die dritte der aufgeführten Deutungen nicht nur das größte Sinnpotential enthält, sondern als einzige dem Ernst der Sittlichkeit entspricht. Aber ob diese Deutung nicht nur als Postulat, sondern auch als wahr gelten kann, blieb offen. Denn man kann sich fragen: *Kann* sie überhaupt wahr sein, wenn man der Radikalität des Untergangs des Menschen im Tode ins Auge sieht? Auf diese Frage kann man in drei Schritten antworten: Erstens: Die Radikalität der existenziellen Entmächtigung des Subjekts im Sterben steht nicht in Frage. Zweitens: Ist die objektive Aussage, dass im Tod das Subjekt *schlechthin* zu existieren aufhöre, hinreichend begründet? Weiter oben wurde deutlich: Die Möglichkeit ist nicht auszuschließen, dass der personale Träger des geistigen Denkens und Wollens zwar zu seiner weltlichen Daseins- und Manifestationsweise eines gesunden menschlichen Körpers und insbesondere Gehirns bedarf, nicht aber zu einer Existenz. Drittens: Diese Nicht-Unmöglichkeit genügt, um das „schöne Wagnis" (Platon, *Phaidon* 114d) zu rechtfertigen, zu dem die Freiheit in innerer Dynamik hindrängt: so zu leben, als hätte der Tod über unser innerstes Sein keine Macht. Denn wenn man die Werte des Über- und Wohllebens auch dann noch am höchsten schätzt, wenn sie in Konflikt mit den sittlichen

Werten geraten, dann hat man dem Leben seinen bestmöglichen Sinn schon genommen.

d) Der Sinn der Freiheit

291 Wenn die Sinnfrage die Bedingung ihrer Möglichkeit darin hat, dass der Mensch ein freies Wesen ist, dann hängt wohl auch die grundsätzliche Richtung ihrer Beantwortung mit eben dieser Tatsache zusammen. So ist es sicher ein *Weg* zur Erkenntnis des menschlichen Lebenssinnes, wenn man sich fragt, welchen Sinn es hat, dass es überhaupt auf dieser Erde erkenntnisfähige und freie Wesen gibt, und, da wir diese Wesen sind, was es heißt, dass wir frei sein müssen und sein dürfen (vgl. Coreth 1985). Damit ist nicht gesagt, dass alles, was im Leben „Sinn" heißt, aus dem Sinn der Freiheit abgeleitet werden könnte. Aber die These, dass sich ein umfassender und tiefer Sinn des Lebens nicht am Sinn der Freiheit vorbei erreichen lässt, scheint einleuchtend.

Was aber ist der Sinn der Tatsache, dass wir frei sind? Wenn die Freiheit sich nur auf die Auswahl der Mittel zur Realisierung von solchen Zwecken bezieht, die nur einen relativen Wert haben, bleibt die Frage ohne Antwort. Also muss der Sinn der Freiheit darin liegen, Zwecke zu realisieren, die in sich sinnvoll sind *und* die es ohne freie Realisierung nicht geben könnte. Was können solche Zwecke sein, die diese beiden Bedingungen erfüllen?

292 Die Erhaltung des eigenen Lebens und dessen Weitergabe an Nachkommen kommen als solche Zwecke höchstens mittelbar in Frage. Denn erstens erhält sich das individuelle Leben großenteils von selbst: Verglichen mit der ungeheuren Weisheit und Leistung des Stoffwechselsystems ist unsere Sorge um das tägliche Brot nur ein geringer Beitrag; und dasselbe gilt von der Entstehung von Nachkommen: die Freiheit wird in einem positiven Sinn hier nur nebenbei gebraucht. Zweitens ist das bloße Überleben oder auch das Zeugen von neuem Leben in sich sinnvoll nur, wenn es nicht getrennt wird von dem Sinn, der sich in diesem Leben ereignen kann. Ein sinnloses Leben wird man nur dann erhalten und weitergeben wollen, wenn man hofft, dass die Sinnlosigkeit vorübergehend ist. Wenn der Lebenssinn aber mit dem Sinn des Freiseins zusammenhängt, so bleibt die Frage nach diesem bestehen.

293 Besteht der Sinn des Lebens darin, dass man gebraucht wird und sich mit seiner Kraft in ein Ganzes einbringt? Das ist sicher eine sehr wichtige Komponente (vgl. Grom 1997). Aber: Dass man sich

für ein Ganzes nützlich macht, ist nur dann sinnvoll, wenn dieses Ganze in sich sinnvoll und nicht wiederum selbst bloß nützlich oder gar unsinnig, widersinnig oder böse ist.

Besteht der Sinn des Lebens darin, dass es „Spaß macht", also in der Lebensfreude? Ohne Zweifel kann der Sinn des Lebens nicht bloß darin bestehen, dass man es einigermaßen ungeschoren hinter sich bringt; ein freudloses Leben ist „kein Leben". Deswegen sehnen sich ja alle nach Glück. Aber es bleiben drei Tatsachen zu bedenken. Erstens ist eine Grundration an Lebenslust normalerweise *automatisch* mit den gewöhnlichen Lebensfunktionen der Bewegung, des Essens und Trinkens, des Ausruhens usw. verbunden; sie ist auf Einsätze der Willensfreiheit nicht *wesentlich* angewiesen. Deren eigenstes Feld ist dieser Kontext nicht. Zweitens: Nimmt sie ihn aber als solches, d.h. werden die Sorge um Gesundheit und Wohlergehen sowie das Verlangen nach Lust, die in Maßen ihr gutes, aber beschränktes Recht haben, ihre *zentralen* Projekte, so erschöpft sie sich unter ihrem Niveau und bringt oft auch das natürliche Funktionieren durcheinander. Drittens: Die besten Formen der Freude können nicht direkt angezielt werden; sie ergeben sich indirekt aus dem guten Zustand der Seele. Wenn also der Sinn des Lebens am Sinn der Freiheit hängt, dann kann er nur darin bestehen, dass man in eine freie Grundhaltung findet, die so erfüllend ist, dass sie sich in einem spontanen inneren Frieden und in einer Freude manifestiert, die reiner ist als das bloße Vergnügen. 294

Der Sinn der Freiheit kann nur in dem liegen, was sie *hervorbringen* kann und zwar in dem, was *nur* durch sie und nicht anders hervorgebracht werden kann. Was kann das sein, was ist das eigentümliche Werk des freien Willens? Was *nur* durch Freiheit hervorgebracht werden kann, ist nichts der Freiheit Äußeres. Ihr „Werk" (griech.: érgon) kann nur ihr Tun selbst (griech.: enérgeia) sein. Dieses besteht in geistigen Einheitsvollzügen: z.B. im Erkennen des Wahren, das zugleich auch etwas vom Schönen hat, und im Schaffen bzw. Aufnehmen des Schönen, das zugleich eine Gestalt des Wahren ist. Vor allem jedoch besteht es im freien Geben und Nehmen von mancherlei materiellen und geistigen Gütern, aber besonders von Anerkennung, Vertrauen und Vergebung. „Frei" meint hier nicht nur: aus einer Willensentscheidung hervorgegangen. „Frei" meint hier vor allem: selbstzwecklich, nicht *nur* instrumentell; frei von der offenen oder verdeckten Absicht auf Kompensation. Der geschäftliche Austausch zwischen Menschen ist zwar meistens vom Gedanken des Ausgleichs bestimmt: Ich gebe, damit du mir zurückgibst. Das ist auch in Ordnung, denn so entsteht eine 295 soziale Ordnung, so häuft sich gesellschaftlicher Reichtum an. Aber der Sinn, der das Leben im letzten lebenswert macht, entsteht so noch nicht. Er ergibt sich aus dem Geschenk freier Anerkennung, die ihrerseits die Anerkennung, die ihr eventuell antwortet, wiederum als Geschenk, nicht als Gegenleistung nehmen kann (vgl. Haeffner 1995). Das ist wohl das Höchste, was Menschen leisten können, und das Höchste, was sie erhalten können. Darin scheint also auch der Sinn der Freiheit und damit der zentrale Sinn des Daseins zu liegen.

Literatur

Guardini 1953
Landsberg 1973
Ulrich 1973
Scherer 1979 u. 1985

Müller 1980
Ließmann 2004
Schumacher 2004

Bibliographie

Alcock, John: Animal Behavior. An Evolutionary Approach, Sunderland, Mass. ^{5}1993; dtsch.: Das Verhalten der Tiere aus evolutionsbiologischer Sicht, Stuttgart 1996
Alquié, Ferdinand: Le désir d'éternité, Paris 1983
Angehrn, Emil: Geschichte und Identität, Berlin 1985
Arendt, Hannah: The Human Condition, Chicago 1958; dtsch.: Vita activa oder Vom tätigen Leben, Stuttgart 1960 (^{12}2001)
Arendt, Hannah: The Life of the Mind, New York 1978; dtsch.: Vom Leben des Geistes, 2 Bde (Das Denken; Das Wollen), München 1979 (^{2}2002)
Arlt, Gerhard: Philosophische Anthropologie, Stuttgart/Weimar 2002
Bahner, Othmar: Intersubjektivität, Kommunikation und Natur. Theoretische und ethische Aspekte der Sprachuntersuchungen mit großen Menschenaffen, Frankfurt a.M. 1997
Bartels, Martin: Selbstbewußtsein und Unbewußtes. Studien zu Freud und Heidegger, Berlin 1976
Baruzzi, Arno: Mensch und Maschine. Das Denken sub specie machinae, München 1973
Baumgartner, Hans-Michael: Über die Widerspenstigkeit der Vernunft, sich aus Geschichte erklären zu lassen. Zur Kritik des Selbstverständnisses der evolutionären Erkenntnistheorie, in: H. Poser (Hrsg.), Wandel des Vernunftbegriffs, Freiburg 1981, 39-64
Beck, Lewis W.: A Commentary on Kant's Critique of Practical Reason, Chicago 1960; dtsch.: Kants „Kritik der praktischen Vernunft". Ein Kommentar, München 1974
Beck, Lewis W.: The Actor and Spectator, Yale 1975; dtsch.: Akteur und Betrachter. Zur Grundlegung der Handlungstheorie, Freiburg 1976
Beck, Ulrich / Vossenkuhl, Wilhelm / Ziegler, Ulf: Eigenes Leben. Ausflüge in die unbekannte Gesellschaft, in der wir leben, München 1995
Bieri, Peter: Zeit und Zeiterfahrung. Exposition eines Problembereichs, Frankfurt a.M. 1972
Bieri, Peter (Hrsg.): Analytische Philosophie des Geistes, Königstein/Ts. 1981 (^{3}1997)
Bieri, Peter: Was macht Bewußtsein zu einem Rätsel?, in: Metzinger 1995, 61-77
Bieri, Peter: Das Handwerk der Freiheit, München/Wien 2001
Bischof, Norbert: Das Rätsel Ödipus. Die biologischen Wurzeln des Urkonflikts von Intimität und Autonomie, München 1985 (^{5}2001)
Blondel, Maurice: L'action. Essai d'une critique de la vie et d'une science de la pratique, Paris 1893; dtsch.: Logik der Tat. Aus der « Action » von 1893 (Auswahl), Freiburg 1986
Böhme, Gernot: Anthropologie in pragmatischer Hinsicht, Frankfurt a.M. ^{3}1994
Bollnow, Otto Friedrich: Mensch und Raum, Stuttgart 1963 (^{10}2004)
Bollnow, Otto Friedrich: Das Wesen der Stimmungen, Frankfurt a.M. 1941 (^{8}1995)
Boss, Medard: Grundriß der Medizin, Bern 1971 (^{3}1999)
Breuer, Reinhard: Das anthropische Prinzip. Der Mensch im Fadenkreuz der Naturgesetze, München ^{2}1983
Bruaire, Claude: Philosophie du corps, Paris 1968
Brumlik, Micha / Brunkhorst, Hauke (Hrsg.): Gemeinschaft und Gerechtigkeit, Frankfurt a.M. 1993

Brunner, August: Der Stufenbau der Welt. Ontologische Überlegungen über Person, Leben, Stoff, München 1950

Brüntrup, Godehard: Das Leib-Seele-Problem, Stuttgart 1996 (^{2}2001)

Bühl, Walter L.: Struktur und Dynamik des menschlichen Sozialverhaltens, Tübingen 1982

Bühler, Karl: Sprachtheorie. Die Darstellungsfunktion der Sprache, Jena 1934, ND 1982

Bühler, Karl-Ernst (Hrsg.): Zeitlichkeit als psychologisches Prinzip. Über Grundfragen der Biographie-Forschung, Köln 1986

Burkard, Franz-Peter (Hrsg.): Kulturphilosophie (Textsammlung), Freiburg 2000

Burri, Alex (Hrsg.): Sprache und Denken, Berlin 1997

Buytendijk, Frederik J.J.: Mensch und Tier. Ein Beitrag zur vergleichenden Psychologie, Reinbek 1958

Carrier, Martin / Mittelstraß, Jürgen: Geist, Gehirn, Verhalten. Das Leib-Seele-Problem und die Philosophie der Psychologie, Berlin 1989

Cassirer, Ernst: An Essay on Man, New York 1954; dtsch.: Versuch über den Menschen. Eine Einführung in die Philosophie der Kultur, Frankfurt a.M. 1990

Cockburn, David: Other human beings, New York 1990

Coreth, Emerich: Vom Sinn der Freiheit, Innsbruck 1985

Cramer, Konrad et alii (Hrsg.): Theorie der Subjektivität (Festschrift D. Henrich zum 60. Geburstag), Frankfurt a.M. 1987

Cranach, Mario v. / Foppa, Klaus (Hrsg.): Freiheit des Entscheidens und Handelns, Heidelberg 1996

Derrida, Jacques: De la grammatologie, Paris 1967; dtsch.: Grammatologie, Frankfurt a.M. 1974 (^{8}2000)

Derrida, Jacques: Fines hominis, in: Marges de la philosophie, Paris 1972, 129-164; dtsch.: Randgänge der Philosophie, Berlin 1976, 88-123

Deutsch, Werner / Schneider, Hartmut (Hrsg.): Sprache: Sprachentwicklung – Sprache im psychotherapeutischen Prozeß, Heidelberg 1996

Ebner, Ferdinand: Das Wort und die geistigen Realitäten. Pneumatologische Fragmente, Innsbruck 1921 (Frankfurt a.M. 1980)

Eccles, John C.: Die Evolution des Gehirns – die Erschaffung des Selbst, München 1999

Edelman, Gerald M. / Tononi, Giulio: Neuronaler Darwinismus. Eine selektionistische Betrachtungsweise des Gehirns, in: Meier/Ploog 1997, 187-227

Eliade, Mircea: Le mythe de l'éternel retour, Paris 1949 ; dtsch.: Kosmos und Geschichte, Frankfurt a.M. 1966

Elias, Norbert: Über den Prozeß der Zivilisation, Bern ^{2}1969

Epikur: Brief an Menoikeus, z.B. in: Epikur. Von der Überwindung der Furcht, übersetzt von O. Gigon, Zürich 1949 (^{3}1983)

Erikson, Erik H.: Identity and the life cycle, New York 1959; dtsch.: Identität des Lebenszyklus, Frankfurt a.M. 1973 (^{21}2004)

Erikson, Erik H.: Childhood and Society, New York 1950; dtsch.: Kindheit und Gesellschaft, Stuttgart 1957 (^{13}1999)

Etzrodt, Christian: Sozialwissenschaftliche Handlungstheorien. Eine Einführung, Konstanz 2003

Fichte, Johann Gottlieb: Versuch einer neuen Darstellung der Wissenschaftslehre, 1797/98, hrsg. von Peter Baumanns, Hamburg 1975 (^{2}1984)

Fink, Eugen: Welt und Endlichkeit, Würzburg 1990

Fink, Eugen: Grundphänomene des menschlichen Daseins, Freiburg/München ^{2}1995

Fischer, Joachim: Philosophische Anthropologie – eine Denkrichtung des 20. Jahrhunderts, Freiburg i. Br. 2002
Frank, Manfred: Zur Theorie des Selbstbewußtseins von Fichte bis Sartre, Frankfurt a.M. 1990
Frank, Manfred: Selbstbewußtsein und Selbsterkenntnis. Essays zur analytischen Philosophie der Subjektivität. Stuttgart 1991 (1991b)
Frankfurt, Harry: Freedom of the will and the concept of a person, in: The Journal of Philosophy 67 (1971), 5-20
Freud, Sigmund: Vorlesungen zur Einführung in die Psychoanalyse (1916/17), (Gesammelte Werke Bd. XI = Studienausgabe, Frankfurt a.M. 1969, Bd. I)
Fuchs, Thomas: Leib, Raum, Person. Entwurf einer phänomenologischen Anthropologie, Stuttgart 2000
Fukuyama, Francis: The end of history and the last men, New York 1992; dtsch.: Das Ende der Geschichte, München 1992
Gadamer, Hans-Georg: Wahrheit und Methode, Tübingen 1960 (^{6}1990)
Gadamer, Hans-Georg: Über leere und erfüllte Zeit, in: Kleine Schriften III, Tübingen 1972, 221-236
Gadamer, Hans-Georg / Vogler, Paul (Hrsg.): Neue Anthropologie, 7 Bde., Stuttgart 1972/75
Gander, Hans-Helmut: Selbstverständnis und Lebenswelt. Grundzüge einer phänomenologischen Hermeneutik im Ausgang von Husserl und Heidegger, Frankfurt a.M. 2001
Gardner, Allen u. Beatrix (Hrsg.): Teaching sign language to chimpanzees, Albany (NY) 1989
Gebauer, Gunter (Hrsg.): Anthropologie (Textsammlung), Stuttgart 1998
Geertz, Clifford: The Interpretation of Cultures, New York 1973
Gehlen, Arnold: Der Mensch. Seine Natur und seine Stellung in der Welt, Berlin 1940, (Wiebelsheim ^{14}2004)
Gehlen, Arnold: Anthropologische Forschung. Zur Selbstbegegnung und Selbstentdeckung des Menschen, Reinbek 1961
Geyer, Christian (Hrsg.): Hirnforschung und Willensfreiheit. Zur Deutung der neuesten Experimente, Frankfurt a. Main 2004
Gipper, Helmut: Das Sprachapriori. Sprache als Voraussetzung menschlichen Denkens und Erkennens, Stuttgart 1987
Gloy, Karen: Bewusstseinstheorien. Zur Problematik und Problemgeschichte des Bewusstseins und Selbstbewusstseins, Freiburg 1998 (^{3}2004)
Goerttler, K: Morphologische Sonderstellung des Menschen, in: Gadamer-Vogler II (1972), 215-257
Goller, Hans: Psychologie. Emotion, Motivation, Verhalten, Stuttgart 1995
Goller, Hans: Das Rätsel von Körper und Geist. Eine philosophische Deutung, Darmstadt 2003
Goodman, Nelson: Ways of worldmaking, Indianapolis 1978; dtsch.: Weisen der Welterzeugung, Frankfurt a.M. 1990 (^{4}1998)
Görres, Albert: An den Grenzen der Psychoanalyse, München 1968
Grathoff, Richard: Milieu und Lebenswelt. Einführung in die phänomenologische Soziologie und in die sozialwissenschaftliche Forschung, Frankfurt a.M. 1989
Grätzel, Stephan: Organische Zeit, Freiburg 1993
Grimm, Jakob und Wilhelm, u.a.: Deutsches Wörterbuch, 16 Bde., 1854 bis 1960
Grom, Bernhard: Damit das Leben gelingt, München 1997
Grom, Bernhard / Brieskorn, Norbert / Haeffner, Gerd: Glück. Auf der Suche nach dem „guten Leben", Berlin 1987

Großheim, Michael (Hrsg.): Leib und Gefühl, Berlin 1995
Guardini, Romano: Die Annahme seiner selbst (1953), in: Guardini 1993, 7-31
Guardini, Romano: Die Lebensalter (1959), in: Guardini 1993, 118-174
Guardini, Romano: Gläubiges Dasein / Die Annahme seiner selbst (Werke, hrsg. v. F. Henrich), Mainz 1993
Haeffner, Gerd: Ist die Freiheit des Willens beweisbar? Zur Kritik U. Pothasts an einigen modernen Freiheitskonzeptionen, in: Theologie und Philosophie 57 (1982), 61-71
Haeffner, Gerd (Hrsg.): Schuld und Schuldbewältigung. Keine Zukunft ohne Auseinandersetzung mit der Vergangenheit, Düsseldorf 1993
Haeffner, Gerd: Aufgrund wovon kommt einem Menschen die Würde einer Person zu?, in: P. Ehlen (Hrsg.), Der Mensch und seine Frage nach dem Absoluten, München 1994, 79-107 (1994a)
Haeffner, Gerd: Die Einheit des Menschen: Person und Natur, in: Honnefelder 1994, 25-40 (1994b)
Haeffner, Gerd: Geben, Nehmen, Danken, in: Stimmen der Zeit 213 (1995), 467-478
Haeffner, Gerd: In der Gegenwart leben. Auf der Spur eines Urphänomens, Stuttgart 1996
Haeffner, Gerd: Das Wesensproblem im Zentrum der Philosophischen Anthropologie, in: Theologie und Philosophie 80 (2005), 92–98
Hammer, Felix: Leib und Geschlecht. Philosophische Perspektiven von Nietzsche bis Merleau-Ponty und phänomenologisch-systematischer Aufriß, Bonn 1974
Hansen, Klaus P.: Kultur und Kulturwissenschaft. Eine Einführung, Tübingen ²1999
Hassenstein, B.: Das spezifisch Menschliche nach den Resultaten der Verhaltensforschung, in: Gadamer-Vogler II (1972), 60-97
Haverkamp, Anselm / Lehmann, Renate (Hrsg.): Memoria. Vergessen und Erinnern (Poetik und Hermeneutik 15), München 1993
Heckhausen, Heinz: Wünschen – Wählen – Wollen, in: Heckhausen/Gollwitzer/Weinert 1987, 3-29
Heckhausen, Heinz / Gollwitzer, Peter / Weinert, Franz (Hrsg.): Jenseits des Rubikon. Der Wille in den Humanwissenschaften, Berlin 1987
Hegel, Georg Wilhelm Friedrich: Vorlesungen über die Philosophie der Geschichte. (Werke in 20 Bänden, Bd. 12), Frankfurt a.M. 1970
Heidegger, Martin: Sein und Zeit, Halle/S 1927 (^{18}2001)
Heidegger, Martin: Die Grundprobleme der Phänomenologie (1927; Gesamtausgabe Bd. 24, hrsg. v. Fr.-W. von Herrmann), Frankfurt a.M. 1975 (^{3}1997)
Heidegger, Martin: Die Grundbegriffe der Metaphysik. Welt – Endlichkeit – Einsamkeit (1929/30; Gesamtausgabe Bd. 29/30, hrsg. v. Fr.-W. von Herrmann), Frankfurt a.M. 1983 (^{3}2004)
Heintel, Erich: Einführung in die Sprachphilosophie, Darmstadt 1972 (^{4}1991)
Heisenberg, Martin: Das Gehirn des Menschen in biologischer Sicht, in: Meier/Ploog 1997, 157-186
Heisenberg, Werner: Physik und Philosophie, Stuttgart 1959 (^{6}2000)
Hengstenberg, Hans Eduard: Philosophische Anthropologie, Stuttgart 1957 (^{4}1984)
Herrmann, Friedrich-Wilhelm von: Augustinus und die phänomenologische Frage nach der Zeit, Frankfurt a.M. 1992
Hohmann, Rainer: Was heißt in der Geschichte stehen? Eine Studie zum Verhältnis von Geschichte und Menschen, Stuttgart 2005
Hölldobler, Bert / Eifler, Günther (Hrsg.): Tier und Mensch. Unterschiede und Ähnlichkeiten, Mainz 1993

Homann, K: Artikel „Geschichtslosigkeit", in: Historisches Wörterbuch der Philosophie, Bd. 3, Basel 1974, 413-416

Honderich, Ted: How free are you? The determinism problem, Oxford 1993; dtsch.: Wie frei sind wir? Das Determinismus-Problem, Stuttgart 1995

Honnefelder, Ludger (Hrsg.): Die Einheit des Menschen, Paderborn 1994

Hübsch, Stefan: Philosophie und Gewissen. Beiträge zur Rehabilitierung des philosophischen Gewissensbegriffs (Neue Studien zur Philosophie, Bd 10), Göttingen 1995

Humboldt, Wilhelm von: Über die Verschiedenheit des menschlichen Sprachbaues und ihren Einfluß auf die geistige Entwicklung des Menschengeschlechts, Berlin 1830/35 (Werke, Akademie-Ausgabe, Bd.VII)

Husserl, Edmund: Logische Untersuchungen, Bd. 1: Prolegomena zu einer reinen Logik, Halle 1900

Husserl, Edmund: Zur Phänomenologie des inneren Zeitbewußtseins (1904/05) (Husserliana Bd. X, hrsg.v. R. Boehm), Den Haag 1966

Husserl, Edmund: Ideen zu einer reinen Phänomenologie und phänomenologischen Philosophie (1913), (Husserliana Bd. III), Den Haag 1950

Imhof, Arthur: Der Mensch und sein Körper: von der Antike bis heute, München 1983

Immelmann, Klaus / Pröve, Ekkehard / Sossinka, Roland: Einführung in die Verhaltensforschung, Berlin ^{4}1996

Irrgang, Bernhard: Lehrbuch der evolutionären Erkenntnistheorie, München/Basel ^{2}2001

Jensen, Adolf E.: Mythos und Kult bei Naturvölkern, Wiesbaden 1951

Johnson, Mark: The Body in the Mind. The Basis of Meaning, Imagination and Reason, Chicago 1987

Jones, Steve: The Cambridge Encyclopaedia of Human Evolution, Cambridge 1992

Keller, Albert: Sprachphilosophie, Freiburg ^{3}2000

Kerber, Walter: Sozialethik (Grundkurs Philosophie, 13), Stuttgart 1998

Kersting, Wolfgang: Die politische Philosophie des Gesellschaftsvertrags, Darmstadt 1994

Kierkegaard, Søren: An einem Grabe (Drei Reden bei gedachten Gelegenheiten, 1845), in: Gesammelte Werke (hrsg. v. E. Hirsch u. H. Gerdes), Abt. 13/14, Gütersloh 1981, 199-204

Kierkegaard, Søren: Die Krankheit zum Tode (1849), in: Gesammelte Werke (hrsg. v. E. Hirsch u. H. Gerdes), Abt. 24/25, Gütersloh 1982

Kobusch, Theo, Die Entdeckung der Person. Metaphysik der Freiheit und modernes Menschenbild, Freiburg 1993 (^{2}1997)

Kohlberg, Lawrence: The Psychology of Moral Development. The Nature and Validity of Moral Stages, San Francisco 1984

Kornadt, Hans-Joachim: Willensfreiheit: empirische Tatsache und theoretisches Problem in der Psychologie, in: v. Cranach/Foppa 1996, 21-55

Koselleck, Reinhart: Vergangene Zukunft. Zur Semantik geschichtlicher Zeiten, Frankfurt a.M. 1979 (^{5}2003)

Krings, Hermann: Freiheit, in: Krings/Baumgartner/Wild 1973, 493-510

Krings, Hermann / Baumgartner, Hans-Michael / Wild, Christoph (Hrsg.): Handbuch philosophischer Grundbegriffe, 3 bzw. 6 Bde., München 1973/74

Kroeber, Alfred L. / Kluckhohn, Clyde: Culture. A Critical Review of Concepts and Definitions, Cambridge/Mass. 1952

Krotz, Stefan: Kulturelle Andersheit zwischen Utopie und Wissenschaft. Ein Beitrag zur Genese, Entwicklung und Neuorientierung der Anthropologie, Frankfurt a. M. 1994

Krüger, Gerhard: Freiheit und Weltverwaltung, Freiburg 1958

Krüll, Marianne: Die Geburt ist nicht der Anfang. Die ersten Kapitel unseres Lebens – neu erzählt, Stuttgart 1989 (^{4}1997)

Kutschera, Franz von: Die falsche Objektivität, Berlin 1993

Landmann, Michael: Fundamental-Anthropologie, Bonn 1979

Landsberg, Paul Ludwig: Die Erfahrung des Todes, Frankfurt a.M. 1973

Laplane, Dominique: La pensée d'outre-mots. La pensée sans langage et la relation pensée-langage, Le Plessis-Robinson 1997

Leakey, Richard E.: Die Bedeutung eines vergrößerten Gehirns in der Evolution des Menschen, in: Meier/Ploog 1997, 121-136

LeBreton, David: Des visages. Essai d'anthropologie, Paris 1992

Leder, Drew: The absent body (Univ. of Chicago Pr.), Chicago 1990

Leroi-Gourhan, André: Le geste et la parole, 2 Bde., Paris 1964/65; dtsch.: Hand und Wort. Die Evolution der Technik, Sprache und Kunst, Frankfurt a.M. 1980 (^{3}2000)

Lersch, Philipp: Der Mensch als soziales Wesen. Eine Einführung in die Sozialpsychologie, München ^{2}1965

Lévi-Strauss, Claude: Anthropologie structurale; Anthropologie structurale deux, Paris 1958/1973; dtsch.: Strukturale Anthropologie, Frankfurt a.M.: Bd. I (1967), Bd. II (1975)

Lévi-Strauss, Claude: Mythologiques, Paris 1964-1971; dtsch: Mythologica, I-IV, Frankfurt a.M.: I: Das Rohe und das Gekochte (1971); II. Vom Honig zur Asche; III: Der Ursprung der Tischsitten; IV: Der nackte Mensch (1975)

Ließmann, Konrad Paul: Ruhm, Tod, Unsterblichkeit. Über den Umgang mit der Endlichkeit, Wien 2004

Lorenz, Konrad: Die angeborenen Formen möglicher Erfahrung, in: Zeitschrift für Tierpsychologie 5 (1943), 235-409

Lorenz, Konrad: Die Rückseite des Spiegels. Versuch einer Naturgeschichte menschlichen Erkennens, München 1973

Lorenz, Konrad: Vergleichende Verhaltensforschung. Grundlagen der Ethologie, Wien 1978

Lorenz, Kuno: Einführung in die philosophische Anthropologie, Darmstadt ^{2}1992

Lotz, Johannes B.: Der Mensch im Sein, Freiburg 1967

Lübbe, Hermann: Geschichtsbegriff und Geschichtsinteresse. Analytik und Pragmatik der Historie, Basel-Stuttgart 1977

Lübbe, Hermann: Im Zug der Zeit. Verkürzter Aufenthalt in der Gegenwart, Berlin 1992 (^{3}2003)

Luyten, Norbert (Hrsg.): Wesen und Sinn der Geschlechtlichkeit, Freiburg 1985

Lyotard, Jean-François: Le temps, aujourd'hui, in: L'inhumain. Causeries sur le temps, Paris 1988, 69-88; dtsch.: Das Inhumane, Wien 1989, 107-140

Malinowski, Bronislaw: A Scientific Theory of Culture, 1941; dtsch.: Eine wissenschaftliche Theorie der Kultur, Frankfurt a.M. 1975

Marcel, Gabriel: Être et Avoir, Paris 1935; dtsch.: Sein und Haben, Paderborn 1954 (^{2}1968)

Marcel, Gabriel: Du refus à l'invocation, Paris 1940; dtsch.: Schöpferische Treue, München 1963

Marcel, Gabriel: Leibliche Begegnung. Notizen aus einem gemeinsamen Gedankengang, bearbeitet von Hans A. Fischer-Barnicol, in: Petzold 1985, 15-47

Meier, Heinrich / Ploog, Detlev (Hrsg.): Der Mensch und sein Gehirn. Die Folgen der Evolution, München 1997

Meixner, Uwe / Newen, Albert (Hrsg.): Seele, Denken, Bewußtsein, Berlin 2003

Merleau-Ponty, Maurice: Phénoménologie de la perception, Paris 1945; dtsch.: Phänomenologie der Wahrnehmung, Berlin 1966

Meßner, Claudius: Das Subjekt als Horizont. Zur Repräsentation von Individuum und Gesellschaft im philosophischen Diskurs, Würzburg 1998

Metzinger, Thomas (Hrsg.): Bewusstsein. Beiträge aus der Gegenwartsphilosophie, Paderborn 1995

Möller, Joseph: Menschsein: ein Prozeß. Entwurf einer Anthropologie, Düsseldorf 1979

Moore, George Edward: Principia ethica, Cambridge 1903; dtsch. Stuttgart 1977

Müller, Max: Philosophische Anthropologie, hrsg. von W. Vossenkuhl, mit einem Beitrag „Zur gegenwärtigen Anthropologie", Freiburg 1974

Müller, Max: Sinn-Deutungen der Geschichte, Zürich 1976

Müller, Max: Der Kompromiß oder Vom Unsinn und Sinn menschlichen Lebens, Freiburg 1980

Nagel, Thomas: The Last Word, New York 1997; dtsch.: Das letzte Wort, Stuttgart 1999

Nietzsche, Friedrich: Vom Nutzen und Nachteil der Historie für das Leben, Leipzig 1874

Nussbaum, Martha: Zur Verteidigung des aristotelischen Essentialismus, in: Brumlik/Brunkhorst 1993, 323-361

Nussbaum, Martha / Rorty, Amélie (Hrsg.): Essays on Aristotle's De Anima, Oxford 1992

Oelmüller, Willi: Grundkurs philosophische Anthropologie, München 1996

Orth, Ernst (Hrsg.): Studien zum Zeitproblem in der Philosophie des 20. Jahrhunderts, Freiburg 1982

Orth, Ernst (Hrsg.): Zeit und Zeitlichkeit bei Husserl und Heidegger, Freiburg 1983

Pascal, Blaise: Pensées [1670]. Editées par L. Brunschvicg, annotées par Ch.-M. des Granges, Paris 1964; dtsch.: Schriften zur Religion. Übertragen und eingeleitet von Hans Urs v. Balthasar, Einsiedeln 1982

Pauen, Michael / Stephan, Achim (Hrsg.): Phänomenales Bewußtsein - Rückkehr zur Identitätstheorie?, Paderborn 2002

Pauen, Michael: Illusion Freiheit? Mögliche und unmögliche Konsequenzen der Hirnforschung, Frankfurt a. Main 2004

Paul, Andreas: Von Affen und Menschen. Verhaltensbiologie der Primaten, Darmstadt 1998

Petzold, Hilarion (Hrsg.): Leiblichkeit. Philosophische, gesellschaftliche und therapeutische Perspektiven, Paderborn 1985

Pink, Thomas: The psychology of freedom, Cambridge 1996

Plantinga, Alvin: Warrant and Proper Function, Oxford 1993

Plessner, Helmut: Die Einheit der Sinne. Grundlinien einer Ästhesiologie des Geistes (1923), Bonn 1965

Plessner, Helmut: Die Stufen des Organischen und der Mensch, Berlin 1928 (^{3}1975)

Plessner, Helmut: Philosophische Anthropologie, Frankfurt a.M. 1970

Plügge, Herbert: Wohlbefinden und Mißbefinden. Beiträge zu einer medizinischen Anthropologie, Tübingen 1962

Pöltner, Günter / Vetter, Helmut (Hrsg.): Leben zur Gänze. Das Leib-Seele-Problem, Wien 1986

Pöltner, Günter: Evolutionäre Vernunft. Eine Auseinandersetzung mit der Evolutionären Erkenntnistheorie, Stuttgart 1993

Pöppel, Ernst: Zeitlose Zeiten. Das Gehirn als paradoxe Zeitmaschine, in: Meier/Ploog 1997, 67-97

Pörings, Ralf / Schmitz, Ulrich (Hrsg.): Sprache und Sprachwissenschaft. Eine kognitiv orientierte Einführung, Tübingen 1999 (^{2}2003)

Pörksen, Uwe: Plastikwörter. Die Sprache einer internationalen Diktatur, Stuttgart 1988 (^{6}2004)

Portmann, Adolf: Die Biologie und das neue Menschenbild, Bern 1942

Portmann, Adolf: Zoologie und das neue Bild des Menschen, Reinbek 1956

Portmann, Adolf: An den Grenzen des Wissens, Düsseldorf 1974

Pothast, Ulrich (Hrsg.): Seminar: Freies Handeln und Determinismus, Frankfurt a.M. 1978

Pothast, Ulrich: Die Unzulänglichkeit der Freiheitsbeweise. Zu einigen Lehrstücken aus der neueren Geschichte von Philosophie und Recht, Frankfurt a.M. 1980

Reinhard, Wolfgang: Lebensformen Europas. Eine historische Kulturanthropologie, München 2004

Reischer, Jürgen: Die Sprache. Ein Phänomen und seine Erforschung, Berlin 2002

Rentsch, Thomas: Heidegger und Wittgenstein. Existenzial- und Sprachanalysen zu den Grundlagen philosophischer Anthropologie, Stuttgart 2003

Ricken, Friedo: Zur Freiheitsdiskussion in der sprachanalytischen Philosophie, in: Theologie und Philosophie 52 (1977), 525-542

Ricken, Friedo: Die Unsterblichkeitsgewißheit in Platons „Phaidon", in: Rabanus-Maurus-Akademie (Hrsg.), Stichwort: Tod. Eine Anfrage, Frankfurt a.M. 1979, 98-116

Rickert, Heinrich: System der Philosophie. I. Teil: Allg. Grundlegung der Philosophie, Tübingen 1921

Ricœur, Paul: La métaphore vive, Paris 1975; dtsch.: Die lebendige Metapher, München 1986 (^{3}2004)

Ricœur, Paul: Soi-même comme un autre, Paris 1990; dtsch.: Das Selbst als ein Anderer, München 1996

Ricœur, Paul: Temps et récit, Paris 1983/1985; dtsch.: Zeit und Erzählung, München 1988/1991

Ricœur, Paul: La mémoire, l'histoire, l'oubli, Paris 2000; dtsch.: Ricœur, Paul: Gedächtnis, Geschichte, Vergessen, München 2004

Riedl, Rupert: Biologie der Erkenntnis. Die stammesgeschichtlichen Grundlagen der Vernunft, Berlin-Hamburg 1979 (^{3}1981)

Rohs, Peter (Hrsg.): Zeiterfahrung und Personalität (Forum Philosophie Bad Homburg), Frankfurt a.M. 1992

Rombach, Heinrich: Phänomenologie des sozialen Lebens. Grundzüge einer phänomenologischen Soziologie, Freiburg 1994

Rombach, Heinrich: Strukturanthropologie. „Der menschliche Mensch", Freiburg ^{2}1993

Rozemond, Marleen: Descartes' dualism, Cambridge, Mass. 1998

Roth, Eugen: Sämtliche Menschen, München ^{2}1983

Runggaldier, Edmund: Analytische Sprachphilosophie (Grundkurs Philosophie, 11), Stuttgart 1990

Runggaldier, Edmund: Was sind Handlungen? (Münchener philosophische Studien, 12), Stuttgart 1996

Rütter, Susanne: Herausforderungen angesichts des Anderen. Von Feuerbach über Buber zu Levinas, Freiburg/München 2000

Ryle, Gilbert: The Concept of Mind, London 1949; dtsch.: Der Begriff des Geistes, Stuttgart 1969

Ryle, Gilbert: Dilemmas, Cambridge 1954; dtsch.: Begriffskonflikte, Göttingen 1970

Sartre, Jean Paul: L'Être et le Néant, Paris 1943; dtsch.: Das Sein und das Nichts, Reinbek 1993

Saussure, Ferdinand de: Cours de linguistique générale, Paris-Lausanne 1916; dtsch.: Grundfragen der allgemeinen Sprachwissenschaft, Berlin 1931

Schapp, Wilhelm: In Geschichten verstrickt. Zum Sein von Mensch und Ding. Hamburg 1953 (Frankfurt a.M. ^{4}2004).

Schäfer, Erich: Grenzen der Künstlichen Intelligenz. J.R. Searles Philosophie des Geistes (Münchener philosophische Studien, 9), Stuttgart 1994

Scheler, Max: Der Formalismus in der Ethik und die materiale Wertethik, Halle 1913/16 (Gesammelte Werke, Bd. 2, ^{4}1954)

Scheler, Max: Die Stellung des Menschen im Kosmos, (1928), Bern ^{8}1975

Scheler, Max: Schriften aus dem Nachlaß Bd. 3 (Gesammelte Werke Bd. 12): Philosophische Anthropologie, Basel 1987

Scherer, Georg: Das Problem des Todes in der Philosophie, Darmstadt 1979

Scherer, Georg: Sinnerfahrung und Unsterblichkeit, Darmstadt 1985

Schilder, Paul: Das Körperschema, Berlin 1923

Schipperges, Heinrich: Kosmos Anthropos. Entwürfe zu einer Philosophie des Leibes, Stuttgart 1981

Schmitz, Hermann: Der Leib (System der Philosophie, Bd. 2,1), Bonn 1965 (^{3}1998)

Schmitz, Hermann: Der leibliche Raum (System der Philosophie, Bd. 3,1), Bonn 1967 (^{3}1998)

Schmitz, Hermann: Phänomenologie der Leiblichkeit, in: Petzold 1985, 71-106

Schröer, Christian: Praktische Vernunft bei Thomas von Aquin (Münchener philosophische Studien, 10), Stuttgart 1995

Schroer, Markus: Das Individuum der Gesellschaft. Synchrone und diachrone Theorieperspektiven, Frankfurt a.M. 2001

Schulz, Walter: Philosophie in der veränderten Welt, Pfullingen 1972

Schumacher, Bernard N.: Der Tod in der Philosophie der Gegenwart, Darmstadt 2004

Schüßler, Werner (Hrsg.): Philosophische Anthropologie (Textsammlung), Freiburg 2000

Schwemmer, Oswald: Die kulturelle Existenz des Menschen, Berlin 1997

Schwidetzky, Ilse (Hrsg.): Über die Evolution der Sprache, Frankfurt a.M. 1973

Searle, John R.: The Rediscovery of Mind, Cambridge, Mass. 1992; dtsch.: Die Wiederentdeckung des Geistes, München 1993

Siewerth, Gustav: Metaphysik der Kindheit, Einsiedeln 1957 (^{2}1962)

Siewerth, Gustav: Die Freiheit und das Gute, Freiburg 1959

Simon, Josef: Sprachphilosophie, Freiburg 1981

Spaemann, Robert (Hrsg.): Evolutionstheorie und menschliches Selbstverständnis. Zur philosophischen Kritik eines Paradigmas moderner Wissenschaft, Weinheim 1984

Spaemann, Robert: Personen. Versuche über den Unterschied zwischen 'etwas' und 'jemand', Stuttgart 1996 (^{2}1998)

Spitz, René A.: The First Year of Life, New York 1965; dtsch.: Vom Säugling zum Kleinkind, Stuttgart 1967 (^{11}1996)

Splett, Jörg (Hrsg.): Wie frei ist der Mensch? Zum Dauerkonflikt zwischen Freiheitsidee und Lebenswirklichkeit, Düsseldorf 1980

Steiner, Peter M., Psyche bei Platon, Göttingen 1992

Steinvorth, Ulrich: Freiheitstheorien in der Philosophie der Neuzeit, Darmstadt 1987 (^{2}1994)

Sternberger, Dolf / Storz, Gerhard / Süskind, Ernst: Aus dem Wörterbuch des Unmenschen, Düsseldorf ^{3}1968

Straus, Erwin: Vom Sinn der Sinne. Ein Beitrag zur Grundlegung der Psychologie, Berlin ^{2}1956

Taylor, Charles: Philosophical Papers, Cambridge 1985; dtsch.: Negative Freiheit? Zur Kritik des neuzeitlichen Individualismus, Frankfurt a.M. 1988 (^{3}1999)

Theunissen, Michael: Der Andere. Zur Sozialontologie der Gegenwart, Berlin ^{2}1981

Theunissen, Michael: Das Selbst auf dem Grund der Verzweiflung. Kierkegaards negativistische Methode, Frankfurt a.M. 1991 (1991a)

Theunissen, Michael: Negative Theologie der Zeit, Frankfurt a.M. 1991 (1991b)

Thies, Christian: Einführung in die philosophische Anthropologie, Darmstadt 2004

Tinland, Frank: La différence anthropologique. Essai sur les rapports de la nature et de l'artifice, Paris 1977

Tugendhat, Ernst: Selbstbewußtsein und Selbstbestimmung. Sprachanalytische Interpretationen, Frankfurt a.M. 1979

Tugendhat, Ernst: Der Begriff der Willensfreiheit, in: Cramer 1987, 373-393

Tye, Michael: Das brennende Haus, in: Metzinger 1995, 103-112

Uexküll, Jakob von: Streifzüge durch die Umwelten von Tieren und Menschen (1934), Reinbek 1956, ND Frankfurt a.M. 1983

Ulrich, Ferdinand: Leben in der Einheit von Leben und Tod, Frankfurt a.M. 1973 (Einsiedeln ^{2}1999)

Ulrich, Ferdinand: Gegenwart der Freiheit, Einsiedeln 1974

Vogel, Günter / Angermann, Hartmut: dtv-Atlas zur Biologie, 2 Bde., München, ^{15}1980

Vollmer, Gerhard: Evolutionäre Erkenntnistheorie. Angeborene Erkenntnisstrukturen im Kontext von Biologie, Psychologie, Linguistik, Philosophie und Wissenschaftstheorie, Stuttgart 1975 (^{8}2002)

Vollmer, Gerhard: Was können wir wissen? Bd. I: Die Natur der Erkenntnis. Beiträge zur evolutionären Erkenntnistheorie, Stuttgart 1985 (^{3}2003)

Waldenfels, Bernhard: Der Stachel des Fremden, Frankfurt a.M. 1990 (^{3}1998)

Waldenfels, Bernhard: Das leibliche Selbst. Vorlesungen zur Phänomenologie des Leibes, Frankfurt a.M. 2000

Weiland, René (Hrsg.): Philosophische Anthropologie der Moderne, Weinheim 1995

Welte, Bernhard: Im Spielfeld von Endlichkeit und Unendlichkeit, Frankfurt a.M. 1967

Welte, Bernhard: Zeit und Geheimnis, Freiburg 1975 (^{2}1979)

Welter, Rüdiger: Der Begriff der Lebenswelt. Theorien vortheoretischer Erfahrungswelt, München 1986

Werlen, Iwar: Sprachliche Relativität. Eine problemorientierte Einführung, Tübingen/Basel 2002

Whorf, Benjamin L.: Language, Thought, Reality, London 1956; dtsch.: Sprache, Denken, Wirklichkeit, Reinbek 1963 (^{24}2003)

Wickler, Wolfgang / Seibt, Uta: Das Prinzip Eigennutz. Ursachen und Konsequenzen sozialen Verhaltens, Hamburg 1977

Wilson, Edward O.: On Human Nature, Harvard 1978; dtsch.: Biologie als Schicksal. Die soziobiologischen Grundlagen menschlichen Verhaltens, Frankfurt a.M. 1980

Wilson, Edward O.: Consilience. The Unity of Knowledge, New York 1998; dtsch.: Die Einheit des Wissens, Berlin 1998

Wittgenstein, Ludwig: Philosophische Untersuchungen, hrsg. v. G.E. Anscombe u. R. Rhees, Frankfurt a.M. 1971

Wood, Allan W.: Kant's Compatibilism, in: Self and Nature in Kant's Philosophy, Ithaka, NY 1984, 73-101

Wucherer-Huldenfeld, Augustinus Karl: Ursprüngliche Erfahrung und personales Sein. Ausgewählte philosophische Studien, Bd I: Anthropologie, Freud, Religionskritik, Wien 1994

Wulf, Christoph: Einführung in die Anthropologie der Erziehung, Weinheim 2001

Zima, Peter V.: Theorie des Subjekts. Subjektivität und Identität zwischen Moderne und Postmoderne, Tübingen/Basel 2000

Zoglauer, Thomas: Geist und Gehirn, Stuttgart 1998

Namenregister

(Die angegebenen Zahlen verweisen auf die jeweiligen Seiten)

Angelus Silesius 11
Angermann, H. 83
Aristoteles 57, 64, 110, 135, 171f., 176, 193, 218f., 220, 228
Augustinus 114, 115, 118

Bartels, M. 159
Baruzzi, A. 133
Baumgartner, H.-M. 175
Beck, L. W. 199, 205
Berkeley, G. 133, 224
Bieri, P. 226
Boss, M. 130, 144
Breuer, R. 204
Bruaire, Cl. 127
Brüntrup, G. 225
Buber, M. 102
Bühler, K. 66
Burckhardt, J. 107
Buytendijk, F.J.J. 33, 50, 52

Carrier, M. 223
Childe, V.G. 85
Comte, A. 86
Coreth, E. 248

Darwin, C. 84, 85
Descartes, R. 133, 219, 220, 221, 222, 226, 230
Dilthey, W. 106

Ebner, F. 105
Eccles, J.C. 174
Edelman, G.H. 227
Eliade, M. 125
Elias, N. 39
Epikur 245, 246
Erikson, E.H. 92

Fichte, J.G. 172
Frankfurt, H. 185
Frege, G. 176
Freud, S. 211
Fukuyama, F. 125

Gehlen, A. 30, 35, 36, 87
Geyer, Chr. 202
Gipper, H. 78
Goerttler, K. 26
Goethe, J.W. von 75, 230
Goller, H. 30
Grimm, Gebr. 132
Grom, B. 248

Habermas, J. 87
Haeffner, G. 250
Hassenstein, B. 30
Hegel, G.W.F. 75, 125
Heidegger, M. 240
Heisenberg, M. 34
Hengstenberg, H.E. 31
Herder, J.G. 35
Hofmannsthal, H. von 93
Hölderlin, Fr. 12
Homann, K. 125
Humboldt, W. von 66, 78, 79
Husserl, E. 114, 115, 151, 176

Iktinos 141

Jaspers, K. 216
Jensen, A.E. 39
Jesaja 75
Jones, S. 85

Kant, I. 13, 22, 23, 96, 120, 171f., 186, 198, 199, 200, 201, 208, 228
Keller, A. 65
Kierkegaard, S. 236, 246
Kleist, H. von 74
Kluckhohn, C. 38, 41, 55
Kohlberg, L. 211
Kornadt, H.-J. 202
Kroeber, A. 38, 41, 55
Kuhn, Th.S. 56
Kundera, M. 246
Kunze, R. 11, 18

Landmann, M. 42
Laplace, P.S. 34, 198, 201, 230
Laplane, D. 70

Leibniz, G.W. 223
Leroi-Gourhan, A. 26
Lévi-Strauss, Cl. 39
Libet, B. 202
Lorenz, K. 29, 174
Ludwig XIV. 137
Luhmann, N. 87
Luther, M. 156

Malinowski, B. 40
Mannheim, K. 87
Marcel, G. 89, 135, 136
Mittelstraß, J. 223
Moore, G. E. 199, 200
Müller, M. 120, 125

Nagel, Th. 243
Neumann, B. 142
Nietzsche, Fr. 138
Nussbaum, M. 42

Parson, T. 87
Pascal, B. 238
Pauen 202
Pindar 11
Pink, Th. 185
Platon 70, 151, 172, 216, 217, 218, 219, 247
Plessner, H. 27, 87
Plotin 118
Plügge, H. 143
Portmann, A. 28, 31
Pothast, U. 199, 200

Ranke, L. von 107
Ricken, Fr. 199
Rickert, H. 196
Ricœur, P. 111
Riedl, R. 174
Rilke, R.M. 238
Rolling Stones 75
Rombach, H. 43, 53
Roth, E. 240
Runggaldier, E. 88
Ryle, G. 136, 171

Santayana, G. 121
Sartre, J.P. 104
Saussure, F. de 58, 129
Schäfer, E. 227
Scheler, M. 42, 87, 132, 140, 213
Schilder, P. 143
Schmitz, H. 134
Schopenhauer, A. 206
Schulz, W. 36
Seibt, U. 83
Sokrates 45, 179, 218
Sophokles 12
Spaemann, R. 175
Spinoza, B. de 223
Spitz, R. 91
Sternberger, D. 77
Straus, E. 119, 165

Terenz 12
Theunissen, M. 236
Thomas v. Aquin 155, 188
Thukydides 107
Tinland, Fr. 135
Tononi, G. 227
Tugendhat, E. 199
Turenne 137
Tye, M. 158

Uexküll, J. von 54

Vogel, G. 83
Vollmer, G. 174

Weber, M. 84
Wettstein, Fr. von 25
Whorf, B.L. 78
Wickler, W. 83
Wilson, E.O. 84
Wittgenstein, L. 73
Wood, A. 199
Wotruba, Fr. 142
Wucherer-Huldenfeld, A.K. 90
Wulffen, B. von 119

Sachregister

(Die angegebenen Zahlen verweisen auf die jeweiligen Seiten)

Akt 86, 116, 119, 153, 154, 157, 161
Analogie 33, 34, 35, 118, 127, 128, 136, 213, 227
Aktivität/Passivität 50f., 111f., 169f., 189f.
Andere, der o. das 21, 22f., 37, 43f., *48-54*, 66f., 68f., 71f., 73, 80ff., 88, *94-99*, *103-106*, 124f., 127, 130f., 133, 134, 138, 142f., 145, 242f.
Anthropologie, biologische 15, *25-36*
Anthropologie, kulturelle 15, 24, *36-45*
Anthropologie, philosophische 13ff., 17ff., 20ff., 31ff., 38ff., 45ff.
Anthropomorphismus 33, 140
Ausdruck 11, 30f., 32f., 61f., *73–76*, 139, 149, 183, 228
Autonomie 97
Autorität 96f.

Bedeutung 52ff., *59-63*, 115, 128ff., 141, 226f., 233
Bedingungen 14, 36, 43, 56f., 85, 123, 165, 173f., 195, 199, 201, 204ff., 234, 240ff., 248
Bedürfnis 11, 29, 35, 39ff., 47, 65, 76, 88, 96, 109, 126, 137, 144, 179, 194, 202, 206, 223
Besinnung 11, 18, 57, 109, 223
Bewusstsein 11ff., 32, 46, 51, 57, 70, 76, 99, 102, 105, 110, 113ff., 123, 130f., 135, *147-168*, 172, 176f., 178, 197, 199, 207, 211, 217, 220-229, 232, 234, 236, 245
Beziehung 30, 47, 51, 69, 72, 78, *80-103*, 114, 120, 140f.,145, 173, 204f., 213, 216, 222f.
Biologie 15, 25, 35f., 46, 83ff., 112, 218

Dialektik 104, 119, 163, 238
Differenz(ierung) 18, 26ff., 42, 48, 49ff., *59-61*, 72, 76, 85, 90, 93, 102, 110ff., 123, 126, 129, 140, 142, 164, 171, 173, 202, 213, 246

Dualismus 222f.
Dynamik 50, 144ff., 148, 178, 230, 232, 247

Egozentrik 105
Einheit 34f., 37f., *41f.*, *47-51*, 55, 68, 74, 83, 89, 92f., 101f., 111, 117f.,129f., 133f., 140, 150, 162, 172, 189, *212-216*, *217*, *219f.*, 222ff., 230, 234, 237, 245f., 249
Empathie 54
Endlichkeit 54, 231, *235-238*, 245
Erfahrung 11, 13, 16, 17, 23, 29, 33, 37, 53, 68, 77f., 104f., 111, 121f., 127f., 135f., 138f., 143, 148, 158, 161, 164, 166, 169, 171, 174, 192, 197, 206, 214ff., 217, 224, 228f., 235, 238ff., 241, 243, 246
Erinnerung 42, 46, 69, 117, 120, 122, 158f., 168
Erkennen 46f., 51, 88, 100ff., 107, 144, 147ff., *152-158*, *161ff.*, *165-179*, 195f., 201ff., 216f., 220, 229f., 232f., 248f.
Erklären 23, 34, 69f., 86, 170, 201f., 205, 211f., 226
Erleben 47, 53, 68f. 88, 112f., 130, 141, 149f., 154, 161, 166, 188, 229
Erwartung 23, 66, 81, 111, 114ff., 170f., 195, 202
Ethik 14, 31, 77, 88, 65, 217
Ethnologie 32, 38, 44, 46
Ethologie 28 ff.
Evolution 14f., 19, 21, 27, 34, 36, 83ff., 145, 174f., 224

Fähigkeit 27f., 31f., 51, 62ff., 66, 69, 89, 97, 100f., 128, 144, 172f., 175, 179, 187f., 190f., 204, 206, 208ff., 215, 228, 235
Familie 81, 84, 90ff., 112f., 118f., 211
Fortschritt 13, 44, 45, 125, 133, 177
Freiheit 23, 85, 91, 93, 96, 125, 155, 168, 179, *180-212*, 232, 234-242, 244, 247-250

264

Funktion 27, 40, 43, 49, 51, 57f., 61f., 65-69, 72, 76ff., 79, 82, 86ff., 114, 128, 133ff., 137, 144f., 165, 172ff., 213, 217, 225ff., 228f., 249

Gegenwart 14, 67, 107ff., *114-117, 119-122*, 123, 131, 163, 167, 176, 241
Geist 11, 15, 34f., 43, 46, 51, 70, 96, 128ff., 133, 135f., 144f., 147f., 172f., *176-179*, 203f., *212-231*, 236, 238f., 241, 247, 249
Geschichte 14, 41, 56f., 68f., 82, 94, *106-113,* 121, *123-126*, 168, 215, 229f., 246
Gesetz 32, 85f., 94, 125f., 129, 181ff., 187, 198, 201, 204f., 209ff., 222f., 226, 234
Gespräch 69, 102, 105f., 208, 215, 228
Gott 11, 43, 75, 216, 219
Grenze 32, 34, 49, 54, 56, 94, 112, 124, 139ff., 164, 168, 175, 200f., 205, 215, 230f., 235, 245
Gute, das 15, 51, 162, 171, 184, 188, 191, 195, 205, 207ff., 217, 243f., 246, 247

Handeln 20f., 23, 32, 47, 51, 53, 55, 69, 86, 90, 97, 113, 116, 122, 130, 136, 144f., 147, 156ff., 159-168, *180-208*, 228, 233, 236, 243f., 246f.
Hierarchie 29, 59
Hoffnung 22f., 116, 197, 214, 218, 233, 244, 248

Ich 88f., 92, 99, *102-106*, 155, 217, 245
Identifikation 68, 94, 103, 135, 178, 193f., 241f.
Identität *48-51*, 92, 99, 101, 176f., 212, 222, 225f., 237
Identitätsbewusstsein 99
Individualität 19 f., *92-99*, 213
Institution 33, 35, 72, 80, 95f., 124, 195
Interpretation 12, 40, 45, 107, 148, 232

Kommunikation *62-67, 71-73*, 80, 103, 213
Konstitution 65, 88, 94, 223
Kontext 52, 56, 61, 77, 132, 163, 166, 167
Kontingenz 20, 56, 78, 86, 108, 175, 194, 199
Kultur 19, 22, 28, 32, *36-45*, 53, 55, 63, 80, 84f., 91, 106, 110, 123-126, 215

Leib 74f., 104, 111, *127-146*, 204, 214-231, 234
Liebe 51, 75, 91, 130, 144f., 148, 208, 238,242
Lust 30, 142, 154, 208, 210, 249

Maschine 127, 133-136, 139, 216, 220f.
Materialismus 223f., 230
Mechanismus 33, 195
Medizin 134, 213
„Mensch" 11f., 19, 21, 25, 247
Methode 14, 21, 24, 32, 44, 173, 205
Modell 30, 38, 46, 68, 71, 79, 84, 94, 101, 134, 152, 226f.
Motiv 31, 40, 86, 105, 160, 185, 188, 192, 198, 201, 206, 210f., 246
Motorik 165

Natur 12, 29, 34, 36, 39, 49, 51, 83, 94, 110f., 132, 170, 190, 198ff., 202ff., 225f., 228, 239
Neolithische Revolution 85
Neues 36, 107, 121f., 157

Objektivierung 57, 89, 154f.
Objektivismus 226
Objektivität 49, 57, 69,. 87, 100f., 107, 155, 232
Ontogenese 204
Ontologie 14, 88

Person 81, 88f., 95f., 100-103, 130, 138, 143ff., 167, 187, 204f., 208, 242f., 246f.
Perspektive 134
Phänomenologie 14, 131f., 136, 139, 153
Philosophie 13f., 17, 22, 24, 34, 47f., 56f., 82, 84, 87ff., 94, 147, 215f.

Physik 25, 89, 110, 129, 133, 140, 173ff., 200ff., 221-226
Physikalismus 224-226, 230
Physiologie 32, 39, 50, 144, 173-177, 195, 205, 225, 228
Prägung 28, 30, 43
Präsenz 50, 63, 69f., 115, *131*, 142, 150, 152, 169, 215
Psychologie 32, 86, 89f., 201f., 204

Raum 19, 28, 83, 134, *140-144*
Recht 33, 40, 42, 73, 85, 88, 91, *95 ff.*, 182, 194, 210, 218
Reflexion 14, 21, 89, 105, *153*, *155*, 160, 166
Religion 13, 22, 32, 40, 42, 91, 124, 216, 236

Sein 14f., 18, 21, 23, 31, 47f., 50ff., 55, 72, 80, 81, 88, 94, 104, 106, 122, 133, 138f., 143f., 148, 150, 162f., 168, 170, 171f., 176, 178, 189, 196f., 200, 209, 215, 220ff., 223ff., 232, 234ff., 238, 240, 243f, 246f.,
Selbst 49ff., 55, 103ff., 127, 168, 190, 236, 245f.
Selbstbewusstsein 46, 152f., 155, 166ff., 220, 225, 234, 245
Selbsterhaltung 29, 31, 35f., 83, 217
Selbstverhältnis 23, 93, 96, 103, 127, 130, 145, 147, 204, 215, 232, 235
Sinn 15, 46, 51f., 59ff., 118, 124, 129, 202, 208, *232-234*, 239f., 244, *246-250*
Sinnlichkeit 134, 165, 175
Sittlichkeit 85, 211, 247
Situation 28f., 53, 120, 163ff., 180, 232-237, 241
Sozialisation 53
Soziobiologie *82-86*
Soziologie 32, 82, 84, 86
Spiel 40, 70, 102f.
Spiritualismus 230, 240
Sprache 28, 42, 55, *57-79*, 88, 94, 127-132, 142, 225
Struktur 14, 26, 28, 32, 49f., 55, 57, 58f., 62f., 68f., 77, 81, 86, 88f., 104, 108, 109f., 129, 147, 148f., 152, 156, 161, 166f., 170f., 174f., 192, 198, 200, 206f., 213, 232, 234ff., 241f.

Subjekt 15, 23, 47f., 51ff., 66, 87, 89f., 91, 100f., 102, 105f., 133f., 136, 140, 146f., 152f., 155, 166f., 171f., 175, 203f., 208, 216, 220f., 237, 242, 247
Subjektivität 15, 47f., 52, 55, 66, 90, 101, 127, 134, 136, 139, 212, 234

Technik 85, 112, 198, 203, 206
Teil-Ganzes-Relation 49, 114f., 171
Theorie 14f., 24f., 33f., 36, 53, 56, 70, 83, 102, 126, 131, 133, 139, 162, 175, 212, 223ff., 227, 239
Theorie und Praxis 56, 87, 162-166, 172, 196ff., 226
Tier 12, 15, 26, *27-35*, 39, 42, 46, 50ff., 54, 64, 83, 155, 181, 206f., 216, 218ff., 232, 234f., 238f.
Tod 218, 220, 229, 240, *244-247*
Tradition 30, 36, 96, 123, 126, 238
transzendental 46, 101, 171
Trieb 36, 50, 65, 137, 145, 208f., 211, 217f.

Umwelt 12, 29, 32, 50, 52, 85, 174, 190
unbewusst 38, 91, 153, 161, 204, 211, 224
Ursprung 36, 49, 94, 126, 144, 198, 217

Vergangenheit 68, *107 ff.*, 114, 117, *119-124*, 126, 167
Verhältnis 20, 43, 52, 66, 88, 99f., 103, 105, 117, 121f., 126f., 131, 137ff., 145, 147, 186f., 204, 235f.
Verhalten 11f., 26, 27-33, 36ff, 50, 52f., 66, 72, 82-86, 130, 157, 180, 187, 189ff., 193f., 196, 201-206
Verstehen 33, 40, 43, 58, 61, 63, 84, 124, 173

Wahrheit 51, 70, 77, 100f., 151, 153, 170, 175, 177, 179, 195f., 205, 220, 228, 247
Wahrnehmung 50, 67ff., *114f.*, 117f., 120, 123, 135, 146, *150-155*, 157, 160-163, 166, 169-176, 178, 216, 219, 222ff.

Welt 13ff., 32, 43, 45, *52-54*, 55, 65, 72f., 78, 90f., 103f., 111, 128f., 143, 151, 179

Werkzeug 27, 28, 42, 79, *135 f.*

Wert 38, 120, 163f., 196, 207f., 209, 211f., 243, 245ff.,

Wesen 11, 13f., *18-20*, 22, 34ff., 41, 43, 46, 48, 92f., 96, 118, 147, 172, 175, 177, 212f., 221, 225, 229, 231f., 235, 237f., 248

Wiederholung 30, 121f., 125, 157, 170, 190, 194, 240

Wirklichkeit 52, 69, 75, 77, 94, 115, 119, 151, 170ff., 174, 215f., 224, 230, 236, 238

Wissenschaft 13, 15, 20, 23ff., 28, 31, 32f., 45f., 55ff., 70, 72, 82, 86f., 89, 106f., 111, 131, 133, 140, 147, 156, 163, 179, 198, 201, 203, 216, 222, 223ff., 230, 233

Ziel-Mittel-Relation 69, 171, 206, 248

Zukunft 107ff., 114f., *116f.*, *119-126*, 163, 167, 201, 229, 243

Gerd Haeffner
In der Gegenwart leben
Auf der Spur eines Urphänomens
1996. 172 Seiten. Kart.
€ 17,90
ISBN 3-17-014227-5

Sprachliche und visuelle Medien versetzen uns heutzutage in die Lage, die Grenzen der zeitlichen und räumlichen Situation zu durchbrechen und in virtuelle Welten einzutreten: anderswann und anderswo in bunter Mischung mit dem Hier und Jetzt. Aber niemand kann zu einer anderen Zeit leben als in der Zeit, die seine Gegenwart ist, und niemand kann anderswo sein als da, wo er sich gerade aufhält.
In diesem Buch geht es darum, den inneren Reichtum der „Gegenwart" neu zu entdecken. Dabei sollen einige Denker der entfernteren und näheren Vergangenheit vergegenwärtigt werden, die auf ihre Weise vom Urphänomen „Gegenwart" fasziniert waren: Pascal, Kierkegaard, Bloch, Buber, Weil. Es kommt zu einer vertieften Deutung jener „Gegenwart", in der wir leben sollen, in der der Aufenthalt aber so unselbstverständlich und selten ist.

„Unter den wenigen Büchern, die fachliche Kompetenz, Lebensnähe und echte Lebensweisheit wie aus einem Guss verbinden, ragt Haeffners Buch hervor. Es gehört meines Erachtens zu den besten philosophischen und zu den lebenspraktisch wichtigsten Büchern unseres ausgehenden Jahrhunderts."

(Augustinus Karl Wucherer-Huldenfeld
in „Die Zeit" im Buch 6/99)

W. Kohlhammer GmbH
70549 Stuttgart